親密關係暴力防治
理論、政策與實務

王珮玲、沈慶鴻、韋愛梅

著

**親密關係暴力
防治：理論、
政策與實務**

國家圖書館出版品預行編目（CIP）資料

親密關係暴力防治：理論、政策與實務 / 王珮玲，沈
慶鴻，韋愛梅作 . -- 初版 . -- 高雄市：巨流圖書股份
有限公司, 2021.03
　　面；　公分

ISBN 978-957-732-611-9（平裝）

1. 家庭暴力　2. 犯罪防制

544.18　　　　　　　　　　　　　　　　110000731

作　　　　者	王珮玲、沈慶鴻、韋愛梅
責 任 編 輯	沈志翰、張如芷
封 面 設 計	黃士豪

發 　行 　人	楊曉華
總 　編 　輯	蔡國彬

出　　　　版	巨流圖書股份有限公司
	802019 高雄市苓雅區五福一路57號2樓之2
	電話：07-2265267
	傳真：07-2264697
	e-mail: chuliu@liwen.com.tw
	網址：http://www.liwen.com.tw

編 　輯 　部	100003 臺北市中正區重慶南路一段57號10樓之12
	電話：02-29222396
	傳真：02-29220464
劃 撥 帳 號	01002323 巨流圖書股份有限公司

法 律 顧 問	林廷隆律師
	電話：02-29658212

出 版 登 記 證	局版台業字第1045號

ISBN ／ 978-957-732-611-9（平裝）
初版一刷・2021 年 3 月
初版二刷・2022 年 3 月

定價：**500** 元

作者序

　　我們對這本書的承諾始於三年多前共同執行的一個研究計畫，當時研究案回顧了二十餘年來臺灣在親密關係暴力防治及兒童保護工作的發展與面臨的問題，也檢視了國際最新進展。在討論過程中，我們迫切感受到需把本土與國際上累積的相關研究、知識與實務策略，系統性的整理出來；因此，起心動念寫這本書。但三位作者在諸事羈絆下，一直以非常緩慢的速度前行，直至去年，大家覺得真得加把勁了，才終於讓本書得以問世，跟大家見面。

　　本書在撰寫之初，有些自我期許。首先，我們希望這本書是寫給親密關係暴力防治網絡所有領域的學子與工作者，因此，在內容編排上必須含括跨領域的討論。第二，本書希望能深化本土對於親密關係暴力議題的掌握，包括現象、理論、服務與政策，故我們盡可能在有限篇幅中，涵涉學術與實務，政策與服務，或使之對話、或據以反思，提供讀者更開闊的思考空間。最後，對於本土二十多年來在親密關係暴力議題發展所面臨的問題，希望在書中有全面性的討論，因此在各項資料的蒐集與分析上，盡可能周延。

　　本書計有十六章，大致可分為二部分，第一部分為第一至第七章，具有基礎知識的角色。第一至第三章，先就親密關係暴力現象、暴力類型、特性、影響加以說明，第四章介紹相關的解釋理論，第五章則介紹危險評估概念與安全計畫，第六章就民事保護令制度與實施問題進行討論，以及第七章說明被害人所面臨的困境與需求。第二部分則進入各主要服務體系的說明，包含社政、醫療、警政與司法等領域，各章不一定須按順序閱讀。這部分包含第八、九章說明社工的處遇服務，從開案、評估、服務輸送至相關的處遇策略，第十章則討論社工的服務準備。第十一章進入到對於加害人服務模式

與方案的探討，第十二章討論醫療體系的服務回應，第十三、十四章探討警察系統回應親密關係暴力的議題，包括任務、政策、防治策略與相關影響因素；第十五章探討司法系統，包含檢察署與法院的回應；最後第十六章則是總結上述，對防治政策之未來展望，提出奠基於我們研究成果上的一些看法。

誠摯感謝許多人對本書的協助。巨流出版社沈志翰主編對我們的寬待，包容我們的拖稿，並在編輯上提出許多建議，是本書得以順利出版的功臣。另外研究團隊中的吳書昀、顏玉如、鍾佩怡三位老師以及邱筱媛助理，在研究過程中的腦力激盪與討論，都是孕育本書的重要夥伴。在初稿完成後，協助我們校對、編輯以及提出建議問題的助理群，他們是暨南大學社會政策與社會工作學系碩士班的施晏蓉、吳靜怡、陳侑心、謝采玲，以及諮商心理與人力資源發展學系碩士班的陳禹馨、陳芃圻、謝佳穎，這群非常有活力的年輕人，給我們很大的支援，感謝有你們。除此之外，我們也要感謝衛生福利部提供的研究資源，法務部、內政部警政署、以及來自社政、警政、衛生醫療、司法、教育等實務界各地的網絡夥伴，在這段期間被我們叨擾，耐心回復我們請益的問題，或是提供相關參考資料，感謝大家的熱忱協助，謹致上最誠摯的謝意。

三位作者投入性別暴力防治工作領域都超過了二十年，無論在實務參與或是學術研究，至今都仍持續不懈。本書撰寫過程中，我們每週密集的視訊討論，雖因年紀關係，已無法披星戴月衝刺，但常常從書桌起身時，已是夜深人靜。這是一段自我與專業知識整理的過程，我們心懷感恩。

這本書是暨南大學家庭暴力研究中心規劃出版的系列專書之一，呈現給您，希望讀者能不吝指正。

王珮玲、沈慶鴻、韋愛梅
20210101 於暨大家庭暴力研究中心

目錄

表次

圖次

第一章
親密關係暴力現象與防治

　　親密關係暴力是一個普遍存在於各個社會的議題，但很不幸地，長久以來，此議題不論在社會認知或法律層面上，皆是被合理化、合法化或是刻意忽略；直至 1960 年代第二波婦女運動興起之後，親密關係暴力議題才被放到社會政策討論的舞台上。本章首先將檢視親密關係暴力在全球與本土的發生狀況，接續簡述親密關係暴力在傳統華人與西方社會存在與被對待的樣貌；第三節說明近半世紀以來國際婦女權益倡議與防暴運動的發展與影響，第四節回到本土，說明台灣親密關係暴力議題發展的背景與過程，並就我國目前防治政策與組織架構簡要介紹。

第一節　親密關係暴力現象概況

　　欲了解親密關係暴力現象，下列四種層次的資料常用來說明暴力在一個地區的發生狀況（如圖 1-1）：首先，最核心的是官方統計數據，資料來源是被正式通報、紀錄的案件，此部分所呈現出來的數據最為保守，範圍最小。第二層是曾經諮詢、求助於服務體系的暴力事件，但不見得有清楚的資訊得以通報、或有正式求助，此屬於各單位的行政服務統計數據，通常較官方發布的正式統計數據來的多。第三層是透過各式研究調查，就受調查樣本所揭露的暴力，再據以推估出來的調查統計數據。第四層是真正發生的實際盛行率與發生率，然因有些不見得反應在調查結果，故範圍比調查數據更大，但實際上很難確切掌握發生數，稱之為「灰色地帶」（grey zone）（European Institute for Gender Equality [EIGE], 2020）。最具有代表性與公信力的資料以

第一層的官方統計、以及第三層的調查數據為主，以下就這二部分所呈現出來的親密關係暴力發生狀況加以說明。

一、全球的調查發現

親密關係暴力是普世關注的議題，在世界各國都有不低的盛行率，世界衛生組織（World Health Organization [WHO], 2013）於 2013 年提出第一份針對全球婦女受暴的整合性調查報告，指出全球 15-69 歲曾有親密伴侶（intimate partner）的婦女，一生中遭其親密伴侶肢體與性暴力的平均盛行率是 30%。換句話說，全球每 10 位婦女中至少就有 3 位，在一生中曾遭其親密伴侶在肢體或性暴力的傷害。另 2012 年歐盟基本人權署（ European Union Agency for Fundamental Rights, FRA）對歐盟 28 個國家、共 42,000 名 18-74 歲婦女進行的調查也發現，43% 的婦女於一生中曾遭受親密伴侶的精神暴力、20% 曾遭受肢體暴力、以及 7% 曾遭性暴力傷害；若以過去一年的發生率來看，平均 4% 曾遭現任或前任伴侶的肢體和性暴力（European Union Agency for Fundamental Rights, 2014）。

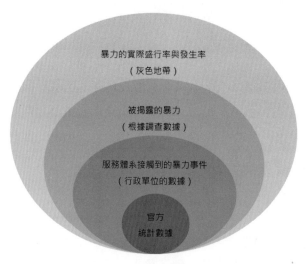

圖 1-1　暴力發生狀況資料來源

資料來源：修正自 European Institute for Gender Equality（2020）

同時，上述 WHO（2013）的全球調查資料也具體指出，親密關係暴力導致受害者嚴重的身心傷害，甚至死亡：

- 全球女性遭謀殺案件中，有 38% 是遭其親密伴侶（現任或前任）所殺害。
- 相較於未遭受過親密關係暴力的婦女，有受暴經驗的婦女出現較高比例的身心健康問題。例如：
  - ▶ 相較於未受暴者，受暴婦女產下體重不足嬰兒機率高出 16%，流產的機率也高出 2 倍以上。
  - ▶ 受暴婦女罹患憂鬱的比率是未受暴者的 2 倍。
  - ▶ 受暴婦女試圖自殺的比率是未受暴者的 4.5 倍。
  - ▶ 在某些區域，受暴婦女罹患愛滋病的機率是未受暴者的 1.5 倍。
  - ▶ 婦女遭受親密伴侶暴力，41.8% 會對身體造成某種程度的傷害。
  - ▶ 受暴婦女身體受傷的比例是未受暴者的 2.9 倍。

另根據聯合國（United Nations Office on Drugs and Crime, 2019）最新的估計，2017 年全球約有 87,000 位婦女死於遭人故意殺害，其中超過一半、也就是約 5 萬位婦女（58%）係遭其親密伴侶或家人殺害；若以日計算，則每日平均有 137 位婦女死於家庭暴力。除此之外，根據世界銀行（the World Bank）分析全球 40 個高度、中度與低度收入國家的資料發現，親密關係暴力對一個國家所耗費的經濟成本與生產損失，平均約占該國一年國內生產總值（Gross Domestic Product, GDP）的 2%（Duvvuryet al., 2013），比例相當的高。

二、本土的調查與通報統計

（一）調查發現

為掌握我國性別暴力的發生狀況，並進而與國際進行比較，張錦麗等（2014）檢視國際間有關性別暴力嚴重性調查的相關文獻，參酌包括聯合

國、歐盟、WHO、美國、英國及加拿大等六個國際組織與國家所發展的性別暴力調查內容與實施方式，提出本土第一份有關性別暴力調查規劃報告，認為調查內容應包含精神暴力、身體暴力、性暴力、經濟暴力、跟蹤騷擾、以及非親密伴侶間之性暴力等範圍；另並就調查題項、方式、樣本等提出建議，作為我國展開定期性地親密關係暴力發生狀況調查的基礎。

　　依據《家庭暴力防治法》（以下同《家暴法》）之規定[1]，中央主管機關自 2016 年起，每四年進行一次我國家庭暴力問題現況的調查。在潘淑滿等（2017）執行的第一次全國抽樣調查中發現，我國 18-74 歲婦女（n=1,510）親密關係暴力終生盛行率為 24.45%，一年的盛行率為 9.81%。換句話說，臺灣地區 18~74 歲婦女中，每 4 位婦女就有 1 位在其一生中曾遭受親密伴侶施暴；若以一年的時間來看，約每 10 位婦女就有 1 位曾遭受親密伴侶施暴。以當年度（2017 年）臺灣地區 18~74 歲婦女總人口數（908 萬 3,837）推論，則約有 222 萬位婦女一生中曾遭受親密伴侶施暴，另約有 90 萬婦女過去一年曾遭受親密伴侶施暴。

　　就親密關係暴力各類型態分別檢視，無論是一年或終生盛行率，我國 18~74 歲婦女皆以遭受精神暴力（8.89% & 20.92%）最為普遍，其次是肢體暴力（1.79% & 8.63%）、經濟暴力（2.66% & 6.78%）、跟蹤與騷擾（0.93% & 3.85%）、以及性暴力（0.80% & 4.39%）。以當年度（2017 年）臺灣地區 18~74 歲婦女總人口數推論，臺灣地區 18~74 歲婦女中，約 190 萬婦女一生中曾遭受親密關係伴侶精神暴力，約近 80 萬婦女曾遭受親密關係伴侶肢體暴力，約 40 萬婦女曾遭受性暴力，且有重複與多重受暴現象（潘淑滿等，2017）。（以上皆詳如圖 1-2）

---

[1] 《家庭暴力防治法》第 5 條第 1 項第 9 款規範，中央主管機關應每四年對家庭暴力問題、防治現況成效與需求進行調查分析，並定期公布家庭暴力致死人數、各項補助及醫療救護支出等相關之統計分析資料。各相關單位應配合調查，提供統計及分析資料。

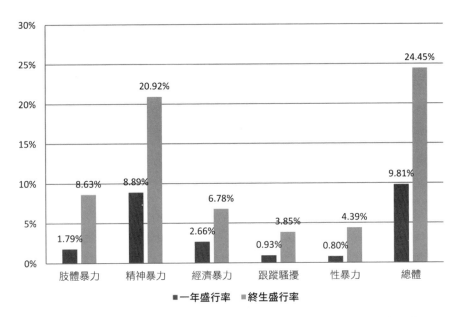

圖 1-2　我國 18-74 歲婦女遭受親密關係暴力之終生與一年的盛行率
資料來源：整理自潘淑滿等（2017）

（二）官方通報案件統計

　　依據衛生福利部家庭暴力通報案件統計，2010-2019 年每年通報的家庭暴力總案件數（包含親密關係暴力、兒少保護、老人虐待以及其他家暴案件等）都超過 10 萬件，且幾乎呈現逐年成長的趨勢。以 2010 年為例，通報的總件數是 105,130 件；至 2019 年則增加至 120,549 件，十年間增加比率約 15%。而在全部家庭暴力案件類型中，親密關係暴力案件占最多數，每年通報件數約有 6 萬多件，占全部通報案件的一半以上；且整體而言，十年間大都係呈現成長的趨勢（詳如表 1-1、圖 1-3）。

　　在全部親密關係暴力通報案件中，超過八成以上的被害人為女性，但在 2010-2019 年間呈現女性被害人數逐年減少、男性被害人數逐年增加之趨勢；例如 2010 年之女性被害人數為 49,163 人、占 89.5%，而男性被害人是 5,287 人、占 9.6%；至 2019 年，女性被害人數下降為 41,039 人、

占 81.8%，而男性被害人數則增加至 9,121 人、占 18.2%（詳如表 1-2、圖 1-4）。

　　雖然親密關係暴力通報案件被害人之性別比例在過去十年間有些許的消長變化，女性所占比例降低、男性比例增加，但觀諸於歷史與全球之調查資料，親密關係暴力一直被視為是典型的性別暴力（gender-based violence），是男性對於女性的暴力，是基於性別不平等與權力不對等下的暴力。而不論在聯合國、WHO、歐盟或是各地區、國家，皆積極倡議必須重視性別暴力此一嚴重違反人權的暴力。下一節將從東、西方社會對親密關係暴力的傳統回應中，說明性別對親密關係暴力的影響與意涵。

表 1-1　2010-2019 年家庭暴力事件各類型通報件數

年份	婚姻／離婚／同居關係暴力	兒少保護	老人虐待	其他	總計
2010	**59,704**	22,089	3,316	20,021	105,130
2011	**56,734**	25,740	3,193	18,648	104,315
2012	**61,309**	31,353	3,625	18,916	115,203
2013	**60,916**	40,597	3,624	25,692	130,829
2014	**60,816**	22,140	3,375	28,278	114,609
2015	**61,947**	21,360	5,971	27,464	116,742
2016	**64,978**	16,198	7,046	29,328	117,550
2017	**64,898**	15,779	7,473	30,436	118,586
2018	**65,021**	15,188	7,745	32,048	120,002
2019	**63,902**	20,989	6,935	28,723	120,549
總計	**620,225**	231,433	52,303	259,554	1,163,515

資料來源：整理自衛生福利部統計處（2020）

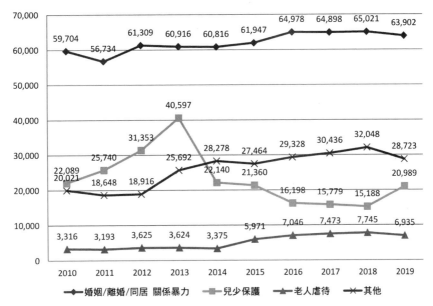

圖 1-3　2010-2019 年家庭暴力各類型案件通報分析
資料來源：整理自衛生福利部統計處（2020）

表 1-2　2010-2019 年全國親密關係暴力通報案件被害人性別統計

年分別	各年度親密關係暴力案件性別統計				
	女	男	不詳	其他	總計
2010	49,163	5,287	471	-	54,921
2011	43,562	5,672	660	-	49,894
2012	43,492	6,512	611	-	50,615
2013	43,112	5,824	697	-	49,633
2014	42,903	6,009	648	-	49,560
2015	42,725	6,342	642	-	49,709
2016	42,944	7,282	692	-	50,918
2017	41,912	7,815	703	-	50,430
2018	41,604	8,358	726	-	50,688
2019	41,039	9,121	5	9	50,174
總計	432,456	68,222	5,855	9	506,542

資料來源：整理自衛生福利部統計處（2020）

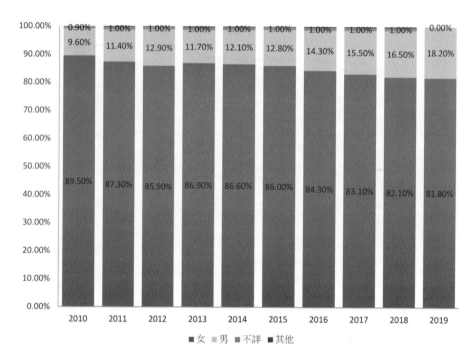

圖 1-4　2010-2019 年親密關係暴力通報案件被害人之性別分析
資料來源：整理自衛生福利部統計處（2020）

第二節　傳統社會對親密關係暴力的回應

一、華人社會儒家化、父權化下的法制回應

　　親密關係暴力問題長久存在於人類社會，在華人社會中，史書對親密關係暴力案件也多有所記載，其中一個有名的例子就是北魏蘭陵長公主被其夫劉輝毆打流產致死的家暴案例。北魏是遊牧民族鮮卑人拓跋氏所建立的王朝，北魏宣武帝的姊妹，蘭陵長公主嫁給了朝廷將軍劉昶的孫子劉輝，雖然貴為公主，但婚後劉輝多次侮辱公主，公主都忍氣吞聲，不願張揚。大約在西元 519 年前後，公主懷孕了，但劉輝在此時又與其他女性有染，公主與劉輝因此產生衝突，有次可能是在床上爭執，劉輝在憤怒之中將公主推倒床

下，又用腳踩她的肚子，導致公主流產，數月後終因傷重不治而過世（李貞德，2006）。

　　蘭陵長公主雖貴為皇族，但嫁作他人婦後，也同樣遭到其夫毆打重傷，此案例除說明家暴行為存在於社會各個階層外；另一方面，在討論如何論處施暴者劉輝的過程中，也具體彰顯華人社會長期以來受儒家文化影響，法律制度「儒家化」與「父權化」的現象（李貞德，2006）。公主被毆致死案發生後，朝廷對於如何處置其夫劉輝有二派爭執意見：一派以漢族為主的朝中大臣堅持，斷獄判刑應以**父系家族倫理**為主，認為公主已經下嫁劉輝，已屬於劉家人，脫離娘家的身份，主張劉輝所犯的罪，其實是殺了自己尚未出生的兒女，應以殺子罪判刑，至多也不過四、五年的徒刑。但另一方是鮮卑族皇室的意見，認為劉輝殺死的是公主的骨肉，因此也是皇室的一員，故應被視為是殺害皇族成員，係謀反大逆，應處以極刑。

　　雖然蘭陵長公主案是一個具有皇室身分者的特例，但觀諸歷史，秦漢之後，儒家思想被獨尊為國家意識形態，已致形成儒學的法家化、陰陽家化與官僚化，主張「陽尊陰卑」與「男尊女卑」（黃囇莉，2001）。根據史料的記載，古代的婚姻暴力與法律規定存在以下幾點現象（李貞德，2006）：首先，男性的暴力通常針對妻子，然女性的暴力目的在贏回丈夫，因此會對其他女性暴力相向。其次，當婚姻暴力導致人員傷亡時，除非死的是丈夫，否則案子通常難以成立。再者，縱使案子成立，到了唐朝，為了確立婚姻中「夫尊妻卑」的精神，〈鬥律〉中規定：「諸毆傷妻者，減凡人三等。」「諸妻毆夫，徒一年；若毆重傷者，加凡鬥傷三等。」也就是說，倘若一般人鬥毆造成傷害，處罰「杖一百」，用木棒打一百大板；但是丈夫毆傷妻子，只處罰八十大板；而妻子毆打丈夫，不論丈夫有沒有受傷，都先處罰一年徒刑，如果丈夫受重傷，那麼妻子的處刑要再加三等。

　　一個時代的法律彰顯了當時社會的價值與信念，傳統華人社會在儒家文化的影響下，父權家族倫理觀念根深蒂固，社會結構是父權社會與父系家庭，遵從的是父系祖先崇拜，建構出一套深層的內在結構邏輯，傳承千年。

更形塑出男性為主、女性屈從的傳統性別角色，男性在家庭中掌握權力，發號施令、管理妻子，家庭暴力存在於歷史各個階段與各個階層中，但法律對家庭內的男性暴力相對寬容，直至現代才有所改善。

二、西方社會的拇指法則

西方社會也是一段類似的歷史。羅馬時代的民法（patria potestas）有最早（西元前 753 年）的婚姻規範，明示丈夫對妻子擁有合法的管理權，可以販賣妻子做為奴隸，或是在某些必要且限制的情況下，有權殺死妻子（Buzawa, et al., 2017）。類似的法律普遍存在於古代西方社會，就如同政治與社會是由男性主導，在家庭中也是由男性管理，妻子被視為是丈夫的財產，丈夫有權利對妻子做任何的處置與買賣，而妻子必須屈從於丈夫的命令與管教。古老的英國普通法採用「拇指法則」（the rule of thumb），賦與丈夫管教妻子之合法權利，允許丈夫使用不超過其拇指粗厚的棍杖懲戒其妻，僅規定於周日上教堂禮拜期間不准打。另妻子是丈夫財產的觀念也具體反應在「通姦罪」的處罰，妻子的通姦行為被視為是對丈夫所擁有的妻子身體財產權與家庭名譽的背叛，丈夫為保護其權力殺死妻子，法律上對此行為的量刑較一般殺人罪輕很多。

以美國為例，美國立法初期承襲許多英國普通法，丈夫對妻子的懲戒權被各州所承認，只要丈夫不使用大於拇指寬度的杖條、或管教行為不致造成嚴重或永久性傷害條件下，丈夫即擁有對妻子的懲戒權。其中有名的一個案例是 1864 年 State v. Black 案，北卡羅來納州法院作成下面的判決：

夫應對妻行為負責，且應管理其家，因此法律允許夫在控制妻之暴躁脾氣及其行為檢點之必要範圍內，對其妻行使程度之暴力；而且除非有引起永久性傷害、過度使用暴力，或有殘酷行為足證係夫為滿足其壞情緒而施暴等情事，法律不曾侵入家事領域或走進幕後，寧願讓當事人為所欲為，以促使當事人重修舊好及履行夫妻同

居生活義務為上策。（Steve v. Black, 60 N. C. 262,86 Am. Dec. 436（1864），引自高鳳仙，2018）

　　直至 19 世紀末，美國各州法律才逐漸改變丈夫懲戒權的規範，首先在 1871 年，阿拉巴馬州及麻州宣告，丈夫懲戒妻子是不合法的；1882 年馬里蘭州通過法律，規定毆妻是犯罪行為，處以四十鞭刑或一年有期徒刑（高鳳仙，2018）。但另一方面，1910 年美國高等法院仍拒絕承認妻子有權對其丈夫的暴力行為提起訴訟，認為「此將為所有夫妻訴訟事件打開法院的大門」。也就是說，雖然法律廢止了丈夫對妻子的懲戒權，但受暴的妻子仍無法藉由法律來獲取保障，這樣的狀況直至 20 世紀中第二波婦女運動興起才有所改變。

第三節　從私人到公共議題——國際婦女權益倡議與防暴運動

　　自 19 世紀末、20 世紀初，第一波婦女運動陸續在世界各地興起，主要訴求爭取婦女的投票權，全球第一次大規模展開改變婦女處境的全面運動；但直至 1960 年代的人權運動與第二波婦女運動，才真正為反婦女受暴運動帶來嶄新的一頁，開啟至今數十年來反抗對婦女暴力運動的大幅進展，也讓婦女受暴議題從私人議題進展至公共議題。本節將從美國的經驗與國際的倡議活動說明此一發展。

一、美國的經驗

　　1960 至 70 年代的人權運動與第二波婦運，抗議社會體制的不正義，激起美國社會集體的政治運動。在此氛圍下，女性主義者關注的婦女受暴議題，包括強暴、亂倫、家暴、跟蹤、以及工作場所性騷擾等，透過女性主義者的極力倡議，漸成為社會關注的社會問題。在這波運動中，發展最具有組

織性與策略性的就是受暴婦女運動（the Battered Women's Movement）與反強暴運動，二者採取的倡議策略相同，都是從呼籲社會應回應受害婦女的需求出發，強力譴責社會與政府體制縱容與合理化對婦女的暴力；而透過組成聯盟與組織的結盟，這些運動逐漸改變社會上的文化信念，也促使相關法律的制定，政策的具體回應，以及促使服務資源的建立（Ake & Arnold, 2018）。

1970 年代中期，美國的受暴婦女運動關注焦點為婦女人身安全的議題，以及倡議被害人的服務處遇，是美國受暴婦女服務制度重要的發展階段。1973 年明尼蘇達州 St. Paul 市設置全美第一個婦女庇護所，1976 年賓州設立第一個反家暴聯盟，並通過民事保護令的立法，發出第一張民事保護令。NGO 草根性組織與婦女組織成功倡議政府投入資源，提供受暴服務相關之法律、居住、經濟、社會服務、精神衛生、健康、就業訓練等服務。1979 年卡特總統更成立全國性的家暴聯邦辦公室，負責統籌發展、協調相關事務。至 1984 年，明尼蘇達州杜魯斯市（Duluth, Minnesota）推出杜魯斯方案，整合司法體系投入家庭暴力網絡合作方案；同年聯邦檢察總長辦公室亦設立家庭暴力工作小組，聽取各界專家意見，工作小組最終提出《家庭暴力預防服務法案》（Family Violence Prevention Service Act），經國會通過後，聯邦政府第一次專款補助各州推動受暴婦女、兒童的服務方案（Ake & Arnold, 2018）。

1990 年代，《模範家庭暴力法》（The Model Code on Domestic and Family Violence）被全國少年暨家事法庭法官委員會採用，為司法系統在終止家暴努力的一大進展。而 1994 年國會通過《反暴力侵害女性法》（Violence Against Women Act, VAWA），首度將家庭暴力視為全國性的犯罪問題，同時編列預算作為跨州家暴防治網絡建構、研究、服務及訓練方案，也要求司法與警政系統介入處理家暴案件。同年，再通過《犯罪控制法》（Crime Act），也納入前述 VAWA 法案的內容。1996 於聯邦司法部（Justice Department）下設置「反暴力侵害女性辦公室」（Violence Against Women

Office），在法制與經費上 實中止家庭暴力的政策（柯麗評等人，2005；焦興鎧等人，2008）。

二、國際公約的制定與推動

（一）聯合國體系

聯合國成立前後，國際婦女組織主要關心議題為強迫婦女賣淫的問題，但於 1960 與 70 年代風起雲湧的國際婦女運動，大大地影響了聯合國內部對性別暴力議題的回應，促使聯合國陸續提出針對反性別暴力的重要宣言與法案，影響世界各國性別暴力防治工作的推動甚鉅，以下依年代說明：

年代	說明
1975 年	召開第一次世界婦女大會，提出婦女發展十年（1975-1985 年）計畫，將暴力侵害女性議題納入聯合國會議議程及相關國際公約與規範文件。
1979 年	通過《消除對婦女一切形式歧視公約》（Convention on the Elimination of All Forms of Discrimination Against Women, CEDAW），被視為是國際婦女人權的最重要法典。
1991 年	CEDAW 委員會通過發布第 19 號一般性建議[2]，正式將對婦女的歧視擴及至暴力行為，確立聯合國人權體系視對婦女的暴力侵害行為是公私領域結構制度面及社會文化面歧視婦女所造成的結果，締約國家應採取必要法律和措拖，以消除暴力侵害行為。

---

[2] CEDAW 第 19 號一般性建議：性和性別為由對婦女的歧視包括：基於性別的暴力（gender-based violence）及因為婦女的性別而對之施加的暴力、或不成比例地（disproportionately）影響著婦女之暴力。包括施加身體的、心理的或性的傷害或痛苦（harm or suffering）、或威脅施加這類傷害或痛苦、或者限制或剝奪自由之行為，也包含在家庭或任何其他人際關係中出現的暴力行為，或係因國家或國家公務人員所為或縱容（perpetrated or condoned）發生的暴力行為。基於性別的暴力行為損害或阻礙婦女依照一般國際法或人權公約享受人權和基本自由，符合《公約》第 1 條所指的歧視。

年代	說明
1993 年	聯合國大會通過《消除對婦女暴力宣言》[3]（Declaration on the Elimination of Violence Against Women，簡稱《消暴宣言》），指出對婦女的暴力行為，源自於長久以來男女不對等權力關係所造成的支配與歧視現象，阻礙女性發展，明確宣誓國家應保障婦女身心安全的職責。《消暴宣言》是至今聯合國正式通過之全球性反暴力的文書，正式將婦女人權定義為普世人權議題，婦女應具有「不受歧視」與「平等」的尊嚴價值，呼籲消除基於性別的暴力。
1995 年	第四屆世界婦女大會再通過《北京宣言和行動綱領》（Beijing Declaration and Platform for Action，簡稱《北京行動綱領》），提出性別主流化策略，將女性觀點融合在社會各面向，並將對婦女暴力行為列為 12 項關切領域。
2016 年	聯合國推動預計於 2030 年全球達標的可持續發展目標（Sustainable Development Goals，SDGs），其中目標五「實現兩性平等、賦予婦女權力」，強調國家應致力消除不論公開或私人場合中對婦女各種形式的暴力，包括人口走私、性侵犯，以及其他各種形式的剝削。
2017 年	發布 CEDAW 第 35 號一般性建議，是目前全球對於親密關係暴力最新的國際法律文件。在該建議中對婦女基於性別的暴力做出全面性的解釋與建議，並且使用了更精確的「基於性別的暴力侵害婦女行為[4]」一詞，以明示性別造成的原因和對暴力的影響，進一步強化了對婦女暴力係社會問題而非個人問題的理解，且要求各國必須採取全面的應對措施。

（二）歐盟

　　隨著聯合國 CEDAW 第 19 號一般性建議、《消暴宣言》及《北京行動綱領》等全球性條約的通過，歐盟相關機構（含歐盟理事會、歐盟委員會、歐洲議會等）亦開始展開反性別暴力行動。自 1998 年起，歐盟理事會不同國家主席提議建立性別暴力指標及制訂相關指導文件；2005 年歐盟理事會領導人會議（the Heads of State and Government of the Council of Europe）發布

---

[3] 《消暴宣言》中所謂性別暴力，係指對婦女造成（或可能造成）身心或性方面的傷害或痛苦的任何基於性別的暴力行為，包括威脅進行這類行為、強迫或任意剝奪自由，而不論其發生在公共生活中還是私人生活中。

[4] 第 35 號一般性建議的第 20 點：「基於性別的暴力侵害婦女行為存在於人際接觸的所有空間和領域，無論是公共場所還是私人場所，包括家庭、社區、公共空間、工作場所、娛樂、政治、體育、健康服務和教育環境，以及根據以技術為媒介的環境重新界定的公共和私人場所，例如當下在網路或其他數位環境中發生的暴力行為。」

的《華沙宣言》（Warsaw Declaration），重申致力於消除一切形式的暴力侵害婦女行為，包括家庭暴力，通過採取反暴力侵害婦女行動計畫與運動藍圖（Blueprint for the Campaign），並以法律和政策措施、被害人支持與保護、數據收集與意識提升等四項作為核心目標（Hagemann-White & Bohn, 2007）。

　　2007 年歐盟成立歐洲性別平等研究所（the European Institute for Gender Equality, 以下稱 EIGE），為歐盟重要性別暴力政策建議與研究執行單位，協助與協調歐盟會員國建立性別暴力發生概況與行政統計資料，以及收集、分析與評估以證據為基礎的有效與良好作法，以增進性別暴力知識。

　　而最重要者，為建立全面防範婦女暴力及家庭暴力的標準，2008 年歐盟理事會成立專家小組起草，於 2011 年正式通過《歐洲理事會防止和打擊對婦女暴力與家庭暴力公約》（the Council of Europe Convention on preventing and combating violence against women and domestic violence），又稱《伊斯坦堡公約》（Istanbul Convention），並於 2014 年 8 月正式生效，為歐盟最重要的性別暴力防治規範文件。《伊斯坦堡公約》全文共 81 條，主要內容分為：宗旨定義與國家義務、整合政策與資料收集、預防、保護與支持、實質法、調查與起訴之程序和保護措施、遷移與庇護、國際合作、監督機制、與其他國際機構之間的關係、公約之修訂、附則等十二章。根據該公約，歐盟要求各締約國應持續透過對內、對外的各類監控策略，落實打擊對婦女各類暴力之公約精神，歐盟各國紛紛依此檢視國內相關法律規範，進行法規修正或補充，並制定國家行動計畫，大力推動性別暴力相關作為。例如英國即積極展開消除對婦女與兒童暴力的國家行動計畫，以每五年國會議員任期期間為一週期，提出一份五年國家行動計畫（2010-2015、2015-2020），擘劃整體行動策略。

　　前述國際社會親密關係暴力防治工作的進程，緊密扣連於婦女人權運動的推展，以及聯合國、歐盟的規範與工作策略。從時間序列的檢視，1970 年代的婦女運動，西方社會逐漸關注親密關係暴力現象，透過社會運動的串連，倡議國家採取法律和措施改善婦女和兒童的生活，保障被害人安全。其

後，在聯合國逐漸將性別暴力議題納入人權議題後，一波又一波運動，形成各式國際文件與有效推動機制，包括 CEDAW、《消除暴力侵害婦女宣言》、《北京宣言和行動綱領》，以及歐盟地區的《伊斯坦堡公約》等，再伴隨著緊密監督與資源下放的策略，逐漸展開各項防治工作，影響世界各國。

第四節　台灣家庭暴力防治工作的發展

　　台灣的發展也是受到這股國際脈動的影響，在婦女團體的積極倡議下，對於婦女、兒童與少年的人身安全保障政策，透過法律的制定與修正，逐步體現相關人權與權益的保護。在發展進程中，1997 年於《憲法增修條文》第 10 條中增訂「**國家應維護婦女之人格尊嚴，保障婦女之人身安全，消除性別歧視，促進兩性地位之實質平等**」的具體條文；另也引進國際人權公約，於 2011 年制訂《消除對婦女一切形式歧視公約施行法》，實質彰顯國家對於保障婦女人身安全的責任以及承諾。而就個別保護議題亦推動制定相關法令，1995 年起陸續通過《兒童及少年性交易（剝削）防制條例》、《性侵害犯罪防治法》（1997 年）、《家庭暴力防治法》（1998 年）及《性騷擾防治法》（2005 年）等重要法律；另 2011 年行政院訂頒《性別平等政策綱領》，其中「人身安全與司法」篇特別述及婦幼人身安全的政策發展方向；此皆顯示國家政策的進展，以及政府在暴力防治與被害人權益保障的重要責任。

　　台灣早期的婦女服務依靠的多是各地婦女會、生命線的志工服務；1978年華明心理輔導中心開始提供相關諮詢服務，至 1987 年，台北市政府北區婦女服務中心設立婦女防暴服務專線，進行輔導工作。而同時，1987 年 7月政府解嚴後，隨著女性議題的逐漸發酵，民間婦女團體相繼成立，1988年，現代婦女基金會率先成立全國第一個性侵害被害人保護服務機構「婦女護衛中心」，提供受暴婦女法律扶助、醫療驗傷、陪同報案等服務。

　　1993 年 10 月發生鄧如雯殺夫事件震驚社會，鄧如雯因遭受性侵害而被迫與加害人結婚，婚後不堪長期遭到其先生的暴力與傷害全家的威脅，致使

其最後殺夫。當時婦女新知、現代、晚晴等婦女團體強烈關注並聲援鄧如雯，要求仿照美國羅瑞娜（Lorena Bobbitt）閹夫案，讓鄧如雯接受精神鑑定，使其獲得減刑。鄧如雯事件突顯制度對婚姻暴力受暴婦女保障的缺乏，讓社會開始正視家庭暴力問題，要求政府提供保護措施。1994 年內政部編列經費委託婦女新知基金會展開婚姻暴力研究；1995 年，現代婦女基金會接續，結合高鳳仙法官起草「家庭暴力防治法草案」，成立家庭暴力修法委員會，進行立法催生工作（內政部，2008）。

直至 1998 年 6 月 24 日，歷經多年的努力，《家庭暴力防治法》正式通過立法，台灣成為亞洲第二個完成相關立法的國家。《家暴法》通過後，於 1999 年 6 月全面施行，並陸續於 2007 年與 2016 年進行二次較大幅度內容的修正，成為我國推動家庭暴力防治工作最重要的依據。

根據《家暴法》，政府各相關部門陸續推動組織設立、人力充實與各項服務方案等重要措施，簡述如下（括號內標註《家暴法》相關條文）：

一、中央與地方政府設立專責服務組織

（一）中央（第 4 條）

1. 1997 年內政部下設家庭暴力及性侵害防治委員會。
2. 2013 年，政府組織改造，歸併至衛生福利部下設保護服務司。

（二）各縣市政府（第 7、8 條）

1. 設立「家庭暴力及性侵害防治委員會」。
2. 社會局（處）下設立「家庭暴力及性侵害防治中心」，配置專責社工人員，另衛生醫療及警察單位人員亦納入編組。

二、各縣市家庭暴力及性侵害防治中心提供之服務內容（第8條）

1. 提供二十四小時電話專線服務（113專線）。
2. 提供被害人二十四小時緊急救援、協助診療、驗傷、採證及緊急安置。
3. 提供或轉介被害人經濟扶助、法律服務、就學服務、住宅輔導，並以階段性、支持性及多元性提供職業訓練與就業服務。
4. 提供被害人及其未成年子女短、中、長期庇護安置。
5. 提供或轉介被害人、經評估有需要之目睹家庭暴力兒童及少年或家庭成員身心治療、諮商、社會與心理評估及處置。
6. 轉介加害人處遇及追蹤輔導。
7. 追蹤及管理轉介服務案件。
8. 推廣家庭暴力防治教育、訓練及宣導。
9. 辦理危險評估，並召開跨機構網絡會議。

三、法制化促使公部門積極回應

（一）司法系統

1. 法院家事法庭審理保護令聲請事件。
2. 於法院中設立家庭暴力事件服務處，由縣市政府委託民間團體辦理，社工進駐法院提供家庭暴力事件當事人服務，包括協助聲請保護令、陪同出庭及資源轉介等（第19條）。
3. 各地方檢察署設立婦幼專責小組，處理婦幼保護刑事案件。

（二）警察系統（第48條）

1. 內政部警政署設置防治組婦幼安全科。
2. 各縣市警察局設置婦幼警察隊。

3. 各警察分局設置家庭暴力防治官。

4. 各分駐派出所設置社區家庭暴力防治官。

5. 制定家庭暴力防治工作手冊，並定期辦理訓練。

（三）醫療系統（第 52、53、54 條）

1. 各縣市設置被害人驗傷專責醫院。

2. 建立家庭暴力事件驗傷採證流程。

3. 辦理家庭暴力加害人處遇工作，包括戒癮治療、精神治療、認知輔導教育等。

4. 擬訂及推廣有關家庭暴力防治之衛生教育宣導計畫。

（四）教育系統

1. 教育主管機關辦理學校之輔導人員、行政人員、教師及學生防治家庭暴力在職教育及學校教育（第 59 條）。

2. 中小學每學年應有四小時以上之家庭暴力防治課程（第 60 條）。

（五）勞政系統

1. 提供被害人職業訓練及就業服務。

2. 對於具就業意願而就業能力不足之家庭暴力被害人，提供預備性就業或支持性就業服務（第 58-1 條）。

（六）防治網絡合作的工作模式

1. 各縣市政府定期召開家庭暴力防治委員會議，邀集警政、教育、衛生、社政、民政、戶政、勞工、新聞及司法等機關人員，並邀請專家學者及民間團體參與討論。

2. 推動「家庭暴力安全防護網」服務方案，對案件進行危險評估，針對評估為高危機的案件，設計一套涵蓋防治網絡各相關單位的服務流

程，透過跨體系間的資訊流通與合作，對個案提供高密度的接觸與服務，以回應高危機案件的需求，對被害人及其家庭成員提供實質幫助。

除此之外，我國性別暴力防治工作的發展過程中，民間團體實則扮演倡議先鋒，係促進改變與進步的最重要角色。隨著《家庭暴力防治法》實施後，政府保護性工作部門（例如各縣市家庭暴力及性侵害防治中心的編制）逐漸擴充，許多民間機構、NGO 組織亦積極投入家庭暴力防治的議題倡導，以及實際參與各地的被害人服務、法院家庭暴力被害人服務、相對人預防性服務、相對人處遇輔導、目睹暴力兒童服務、男性關懷專線、同志親密關係暴力防治、青少年約會暴力防治、新住民家庭暴力防治、被害人經濟賦權、社區家庭暴力防治宣導等服務方案與工作的推動，公、私協力成為台灣家庭暴力防治服務的重要特色。

第五節　結語

親密關係暴力是各個社會都必須關注的議題，依據 WHO 的調查顯示，全球 15-69 歲曾有親密伴侶的婦女，一生中遭受親密伴侶肢體與性暴力的平均盛行率是三成；我國婦女遭受親密伴侶暴力的終生盛行率則約為四分之一。親密關係暴力係存在於東、西方社會的老問題，直至 20 世紀中葉以後，在第二波婦女運動的推波助瀾下，將婦女受暴問題界定為人權議題，國際社會自此始有較積極的行動，相關國際公約通過，各國開始制定相關防治政策與法律。

台灣親密關係暴力防治運動也是始於民間的服務和倡議，1970 年代開始有零星的服務方案，至 1998 年通過《家庭暴力防治法》後，公部門的防治角色方才顯現。而過去二十餘年來，在民間與政府的公、私協力下，本土家庭暴力防治工作次第展開，社會對此議題有較多的認識與覺察，通報案件

數也逐年成長，相關服務資源陸續投入，專責服務組織設立，各種服務方案逐漸發展。簡言之，親密關係暴力是一個基本人權議題，對民眾的生命、身心健康、以至於對國家社會的發展，都有相當大的影響，各個社會皆必須審慎以對，戮力於防治工作的推動。

- **問題**
  1. 為何親密關係暴力議題需要被重視？
  2. 傳統社會與現代社會在看待親密關係暴力議題上有什麼異同之處？
  3. 在第一節的官方通報案件統計中，可以看見 2010-2019 年間親密關係暴力案件呈現成長的趨勢，其背後可能的原因為何？
  4. 現今社會仍存有傳統父權思想，這對於防治親密關係暴力的倡議造成什麼樣的影響與困難？

- **參考影片**
  1. Youtube〈Intimate Partner Violence〉
  2. Youtube〈家未必是避風港？《殺夫》告訴你家暴好可怕 ft. 博恩 -《學霸話經典》EP3 ｜臺灣吧 TaiwanBar〉

第二章
認識親密關係暴力

　　何謂親密關係暴力？這是進入親密關係暴力議題討論的一個基礎問題，本章第一節首先說明親密關係暴力的定義與內涵，並說明我國法律上的定義；第二節討論親密關係中展現出來的各式暴力行為態樣，就各類型的具體行為內涵有詳細的探討。第三節將就親密關係暴力的特性進行討論，以深入掌握此行為與一般暴力行為的差異；第四節則將帶領讀者更進一步認識暴力的交織性議題，針對多元族群，包括青少年、LGBT、新住民、原住民、身心障礙者及男性被害人等所遭遇之親密關係暴力困境加以探討，有助於理解處在性別、年齡、身分、族群等因素交織下，受暴者的處境。

第一節　親密關係暴力的定義

　　親密關係暴力指的是具有親密關係的伴侶間發生的暴力行為，此包含二個基本要素：「親密關係」與「暴力行為」。親密關係指的是與他人具有親密的個人關係，包含情感的連結、經常的交往、持續的身體接觸與發生性行為（但不一定須具有），且雙方在認知上認為是彼此的親密伴侶，熟悉、了解對方的生活（Breiding, et al., 2015）。再者，親密關係不論是異性或同性別的伴侶皆屬之，也不一定要二人居住在一起才符合親密關係的定義；亦即，親密關係包含異性或同性間之約會、同居與婚姻等狀態。

　　依據《家庭暴力防治法》第三條規定，家庭成員包括下列各員及其未成年子女：1. 配偶或前配偶；2. 現有或曾有同居關係、家長家屬或家屬間關係者；3. 現為或曾為直系血親或直系姻親；以及 4. 現為或曾為四親等以內

之旁系血親或旁系姻親。故若討論親密關係暴力，只要是現在或過去曾有婚姻或同居關係者（上述第三條條文的第 1、2 款），皆適用《家庭暴力防治法》。除此之外，本法第 63-1 條第一項也規定 [1]：被害人年滿十六歲，遭受現有或曾有親密關係之未同居伴侶施以身體或精神上不法侵害之情事者，準用本法部分條文規定。而依本法施行細則第 24 條規定，所謂「親密關係伴侶」之判斷，得參酌下列因素認定：1. 雙方關係之本質；2. 雙方關係之持續時間；3. 雙方互動之頻率；4. 性行為之有無及頻率；以及 5. 其他足以認定有親密關係之事實。簡而言之，只要是曾具有親密關係，且被害人年滿十六歲者，不論目前雙方是否仍在交往、同居或婚姻狀態，若遭受到親密伴侶（或前親密伴侶）之暴力行為，皆符合現今《家暴法》的保護範圍。

第二，暴力行為包含各式的肢體暴力、精神暴力、性暴力、經濟暴力、跟蹤與控制等行為，各種暴力行為的型態與內涵，在第二節將有詳細的說明。另就法律層面觀之，依據本法第二條第一項第一款的定義，家庭暴力係指「家庭成員間實施身體、精神或經濟上之騷擾、控制、脅迫或其他不法侵害之行為」，雖然規定中僅指出身體、精神與經濟等範疇，但於實務上，性暴力屬身體與精神上之不法侵害，跟蹤與騷擾行為則屬於精神上之不法侵害，故本法所定義之暴力行為與學理上對親密關係暴力行為之範圍認定大致是符合的。

第二節　親密關係暴力行為類型與內涵

檢視國際組織聯合國、WHO 及歐盟針對親密關係暴力調查的分類，基本上皆包括肢體暴力、性暴力、精神暴力及經濟暴力等四種類型，但歐盟及

---

[1]　依據《家暴法》第 63-1 條第一項之規定，被害人年滿十六歲，遭受現有或曾有親密關係之未同居伴侶施以身體或精神上不法侵害之情事者，準用第九條至第十三條、第十四條第一項第一款、第二款、第四款、第九款至第十三款、第三項、第四項、第十五條至第二十條、第二十一條第一項第一款、第三款至第五款、第二項、第二十七條、第二十八條、第四十八條、第五十條之一、第五十二條、第五十四條、第五十五條及第六十一條之規定。

美國在上述四種類型之外，又特別將跟蹤、騷擾行為單獨提列（張錦麗等，2014），凸顯此一行為的重要性與特殊性。本節將說明上述各類親密關係暴力行為的內涵；除此之外，也將就數位時代所衍生的「數位親密關係暴力」行為加以介紹。

一、肢體暴力

肢體暴力係指用身體的力量、或使用物品、武器等，攻擊、傷害或恐嚇他人，導致對方恐懼、受傷或死亡之行為。具體的行為諸如打、推、拉、扯、踢、踹、丟東西、掐脖子，用棍棒、刀子、槍攻擊，或潑硫酸、放瓦斯……等。肢體暴力是所有親密關係暴力行為中最容易辨識的類型，除可能導致身體發生各式傷害外，嚴重者也可能導致長期的器官功能損害，最嚴重者甚或可能因而死亡。

肢體暴力的發生率並不低，依據歐盟 28 國的調查資料顯示，15-74 歲婦女一生中遭親密伴侶「肢體及／或性暴力」（physical and/or sexual violence）之比率為 22%；美國國家親密關係暴力調查資料則指出，30.6% 的婦女一生中曾遭親密伴侶肢體暴力，男性則是 31.0%（Smith et al., 2018）；而我國的調查結果顯示，18-74 歲婦女一生中遭親密伴侶肢體暴力的比例是 8.63%（潘淑滿等，2017）。

二、精神暴力

精神暴力是所有親密關係暴力行為中最常見的類型，但精神暴力不同於肢體暴力，無法從身體外表的傷痕加以判斷，因此需要對此行為的本質有更多的了解。Walker（2000）指出，精神暴力指損害伴侶自尊、控制感或安全感的一切非肢體的傷害行為。Loring（1994）則強調精神暴力是一種行為模式，係個人持續地貶抑、破壞另一個人內在自我的過程；內在自我包含想法、感覺、認知以及對自我特性的認同。另 Marshall（1994）則從結果來說明精神暴力，認為精神虐待指伴侶間日常的溝通和互動方式，因而導致損害

對方的精神、情緒或行為能力；而這些方式無論是否出於故意、以愛為名的關心、或是被害人是否意識影響的發生皆屬之（引自 Follingstad & DeHart, 2000）。綜上所述，精神暴力指在精神、情緒或行為反應上的各種互動，造成對方內在自我的不利影響，包括損害其自尊、控制感或安全感，因而對其精神、情緒與行為各方面能力造成損害者。

精神暴力的行為態樣很多元，Tolman（1989）將精神暴力歸納為「情緒或口語虐待」（emotional or verbal abuse）與「支配與隔離」（dominance-isolation）二種類型。Follingstad（2000）則將精神暴力歸納為五類，包括：1. 威脅施暴（threats to physical health）：包括威脅傷害、阻止就醫、威脅傷害其家人等；2. 控制行動自由（control over physical freedoms）：例如不讓伴侶睡覺、出門、聯繫等；3. 使喪失自主性（general destabilization）：諸如透過恐嚇、貶抑、監督、孤立、獨斷以及控制等手段，使伴侶的情緒與認知受到傷害，喪失自主性；4. 掌控／控制（dominating/controlling）：例如忌妒、懷疑、孤立、限制、獨裁、拒絕、冷漠、口語攻擊、散布不實指控等行為；5. 建構關係中的失衡狀態（ineptitude）：指在關係中要求女性的服從、扮演刻板性別角色、拒絕溝通等。

精神暴力是所有親密關係暴力類型中發生比例最高者，根據歐盟 28 國的調查資料顯示，15-74 歲婦女一生中遭親密伴侶「精神虐待」之比率為 32%，曾遭伴侶控制行為者則高達 35%。美國國家親密關係暴力調查資料則顯示，婦女遭便親密伴侶精神暴力的終生盛行率是 36.4%、男性是 34.2%（Smith et al., 2018）。而我國的調查資料指出，18-74 歲婦女遭受精神暴力之終生盛行率是 20.9%（潘淑滿等，2017）。

三、性暴力

性暴力指涉一切使用力量或脅迫的手段，違反對方的意願，迫使做出有關性方面的行為。性暴力行為的內涵有不同的區分，包含性侵犯（例如強迫發生、違反對方意願的性行為）、性脅迫（例如使用操控性手段去獲得各式

性行為）、強迫的性活動（例如違反意願之觸摸、愛撫、性展示、觸摸性器官等）以及性虐待（例如利用操控或精神虐待手段，要求非接觸但違反意願的性經驗，或是對生殖與性的控制）（Bagwell-Grayet al., 2015）。

　　女性經常在親密關係中面臨伴侶各式的脅迫，迫使其必須配合或服從發生性關係，但在傳統社會對性暴力隱而不談的氛圍下，受害者多數選擇噤聲，親密伴侶性暴力問題因而長期被社會大眾所忽視。Finkelhor and Yllo（1983）指出，在親密關係以及婚姻制度脈絡中，女性至少面臨下列四種不同型式的性脅迫：

　　1. 社會型脅迫（social coercion）：指受制於社會文化對性行為是夫妻義務信念的脅迫，強化了男性在性活動上對女性伴侶支配的權力。

　　2. 人際型脅迫（interpersonal coercion）：指當伴侶擁有較多的資源與權力時，婦女害怕若拒絕要求，伴侶可能會離他而去，或是以斷絕提供資源來脅迫，為了維持關係，因而被迫配合性要求。

　　3. 威脅施暴的脅迫（threat of physical force）：這種脅迫可以包含不明顯的威脅與明顯的威脅，例如當婦女之前有受暴經驗時，伴侶無須有明顯的威脅，婦女即可能乖乖的合作，害怕自己會再度陷入危險中。

　　4. 肢體暴力的脅迫（physical coercion）：指直接以暴力迫使婦女就範，實際用肢體暴力迫使被害人發生性行為，諸如用打、掐、踢或各式肢體攻擊，強迫婦女與其發生性行為。

　　依據歐盟 28 國的調查資料顯示，15-74 歲婦女一生中遭親密伴侶「肢體及／或性暴力」（physical and/or sexual violence）之比率為 22%；美國國家親密關係暴力調查資料則顯示，婦女遭親密伴侶性暴力的終生盛行率是18.3%、男性是 8.2%（Smith et al., 2018）。我國的調查資料指出，18-74 歲婦女遭受精神暴力之終生盛行率是 4.39%（潘淑滿等，2017）。

四、經濟暴力

　　經濟暴力指的是施暴者在經濟層面掠奪被害人的各式資源，或是控制被

害人獲得與使用經濟資源，藉以對被害人展現權力與控制的一種手段，因而威脅、傷害被害人的經濟安全與經濟自主能力（王珮玲、顏玉如，2018）。經濟暴力是非肢體的暴力，操控的手段經常隱晦不明，當事人以及社會大眾因而未能意識到暴力（Postmuset al., 2012），或是覺察到背後控制的痕跡。

　　經濟暴力的本質是「剝奪與控制」，具體展現出來的手段相當多元，王珮玲、顏玉如（2018）透過對 379 位親關係女性被害人之調查，發展「親密關係經濟暴力量表」（IPEV），將親密關係經濟暴力分為四個類型：（一）經濟剝奪：指施暴者以各種方法奪取被害人的經濟資源，例如脅迫被害人提供金錢供其花用、偷竊被害人金錢、要求代還借款、拿走生活各項開銷的錢等；（二）經濟控制：指施暴者限制或監督被害人使用經濟資源，包括規定如何用錢、控管銀行帳戶、不給被害人錢去買生活必需品等；（三）阻止工作：指施暴者威脅、限制或阻撓被害人工作，或阻止工作等；以及（四）財務獨斷：指施暴者不讓被害人知悉家中財務狀況或獨斷經濟資源，例如做任何重要的財務決定時不事先商量等[2]。

　　潘淑滿等人（2017）的研究中發現，臺灣地區 18~74 歲婦女，遭受親密關係經濟暴力的終生盛行率為 6.78%，是僅次於精神暴力與肢體暴力發生率的類型；另檢視 2008-2010 年各縣市家庭暴力及性侵害防治中心開案服務的親密關係暴力案件，也發現 9.2%-10.5% 被害人曾遭受伴侶的財務與經濟暴力（潘淑滿、游美貴，2012）。

五、跟蹤與騷擾

　　跟蹤與騷擾行為是親密關係中常見的暴力類型，且目前許多國家對跟蹤騷擾已有專門的法律。根據 Spitzberg and Cupach（2007）指出，各地法律

---

[2] 《家庭暴力防治法》施行細則第二條列舉經濟暴力包含下列足以使被害人畏懼或痛苦之舉動或行為：（一）過度控制家庭財務、拒絕或阻礙被害人工作等方式；（二）透過強迫借貸、強迫擔任保證人或強迫被害人就現金、有價證券與其他動產及不動產為交付、所有權移轉、設定負擔及限制使用收益等方式；以及（三）其他經濟上之騷擾、控制、脅迫或其他不法侵害之行為。

對於跟蹤行為的定義雖有差異，但均包含下列四個要素：有意圖、行為重複發生、他人所不願意以及會引起害怕。我國《家庭暴力防治法》第二條第一項第四款，對跟蹤的定義係「指任何以人員、車輛、工具、設備、電子通訊或其他方法持續性監視、跟追或掌控他人行蹤及活動之行為。」以及第二條第一項第三款，對騷擾的定義是「指任何打擾、警告、嘲弄或辱罵他人之言語、動作或製造使人心生畏怖情境之行為。」

王珮玲（2015）依據跟蹤者所使用的方法，將親密伴侶跟蹤行為歸納為四類：（1）遠端操控——利用設備或通訊裝置監控，包括利用儀器設備監視、以通訊設備騷擾或監控、或是監看被害人網路使用紀錄等；（2）尋覓迫近——跟追與近距離監控，包括尋覓跟追、近距離監視、請他人代為跟蹤或監視等；（3）侵門踏戶——搜索破壞、發出警告，諸如侵入被害人住所、汽車等搜索或破壞、或是在被害人活動範圍內留下各式痕跡傳達警告訊息等；以及（4）陰魂不散——透過各種方法持續糾纏，例如掌握被害人及其親友之各項資料持續騷擾與恐嚇、或藉由告訴、檢舉逼迫被害人出面等。

根據歐盟 28 國的調查資料顯示，15-74 歲婦女一生中遭親密伴侶跟蹤之比率為 18%；美國國家親密關係暴力調查資料則顯示，婦女遭親密伴侶跟蹤騷擾的終生盛行率是 10.4%、而男性是 2.2%（Smith et al., 2018）。我國的調查資料則指出，18-74 歲婦女遭受伴侶跟蹤之終生盛行率是 3.85%（潘淑滿等，2017）。

六、數位親密關係暴力

處在現今的數位時代，網路世界大幅改變人們的互動模式，同時也創造、轉化、擴展暴力的新手段與方法，越來越多應用數位科技的親密關係暴力行為因應而生。數位親密關係暴力包含數位科技、親密關係以及暴力行為三個要素，指具親密關係之一方，利用數位科技對另一方施以各式暴力傷害行為。數位親密關係暴力行為態樣隨著科技的發展仍持續擴增中，至目前為止，數位親密關係暴力的態樣大致可歸納下列三種類型（Harris &

Woodlock, 2018; Messinget al., 2020; Woodlock, 2017; Woodlocket al., 2019; 王珮玲，2020）：

1. 數位跟蹤／騷擾：例如透過電子郵件、簡訊、行動電話、App、社群媒體等數位科技平台，對伴侶進行各種騷擾、跟蹤、監控等，或掌握伴侶各式的網路帳號與密碼，隨時監控通訊、交友、行蹤等。

2. 數位精神暴力：例如透過電子郵件、簡訊、行動電話、社群媒體等數位科技平台，對伴侶進行羞辱、威脅、孤立、處罰、控制等，或散布不實言論、私人資訊、相片或影像，以及透過物聯網等科技設備進行遠端控制等；或是竊取被害者網路帳號密碼，假冒身分、盜取資訊、散布不實訊息等，藉以脅迫被害人。

3. 數位性暴力／性脅迫：例如傳送具性意涵之文字、影像或羞辱之訊息，或脅迫對方透過網路視訊展示身體、動作或進行性愛聊天，拍攝裸體或性器官的相片與影像，未經同意錄製性愛影片，展示與傳送性私密影像，以及威脅散布性私密影像等。

數位科技與網路上所具有的匿名性、隱形以及網路世界的分離想像等特性（Suler, 2005），促使加害者對被害人的傷害行為變得更為嚴重與不可預測（Douglas et al., 2019; Duerksen & Woodin, 2019; Reed et al., 2016）；再加上數位媒體上的文字、訊息、影像或行為均不受時間與空間的限制，可以 24 小時隨時發生，任何地點都可以施展，並且大量、立即地複製與散布，難以從網路上移除（Harris & Woodlock, 2018）。因此，對被害者所帶來的恐懼、安全威脅、身心健康與社會功能等各方面的負面影響，已經引起全球普遍的關注。

歐盟性別平等研究所（EIGE, 2017）對歐洲 28 國展開調查指出，15 歲以上的女性中，估計至少有十分之一曾遭受過網路性別暴力；我國則尚無相關的調查。

第三節 親密關係暴力的特性

一、基於性別的暴力／性別不均等

根據衛生福利部家庭暴力案件通報資料統計，過去十年（2010-2019 年）親密關係暴力通報案件中，女性被害人約占 82%-90%（參閱圖 1-4），亦即絕大多數通報案件的被害人是女性、施暴者是男性。男性雖然也會遭受親密關係暴力，例如根據美國全國的被害調查資料（Truman & Morgan, 2014），每 3 位女性中有 1 位、以及每 4 位男性中有 1 位曾遭受親密伴侶的某些暴力行為（例如推、撞、掌摑等），但女性所遭受到的傷害與影響卻遠大於男性：若以導致肢體受傷的結果來看，7 位女性中有 1 位因男性伴侶的暴力導致受傷，而男性是 25 位中才有 1 位；另遭嚴重肢體暴力、性暴力或跟蹤行為而導致受傷、恐懼、創傷後壓力症候群（PTSD）或是傳染性病者，女性是男性被害人的 2.5 倍。簡而言之，不論是官方統計或調查資料，包括警察逮捕、謀殺案件、目睹暴力調查、犯罪被害調查、或自陳調查報告等資料，都指出親密關係暴力案件中，男性是主要的施暴者，女性是主要的被害者（Hamby, 2014）。

親密關係暴力被視為是典型的「基於性別的暴力」（gender-based violence，以下簡稱性別暴力），施暴者與被害者在性別分布上極不均等，大部分是男性對女性的暴力（EIGE, 2017）。性別暴力係根植於性別不平等的社會文化，男性擁有社會所賦予的特權，對女性施展各式暴力與掌控行為，包含性侵害、親密關係暴力與性騷擾等行為。本書第一章曾說明中、西方社會長久以來所形塑的性別角色文化，男性在家庭中的主宰角色，以及男性對女性伴侶的暴力普遍存在於各個社會，當為例證。而有關女性主義對於性別暴力的解釋，也將在第四章中有更進一步的說明。

二、暴力的循環

　　親密關係中的兩人生活交織在一起，需共同照顧家庭與下一代，若發生暴力行為，在種種的牽制與考量下，雙方關係經常是起起伏伏，處在一個動態的循環過程，此即 Walker（1979）所指的「暴力的循環」（cycle of abuse）。在這個循環中包含四個階段：第一階段是積累緊張期，雙方可能有一些指責、衝突，壓力增加，開始累積緊張關係；第二階段是發生暴力期，雙方在關係緊張中，有一個引爆點出現，因而發生暴力行為。第三階段是尋求和解期，在暴力發生後，施暴者表示懺悔、或承諾改變，企圖尋求被害者的原諒與和解。第四階段是關係平靜期，施暴者可能暫時停止暴力或是緩和態度、行為，或是被害人期待改變暴力關係、接受施暴者的道歉，雙方關係進入平靜期。然隨著雙方再度發生衝突，又進入第一階段的積累緊張期，而產生下一個暴力循環。暴力循環將會隨著暴力關係拉長，循環速度變快、發生頻率更高、暴力越形嚴重，被害人的處境越趨艱辛。

　　在實務上確實也經常看到在暴力循環中的分分合合，王珮玲、沈慶鴻、黃志中（2015）分析安全網會議解列後再列管的高危機案件，發現親密關係分分合合、時好時壞是高危機案件常見的狀況，雙方關係變化起伏，具有循環的特性。

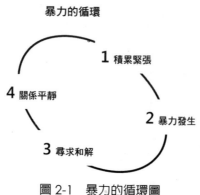

圖 2-1　暴力的循環圖

資料來源：參考 Walker（1979）

三、暴力持續時間長

　　親密關係暴力持續的時間往往很長，潘淑滿、游美貴（2012）針對「家庭暴力個案資料庫」2008 至 2010 年 2,224 份個案紀錄進行分析發現，開案服務的個案平均受暴時間是 8 年，平均家暴次數 6.3 次。王珮玲（2010）針對 213 位經法院核發保護令的婦女進行受暴史分析，指出親密關係暴力持續的時間平均是 6.27 年。另王珮玲等人（2016）分析來自台北、桃園、高雄三縣市的 63 件親密關係暴力高危機案件，發現七成以上案件的暴力持續時間在一年以上（72.1%），半數以上暴力持續時間超過三年（57.4%）；此皆顯示親密關係暴力行為大多係處在一段長時間持續發生的狀態。

　　暴力持續時間長也就意味著暴力的反覆發生，相較於其他暴力行為，親密關係暴力之再犯率相對較高。國外相關研究指出，親密關係暴力約有 25% 至 59% 的再施暴比率（Grau et al., 1985；Dutton, 1995；Klein, 1996）；另鄭瑞隆（2004）引 Dutton 在 1995 年的研究顯示，家暴再犯的比率在 25% 到 50% 之間，亦即有 1/4 到 1/2 的家暴案件並非初次發生。簡而言之，親密關係暴力行為大多不是短時間內就會停止，再發生比例也高，縱使被害人曾尋求協助，也可能再度發生暴力情事，因此重複通報的狀況也不少。

四、暴力的多元型態與多重家暴現象

　　親密關係暴力持續的時間長，被害人可能遭遇伴侶的各種傷害，精神、肢體、性、控制與經濟暴力等，都可能在同一個關係中出現，此即所謂的暴力多元型態。例如對擁有保護令婦女的調查發現（王珮玲，2010），九成以上的被害人同時遭受到伴侶的各種精神暴力（如孤立、控制、威脅、經濟虐待等）與肢體暴力，而超過二成的婦女也同時遭受性暴力。實務上所見的服務案例，絕大多數也是一個個案、但存在多元樣貌的受暴經驗；換句話說，親密關係暴力並非以單一類型出現，施暴者會同時以各式暴力傷害被害人。

　　除此之外，當發生親密關係暴力事件時，家庭內出現另一種形式暴力的

風險也會提高，例如發生對子女、父母、家人等的暴力，也就是多重家暴現象，或稱複合性家庭暴力。沈瓊桃（2006）曾針對南投縣 208 個通報家暴的家庭進行調查，發現一年內婚姻暴力與兒童虐待的合併發生率高達 65.2%；若計算過去「曾經發生過」的比率，則更高達 84.1%。美國全國性的調查資料也指出類似的現象，發現目睹親密關係暴力的兒童在過去一年中，有超過三分之一曾發生兒虐狀況，若計算過去曾經發生過兒虐的比率則高達 56.8%（Hambyet al., 2010）。

第四節　多元族群之親密關係暴力特性

一、青少年約會暴力

　　青少年開始探索情感交往、建立親密關係的現象相當普遍，國內一份針對六千餘位中學生與大學生的大規模調查資料（王珮玲，2016）顯示，約近三成的國中生、超過四成五的高中職生、以及超過五成以上的大學生都具有約會經驗。發生於青少年階段之親密關係暴力稱為「約會暴力（dating violence）」（Dardiset al., 2015），而國外研究顯示，16-24 歲青少年階段是發生親密關係暴力最高比例的時期，例如美國全國性的調查指出，12-18 歲青少年約會暴力的終生盛行率為 69%，一年的盛行率為 37%（Taylor & Mumford, 2014）。

　　此外，青少年約會暴力相較於婚姻中的暴力，在施暴與被害的性別上皆較具有相互性，亦即在青少年約會關係中較多的暴力衝突是雙向的，男女皆可能是受害者與施暴者（沈瓊桃，2013；修慧蘭、孫頌賢，2003）。再者，青少年成長於數位時代，屬於數位原住民，非常熟練與頻繁地使用手機、電腦、與社群媒體（social media），而透過資通訊科技與媒材的使用，結合數位、約會關係以及暴力傷害三種元素的「數位約會暴力」（digital dating violence）現象在青少年約會暴力中也特別普遍（Reedet al., 2017; Stonardet al., 2014）。數位約會暴力包括透過網路、手機或科技設備的各種監控、跟蹤、言語攻擊、威脅、傳播色情簡訊、相／影片、或是性脅迫等行為；遭受數位約會暴力傷害的青少年易衍生恐懼、焦慮、憂鬱、PTSD、甚至自殺意念等嚴重的身心傷害後果（Stonard et al., 2014），需要特別關注。

　　青少年約會暴力被視為是成人親密關係暴力的危險因素，半數以上的青少年約會暴力經驗會延續至成年後與伴侶之親密關係（Taylor & Mumford, 2014）。我國 104 年 2 月《家庭暴力防治法》修正，將親密伴侶暴力事件當事人的年齡由原本的 18 歲，向下延伸修正為 16 歲以上之人，擴大保護對象，此對於防治青少年約會暴力實具有重要之意涵。

二、LGBT 親密關係暴力

　　LGBT 指的是女同志（Lesbian）、男同志（Gay）、雙性戀者（Bisexual）與跨性別者（Transgender），根據美國疾病管制中心（CDC）的全國調查資料，LGBT 親密關係暴力盛行率也不低，具體的調查數字指出：在生理女性部分，35% 之異性戀者、44% 之女同志、以及 61% 之雙性戀者，在其一生中曾遭受親密關係暴力；對生理男性而言，29% 之異性戀、26% 之男同志、以及 37% 之雙性戀者，在一生中曾遭受親密關係暴力（Walterset al., 2013）。

　　但 LGBT 親密關係暴力的倖存者較少向相關單位求助，且求助時較一般異性戀者遭遇更多阻礙。同志伴侶向外求助經常會面臨來自環境、家庭／社會化／角色期待、以及個人認知等三重壓力（St. Pierre & Senn, 2010）：首先，在外在環境方面，目前社政、警政、司法、醫療等防治網絡與服務體系，均是以異性戀者為主要服務對象，缺乏對同志暴力議題的理解與服務資源。再者，在家庭／社會化／角色期待方面，成長於異性戀文化體制下，個人無形中內化了異性戀的價值與性別角色的期待，再加上社會恐同（homophobic）的氛圍，以及被污名化的同志關係，受暴的同志伴侶害怕對外求助會因此揭露性傾向，因而更不願意求助。最後在個人認知方面，施暴者常以揭露其性傾向作為脅迫被害人的手段，被害人內化社會恐同的信念，

因此當加害人以此威脅時，被害人面臨更大的求助壓力。

三、新住民親密關係暴力

　　台灣自 1998 年之後，婚姻移民人口大量增加，成為我國社會的新住民；而根據衛生福利部（2020）的通報統計資料指出，相較於本國婦女，在 2008-2017 年間，新住民婦女的親密關係暴力通報數除以人口數的受暴率（5.9%），高於本國原住民（4.8%）及本國非原住民。另潘淑滿等人（2017）進行的全國親密關係暴力受暴盛行率的調查亦呈現新住民的受暴率（3.3%），不僅高於其他樣本比率，也高於其人口比率。

　　依據針對新住民親密關係暴力的調查研究（陳玉書、謝文彥，2003）指出，新住民女性受暴案件呈現一些特殊之處：第一，首次受暴經常在婚後不久即發生，在調查中發現，首次發生親密關係暴力的時間大多集中在婚後半年至一年間，且調查樣本中超過四分之一的新住民受暴婦女係在結婚六個月內就遭受到先生的暴力。第二，新住民婦女受暴的態樣雖然仍以身體暴力與精神虐待最多，但同時遭到先生隔離、限制行動、性虐待及行為控制的比例也很高。再者，先生家族常成為施暴的共犯結構，新住民婦女可能面臨與公婆、家族成員相處的問題，不合理的家務工作要求，甚至受到先生家人的歧視、威脅與暴力對待；或是公婆、叔伯、大姑、小姑等家族成員與施暴者同一陣線，偏袒、護衛施暴者，成為施虐新住民婦女的共犯結構。

　　新住民在移民社會面臨文化、信仰、語言、生活習慣⋯⋯等各種差異，社會網絡有限、缺乏支持系統，經濟難以獨立，再加上相關身份法令的限制，在親密關係中處於弱勢的處境，易遭施暴者掌控，移民身分更成為施暴者限制其離開關係的控制手段。再者，當新住民之原生社會若也存在男性暴力的文化，此會削弱新住民女性求助的信心，其遭受家庭暴力的風險將更高。

四、原住民親密關係暴力

　　原住民族占全國人口比例的 2.3%，但根據衛生福利部（2020）的統計，過去五年（2015-2019）全國通報的親密關係暴力被害人數中，原住民占 4.6%，有較高的通報率；此與國外的調查發現相同，原住民親密關係暴力事件發生率多較當地社會之平均發生率高（Wahab & Olson, 2004）。然親密伴侶暴力事件有相當高之黑數，官方之統計數據無法說明真正的發生情況，尤其對長期處於社會弱勢地位之原住民而言，因為怕被標籤化、污名化及加深外界對原住民刻板印象的情況下（黃淑玲等，2001），許多是不願談論或是不願對外求助的。不願對外求助的可能原因包括：通報管道沒有提供母語服務、通報者烙印之負面印象、宗教原諒觀念的影響、文化思維著重部落耆老或家族協調的處理方式、擔心家暴事件曝光、交通不便利、正式系統不友善等（沈慶鴻，2017；陳秋瑩等，2006；黃源協等，2008）。

　　討論原住民親密關係暴力議題時，必須帶著全觀的理解視角（Lindhorst & Tajima, 2008），關注原住民族歷史文化的脈絡、被壓迫的脈絡、部落與當事人的認知、面臨的求助困境、主流防治政策的合宜性、以及服務輸送等問題。而就原住民婦女的受暴問題，更必須思考文化、經濟、性別與階級等多重弱勢所交織形構的不利處境下（Sokoloff & Dupont, 2005），對原住民婦女所帶來的層層限制。除此之外，研究也經常指出原住民親密關係暴力相關因素中，飲酒行為與貧窮處境二個重要議題（沈慶鴻，2017；陳秋瑩等，2006），建議原鄉部落的親密關係暴力處遇應考慮結構因素，且對家暴回應的觀點應由「家族事務」轉換至「公共議題」，以及增權部落的主體性（沈慶鴻，2017）。

五、身心障礙者親密關係暴力

　　根據衛生福利部（2020）身心障礙人口統計資料顯示（截至 2019 年底），我國身心障礙人口共計有 118 萬 6,740 人，包含女性 52 萬 5,050 人、

男性 66 萬 1,690 人，約占人口總數的 5.03%。而根據研究（沈慶鴻、王珮玲，2018）指出，2008-2017 十年間通報之親密關係暴力案件中，7.6% 的被害人屬於身心障礙者（含領冊身心障礙者、領證身心障礙者、及疑似身心障礙者）。故就現有通報統計資料初步看來，親密關係暴力身心障礙被害人所占之比例係高於其所占全部人口之比例。

　　身心障礙有不同之障別，其中各障別人數超過 10 萬人者依序為：肢體障礙者、重要器官失去功能者、多重障礙者、慢性精神病患者、聽覺機能障礙者、以及智能障礙者等[3]。各障別有其不同之照顧需求，也可能遭遇親密關係暴力不同的風險，然整體而言，身心障礙者因所面臨之社會適應力與本身認知能力問題，再加上照顧需求與經濟上的依賴，因而往往使其比非身心障礙者遭受親密伴侶暴力的期間更長，且不易透過向外協助而脫離暴力處境（Bowen & Swift, 2017）。我國對身心障礙者遭遇親密關係暴力的研究甚少，除無法掌握發生狀況外，也缺乏對服務提供之討論，此皆亟需後續開拓。

六、男性被害人

　　第一章曾述及 2010-2019 年親密關係暴力通報案件中，男性被害人有逐年增加之趨勢，至 2019 年通報人數已突破 9 千人，占親密關係暴力案件之 18.2%，此提醒我們必須同時關注男性被害人受害狀況與服務提供問題。

　　異性戀中之男性被害人遭遇親密關係暴力，面臨與女性類似之困境，包括害怕伴侶、害怕離開、遭司法系統二度傷害以及害怕揭露受暴經驗等（Brookset al., 2017）；也同時可能有 PTSD、憂鬱、自殺意念、身心疾病、高血壓以及沮喪反應（Machado et al., 2016）。但另一方面，男性被害者也有其特殊之處，例如為了保持男性在親密關係中的優勢地位，一些男性寧願保持隱忍與沉默，不願對外求助；也可能為了符合社會對男性氣概的期待，而拒

---

[3] 至 2019 年底，各障別之人數與所占比例：肢體障礙者（36 萬 234 人，30.35%）、重要器官失去功能者（15 萬 4,258 人，13.00%）、多重障礙者（13 萬 3,764 人，11.27%）、慢性精神病患者（12 萬 9,885 人，10.94%）、聽覺機能障礙者（12 萬 4,485 人，10.49%）、以及智能障礙者（10 萬 2,127 人，8.61%）。

絕展現脆弱、無助與依賴處境（Brooks et al., 2017; Durfee, 2011）。我國對於親密關係暴力案件中之男性當事人設有「男性關懷專線」（0800-013-999），提供男性有訴說心事與討論困擾的管道，然相關之服務資源仍甚為缺乏，相關研究也不足，有待社會投入更多的關注。

- **問題**
  1. 為何親密關係暴力被視為是「性別暴力」？
  2. 身處於科技社會中，我們要如何辨識自己或他人遭受數位親密關係暴力？
  3. 是否有其他多元族群之親密關係暴力也具有其特殊性，亦需我們予以關注呢？
- **推薦影片**
  1. 影集：追兇 500 天
  2. Youtube〈TAGV － 3 分鐘看懂約會暴力〉
  3. Youtube〈WebTVAsia TOP10 －恐怖情人的 10 個徵兆！看到第一名直接狂抖……好可怕！〉
  4. Youtube〈「遠離暴力讓愛自在」宣導短片（家暴精神暴力）〉
  5. Youtube〈獨立特派員第 503 集（你在看我嗎）〉
  6. Youtube〈「私密性愛影片外流」層出不窮，只是求個片，我也會成為「復仇式色情」的幫兇？｜志祺七七〉

親密關係暴力的影響

　　親密關係暴力行為對個人、家庭與社會均帶來巨大的負面影響，且可能持續很久，縱使暴力關係已經結束，被害人身心健康也難以在短時間內復原；暴力傷害甚至影響下一代的成長與行為表現，社會對此也付出沉重的代價。本章將分就對被害人、目睹暴力兒少、及對社會整體影響等三方面分別說明。

第一節　對被害人的傷害與影響

　　親密關係暴力對被害人所帶來的傷害與影響層面，包括個人所產生的負面感受與情緒、自我認知的懷疑、心理疾患、創傷反應、身心症狀與各種生理病痛與疾病，以及在人際與社會關係可能帶來的破壞等，不可輕忽。暴力關係帶來的痛苦和不安，會對被害人的生活帶來全面干擾，以下分別說明：

一、負面情緒與喪失自我

　　由於親密關係暴力具有持續性長、再犯率高之特性，多數被害人係在長期心理威脅和身體傷害的處境下生活，因此親密關係暴力中的受虐婦女常會出現害怕、憂鬱、焦慮、混淆、丟臉、負向自我、低自尊，及想要離開施暴者但又害怕、想要改變暴力情境又擔心做不到的矛盾感（沈慶鴻，2001；武自珍，1998）；以及恐懼、無力感、憤怒、痛恨、委屈、絕望、否定等強烈的負面感受（謝秋香，2003；柯麗評，2005；Devries et al., 2013）。

　　此外，自責、為施暴者行為合理化，企圖淡化、否認暴力行為的嚴重

性，以及對暴力行為進行自我的內在歸因，亦是受暴婦女常會出現的心理狀態（柯麗評，2005；鄭玉蓮，2003）。由於伴侶也會在口語上凌辱和詆毀，亦使受暴婦女在缺乏外力支持系統的正向回饋時，逐漸接受此種負向訊息而破壞自信（Geffener&Pagelow, 1990；引自沈慶鴻，2000）；Symonds（1975）甚至認為受虐婦女被恐懼所洗腦（brain-washed by terror），害怕的感受讓他們改變了許多對事、對自己的看法（引自沈慶鴻，2000），因而逐漸喪失自我與自尊。

　　Geffener and Pagelow 於 1990 年以描述犯罪事件人質在被控制期間的態度、行為改變，亦即所謂的「斯德哥爾摩症候群」（stockholm syndrome），來說明受暴婦女與施暴者關係的變化。Geffener and Pagelow 認為當受暴婦女處在孤立、害怕，極端被虐待的生活情境中，會變得相當的無助，並認為她們的一切均須依賴加害人，因此只要加害人善待她們一點點，都會被她們認為是一種需要感謝的恩德，因此應對加害人敬而遠之的受暴婦女，卻在加害人偶而的善待中逐漸對其發展出正向的態度，忽略暴力帶來的傷害以及淡化加害人的負向行為（引自沈慶鴻，2000）。

二、身、心健康的影響

　　除上述的負向感受與對自主意識的逐漸喪失外，WHO（2013）彙整了相關研究，具體指出親密關係暴力對被害婦女身心健康的影響路徑如圖 3-1，對婦女的生理、心理健康，以及性和生殖的潛在危害狀況有著極大的影響，也可能導致失能和死亡。WHO（2013）指出，個人生物機制會透過複雜與相互關聯的神經中樞、神經內分泌系統以及免疫反應作用去因應急性和慢性的壓力；例如，當長期遭受或處於急性壓力時，大腦區域如海馬、杏仁核和前額葉皮層發生結構性變化，這些變化對心理健康和認知功能有所影響，並可能導致精神障礙，身體型疾患或慢性疾病，以及其他身體狀況。而除了生物壓力反應外，還存在行為和其他風險因素，一些女性可能會試圖透過使用酒精、香菸或其他成癮藥物來減緩、逃避暴力所帶來的傷害。另為了

因應壓力，免疫系統可能會受到影響，加劇病毒感染的傳播；持續和急遽升高的壓力也與心血管疾病、高血壓、胃腸道疾病、慢性疼痛和胰島素依賴性糖尿病的發展有關。在懷孕期間和懷孕前後承受壓力則可能會導致嬰兒出生體重過輕，或觸發早產。

　　如圖 3-1 所示，遭受暴力與健康影響之間的關係是複雜的，許多關聯的假設中存有中間途徑，例如暴力可能會增加特定風險行為，而風險行為又增加了不利健康的可能性。然而，迄今為止我們對這部分的理解仍有限，需要更多和不同種類的研究，尤其是縱貫性研究，以便能更具體地描述這些路徑和結合的影響。

　　國內對受暴婦女的研究結果也佐證了上述 WHO 所指出的身心健康具體影響。劉淑瓊等人（2018）訪談 27 位親密關係被害人，發現除了急性暴力造成的外傷及其後遺症之外，親密關係暴力對被害人造成的身心健康傷害還包括：長期性的頭痛、暈眩、腰背肩頸酸痛與麻痺無力、膝蓋缺乏支撐力道及全身骨頭痛等，這些症狀在天候變化或者壓力點出現時特別明顯，且在暴力事件終止後仍持續存在。此外還有胃痛、沒有胃口、經常性上吐下瀉、腹痛、胃食道逆流等消化系統問題，胸口悶痛、心悸、高血壓等心血管症狀、荷爾蒙失調、生理周期不順、甲狀腺亢奮等與內分泌系統有關的身體狀況、子宮內膜異位、子宮發炎，乃至於流產等婦科症狀；除此之外，被害人還提及顏面神經麻痺、視網膜剝離、視力模糊，與免疫系統功能有關的則是反覆出現皰疹。而此類生理上的影響亦在沈慶鴻（2019）針對 15 位高危機案主的訪談中證實：研究發現約半數（53%，8 位）高危機受訪者曾在暴力傷害中遭受加害人以刀殺害、以電話線和手勒住脖子、用棉被悶住、抓頭撞牆等致命攻擊，這些暴力不僅造成受訪者當次的身體傷害（如動臉部手術、腦震盪需住院觀察，或曾嚴重到醫生發出病危通知），也是其憂鬱症、得服用安眠藥才能入睡等長期身、心折磨的來源。

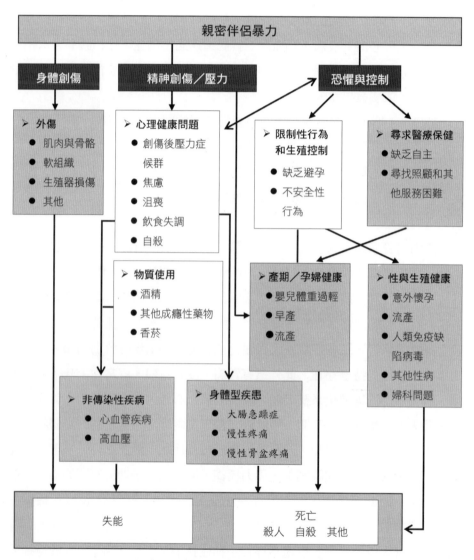

圖 3-1　親密關係暴力對受暴婦女身心健康影響路徑圖
資料來源：引自 World Health Organization（2013）

三、人際和社會功能的影響

　　孤立、社會隔離經常是多數受暴婦女長期生活的寫照，施暴者使用的監視、限制或隔離策略，除了破壞親密關係中的和諧，也剝奪了受暴婦女的人

際互動需求（Yoshihama & Horrocks, 2005）。另在暴力傷害的同時，婦女執行照顧子女的親職責任，面臨暴力威脅和母職的雙重壓力，暴力所帶來的負向情緒與不佳的身心狀況，因而可能影響了親職功能與子女照顧的品質（郭玲妃、馬小萍，2002）。

此外，受暴婦女的工作表現亦嚴重地受到暴力的影響，如因受暴被迫請假、遲到、缺席、被解雇而形成工作中斷（Shepard & Pence, 1988）；或是因受暴而無法專心工作，導致生產力下降；或因施暴者的騷擾而影響婦女無法繼續工作、被迫離職等（Swanberg et al., 2005）。對部份想要經濟獨立的受虐婦女而言，因暴力而受損的自尊、自我效能感，亦會影響其找工作的信心和工作機會的爭取（Wiehe, 1998）。經濟無法獨立，使受暴婦女難以離開施暴者；而陷入貧窮，則更可能因此被迫留在暴力關係中。

為說明受虐婦女受到的控制和脅迫，Stark（2007）以「高壓控管」（coercive control）說明面臨與肢體暴力不同的精神暴力受虐婦女的處境。「高壓控管」具有「連續性」、「反覆出現」、「剝奪受害者自主性」等關鍵特質；主要原因是男性作為「性別優勢」群體中的一員，常有意識地利用父權社會中既存的傳統性別規訓，合理化的操弄肢體暴力、威脅恐嚇、孤立、日常生活控管等各類手段，使女性陷入性別陷阱（gender entrapment），以奪取、主宰女性的主體性，實踐加害人對受害者的「專屬權」（privileged access），而使受害者陷入孤立、社會隔離而難以逃脫的暴力關係。

四、習得的無助感

長期、持續的暴力傷害除了造成受暴婦女身、心傷害，以及人際和社會功能受損外，受虐婦女可能還會出現「習得的無助感」（learned helplessness）現象。習得的無助感是 Overmir and Seligman（1967）及 Seligman and Maier（1967）將動物實驗結果應用於人類社會的概念，認為「當個體學到嫌惡刺激是無法控制時，就會產生努力和結果是無相關、無連續性的預測，會對認知、動機、情緒、自尊產生不良影響而形成無力感和無

希望感，進而影響之後的行為（引自沈慶鴻，2000）。

　　一般來說，陷入暴力關係的受虐者通常會尋求正式或非正式系統的協助，以助其脫離痛苦的暴力關係，然而 Walker（1984）針對庇護所受暴婦女所做的研究卻發現，三分之二的受暴婦女都出現了像 Seligman 在動物實驗中發現的習得無助感現象；Walker 因此將此現象定義為「受虐婦女症候群」（battered women syndrome），認為婦女在反覆求助的過程中遭受到各式挫折，無法脫離暴力，累積的無力感，逐漸生出無助感和無希望感，因而使她們不再相信自己還能有其他選擇，認為不管做什麼都改變不了受暴狀況（引自沈慶鴻，2000）。

五、創傷影響

　　國際心理創傷權威、美國精神醫學教授 Herman 針對受暴婦女的「創傷後壓力症候群」（PTSD）現象進行研究，認為「創傷」的核心經驗是權能喪失（disempowerment）與失去連結（disconnection）；創傷後壓力症候群有許多症狀，基本上可歸納為以下三類別（施宏達、陳文琪、向淑容譯，2018）：

　　一為過度警覺（hyperarousal），不斷的預感危機將至，常維持警戒狀態，非常容易受到驚嚇、暴躁不安，難以成眠。

　　二為記憶侵擾（intrusion），創傷時刻的傷痛記憶縈繞不去，恐怖、無助；即使已經事過境遷，受暴者仍然很難重返原先的生活軌道。

　　三為封閉退縮（constriction），反映出受暴者屈服放棄後的麻木反應。當任何形式的抗拒也無望時，就會進入屈服放棄的狀態—封閉退縮或無感的核心狀態，知覺能力已經麻木和扭曲，還可能伴隨冷漠、疏離的情緒，受暴者還可能處於被動的狀態，放棄所有的自主與掙扎。

　　不過，Herman 認為 PTSD 其實還不足以精確描述家暴婦女的病況，其認為現有對 PTSD 的診斷，主要歸納自單一創傷事件（circumscribed trauma event）的倖存者，然這些症狀較屬於戰鬥、災難、強暴等典型歷程，不適

用於長期、重複精神創傷的倖存者；其認為長期的家暴倖存者會發展出獨特的性格變化，包括情感關係和自我認同的變形，然目前我們對 PTSD 的論述並無法完整的掌握受暴婦女創傷的全貌，因此 Herman 提出「複合型創傷後壓力症候群」（complex post-traumatic disorder）一詞來說明家暴受暴婦女的創傷反應，認為我們最好以連續光譜而非單一病症來理解受暴婦女的創傷，其創傷症狀的範疇從會自己好轉、不符合任一診斷準則的短期壓力反應，到典型或單純的創傷後壓力症候群，再到長期、重複創傷的複合型症候群（施宏達等譯，2018）。

第二節　對兒少的影響

親密關係暴力除了對當事人造成傷害外，對家中或共居的成員也都帶來影響，其中對於未成年兒童與少年的影響更是深遠。未成年兒少年可能直接目睹暴力、也可能間接感受到暴力的發生，其身心狀態與行為舉止皆可能立即有所反應，或是發生長期的影響，直至成年。

一、兒少目睹／暴露於暴力

兒少目睹暴力的範圍很廣泛，Holden（2003）提出的目睹暴力分類表有相當完整的說明，他建議以「暴露」（exposure）於家庭暴力取代「目睹」（witness），方能更具涵蓋性地理解兒童在暴力家庭中的處境。Holden（2003）將兒童暴露於家庭暴力狀況分成 10 個類別，包括：出生前暴露、干預、受害、參與、目睹、聽聞、觀察到剛開始的影響、感受到後續的結果、聽說過、及表面上不知情等各種狀況（詳如表 3-1），這些情況對兒童都帶來或多或少的震撼、恐懼、擔憂甚至受傷，遠比一般調查中所問的「是否目睹或聽聞父母親間發生暴力」的簡單問題更為複雜。

表 3-1　兒童暴露於家庭暴力的類型

暴露的類型	定義	例子
出生前暴露	家暴對發育中胎兒的真實或想像的影響	胎兒在子宮內時遭受毆打，懷孕的母親生活在恐懼之中，或是母親認為在懷孕期間遭受家暴已影響到胎兒
干預	孩子用口頭或身體去阻擋施暴者的暴力	請父母停止爭吵，企圖保護母親的安全
受害	孩子在事件中遭到口頭上或身體上的攻擊	孩子被故意傷害、或是意外被物品打中
參與	孩子被迫或「自願」加入攻擊	施暴者強迫孩子一起施暴；孩子被當成間諜般的回報消息；或是被迫加入嘲弄母親的行列
目睹	孩子直接看到暴力	親眼看到發生暴力與衝突
聽聞	孩子聽到暴力發生，但沒有親眼看到	孩子聽到吼叫聲、威脅破壞物品的聲音
觀察到剛開始的影響	孩子看到一些暴力的直接後果	發現母親瘀傷或受傷，看到警察、救護車到家，家中損壞的家當，或大人激烈的情緒
體驗到後續的結果	當暴力發生後，孩子感受到生活的改變	孩子感受到母親的憂鬱狀況、母親育兒態度的變化，或是搬離原來住處
聽說過	孩子被告知或聽到關於暴力事件	從母親、兄弟姐妹、親戚或其他人那裡得知暴力事件
表面上不知情	孩子表面上不知道暴力事件，但可能有感受到	暴力發生地點不在家裡、或是發生在孩子不在的時候，又或者發生在大人認為孩子已經睡著的時候

資料來源：引自 Holden（2003）

　　依我國《家庭暴力防治法》第二條的規定：「目睹家庭暴力」指看見或直接聽聞家庭暴力。此法律規定僅限於直接目睹，但實務上對於目睹家庭暴力的定義還包括間接目睹，依據衛生福利部所出版的「目睹家庭暴力兒童及少年受案評估輔導指引」（劉可屏、康淑華，2016）中之說明，兒少目睹家

庭暴力含括：

（一）**經常直接看到父母的暴力行為**：親眼看見父母間的肢體暴力、性侵害，聽聞家人間爭吵、打鬥的聲音，及言語暴力。

（二）**經常直接聽到父母的暴力行為**：沒有當場目睹，但可能聽到物品被損壞的聲音或是父／母的尖叫求救聲，甚至聽到房間牆壁或地板傳來的震動聲，感覺暴力正在進行。

（三）**經常因父母暴力而陷入三角關係中**：被父母利用來增強或減輕暴力行為，緩解或增強衝突，甚至成為父母任一方發洩憤怒或挫折的對象。

（四）**兒少在事後發現父母一方受暴**：兒少沒有直接看見或聽見暴力事件，但事後發現父母一方身上有傷，感受到父母沮喪、傷心、害怕的情緒，察覺到家裡的緊張氣氛，或看到毀損的物品，而知道父母間的暴力狀況。

（五）**其他**：不得已被牽涉在暴力事件當中、被迫觀看暴力發生經過、被迫攻擊或監視被害人、兒童介入以阻止暴力都是目睹家暴的範疇。

二、兒少目睹暴力的發生率

國際上有關目睹暴力兒童發生率的調查資料比較少，根據美國針對全美 17 歲（含）以下兒童目睹暴力狀況（National Survey of Children's Exposure to Violence）的調查結果顯示，17.3% 的兒童在 18 歲以前曾目睹家庭中父母親間的親密關係暴力，而過去一年中則有 6.1% 的兒童有此經驗（Finkelhor, et al., 2013）。

我國尚未有類似全國性的兒少目睹暴力盛行率調查資料，然根據潘淑滿等人（2017）所進行的全國婦女受暴調查發現，我國 18-74 歲婦女一年的親密關係暴力發生率是 9.81%，因此推論每年約有 90 萬婦女曾遭受親密伴侶施暴。若以此基礎概估，我國社會有目睹家庭暴力經驗的兒少應不在少數。

三、兒少目睹暴力的影響

自從 Levine（1975）於四十多年前發表第一篇有關兒童少年目睹家庭

暴力的負面影響研究後，有關兒少目睹暴力的相關研究陸續累積，整體而言，兒少目睹家庭暴力的經驗，對兒少自幼兒至成年階段，在行為、心理、生理、認知以及社會適應等方面都可能帶來重要的影響，包括發展遲緩、健康問題、身體病痛、依附焦慮、情緒困擾、創傷反應、認知問題、學習困難、社會適應、外向性與內向性行為困擾等（Carlson et al., & Holmes, 2019; Evans et al., 2008; Fong et al., 2017; Vu et al., 2016；沈瓊桃，2005）。

目睹與暴露於家庭暴力的影響，依兒少的年齡發展而有所差異（Carlson et al., 2019），例如在嬰幼兒時期，對語言、身心功能發展、以及建立安全依附關係都會造成影響；在學齡前（3 至 5 歲）時期，發生外顯的行為問題機率慢慢增加，也相較於未目睹者，捲入衝突的機會高，影響兒少社會化技巧的養成。而學齡期至青春期，目睹暴力兒少發生外顯問題行為、內隱退縮行為及 PTSD 的可能性均增高，社會關係發展較困難，因此發生霸凌、約會暴力行為或成為被害者的可能性均較未有目睹暴力經驗之兒少高（詳如表3-2）。

四、暴力代間傳遞議題

另一個受到各界關注的問題是兒少目睹暴力是否會導致「暴力代間傳遞」（intergenerational transmission of violence）？俗話說「有樣學樣」，小孩會模仿、學習大人的行為；西方社會也常提問 "Does violence beget violence？"（Smith-Marek et al., 2015）「暴力代間傳遞」問題涉及暴力複製的長遠影響，但兒時目睹原生家庭父母親間暴力的經驗是否影響成年親密關係中發生施暴與受暴的可能性？一直未有定論，研究發現並不一致。一些研究指出，當邁入情感交往的階段，兒時目睹暴力的經驗將會增加青少年時期約會暴力（Baker & Stuth, 2008; Foshee et al., 1999）以及成人時期發生親密關係暴力（Smith-Marek et al., 2015）的風險；但另一方面，也有一些研究（Busby et al., 2008; Fergusson et al., 2006）不支持這樣的觀點。也就是說，「暴力代間傳遞」一直是眾所關注的議題，但暴力是否會因此有向下一

代傳遞的現象？以及可能的轉換機制與影響因素等議題，至今仍未有定論（Smith-Marek et al., 2015; Stith et al., 2000）。

表 3-2　不同年齡層之兒少經歷目睹／暴露於家庭暴力之影響

年齡	影響
嬰幼兒（出生至 2 歲）	- 兒童於 3 歲前在語言、個人、社會和精細動作發展落後的機率顯著增加 - 幼兒發生外顯行為問題的可能性增加 - 不論兒童的氣質為何，均可能增加創傷症狀，諸如痛苦反應 - 幼兒較難形成與母親的安全依附關係 - 懷孕的母親遭遇親密關係暴力，易在產後發生 PTSD，此也影響嬰兒有較高機率發生嬰兒創傷症狀
學齡前（3 至 5 歲）	- 發生外顯行為問題的機率較高 - 較常發生恐懼反應 - 較常捲入衝突，因此連帶有較高的焦慮與憂鬱症狀 - 日常生活功能較低，短期及工作記憶技巧表現較差 - 社會化技巧的發展較差，影響社會適應、合作、負責、自我控制與展現同理的能力發展
學齡至青春期（6 歲至 17 歲）	- 發生外顯問題行為、內隱退縮行為及 PTSD 的可能性增高 - 發生認知功能降低、學業學習困難、社會適應問題的可能性增加 - 社會關係發展較困難，包括較容易發生霸凌同儕的行為，同時成為霸凌被害者的可能性也增加 - 青少年時期成為約會暴力施暴者與被害者的可能性均增加；其中童年時曾有目睹家庭暴力的女孩，其經歷約會暴力的可能性高於曾目睹暴力的男孩與未曾有目睹家暴經驗的女孩

資料來源：整理自 Carlson, Voith, Brown, & Holmes（2019）

　　國內針對親密關係暴力代間傳遞議題亦有一些探討，但研究結果如同上述，也未有定論。例如沈慶鴻（1997）訪談 13 位目睹原生家庭父母婚姻暴力者，發現父母婚姻暴力的經驗對男、女受訪者有相當不同的影響，女性目睹子女尤其具有同性學習（向母親學習）的傾向，易發生受暴狀況。孫頌賢、李宜玫（2009）探討原生家庭暴力經驗與依戀系統對大學生約會暴力行

為的預測比較，針對 490 位正在談戀愛的大學生進行調查，結果發現，在暴力的代間傳遞模式中，大部分的家庭暴力經驗對施加約會暴力確實具有直接效果的預測力。但另一方面，陳怡青、楊美惠（2007）訪談 10 位經法院裁定須接受強制處遇的家庭暴力加害人，發現受訪者多否認曾目睹其原生家庭父母間的婚暴行為，僅其中三位有父母間施暴的模糊印象；而吳東彥、林繼偉（2014）對目睹父母親婚姻暴力的青少年訪談指出，因目睹婚暴是個相當沉重的經驗，青少年為了避免重蹈上一代的覆轍，試圖發展出與父母親不同的性格與行為，抗拒承襲現狀。簡而言之，我國相關研究對於目睹暴力兒少是否有暴力代間傳遞現象發生，有不同的發現，有些發展出堅強的韌性，未受到上一代父母親暴力的影響，走出家庭暴力的陰影；但部分也在其親密關係中複製了上一代的暴力行為與受害經驗。

第三節　對社會的影響

親密關係暴力不只對被害人、目睹的兒少及家庭成員造成身心健康的影響，亦衍生對個人勞動力、經濟權、健康醫療之耗損，以及對社會整體生產力、經濟產值、健康醫療資源、社會福利服務資源、以及相關犯罪防治等社會成本，皆造成直接或間接的影響。因此，近年來各先進國家及聯合國等國際組織，致力透過計算親密關係暴力所產生的經濟成本、社會成本以及醫療成本，以凸顯親密關係暴力問題的嚴重性，以及倡議訂定防暴政策及投入防治資源的必要性與效益性（劉淑瓊等，2013）。然成本計算有其複雜度，有些無形的成本（例如抽象的「痛苦」、加諸於下一代身心健康的影響）難以衡量，加以排除後，家暴所造成的成本可歸納為三大類（Wells et al., 2012）：（一）與健康醫療相關的成本；（二）與生產力相關的成本；以及（三）與服務使用相關的成本。除此之外，親密關係暴力本身即是屬於犯罪問題，因此，對社會治安也造成一定程度的影響。

一、健康醫療成本

　　各國的健康醫療成本依據該社會的生活狀況有所差異，以美國為例，美國疾病管制署（CDC）計算親密關係暴力事件之「健康照護成本」，包括心理健康服務、急診室、住院，以及因親密關係暴力受傷所導致的工作（含兒童照顧與家事勞務）生產力之損失，指出每一個親密關係暴力事件中女性被害人的健康照護成本（health care costs）是男性被害人的 2.5 倍（引自劉淑瓊等，2018）。另若計算被害人之終生健康照護成本，就整個社會而言，以美國的親密關係暴力發生率推估，則社會總共將耗費 2.1 兆美金（約 63 兆台幣）的醫療成本（Peterson et al., 2018），相當的高。

　　在我國方面，劉淑瓊等人（2018）分析健保資料庫的資料指出，親密關係暴力被害人在就醫率、就醫次數、就醫科別、就醫診斷、以及就醫費用等方面，都和非親密關係被害人有顯著差異。首先，在住院方面，親密關係暴力被害人在案期間住院率為 13.7%，平均每人住院次數約 2 次，其住院率與住院次數都顯著比非親密關係被害人高。其次，關於門診就醫，親密關係暴力被害人在案期間門診率為 87.2%，平均每人門診次數為 22.42 次，且親密關係暴力被害人在案期間平均每人門診花費為 2 萬多元，比非親密關係被害人顯著高 6 千多元。第三，關於急診就醫，親密關係暴力被害人在案期間急診率為 64.0%，平均每人急診次數為 2.5 次，都顯著比非親密關係被害人高。

　　最後根據發生率及女性的平均每人每年就醫費用兩項資訊，劉淑瓊等人（2018）推算出 2016 年全國親密關係暴力被害婦女的總醫療成本約 765 億元，其中，住院成本約 482 億、門診成本約 102 億、急診成本則約 33 億；且較未受暴婦女之醫療成本整整高出一倍左右。

二、生產力／經濟成本

　　依據美國勞工部的統計資料顯示，每年美國職場發生的暴力事件中，有 5% 是屬於親密關係暴力案件（Swanberg et al., 2012），雖然這個比例看

起來不高，但親密關係暴力事件對企業、機構會帶來不小的影響，包括員工可能因家庭暴力事件而發生曠職、拖延、生產能力下降、工作分心、影響團隊表現、以及辭掉工作。依據國家傷害預防與控制中心（National Center for Injury Prevention and Control, 2003）的資料顯示，美國每年親密關係暴力被害人共損失 800 萬天的工作日，造成雇主每年約 7 億 2,800 萬美元的損失，可謂相當龐大。

　　雖然上述各種成本推估都相當高，但所有的成本估算不論看似多麼繁複周延，基本上都還只是「冰山一角」，原因如下：（一）黑數大：絕大多數的家暴成本研究都是以「通報量」做為估算基礎，眾所周知這是一個低報的數字；再者，研究多會以「發生率」做為計算整體國家社會成本的基數，這個數字在不同研究間變異甚大，通常也偏向保守。（二）定義狹隘：目前一般的研究都比較保守地只計算家暴中的肢體虐待和性虐待的成本，受限於計算的困難，情緒和精神暴力層面的成本多未納入。（三）排除非金錢可計算者：像是痛苦、折磨、對目睹兒少的身心與教育之不利影響等，通常被省略不計。（四）服務成本的估算遠低於真正的成本。（五）對婦女生產力的估計偏低：主要是多數婦女的工作以未支薪、低薪，或屬於非正式經濟活動為主（劉淑瓊等，2013）。

三、服務使用成本

　　當發生親密關係暴力事件，社會各種服務資源，包括警察、醫療、社政、教育、勞政、司法等體系，介入處理與提供服務，此所衍生的社會服務成本也是相當龐大。例如英國 CAADA 於 2010 年發表「拯救生命、節省金錢」（saving lives, saving money）研究報告，指出：英國每週至少有 2 位婦女家暴致死，至少有 12 萬個被害人是處在高風險當中，有被殺害或嚴重傷害之虞，英國政府為此每年要投入 39 億英鎊（約 1,718 億台幣）來支應處理家暴的支出。

　　台灣方面，依據衛福部提供之「民國 106 年地方政府社福考核」有關

保護性服務（含婦女、兒少保、老人保護和性侵害防治）之經費資料，以
2016 年為例，全國社政體系保護性服務使用的總經費為 15 億 7,086 萬 6,362
元（此為年度決算數）（沈慶鴻、王珮玲，2018），但此未包含警政、教育、
司法、衛生醫療等相關防治網絡之經費，因此，整體服務使用成本絕對更
高，不可忽視。

四、對社會治安的影響

　　親密關係暴力行為部分涉及到犯罪，包括殺人、重傷害、傷害、妨害自
由、性侵害、恐嚇、違反保護令罪等犯罪事件，王珮玲（2012）分析 2005-
2007 年警察受理報案資料發現，三年間共計有 161 件兩造關係為同居、夫
妻關係的故意殺人與殺人未遂案件；另其蒐集 2009 年 4 月至 2010 年 4 月
期間的四份電子新聞報（《中國時報》、《聯合報》、《自由時報》與《蘋果日
報》）有關親密關係殺人新聞資料，一年期間共蒐集 50 件案例，平均每月經
由新聞報導的親密伴侶殺人案件約有 4 件。雖然目前尚未見到警察或司法機
關針對親密關係暴力事件對社會治安狀況影響的分析報告，但由前述的分析
資料可知，在全般重大暴力犯罪案件中，涉及親密關係暴力者占有一定之比
例，此可能帶來社會恐慌、犯罪被害焦慮、甚至是模仿效應，對社會治安均
有不小的影響；若再加上因目睹或身處暴力家庭長大的小孩，可能影響其認
知與偏差行為的發生，長遠來看，社會整體將付出沉重的代價。

第四節　結語

　　親密關係暴力對被害人帶來強烈的負面感受，被害人長期被羞辱、否
定、隔離、與身體暴力的對待下，逐漸喪失自我與控制感，也因此對個人的
身、心健康造成多方面的影響。WHO 指出親密關係暴力可能導致不同形式
的疾病和死亡的假設路徑，對受暴婦女帶來生理、心理健康，以及性和生殖
的潛在危害，也可能導致失能和死亡；除此之外，暴力也會對個人人際與社

會功能造成一定程度的破壞。另探討親密關係暴力議題，均不可忽略對暴露於該暴力情境或目睹暴力兒少所可能引起的立即或逐漸顯現的負面作用，以及不同年齡層兒少可能有的目睹影響。最後，我們需拉高視野至社會層次，了解親密關係暴力衍生對社會整體的生產力、經濟損失、健康醫療資源、社會福利服務資源、以及社會治安等所造成的直接或間接的耗損，與短期或長遠的重大影響，實不可輕忽。

- **問題**

  1. 文中有提及暴力代間傳遞議題現今仍有許多探討並未定論，你能舉出不同的看法嗎？

  2. 親密關係暴力對於個人層面（如：被害人及其子女）及系統層面（如：社會）分別有什麼影響？

  3. 在第三節中提到親密關係不只是對個人身心健康的影響，亦會衍生個人勞動力、經濟權及健康醫療等各方面成本上之耗損，可以如何降低書中所提及之耗損成本？

  4. 身為社會的一員，我們可以多做些什麼，降低親密關係暴力之於整個社會的負面影響？

  5. 為何理解親密關係暴力對受暴婦女的影響如此重要？請說說你的看法

- **推薦影片**

  1. Yotube〈【家暴切勿姑息！身心受創難撫平】華視新聞雜誌 2018.09.09〉

  2. Yotube〈獨立特派員第 391 集（暗巷那頭的光）〉

  3. Youtube〈看見瘀青〉

第四章
親密關係暴力的解釋理論

　　我們通常習慣用直覺或經驗去看現象，而理論則是將概念抽象化，協助我們進行系統性的理解，提供不同的視角去了解現象，以及解釋行為發生的相關因素。本章首先將介紹親密關係暴力行為與行為人的分類討論，說明親密關係暴力行為模式的多樣化與差異，此將有助於了解相關理論對行為的不同解釋。接續從微視至鉅視層面的四種觀點：個別特徵觀點、互動系統觀點、女性主義－社會文化觀點、以及整合理論－生態觀點，分別說明相關理論對親密關係暴力的論述。

第一節　親密關係暴力的類型與加害人的分類

　　親密關係暴力類型或是行為人是具有差異性的，也就是說，親密關係事件與行為人有不同的樣貌，具有不同的個別特徵與相關因素。因此，在探討解釋理論前，必須先行了解分類。過往相關研究依據不同的分類標準，提出許多分類結果，其中最具代表性的是下列二種：第一是以親密關係暴力的嚴重性與頻率分類，第二係以一般暴力行為及精神病理狀態分類；以下分別說明之：

一、以親密關係暴力的嚴重性與頻率分類

　　親密關係暴力的複雜性顯現在各式暴力態樣、嚴重程度、動機與性別的差異，Johnson（1995, 2008）認為親密關係暴力的分類必須就肢體暴力與控制行為二方面加以考量，可分為三種類型（詳如表4-1）：

（一）親密恐怖主義（intimate terrorism）

此類型的施暴者對伴侶有嚴重的暴力與高度的控制行為，除肢體暴力外，還會用威脅、孤立、跟蹤、經濟控制、利用特權與處罰、利用小孩、情緒虐待、性脅迫等手段，試圖掌控伴侶的一切，諸如行動、交友、活動、就業、經濟、作息、穿著等生活的方方面面。在異性戀關係中，此類型的施暴者幾乎皆為男性，受害者則為女性。親密恐怖主義與 Stark（2007）所提出的高壓控管（coercive control）概念類同，是男性透過肢體暴力、隔離、孤立、脅迫、監督、控管等手段，對女性加以控制，藉以剝奪女性的自主性，臣服於男性的掌控之中。

（二）抵抗式暴力（violent resistance）

係指受害者長期受暴後對施暴者的反抗，因而對施暴者有很強烈的暴力（例如受暴婦女為求解脫而殺夫），也就是以暴制暴；此種暴力關係中，男性通常是屬於長期對女性伴侶施暴與控制者，女性則為反抗而對男性施暴。但此種類型較為少見。

（三）情境暴力（situational couple violence）

一般起因於雙方之間的特殊衝突，轉成爭執、口語攻擊，最後惡化或在情境促發下發生肢體暴力。此種類型通常暴力情形較不嚴重、控制性也不強，大多是因為在某些情境下發生衝突或爭執，因而產生暴力，但未具有控制行為；男、女雙方皆可能為施暴者或受暴者，但男性的施暴行為較女性嚴重。

表 4-1　親密關係暴力類型分類

類型	肢體暴力／控制行為	性別分布
親密恐怖主義 intimate terrorism	暴力嚴重且控制性強	男性為施暴者與控制者 女性為被害者
抵抗式暴力 violent resistance	伴侶施暴嚴重且控制性強 受害者反抗行為暴力嚴重但控制性不 強（e.g. 被虐婦女長期受暴後憤而 殺夫）	男性為施暴者與控制者 被害女性用暴力反抗施暴 的男性
情境暴力 situational couple violence	暴力情形不嚴重 控制性亦不強	男、女互有暴力，但男性 有較嚴重的暴力行為

資料來源：整理自 Johnson（2008）

二、以一般暴力行為與精神病理狀態分類

　　Holtzworth-Munore and Stuart（1994）根據暴力的嚴重性、廣泛性與人格違常性（Personality Disorder/Psychopathology）等三個向度，將男性親密暴力區分成只打家人型（Family Only, FO）、煩躁／邊緣型（Dysphoric/Borderline, DB）、反社會型（Generally Violent/Antisocial, GVA），後續實證檢視時又增加低反社會型（Low-level Antisocial, LLA）（Holtzworth-Munroe et al., 2000）；各類型特徵說明如下：

　　（1）只打家人型（FO）：施暴行為只及家人，多無前科記錄，較無心理病理上之問題，且暴力程度較其他類型小，此型約占 50%。

　　（2）煩躁／邊緣型（DB）：施暴者之家外暴力行為雖可能有，但不多；有邊緣型人格異常，情緒易變且常煩躁等特徵，約占 25%；對伴侶有高度依賴性。

　　（3）暴力／反社會型（GVA）：此型之家外暴力行為很多，多會有犯罪前科紀錄，約占 25%。

　　（4）低反社會型（LLA）：介於 FO 與 GVA 之間。

表 4-2　Holtzworth-Munore and Stuart 的男性親密關係施暴者類型分類

類型	只打家人型	煩躁／邊緣型	一般／反社會型
親密關係暴力嚴重程度	低	中 - 高	中 - 高
精神與性暴力	低	中 - 高	中 - 高
一般暴力行為			
家外暴力行為	低	低 - 中	高
犯罪行為	低	低 - 中	高
精神病理／人格問題			
人格違常	無或被動／依賴	邊緣性人格或思覺失調	反社會／病態人格
酒精／毒品濫用	低 - 中	中	高
憂鬱	低 - 中	高	低
生氣	中	高	中

資料來源：Holtzworth-Munore, & Stuart (1994)

　　上述二種分類方式是最常見的分類法，有助於我們了解不同類型的相關因素。以 Johnson 提出的情境暴力與親密恐怖主義為例，除說明性別在不同暴力關係中的分布狀況外，亦可進一步了解情境暴力發生的原因偏向於行為者個人的生理、情緒控制、人格特質、物質影響等，當雙方因當下情境因素，衝突升高，易促發暴力的發生；而親密恐怖主義則強調男性對女性的掌控，女性主義與權力控制理論可幫助我們理解父權文化與權控關係對暴力行為的形塑與意涵。

第二節　個別特徵觀點

一、生物學觀點

　　生物學觀點主要是探討遺傳、先天性以及器官性等原因對親密關係暴力

行為可能造成的影響，相關的研究包括動物行為學、基因缺陷、大腦傷害、神經病理、大腦缺陷以及疾病造成腦部結構或功能受損，或因腦部功能受創，因而對暴力行為的發生造成影響。例如大腦受到傷害，對個人的行為控制、氣憤管理、或自我偵察（self-monitoring）等能力有所影響，長期可能導致人格改變、易受刺激與暴怒。相關研究結果指出，大腦傷害不是暴力發生的原因，但大腦傷害可能削弱了大腦的衝動控制機制，因而增加個體發生暴力行為的危險（Ali & Naylor, 2013）。

　　另一個常被提到的生理因素是神經傳遞質（neurotransmitters），包括睪固酮、雄性荷爾蒙（testosterone）與血清素（serotonin）的影響。睪固酮控制了雄性性徵的發展，研究發現睪固酮與口頭及肢體攻擊、支配慾望、犯罪、暴力以及反社會行為有正相關（Ali & Naylor, 2013），具有較高睪固酮量的男性，較具暴力傾向，較難維持好的婚姻關係，也較可能發生婚外情、以及較差的婚姻品質。另血清素的高低也會對人的心情與行為有所影響，低的血清素可預測一個人發生衝動與暴力行為的可能性變高（Badawy, 2003）。

　　至今有關個體生理因素與親密關係暴力的研究仍相當缺乏，一方面因為這方面的研究不容易進行，另一方面也考量生理因素可能成為施暴行為的藉口；但未來仍有必要加以深入的探討，以更能掌握生理因素對個人情緒反應與暴力行為所帶來的影響。

二、心理學觀點

　　心理學領域對於親密關係暴力的解釋包含從人格特質、人格違常、精神病理狀態、不健康的依附關係、低自尊、低自控、憤怒、衝動、與情緒控制差等特質，說明暴力行為者的心理狀態以及與暴力行為的關係。已有許多研究對心理特質因素加以探討，以下僅就最常被引用解釋的精神病理與人格、以及依附關係理論二方面加以說明：

（一）精神病理與人格

最早對親密關係暴力的解釋認為暴力發生與個人的精神病理傾向有關，施暴者與受害者具有心理健康問題，如憂鬱、人格違常、反社會人格、邊緣性人格、或是精神疾病等，因而導致施暴與受暴。例如有研究指出，男性施暴者與未施暴者進行比較，施暴者組具有邊緣性人格的比例普遍較高（Dutton & Starzomski, 1993）。而一份自嬰兒時期開始追蹤至 21 歲的長期研究發現，87% 的嚴重暴力行為者符合精神疾病的診斷標準；且男性施暴者具有心理健康疾病的比例是無暴力者的 13 倍，這些心理健康疾病包括憂鬱、焦慮、物質濫用、反社會人格、以及思覺失調症等（Moffitt & Capsi, 1999）。另也有研究指出，親密關係暴力經驗會影響一個人發生精神疾患的可能，這種影響在男性與女性身上都會發生（Ehrensaf et al., 2006）；例如受暴婦女相對於一般婦女較可能發生憂鬱、PTSD、酒精與藥物依賴等狀況（Golding, 1999）。

雖然許多研究都指出精神病理與人格問題與親密關係暴力行為有顯著的關聯，但必須注意的是，至今尚無研究能證明精神疾病與親密關係暴力行為的因果關係。再者，由於過往相關研究的樣本大多係以親密關係暴力案件被判刑的受刑人、被裁定接受處遇的相對人、或是接受安置的被害人所提供的相對人資料，因此，這些發現的引用與推論必須相當謹慎。

（二）依附關係

Bowlby 提出依附理論（attachment theory）試圖解釋嬰兒與照顧者（主要指母親）間的互動關係，以及此互動經驗對幼兒至成長階段所造成的影響。依附理論認為，人類從嬰兒時期就會去尋找情感依附的對象，通常是母親或是主要照顧者，嬰兒時期與依附者所建立的情感信任、可獲得與可接近的依附型態，將會持續影響到成人階段。依附系統是一個內在運作模式（internal working models），個人會從與他人的互動過程中學習，漸漸地形成

對自我和對他人的知識，並做為未來和外界環境互動時的參考。例如，若嬰兒在需要時都獲得照顧者敏銳的、支持的回應，則較容易建立起信心與安全感；但若依附需求未被充分、及時回應，在發展過程中易產生不安全的依附策略，且成長後發生心理與行為問題，包括人格違常、藥物濫用以及其他心理疾患的風險會增加。

Hazan and Shaver（1987）進一步將依附理論的應用擴展至成人世界的情感關係，並區分為健康與不健康的依附關係。具健康依附關係者具有安全感，當面對壓力狀況時可以獨立或與他人合作彈性應對；而不健康的成人依附關係包含二種型態：（1）焦慮依附（anxiety attachment）：與處理個人獨立問題有關，易恐懼被拋棄、過度的尋求幫助、衝動、憂鬱、生氣、怨恨、發洩憤怒、與低自我控制等。（2）迴避依附（avoidance attachment）：與處理個人親密感問題有關，易害怕過度親密、過度的自我滿足、情感設限、防衛性高、高度的自我控制、有限的情感覺察與表現等。

Mayseless（1991）指出，不健康的依附關係與親密關係暴力有關，例如「焦慮依附」者因害怕被伴侶拋棄所產生的攻擊性、嫉妒、佔有慾與控制慾，易引發親密關係中的攻擊與暴力行為；而「迴避依附」者因害怕與伴侶過度的親近，有較高的防衛性，因而產生的被動、冷漠、敵意、以及苛求、指責等，也易對伴侶有傷害行為發生。換句話說，當具不健康依附關係者面對親密關係威脅時，暴力經常是一種反應的手段。而研究確實也指出，具不健康的依附關係者，不論是男性或女性，皆較容易發生親密關係中的肢體與精神上暴力；另精神暴力則與親密感需求、分離抗議、害怕失去、以及強迫性的照顧需求等不安全的依附有關（Gormley, 2005）。

三、物質影響——飲酒行為

許多研究都指出親密關係暴力的施暴者，喝酒比例高於非施暴者，且喝酒後更容易發生暴力行為。喝酒是引發親密關係暴力行為的重要危險因子，但喝酒是暴力行為發生的原因？或者只是一個重要的關係變項，而非具有因

果關係？目前有許多的討論，下面三個觀點對酒精影響有不同的看法：

（一）**失控觀點**：認為酒精會影響大腦和中樞神經系統功能，弱化衝動及攻擊行為的抑制力，降低個體對行為的控制與認知能力，易導致攻擊與暴力行為的發生。例如「酒精近視模式」（alcohol myopia model）（Steele& Josephs, 1990）所指出的，酒精損害個人的認知功能，降低專注力，限制對內在與外在刺激的吸收與反應，容易對當下環境中突出、挑逗的刺激做出反應，而無法對行為的效果進行思考，因而易促發攻擊與暴力行為的發生。換句話說，此派觀點認為酒精引發個體在認知與行為上的失控（disinhibition），易促發親密關係暴力行為的發生（Giancola et al., 2010）。

（二）**藉口觀點**：例如否認理論（disavowal theory）強調個人在其酗酒與暴力行為中的社會學習，觀察學習飲酒暴力的「腳本（script）」，飲酒後發生暴力行為被當成個人的藉口並被原諒，施暴者即學習以酒精作為其合理化暴力行為的藉口；亦即，酒精與暴力行為無關，僅是作為施暴者否認暴力行為的藉口（Jewkes, 2002）。

（三）**整合觀點**：例如生物心理社會整合模型（integrated biopsychosocial model）認為酒精與暴力的關係是複雜的，有許多因素相互作用產生影響，包括**個人層面**（如人格特質、不良童年經驗、精神症狀、神經功能、飲酒經驗、對酒精與暴力關係的認知等）；**酒精相關層面**（如酒精對生理、神經傳導系統以及對認知功能的影響等）以及**脈絡層面**（例如環境因素、關係類型、促發因素等）（Chermack & Giancola, 1997）。換句話說，酒精與暴力行為的關係途徑是多面向的，多重因素彼此存有交互作用，需考量個人在此三個層面的狀態與反應，方能理解酒精對暴力行為的影響。

目前眾多研究確實指出飲酒行為與暴力行為的發生具有顯著相關，但並未能獲致二者間具有直接的因果關係，相關的影響因素甚多；例如性別因素、或合併精神症狀、人格問題等皆會影響酒精與親密關係暴力行為的關係（Choenni et al., 2017）。Johnson（2001）研究即發現，當控制「男性掌控」以及「對婦女的暴力態度」兩個變項後，喝酒與男性家暴行為的關係就不顯

著。我國對酒精濫用施暴者的研究（陳怡青，2011；黃美甄，2016）也指出，男性飲酒文化與家庭暴力皆牽涉社會階層與權力控制的議題，男性藉由飲酒展現扭曲的男子氣概，可暫時解除男性角色的壓力與受困的社會經驗，酗酒與親密關係暴力之間緊密結合，並且重複性的循環。

第三節　互動系統觀點

互動系統觀點認為人受到系統環境的影響，透過互動、學習、資源交換或是衝突解決，產生了暴力行為，其中社會學習理論、資源理論、交換理論及家庭系統理論是最具代表性的理論。

一、社會學習理論

說明暴力代間傳遞現象的理論基礎是「社會學習理論」（Bandura, 1977）模式，而其中有二個主要的解釋理論：第一，「暴力代間傳遞理論」（intergenerational transmission of violence theory）是社會學習理論的應用，認為暴力會衍生暴力，兒童透過目睹、聽聞、模仿、學習父母親的行為模式、與解決衝突的方法，長大後在自己的親密關係中複製父母親的施暴與被害行為（Widom, 1989）。而依據社會學習理論，兒童較易模仿同性別父母的角色，也就是所謂的同性認同與學習傾向，例如目睹同性別的父母施暴，將來成人後成為施暴者的可能性增加（Jankowski et al., 1999）；相同地，如目睹同性別的父母成為親密關係暴力的被害人，則目睹兒長大後成為親密關係暴力被害人的風險也增加（Iverson et al., 2011）。

第二則是「背景－情境理論」（background-situational theory）（Riggs & O'Leary, 1996），該理論係暴力代間傳遞理論的擴充，認為若單以目睹暴力因素來預測未來是否發生親密關係暴力是不夠的，必須擴大納入環境因素的影響；因此，提出個人「背景因素」（例如目睹暴力經驗、受虐經驗、人格特質因素、精神病理因素等）建構了個人暴力行為的模式，而「情境因素」

（人際衝突、物質濫用、關係滿意、問題解決技巧、溝通模式等）促使提高親密關係的衝突程度，當背景因素與情境因素互動，因而影響、促發了親密關係暴力發生的可能性。

二、資源理論（resource theory）

Goode（1971）提出的資源論認為家庭如同其他的社會系統，存在著以力量（force）及力量威脅（threat of force）的本質，一個人擁有愈多的資源，就更可能在關係中擁有做決定的權力，因此，擁有資源的人較不需要利用暴力來取得權力，暴力行為較少發生。然後續 Rodman（1972）對資源論提出修正看法，倡議「文化資源論」，認為夫妻資源與權力的關係並非絕對，仍受到文化性別角色的左右，當父權社會期待男性角色是賺取資源與擁有權力者時，若婚姻關係中的資源分配破壞了社會角色現況，亦即男女雙方的資源擁有與社會期待發生角色衝突（status-conflict），女性擁有較多資源，男性伴侶面臨非典型的不利處境，此將威脅他的男性氣概。因此，擁有較少資源的男性藉由對女性伴侶施暴，以掌握關係中的控制權，保持他的男性優勢地位（Anderson, 1997）。

三、交換理論（exchange theory）

Gelles and Cornell（1990）提出的交換理論是源於行為心理學，討論成本和報酬的關係（Homans, 1961; 引自 Brewster, 2002），認為在親密關係中，各自提供另一方服務及報酬，包括情感需求、金錢、愛與性等，而親密伴侶之間互動受到追求報酬及避免懲罰二個主要因素所引導，如果報酬交換是互惠的，那麼良好的互動就會繼續；如果沒有達到互惠，那麼互動即會中止。在家庭內，如果施暴者使用暴力獲得他所需要的東西，而這種暴力行為並沒有遭受到處罰（例如被害人容忍），因為使用暴力所獲得的報酬高於暴力所付出的代價，施暴者即繼續使用暴力來達到他的目的。

四、家庭系統理論（family systems theory）

Gelles and Straus（1988）指出，家庭系統與其他社會組織相同，都存在著許多衝突，當家庭內個人為了自己的目標而與他人的生活方式發生不一致時，或是利益產生衝突時，系統的平衡受到挑戰，暴力即是一種解決衝突的策略。Straus（1979）發展的「衝突量表」（Conflict Tactics Scales, CTS）即是在此觀點下所發展出來測量親密關係暴力行為的量表，在親密關係暴力盛行率相關調查研究中，CTS 與 CTS2（Straus et al., 1996）是最被廣泛使用的測量工具。

第四節　社會文化觀點

一、女性主義觀點

女性主義認為親密關係暴力是基於性別的暴力，是男性對女性的暴力，暴力發生最主要肇因於父權社會下男性優勢的文化，形成父權體制男性支配的思想，且具體存在於經濟、社會與政治等結構體制中，男尊女卑，致使女性受到男性壓迫，包含對女性的暴力與掌控。女性主義論述中，「權力」是非常核心關鍵的因素，認為對女性的暴力可以解釋成是一種權力的暴力。在大多數社會中，「性別」決定社會地位，當社會上賦予男性有較高權力的同時，女性即成為受控制的群體；因此，女性主義主張要防治親密關係暴力，首要即是對女性的「增權」（empower），改善社會權力結構的認知與分配（Dobash & Dobash, 1979）。以下說明女性主義觀點中，西方社會的「權力控制輪」、以及東方社會的「父權家族系統受暴網」二個相當具有代表性與影響力的論述。

（一）權力控制輪

權力控制輪（power and control wheel）（詳如圖 4-1）最早是由美國明

尼蘇達州杜魯斯市（Duluth, Minnesota）所發展，該地推動家暴介入處遇方案 DAIP（Domestic Abuse Intervention Project），藉由蒐集婦女的受暴經驗，綜整提出以權力與控制為核心的親密關係暴力圖像。DAIP 歸納男性伴侶所運用的八種手段，包括運用其男性權威、經濟控制、淡化否認與責備、運用小孩、刻意孤立、強制與威脅、恐嚇以及精神上虐待等，對女性伴侶施加身體、精神與性的暴力，形成輪狀的暴力圈，此也代表暴力手段的多樣化與重複發生。權力控制輪認為權力與控制是男性對女性伴侶施暴的目的，也就是說，各種暴力行為僅是手段，究其核心，男性施暴者的企圖是掌握關係中的權力與控制。

圖 4-1　權力控制輪

資料來源：Domestic Abuse Intervention Project (DAIP, 2020)

（二）父權家族系統受暴網

　　DAIP 之權力控制輪形成的基礎是美國婦女的受暴經驗，日裔美籍學者 Yoshihama（2005）將此暴力圖像翻譯成日文，帶到日本社會進行研究，透過與受暴婦女的討論，Yoshihama 發現權力控制輪無法全然說明日本社會婦女的受暴現象與經驗，其中最重要的差異是權控輪缺乏對東方父權社會家族系統文化影響的論述。日本社會除了傳統的父權意識形態外，家族與宗族扮演非常重要的身分認同與行為規範的角色，親密關係暴力行為非僅是施暴者個人的施暴，夫家成員也經常默許與助長暴力行為，如同一個共犯結構。因此 Yoshihama 修正 DAIP 的權力控制輪，提出「父權家族系統受暴網」（A web of intimate partner violence in the patriarchal clan system）（Yoshihama, 2005; 戴世玫，2013）（如圖 4-2），更清楚說明處於東方社會傳統父權與家族系統下婦女多重受暴的處境。

　　「父權家族系統受暴網」指出，婦女遭受到先生肢體、性、口語與精神暴力時，施暴者會合理化、淡化、或是否定、掩飾暴力，同時又以隔離、監視與經濟控制等手段，讓婦女無法認知到暴力的嚴重性；施暴者則利用各種暴力行為與控制手段，組合起來如同撒下一張蜘蛛網，讓婦女身陷其中，無法動彈。而在傳統父權家族文化下，夫家成員也被賦予權力參與限制女性（媳婦）以及對其的施暴行為，使建構於家族系統下的受暴網更形穩固。當面對整個家族複雜的掌控，以及社會對女性於家族中角色的期待，致使婦女難以對外求助，更無法脫離暴力關係。

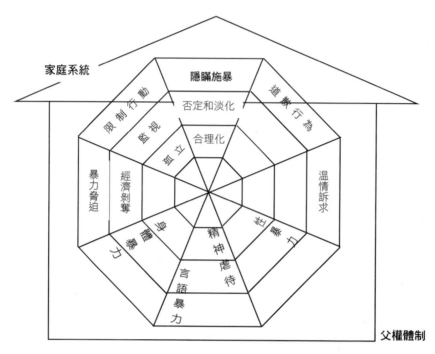

圖 4-2　父權家族系統受暴網

資料來源：Yoshihama (2005)

二、權力控制理論

權力控制概念是討論親密關係暴力非常重要的一個理論觀點，自 1970 年代末期開始即有許多的討論（Dutton & Goodman, 2005），而近年來更有完整理論模式的提出，其中最具代表性的包括脅迫模式（model of coercion）（Dutton & Goodman, 2005）、以及高壓控管理論（coercive control theory）（Stark, 2007），以下分別說明。

（一）脅迫模式

脅迫模式可溯源至社會權力理論（the theory of social power）（French & Raven, 1959；引自 Dutton & Goodman , 2005），社會權力理論主要是說明個人如何利用資源去影響他人，並將影響的過程區分為**權力的基礎**（例如控制

他人的能力與潛能）、**權力施展的過程**（例如如何試圖去控制他人）、以及**權力施展的結果**（例如對方的順從或抗拒）。Dutton and Goodman（2005）將此三個元素運用在脅迫模式，說明施暴者虐待行為的三個步驟：營造虐待權力存在的可能、利用權力脅迫、以及藉由對方順從達到控制的目的。脅迫模式指出，首先施暴者會「營造舞台」（setting the stage），讓被害人知道他有方法來懲罰不順從的人，創造出脅迫被害人的基礎：諸如威脅不給予金錢，讓被害者不敢反抗，且更為依附施暴者。其次，在施展脅迫要求時，施暴者會監控（surveillance）被害人，如利用打電話、文字訊息、跟蹤等各種方法，讓被害人完全受到掌控。再者，施暴者所施展的脅迫策略是相當多面向的，而且是一個反覆脅迫的過程，使被害人相信，若不順從將會有更痛苦的懲罰，若順從則會得到獎賞；最終達到讓被害人順從的結果，而得以完全掌控被害人。

（二）高壓控管理論

Stark 於 2007 年發表了 *Coercive control: How men entrap women in personal life* 一書，提出高壓控管理論（coercive control theory），更有系統的論述高壓／脅迫與控制二個概念，在學術界與實務界皆引起很大的迴響，可視為近年來探討親密伴侶暴力理論模式最重要且最完整的著作之一。在該理論中，將**高壓／脅迫**定義為「使用力量或威脅的方法，去強迫或制止某一種特定的反應」（Stark, 2007, p. 228）。而**控管**係指「透過間接壟斷重要的資源、支配選擇、細緻的控制伴侶行為、限制她的選擇、以及剝奪她行使獨立判斷所必要的支持等方法，將剝奪、剝削、以及命令被害人順從的各種形式組合成一個結構性的模式」（Stark, 2007, p. 229）。施暴者的控管可以透過禁止或脅迫的方式達到，例如禁止婦女外出工作、使用汽車、或是強迫交出薪資等，但被害人對施暴者的控管行為並非立即可意識到，再加上控管和依賴或順從有些相似，因而難以察覺。因此，若要判斷是否為控管行為，不能只看單一事件，要從行為結果往過去歷史追溯，去了解施暴者對待被害者的行為脈絡。

高壓脅迫和控管二者混合所產生的結果就是施暴者支配受暴者，被害人受害的經驗就像是一個逐步受困在陷阱、圈套的經驗，促使被害者被迫依賴施暴者，喪失自主性（Stark, 2007）。

高壓控管模式中施暴者會使用肢體暴力、恐嚇威脅、孤立隔離、以及日常生活控管等手段，此行為模式不同於一般傷害行為，具有下列特性（Stark, 2007）：

1. 控管行為係高頻率發生，且具有累積的效果，終會促使被害人喪失自主權。

2. 施暴者認為有特權，可以主管被害人的一切，縱使二人已經分開，施暴者仍認為被害人須聽命於他的控管，並與之保持親密。

3. 高壓控管是一種結構性的約束，施暴者可以剝削被害人的所有資源以滿足他的需求，也壓制被害人的可能反抗，形成結構性的控制。

4. 控管行為在時間與空間均可無限擴張，控制無所不在，可以利用電話、網路追蹤等各式方法，侵入至被害人的生活中。

5. 長期下來，被害人像落入加害人誘捕的圈套中，處在一個不自由與害怕的情境，相當危險。

6. 脅迫控制是性別化的，男性與女性對對方的傷害具有類似的動機與方法，但高壓控管是性別化的，是男性對女性的控制。

高壓控管概念與 Johnson 所提及的「親密恐怖主義」類型類同，都是強調脅迫與控制的核心概念，施暴者透過有形與無形的手段，對被害者的控制是全面性的。Stark 認為，高壓控管是嚴重違反人權的行為，然現今法律對於暴力事件都偏重強調一件一件的肢體暴力行為，忽略加害人對被害人的高壓控管行為，以及該行為對被害人的傷害，因而主張必須修正法律對親密關係暴力行為的定義，納入高壓控管行為。

第五節 結語

親密關係暴力行為模式並非單一化，加害者依其行為模式也有不同的分類，對暴力行為原因進行探討時，必須先了解不同行為模式的特性，方能更進一步了解可能的解釋原因。然個體行為是一個相當複雜的機制，有關暴力行為發生的原因解釋，包含個別特徵的生物因素影響、心理學所著重的精神病理、人格、依附關係與物質影響，至互動系統觀點的社會學習理論、資源理論、交換理論與家庭系統理論，以及從社會文化出發的女性主義觀點與權力控制理論等；上述理論觀點皆有其論述的焦點，也有相關研究的支持，但也必須注意，暴力行為模式的多樣化、以及不同加害者類型，無法以單一理論來解釋全部的行為與個人。

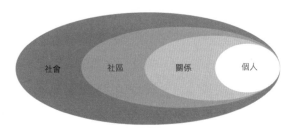

圖 4-3 親密關係暴力之生態系統理論模式
資料來源：WHO (2002)

因此，本章最後將以整合型的生態系統理論作為小結。生態系統理論是一個相當具影響力的發展心理學理論（Bronfenbrenner, 1986），指出兒童及青少年的成長發展，受生物因素及環境因素的交互影響。生態系統理論後續也廣泛被應用於說明親密關係暴力行為（Ali & Naylor, 2013; Heise, 1998; WHO, 2002），認為暴力行為的發生牽涉到個人、人際關係、社區及社會四個層次的相關因素，且彼此存在交互影響，亦即暴力是多層次因素對行為影響的結果（詳如圖 4-3）。其中第一個是個人層次，包括生物因素、心理特質與個人歷史因素；第二是關係層次，個人與密切的社會關係（例如伴侶、家

庭成員間的關係）中之衝突、男性控制財富與主宰家中決定等，將增加施暴與受害的可能性；第三是社區層次，社區環境（例如學校、工作環境、居住環境）諸如貧窮、失業、孤立婦女與家庭等因素，皆可能影響暴力與被害發生的機會；以及第四個社會層次，包含社會父權思想、僵化的性別角色、以及接受用暴力來解決衝突等因素。生態系統理論強調暴力的多重因素，以及在個人、家庭、社區、社會與文化背景下相關因素的相互作用，可以更全面的理解暴力行為發生的複雜原因。

● **問題**

1. 在本章第二節有關飲酒行為的討論中以生物心理社會整合模型解釋酒精與暴力的關係，有個人、酒精相關或脈絡層面的影響，您認為在脈絡層面中（例如環境因素、關係類型、促發因素等），如何影響暴力的發生？

2. 若以不同觀點看待親密關係暴力之發生，您認為可以如何降低其發生率？

3. 對於本章節所提到的理論，您比較同意哪個理論觀點？為什麼？試著舉出一個例子。

● **推薦影片**

Youtube〈新居落成——現代婦女基金會微電影 2015/9/12.〉

第五章
危險評估與安全計畫

　　暴力行為危險評估議題自 1970 年代開始受到重視（Dolan & Doyle, 2000），研究指出親密關係暴力之再犯率不低（Grau et al., 1985; Dutton, 1995; Klein, 1996），因此，相關人員在服務過程中對案件進行危險評估，掌握被害人的危險處境，進而根據評估結果提供適當的服務與討論安全計畫，以降低被害人再度遭受暴力傷害，是服務的主要目標之一，也是相關工作者重要的服務內容（Kropp, 2004）。本章將探討危險評估的方法、危險因子、危險評估工具、安全計畫以及網絡合作提升被害人安全等議題。

第一節　危險評估的重要性與方法

一、危險評估的重要性

　　為確保親密關係暴力被害人的安全，提升實務處理與防治之成效，近年來各國均非常重視親密關係暴力案件的危險評估，以及依據評估結果制定安全計畫與服務（Messing & Thaller, 2015），此也是國際性別暴力防治政策之重要發展方向。2017 年聯合國公布 CEDAW 第 35 號建議，其中第 31 點即明確指出，各締約國應採取「即時風險評估和保護等一系列有效措施」；另歐盟 2014 年 8 月生效的《伊斯坦堡公約》第 51 條，規範國家在性別暴力案件危險評估與風險管理的責任，要求各國必須採取必要的立法或政策手段，實施致命危險、危險情境或再犯危險評估，並採取跨體系的合作，進行風險

管理以及提供安全策略與支持服務 [1]。

　　我國相關政策發展亦是遵循國際之走向，《家庭暴力防治法》第 8 條規範，各直轄市、縣（市）家庭暴力防治中心必須辦理危險評估，並召開跨機構網絡會議。在實務運作上，自 2009 年起即開始推動親密關係暴力案件危險評估，發展「台灣親密關係暴力危險評估表」（下稱 TIPVDA）（Wang, 2015；王珮玲，2012）與家庭暴力安全防護網方案（王珮玲，2015；劉淑瓊、王珮玲，2011），要求責任通報人員於受理親密關係暴力事件時，應運用 TIPVDA 表進行危險評估，以及早發現具致命風險之案件，並要求各直轄市、縣（市）政府針對經評估為高致命風險之案件，按月邀集社政、警政、衛政、檢察、司法、教育等單位，召開高危機案件跨網絡會議，共同評估這些案件之致命風險，並擬具合適之介入行動，以維護被害人及其未成年子女的人身安全。

　　親密關係暴力危險評估內容，是工作者處理案件必須參酌的重要訊息，並依據評估結果開展下列工作：

　　（一）**危機處理**：透過危險評估促使防治網絡各單位對案件的危險狀況有共同的理解，據以啟動相關服務，進行危機處理，採取適當回應。

　　（二）**討論被害人的安全計畫**：了解被害人所面臨的危險情境，引導服務者與被害人共同討論安全計畫，協助被害人思考安全議題與自我照顧的決定。

　　（三）**加害人處遇的參考**：危險評估內容可提供給處遇執行者作為安排相對人處遇內容之基礎。

　　（四）**干預策略的依據**：防治網絡體系參酌危險評估資訊，提供必要的

---

[1] Council of Europe Convention on preventing and combating violence against women and domestic violence, Article 51 – Risk assessment and risk management, 1: Parties shall take the necessary legislative or other measures to ensure that an assessment of the lethality risk, the seriousness of the situation and the risk of repeated violence is carried out by all relevant authorities in order to manage the risk and if necessary to provide co – ordinated safety and support.

安全服務與處遇措施，例如警察依據危險評估結果，協助申請緊急保護令、護送被害人、約制加害人等；法院審核保護令申請案時，參酌危險評估結果，核發適當的保護款項；檢察官辦理家庭暴力罪與違反保護令罪案件時，參酌危險評估結果，命相對人遵守一些必要的條件；或是社服體系提供被害人相關安置、經濟、輔導等處遇服務。

二、危險評估的方法

針對親密關係暴力危險評估的方法，主要有三種模式（Kropp, 2004）：

（一）非結構性的臨床評估方法（unstructured clinical assessment）

非結構性的臨床評估法是最普遍使用的方法，以此種方式進行評估時，通常並無評估指引可提供評估者參考，操作上極度仰賴評估者的臨床反應，評估者需自行決定詢問何種問題、蒐集哪些資訊、以及如何做成判斷，因此評估者的經驗與訓練就顯得相當重要。此評估方法的優點是評估者可針對施暴者進行較個人化或與脈絡化的分析，因此亦較能針對施暴者或是被害者個別狀況提供危險管理與預防策略（Kropp, 2004）；但此方法因非常個別化，因此常被批評缺乏信度與效度（Quinsey et al., 1998）。

（二）精算評估法（actuarial assessment）

精算式的評估方法與危險預測典範有非常密切的相關（Heilbrun, 1997），此主要運用評估量表，依據評估分數預測在某段時間內暴力行為發生之情形，或是精準預測出發生之機率。相較於非結構性的臨床評估法，精算式評估法的優點是具有較高的信度與效度；其缺點是評估量表的題目有其限制性，並無法涵蓋動態變化的情境因子與環境脈絡因素，因為危險的狀況並不是藉由這些危險因素的線性方程式組合即可完全了解，表面的分數容易忽略了行為後面的脈絡因素。

（三）結構性的專業判斷（structural professional judgment）

結構性的專業判斷方法強調評估的目的是預防暴力（Douglas & Kropp, 2002），要求評估者必須依據指導方針（guideline）來做評估，指導方針中會列出一些最小範圍的危險因素，此些危險因素應可適用至絕大多數的個案；除此之外，指導方針中會建議評估者利用多方管道蒐集各種資訊（包括動態、變動中的因素），也會指導評估者如何與當事人溝通評估的結果，以及如何實施預防的策略（Kropp, 2004）。依據結構性專業判斷方法所做的評估結果，最後的結論仍允許評估者依據所蒐集的資料作出判斷，保留評估者的專業判斷空間。相較於前述兩種方法，結構性專業判斷方法較非結構性之臨床評估方法有較多的規範；而相較於精算評估方法，結構性專業判斷方法則顯得較有彈性。

三、被害人自評

除上述三種評估方法外，親密關係暴力的被害人是事件的當事人，身處在暴力關係與情境中，對暴力行為與事件脈絡有最直接的經驗，切身經歷伴侶施暴行為的起伏與循環，以及評估量表中難以測量到的個別化互動感受；因此，在親密關係暴力危險評估上，被害人是一個非常關鍵的預測者，被害人對危險的自我評估即成為一個不可忽略的方法。另近年來國外有關評估親密關係暴力再犯的研究也指出，「被害人對危險認知」因素具有重要的影響力（Campbell, 2004; Heckert & Gondolf, 2004; Weisz et al., 2000），例如Weisz et al.（2000）對被害婦女的追蹤研究發現，被害人危險自評可以提升預測再受暴的判斷準確度；另 Heckert and Gondolf（2004）的研究建議，最好的預測再犯工具應是結合危險評估量表及被害人本身對危險的評估，此可達到最佳的預測結果。

再者，被害人自我危險評估可提供實務工作者對於被害人處境與感受有更確切的了解，服務者可藉此連結至安全計畫的討論；除此之外，被害人自

我評估的過程亦可促發被害人思考處境，並反映出被害人個別的認知（王珮玲，2009）。然被害人自我危險評估存在有信度與效度的問題，因自我評估是相當主觀的感受，因此面臨一些質疑，諸如被害人可能遭遇許多心理創傷，因而減損其對危險的認知能力（Campbell, 1995）；或當被害人如果認為與加害人繼續保持關係是當下最好的選擇時，被害人也可能就選擇淡化加害人的危險性（Dutton & Dionne, 1991；王珮玲，2009）。

四、小結

　　綜上所述，親密關係暴力危險評估方法發展至今已呈現多樣性，各種評估方法各有其優點與限制，並無任何單一方法可完全符合親密關係暴力危險評估所強調的預防為主、持續進行及風險管理等目的。我國現行實務上已發展出一系統性的評估架構，如圖 5-1，依據評估目的的差異，採取不同的危險評估方法，以及使用適合的評估工具與資料（王珮玲，2012）。此一系統性的評估架構分成四個階段，第一階段為受理案件時的初步評估，第一線工作者主要使用 TIPVDA 表進行評估。第二階段為案件通報後的專業評估，由個管社工、家防官等專責人員，參酌 TIPVDA、被害人自評、過往相關資料及與被害者會談後所獲得之資訊，進行結構性專業評估。第三階段係高危機案件進入安全網會議列管後，社工、醫療、警政及相關處遇單位，依據多面向危險評估表，以跨機構危險評估方法，進行案件的動態評估。第四階段則為解除案件列管的評估，參酌多面向危險評估表及解列指引，評估是否已降低危險，以及是否有再犯危險。

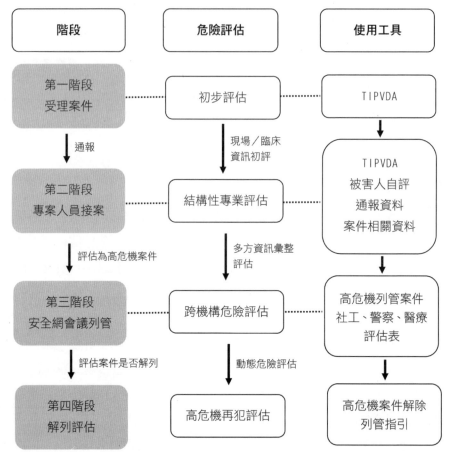

圖 5-1　親密關係暴力危險評估系統架構
資料來源：王珮玲（2012）

第二節　危險評估相關因素

　　親密關係暴力危險因子的研究甚多，提出許多重要的危險因素，王珮玲（2012）將之歸納包括五大類：親密關係暴力史、施暴者行為、施暴者個人特性與認知、情境因素、以及被害人的認知與支持等五大因素類別。以下分別說明：

一、親密關係暴力史

諸如用武器威脅或攻擊、威脅殺害、強迫發生性行為、性傷害、勒／掐脖子、開車衝撞、身體傷害、被害人懷孕時施暴、威脅傷害被害人的小孩、跟蹤或騷擾、威脅傷害其他家人、威脅傷害或虐待家中寵物、控制被害人的生活或行動、羞辱貶抑被害者、過去一年施暴嚴重度或頻率增加等。

二、施暴者的行為因素

諸如施暴者曾因家暴而遭逮捕、使用非法藥物、有飲酒問題、威脅或企圖自殺、過去有官方家暴紀錄、過去有其他非家暴之官方犯罪記錄、過去有監禁紀錄、曾有違反假釋紀錄、曾對其他人施暴、曾接受家暴處遇、曾接受藥物或酗酒治療、曾被核發保護令、曾有違反保護令之行為、以及施暴者過去曾攻擊家人等。

三、施暴者的人格特性與認知因素

諸如施暴者有強烈嫉妒心或佔有慾、有精神上症狀、人格違常、易衝動、行為不穩定、情緒控管不佳、低自控、極度淡化或否認有施暴行為，童年時曾遭家暴或曾目睹家暴、大男人思想、以及施暴者支持或認同施暴行為等。

四、情境因素

諸如被害人最近離開施暴者、二人關係有變化、目前或剛經歷分手、分居或離婚、雙方有小孩照顧監護的衝突、施暴者失業、面臨經濟困境、雙方有財務衝突、家中有重大變故、被害人擁有非與施暴者生的小孩、暴力發生時有子女目睹暴力等。

五、被害人的認知與支持因素

諸如被害人危險意識不足、淡化危險、身心狀況不佳、情緒不穩定、有危害性飲酒問題、毒品問題、權能感低落、威脅或企圖自殺、支持系統不足等。

除此之外，在進行危險評估時還必須考量多重弱勢被害人交織歧視的危險因素，諸如性別與年齡、身心障礙、族群、身份、性認同等相互交織作用結果，可能促使親密關係暴力女性被害人陷入多重社會歧視的不利處境，故在進行危險評估時必須注意考量其所面臨的特殊狀況與相關危險因素。

第三節　危險評估工具

親密關係暴力危險評估工具在許多國家都有具體的發展與應用，回顧歐洲、美國、加拿大、澳洲等親密關係暴力防治先進國家之危險評估工具與發展（EIGE, 2019; Grahamet al., 2019），主要工具與應用包括：Dangerous Assessment（DA）（美國、德國）、Spousal Assault Risk Assessment（SARA）（加拿大、丹麥）、Brief Spousal Assault Form for the Evaluation of Risk（B-SAFER）（加拿大、瑞典）、Domestic Violence Screening Instrument（DVSI）（美國）、Ontario Domestic Assault Risk Assessment（ODARA）（德國）、Domestic Abuse, Stalking and Harassment and Honour Based Violence（DASH）（英國）以及 Family Safety Framework（FSF）（澳洲）、Muti-Agency Risk Assessment and Management（MARAM）（澳洲）[2] 等。

---

[2] 澳洲維多利亞省的「多機構危險評估與管理方案」（Muti-Agency Risk Assessment and Management, MARAM）（Victoria, 2020）即依據案件狀態與處遇需要，發展三種危險評估與工具：簡要評估（brief assessment）、中介評估（intermediate assessment）、綜合評估（comprehensive assessment）。簡要評估主要適用於緊急危機階段，在暴力發生時評估被害人遭受殺或致命的危險因素，以掌握暴力嚴重性並進行立即短期危機處遇；中介評估則是由服務提供者在服務過程中掌握被害人危險程度變化，而綜合評估則納入當事人（包含成人與兒童）過去與當前暴力經驗、需求與障礙、社區、年齡或族群等綜合性評估。

　　我國目前實務上普遍使用的評估工具有二種，一是「台灣親密關係暴力危險評估表」（Taiwan Intimate Partner Violence Danger Assessment, TIPVDA）（王珮玲，2012）；二是多面向危險評估評估工具（王珮玲等，2015）。

一、台灣親密關係暴力危險評估表（TIPVDA）

　　TIPVDA 是針對親密關係暴力致命危險的評估工具，建構基礎係參酌國外相關評估工具、文獻以及本土 80 件親密關係致命案例分析資料，再透過對 773 位被害人進行施測、分析與驗證，所發展出來的一份本土危險評估工具，具有完整的驗證過程與發表，信、效度檢測均表現良好（Wang, 2015；王珮玲，2012）。TIPVDA 提供給第一線工作者對親密關係暴力被害人進行危險評估之用，評估的標的是被害人是否有致命的危險性，屬於初步評估的工具。

　　TIPVDA 的使用對象為親密關係暴力之女性被害人；「親密關係」係指配偶、前配偶、同居男女朋友、曾同居之男女朋友或交往密切之男女朋友。男性被害人亦可填答，但填答結果僅供參考用；填答對象也不包括同志關係暴力者。TIPVDA 是提供給工作者使用的工具，受過訓練的警察、社工、醫護人員或心理諮商人員等，於被害人前來求助時，由工作者向被害人說明危險評估之目的後，詢問被害人 TIPVDA 表中所列的各項問題，然後完成填答。

　　TIPVDA 內容包含下列四個部分：

　　（一）**被害人受暴持續時間**：指被害人遭受該加害人暴力傷害的持續時間，從遭該加害人第一次施暴至本次評估的時間點，期間總共經歷多少年、多少月。

　　（二）**危險評估項目**：計有 15 個評估題項，包含過去的暴力史、施暴者的行為因素、情境因素、以及被害人的認知因素等，了解在上述暴力關係持續時間中，每一個評估項目是否曾經發生過？若曾經發生即屬「有」；若從未發生，即屬「沒有」。勾選「有」者計 1 分、「沒有」者該題不計分，後再

台灣親密關係暴力危險評估表（TIPVDA）

被害人姓名：＿＿＿＿＿　加害人姓名：＿＿＿＿＿　兩造關係：＿＿＿＿＿　填寫日期：＿＿年＿＿月＿＿日
填寫人單位：＿＿＿＿＿　填寫人姓名：＿＿＿＿＿　聯絡電話：＿＿＿＿＿

本表目的：本評估表的目的是想要瞭解親密暴力事件的危險情形，幫助工作者瞭解被害人的危險處境，加以協助；也可以提醒被害者對於自己的處境提高警覺，避免受到進一步的傷害。

填寫方式：請工作夥伴於接觸到親密關係暴力案件被害人時，詢問被害人下列問題，並在每題右邊的**有或沒有**的框內打勾（∨）。

（下面各題之"他"是指被害人的親密伴侶，包括**配偶、前配偶、同居伴侶**或**前同居伴侶**）

※你覺得自己受暴時間已持續多久？＿＿＿＿年＿＿＿月。

評估項目	沒有	有
1. 他曾對你有無法呼吸之暴力行為。 （如：□勒/掐脖子、□悶臉部、□按頭入水、□開瓦斯、或□其他＿＿＿＿＿等）	□	□
2. 他對小孩有身體暴力行為（非指一般管教行為）。（假如你未有子女，請在此打勾 □）	□	□
3. 你懷孕的時候他曾經動手毆打過你。（假如你未曾懷孕，請在此打勾 □）	□	□
4. 他會拿刀或槍、或是其他武器、危險物品（如酒瓶、鐵器、棍棒、硫酸、汽油…等）威脅恐嚇你。	□	□
5. 他曾揚言或威脅要殺掉你。	□	□
6. 他有說過像：「要分手、要離婚、或要聲請保護令…就一起死」，或是「要死就一起死」等話。	□	□
7. 他曾對你有跟蹤、監視或恐性打擾等行為（包括唆使他人）。 （假如你無法確定，請在此打勾 □）	□	□
8. 他曾故意傷害你的性器官（如踢、打、拋或用異物傷害下體、胸部或肛門）或對你性虐待。	□	□
9. 他目前每天或幾乎每天喝酒喝到醉（「幾乎每天」指一週四天及以上）。若是，續填下面兩小題： 　（1）□有 □無　若沒喝酒就睡不著或手發抖。 　（2）□有 □無　醒來就喝酒。	□	□
10. 他曾經對他認識的人（指家人以外的人，如朋友、鄰居、同事…等）施以身體暴力。	□	□
11. 他目前有經濟壓力的困境（如破產、公司倒閉、欠卡債、龐大債務、失業等）。	□	□
12. 他是否曾經因為你向外求援（如向警察報案、社工求助、到醫院驗傷或聲請保護令…等）而有激烈的反應（例如言語恐嚇或暴力行為）。	□	□
13. 他最近懷疑或認為你們之間有第三者介入感情方面的問題。	□	□
14. 你相信他有可能殺掉你。	□	□
15. 過去一年中，他對你施暴的情形是否愈打愈嚴重。	□	□

被害人對於目前危險處境的看法（0代表無安全顧慮，10代表非常危險）
請被害人在0-10級中圈選：

　0　1　2　3　4　5　6　7　8　9　10
　不怎麼危險　　有些危險　　頗危險　　非常危險

上列答有題數合計　＿＿分

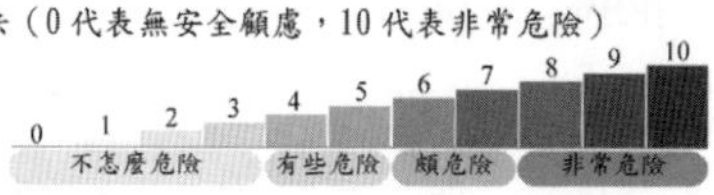

□ TIPVDA 分數小於 8，但經評估為高危機個案

警察／社工員／醫事人員對於本案之重要紀錄或相關評估意見註記如下：

圖 5-2　台灣親密關係暴力危險評估表（TIPVDA）
資料來源：王珮玲（2012）

累計總分，共計 15 分。以總分 8 分為切點，其中「0-7 分」屬於「注意危險」組；「8 分（含）以上」則屬於「高度危險」組。

　　（三）被害人對於目前危險處境的自評：請被害人說明目前對自身危險處境的看法，在 0-10 分中圈選出一個最能代表她目前認為自己危險處境的數字，各分數代表的意義為 0-3 分代表不怎麼危險、4-5 分代表有些危險、6-7 分代表頗危險、以及 8-10 分代表非常危險。

　　（四）評估人員的補充註記事項：評估者針對該暴力事件或被害人狀況進行註記，包含：1. 當場所見事項說明：如接觸被害人當時的情境，說明被害人當時的情況，如恐懼情形、被施暴情形、加害人威脅情形、施暴現場所見情形等，提供給後續處理單位注意。2. 與防治網絡成員合作事項的說明：註記提醒其他網絡成員需注意的事項，以及需要網絡成員配合與合作的工作內容。

二、多面向危險評估工具

　　「多面向危險評估工具」係評估被害人與施暴者在情境變化下的危險狀況，屬於短期的動態危險評估工具。當案件透過通報進入到服務系統後，隨著情境的發展、施暴者與被害人的處境變化、以及服務介入所產生的效果，此皆可能對案件的危險性帶來影響。換句話說，當工作者接案後展開服務，被害人與當事人的狀態處在變動中，此時亦隨時需要進行危險評估，屬於動態狀態的評估，即可使用多面向危險評估表。另當案件經 TIPVDA 或工作者評估為高危機案件而進入安全網會議列管時，警察、社工、醫療衛生等各網絡人員，必須持續對案件進行危險評估，進而決定該案件的危險性是否已降低，亦是使用多面向危險評估工具。

　　多面向危險評估表由王珮玲等人（2015）所發展，建構過程係透過檢視已解列一年內又再次列管的高危機案件、防治網絡體系人員和學者專家的焦點訪談、高危機案件個管社工的個別訪談，以及對參與安全網方案各體系人員問卷調查等多元方法，發展出此一評估工具；且依網絡成員之專業特性、

服務對象的不同，分為下列四種評估表（詳如附錄 2~5）：

（一）　社政人員使用的「高危機列管案件社工服務被害人評估表」

（二）　警政人員使用的「高危機列管案件警察約制查訪加害人評估表」

（三）　衛生醫療人員使用的「高危機列管案件加害人／被害人醫療問題評估表」

（四）　服務相對人之社政人員使用的「高危機列管案件相對人服務評估表」

該四種評估表由於使用者、評估對象的差異，評估項度亦隨之不同；各個專業版本的差異比較，詳如表 5-1。此評估表除作為動態危險評估之用外，亦作為安全網高危機案件於列管期間進行個案危機程度之評估，以作為「繼續列管」或「解除列管」決策之參考。解列評估準則依構面變動情形，採取「一停二低二高」原則，即：

1. 基本要件：「暴力停止（停）」構面之 5 項指標[3]建議全部達到「停」的項度。

2. 充份要件：加害人與危險情境構面之各項指標需符合降低向度；而介入與被害人構面則是朝向提高向度。

　　• 加害人向度：加害人危險降低（低）

　　• 情境向度：情境危險因素降低（低）

　　• 介入向度：外部介入發揮威嚇與保護效果（高）

　　• 被害人向度：被害人權能感提高（高）

---

[3]　5 項指標包括：加害人仍會威脅恐嚇、揚言殺死被害人或家人此項目為「無」，以及加害人仍有身體傷害行為，加害人仍有跟蹤、騷擾行為，加害人仍有控制行為，以及加害人仍會懷疑、認為被害人感情不忠等四項目為「一般」以下。

表 5-1　親密關係暴力案件多面向危險評估表

評估對象	被害人	加害人	加害人及被害人
專業體系	社政（婦保）	警政 或社政（相對人服務）	衛生醫療
使用者	家暴中心、 負責的區域中心、 民間團體的社工	分局家防官、社區家防官 或 相對人服務社工	公衛護士、自殺關懷訪視員、 毒防中心輔導員、 精障個管人員、 醫療機構人員、處遇計畫人員、 衛生局高危機業管窗口
評估表名稱	高危機列管案件社工服務被害人評估表	高危機列管案件警察約制查訪加害人評估表 或 高危機列管案件相對人服務評估表	高危機列管案件加害人／被害人醫療問題評估表
評估期間	1.第一次列管的暴力評估（含通報當次的暴力狀況至第一次列管會議期間的變化） 2.持續列管的暴力評估（指前次列管會議結束後至此次列管會議期間的變化）		
項度	A.被害人基本資料查詢 B.暴力行為 C.加害人狀況 D.情境因素 E.介入效果 F.被害人狀況	A.加害人基本資料查詢 B.暴力行為 C.加害人狀況 D.情境因素 E.介入效果	A.基本資料查詢及確認 B.暴力行為 C.加害人狀況 D.被害人狀況 E.介入效果
選項	嚴重度（高、中、一般、無）、支持度（高、中、一般、無）、不確定		
備註	綜合評估		

資料來源：王珮玲、沈慶鴻、黃志中（2015）

第四節　安全計畫與網絡合作

安全計畫係針對被害人當下之危險處境，擬定因應措施，以保護被害人

的安全。Davies and Lyon（1998）鑒於過往所見的安全計畫僅著重在被害人的人身安全範圍，過於狹隘與不足，遂提出「以被虐婦女為中心的安全計畫模式」，把安全計畫範圍擴大，強調應了解每位被害人所面臨的風險，以及試過哪些保護自己的方法，客製化每個人的安全計畫。另一種新進發展的安全計畫運作模式是透過防治網絡相關單位的共同參與，分享資訊，共同評估被害人之風險，並據以擬定安全計畫及各單位分工策略，例如我國推動的「家暴安全防護網」方案，或是類似英國推動的「跨機構危險評估會議」（Multi-Agency Risk Assessment Conference, MARAC）（Robinson, 2006）等，以下分別說明：

一、以被害人為中心的安全計畫模式

協助被害人依據其危險狀況，規劃安全計畫，是非常重要的實務策略之一，以下說明以被害人為中心的安全計畫模式概念、實施步驟以及安全計畫內容。

（一）安全計畫的概念

1. **安全計畫是一個動態的過程**：安全計畫是了解被害人與其家庭所面臨的各種風險，運用某種特定策略，實施後再評估、再思考與再嘗試的持續過程；安全計畫不只是人身安全急迫危險或有緊急狀況才來討論與制定，而是具有動態性，需視狀況與需要隨時討論和修正。

2. **安全計畫有其階段性的焦點**：安全計畫隨著不同階段有其關注的焦點，例如受暴婦女在服務開始的時候，認為伴侶的肢體暴力還能有些方法應對，但沒有足夠的財務才是最迫切的問題，此時安全計畫的焦點除了強化一些安全措施與安全意識外，就必須是經濟支持、工作訓練或轉介，而不是緊急安置。

3. **安全計畫應依被害人的風險提供多樣性的內涵**：暴力的威脅與影響是多方面的，因此安全計畫的內涵應針對被害人所面臨的風險，據而擬

定多面向的計畫內容。例如有些受暴婦女過往可能僅熟悉運用個人的支持系統，對相關服務資源不瞭解，也從來沒有使用過社政、司法、醫療或社區服務等系統，服務者在與被害人分析相關風險因素後，應將相關資源提供給被害人知悉，並一起討論擬定安全計畫。

4. **擬定安全計畫前必須充分蒐集資訊**：除了需進行危險評估外，在擬定安全計畫前，也須先了解被害人過去面對暴力所採取的安全計畫，包括曾經嘗試什麼策略？對她和子女產生什麼效果？還有伴侶的反應？等，此可增進服務者理解個案的觀點，也可以讓服務者判斷個案與不同協助系統工作的經驗，還有其他可運用的資源與措施。

（二）規劃安全計畫的步驟

透過危險評估了解被害人及其家庭所面臨的危險狀況，進而制定安全計畫，這是一系列的回應，可循下列的步驟逐一施行（Davies and Lyon, 1998）：

圖 5-3　擬定安全計畫的步驟

資料來源：Davies & Lyon (1998)

步驟一：確認是否有急迫的生命危險

使用危險評估表以及檢視相關資訊，評估是否可能有致命性的危險，並同時注意家中小孩與長者的風險；若服務者的評估與被害人的認知有差異時（例如 TIPVDA 分數很高、但被害人自評不危險，或是 TIPVDA 分數不高、但被害人自評很危險），應仔細了解被害人的考量與感受。

步驟二：當案主遭遇暴力威脅生命時，需要提供強力安全服務

強力安全服務指：

1. 花更多的心力關注被害人的安全與需要

2. 當狀況是安全的時候，與被害人有更頻繁的聯繫與追蹤

3. 發展和增加實行安全的策略

4. 協助被害人更快取得資源或是服務回應

5. 必要時應盡速轉介，並與轉介單位確認案件送達，且知悉案件危險狀況與受暴婦女服務需求

6. 幫小孩發展安全計畫

步驟三：從被害人身上蒐集資訊

1. 確認被害人認為加害人可能對其帶來的風險，包括：肢體傷害、精神上的傷害、牽連子女、財務風險、對家庭及朋友的影響、失去關係以及逮捕和法律問題等。

2. 確認現實生活所可能引發的風險，包括：經濟、就業、居住、交通、身分、就學、社會人際等問題，諸如被害人的工作及經濟問題、過去工作經驗、目前找工作的優勢和障礙、居住問題、家人照顧問題、小孩就學問題、交通工具問題、對外聯絡通訊方式、被害人與小孩身心健康照顧問題、居留身分問題等。

步驟四：擬定安全計畫

1. 確認過去的安全計畫

2. 確認目前的安全計畫，包括自我保護、留下來和離開策略、生活各項安排策略、身心照顧策略、法律策略等

3. 各項策略的時間表

二、網絡合作的安全計畫模式——以家暴安全網為例

近年來家庭暴力防治工作積極倡導網絡整合服務模式，希望藉由各相關體系的合作，對被害人提供更完整與一致的服務，以增進被害人與小孩的安全（Shepard & Pence, 1999）。此一模式除了延續社會福利系統一直以來所

推動的跨機構合作之外（Longoria, 2005），更針對家庭暴力案件的複雜性，強調必須擴大合作對象至警政、醫療、司法、教育、移民等防治網絡相關單位，共同建立危機處遇、資訊共享和整合性的服務機制（Robinson, 2006）。以美國為例，1995 年聯邦政府公布的「反暴力侵害女性法案」（the Violence Against Women Act, VAWA），積極引導各州政府採「整合社區回應模式」（Coordinated Community Response, CCR）來處理家庭暴力案件（Uekert, 2003）。CCR 模式的基礎立論是：各體系服務者的合作與整合，是動員社區領導、資源運用、極大化服務成果與效益、以及避免重複與不良服務的關鍵因素（Klevenset al., 2008）。

　　我國自 2008 年起開始推動「家庭暴力安全防護網」（以下簡稱安全網）的網絡服務方案，此一方案透過危險評估，針對評估為高危機的案件，設計一套涵蓋各相關單位的服務流程，標榜的特點是：跨網絡、高密度與多元策略（王秋嵐等，2010；劉淑瓊、王珮玲，2011），希冀透過跨體系間的資訊流通與合作，對個案提供高密度的接觸與服務，以回應高危機案件的需求，對被害人及其家庭成員提供實質的幫助。

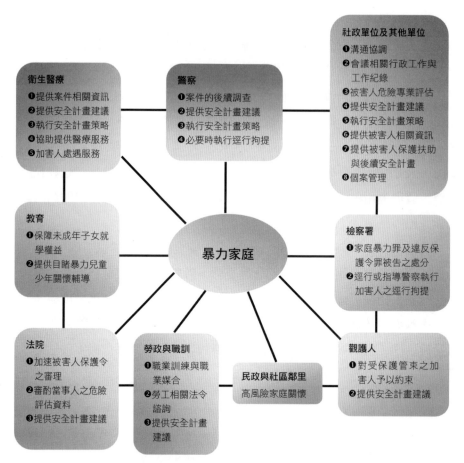

圖 5-4　安全網方案網絡各參與單位之職責與安全策略
資料來源：王秋嵐、王珮玲、張錦麗、陳姿伶（2010）

　　安全網方案以縣市家防中心為推動核心，參與的網絡單位包括：社政（社會局／處、受委辦之民間團體、庇護所、地方法院家庭暴力事件服務處等）、警政（警察局婦幼警察隊、警察分局及所轄分駐／派出所）、醫療（衛生局、家暴案件專責醫療院所、相對人處遇服務機構）、檢察署（婦幼專責組檢察官、觀護人）、法院（家事／少年法庭）、教育、移民、勞工等體系，主要的參與者為各體系第一線的工作者與督導。安全網方案實施方式與流程

簡述如下（王珮玲，2015）：

1. **受理案件進行危險評估**：由警政、社政及醫療一線專業人員於接觸親密關係暴力個案時，使用 TIPVDA 表進行評估。

2. **交換案件資訊**：受理案件單位將案件資料及危險評估結果立即通報，個管單位與個案聯繫進行專業評估，告知相關單位互相交換案件訊息，說明目前處遇情況，以及需要網絡成員協助之處。

3. **啟動危險個案的強力安全服務**：當發現個案屬於高危機案件時，各防治網絡成員立即啟動體系內以及跨體系的強力安全服務，互相協商適當的安全策略。

4. **召開安全網跨機構危險評估與安全計畫會議**：每月防治網絡成員必需參加安全網會議，逐案討論高危險案件，參與處理該案件的各單位報告個案目前最新狀況、危險評估、處理情形與進展，以及對個案及其家庭成員的安全策略建議與分工等。

5. **列管高危機案件**：持續列管高危機案件至被害人及家庭成員安全狀況穩定，經安全網會議討論認為危險降低後，才決議解除列管。

安全網方案實施至今，相關評估研究指出已有初步成效展現，例如針對工作者所進行的大規模評估研究顯示，參與家暴安全防護網的網絡成員肯定方案已達到預期的成效，包括安全網可以提升服務網絡的工作效能，有助於防治網絡成員掌握個案資訊、提升工作者危險判斷能力、處遇行動及方法更為多元，促使網絡間合作，因而提升了被害人的安全效果，以及危機意識和自我保護意識（王珮玲，2015；吳啟安，2009；劉淑瓊、王珮玲，2011）。經過對列管高危機個案的追蹤調查，也發現經安全網方案服務後，約六成的高危機案件未再有通報狀況（王珮玲，2015；王珮玲等，2020）。除此之外也發現，安全網具引領被害人進入服務體系的功能（王珮玲等，2020），亦即安全網方案是一個重要的觸媒，連結起防治網絡工作者與被害人及加害人的接觸，當被害者接受到各單位的強力倡導與網絡各項資源協助時，資源升力量（宋麗玉，2008），激發被害人產生力量與權能感，因而促使被害人願

意、信任跟工作者有更多的互動。

第五節　結語

　　親密關係暴力常涉及當事人的生命安全，因此危險評估係處理案件所必須先行的措施，也是國際上倡議處理案件的必要流程。目前我國所採用的是四階段危險評估，涵括各式評估方法，並已發展 TIPVDA 評估表以及多面向危險評估表於實務中應用。而在處理案件過程中，根據上述不同階段的危險評估結果，工作者必須與被害深入討論施暴者所引發、以及現實生活中的各種風險，進而討論適當的安全計畫，依據被害人的策略時間表，擬出階段性的目標，以及多樣性的安全計畫策略。最後，無論是危險評估或是安全計畫，皆有賴防治網絡各單位的合作，透過資訊分享、迅速連結以及安全策略的分工與合作，以被害人安全為中心，各盡其職並相互支援，方能有所成。

● **問題**
1. 比較危險評估方法的三種模式，其優缺點及適用情境分別為何？
2. 當與被害人討論危險評估時，應該注意哪些面向呢？
3. 若被害人的危機意識較低，應該如何提醒被害人意識到自己的處境呢？
4. 當網絡成員對於協助被害人有不同意見時，如何因應？
5. 你認為如何促進防治網絡間的合作？
● **推薦影片**
1. 電影：隱形人（The Invisible Man）

第六章
民事保護令制度

　　民事保護令制度，是我國家庭暴力防治法中的重要特色，除在該法第 2
章民事保護令專章，規範民事保護令的聲請、審理及執行外，也在第 3 章刑
事程序中有刑事保護令的內容。保護令制度的用意，是保護被害人人身安全
及權益的命令，讓加害人不可以再以暴力方式對待被害人。本章先介紹民事
保護令制度，接著說明我國民事保護令章內容及實施情形，最後探討民事保
護令相關影響因素及成效。至刑事程序中刑事保護令的內容，請參閱本書第
15 章。

第一節　保護令制度設計與作用

　　預防醫學投注龐大經費用於女性乳癌的預防以減少死亡，然研究卻指出
女性在一生中遭受親密關係暴力的機率高過罹患乳癌。預防親密關係暴力，
理應像疾病預防一樣獲得重視與社會成本的投入。女性癌症預防是透過篩檢
與臨床醫學而獲得保護，女性親密關係暴力預防則是透過預防性司法介入而
獲得保護，民事保護令其實就是一種預防性司法的制度設計（Logan et al.,
2006）。

一、保護令制度設計

　　保護令稱為 Protection Order 或 Order of Protection 或 Protective Order，
是提供親密關係暴力被害人禁止加害人接觸或再次施暴的一種途徑（Finn,
1989）。保護令制度多見於英美國家之民、刑事訴訟法中，在大陸法系國家

之法制中較為罕見（高鳳仙，2011）。

　　以美國為例，民事保護令制度最早見於美國賓州 1976 年制定之《賓州受虐者保護法》（The Pennsylvania Protection from Abuse Act），至 80 年代，美國各州已相繼制定類似法案（Klein, 1996；引自王珮玲，2010），各州對保護令核發的標準不盡一致，但均有民事保護令立法（Buzawa&Buzawa, 1996），各州也因管轄權的不同而有名稱相異的保護令，例如禁制令（restraining orders）、緊急保護令（emergency protective orders）、家庭暴力令（domestic violence orders）及刑事保護令（peace bond）等（Eigenberg et al., 2003）。由於保護令適用範圍廣泛、救濟措施多樣、訴訟程序簡易且證據標準較低，成為許多國家防治家庭暴力的主要工具（王曉雪，2015）。

　　保護令的目的在保護被害人免受更多的傷害，禁止加害人在規定期間內不得再有暴力行為；通常有兩種方式取得保護令，一是暫時保護令（temporary orders），一是完整保護令（full orders）。暫時保護令係法院以一造（ex-parte）為基礎，只要由一方提出，毋需另一方的出庭審理即可核發，大約 2 週左右的效期，法院核發暫時保護令的同時也會訂出完整保護令的開庭日期（Logan et al., 2005）。完整保護令係法院依聲請人的聲請，需經雙方到場陳述或開庭前提供的證據，經過開庭審理程序後由法官決定是否核發，完整保護令的效期較暫時保護令為長，但效期視各州的規定或視個案狀況決定其時間的長短（Eigenberg et al., 2003）。暫時保護令或完整保護令核發的內容，因各州規定及個案需求不同而異其內容，但主要可分為兩種形式，一是禁止接觸命令（no contact）、一是無暴力接觸命令（no violence contact）；無暴力接觸命令，是在允許伴侶還可繼續同住或子女照顧議題必須保持接觸的情況下核發；此外，保護令還包括命令加害人遷出住所、遠離被害人、子女監護權暫定、要求一方或雙方接受諮商輔導等內容（Logan et al., 2005）。

　　保護令依其性質分為「民事保護令」及「刑事保護令」。由民事法庭法官根據被害人的聲請，所為禁止加害人再次施暴並提供被害人人身安全保障

和經濟權益的保護令，稱為「民事保護令」；由刑事庭法官依據檢察官的聲請，對傷害、跟蹤騷擾、威脅恐嚇等與家庭暴力有關的刑事犯罪為起訴時所核發的保護令，稱為「刑事保護令」。保護令的功能是保護親密關係暴力被害人的人身安全與權益的法律命令，保護令通常由法院的民事庭核發，但當加害人違反保護令時，則構成刑事犯罪，可藉由刑事庭的犯罪懲罰強化其效果（Eigenberg et al., 2003）。

二、保護令的作用

以司法系統防治親密關係暴力，通常有二種法律救濟途徑，一是刑事程序，透過刑事程序對加害人過去的暴力行為予以懲罰；一種是民事程序，包括訴請離婚、損害賠償及保護令等方式，使被害人的人身安全或權益獲得保障。保護令是對親密關係暴力的民事救濟方式，有別於刑事程序，主要有以下幾項差異：

（一）目的不同

民事保護令的目的是讓被害人免於未來再受到非法或暴力的行為，且對舉證的負擔較低；刑事追訴犯罪對證據能力的要求需超越合理懷疑的程度（beyond reasonable doubt），而民事保護令只要達到優勢證據（preponderance of evidence）即可（Finn, 1989）。

（二）較為經濟

民事保護令相較刑事案件，在過程中僅需花費較少的金錢與時間即可取得（Buzawa & Buzawa, 1996）。

（三）懲罰迅速

當加害人違反保護令時，法院即可針對違反保護令部分予以懲罰，司法的回應時間較刑事訴訟為快速（Lemon, 2001），此外，甚至賦予警察逕行逮

捕違反保護令者的權限（Logan et al., 2006）。

（四）範圍較廣

民事保護令提供範圍廣泛的救濟內容，讓法官在裁定時可同時考量被害人的安全維護、子女親情維繫與經濟保障等權益（Logan et al., 2006）。

（五）較有彈性

刑事訴訟一旦開始，便是由檢察體系掌控整個流程，而民事保護令能讓婦女在司法體系中有較多的自我掌控以及彈性選擇符合他們需求，是一種更能激勵婦女的作法（Buzawa&Buzawa, 1996; Finn, 1991）。

三、我國保護令制度設計

我國《家庭暴力防治法》係前高等法院法官高鳳仙所擬定，主要以美國 1994 年制定的《模範家庭暴力法》（Model Code on Domestic and Family Violence）為藍本，並參酌美國各州、紐西蘭、澳洲、英國、關島、菲律賓等國法規及學說論著而制定。在引進的諸多國外法制中，民事保護令占有最重要的地位，是《家庭暴力防治法》中最有特色的制度（高鳳仙，2011）。

《家庭暴力防治法》於 1998 年 6 月 24 日立法公布，共有 7 章 54 個條文，其中民事保護令規範於第 2 章，共有 20 個條文，並分成「聲請及審理」、「執行」二節，主要內容有：民事保護令分為通常、暫時[1] 及緊急保護令 3 種，聲請保護令免徵裁判費、法院應提供友善司法環境、目睹家庭暴力的兒童及少年納入保護令的保護範疇以及未同居的親密關係暴力準用民事保護令制度等。

除了第 2 章專章設計外，也在第 3 章刑事程序中對被告有釋放、緩刑及

---

[1] 舊條文之暫時保護令，依其性質又分為緊急性暫時保護令及一般性暫時保護令，被害人不能聲請緊急性暫時保護令，但可聲請一般性暫時保護令，為明確區分聲請人，故於 2007 年修法時將保護令明訂為 3 種。

假釋條件之內容設計，即「刑事保護令」制度；若再加上第 6 章罰則有關違反民事保護令的刑事處罰規定（即違反保護令罪）等，有關保護令的相關條文占《家庭暴力防治法》1/3 以上之篇幅。

民事保護令制度可說是《家庭暴力防治法》中最重要的部分，對保護被害人免於受暴、嚇阻加害人不再施暴發揮了極大的作用。通常保護令的聲請內容規範於《家庭暴力防治法》第 14 條第 1 項，共有 13 款內容；但緊急、暫時保護令的聲請範圍較為限縮，僅限於該法第 14 條第 1 項第 1~6 款、12、13 款的內容。以下為各款之內容：

- 第 1 款：禁止相對人對於被害人、目睹家庭暴力兒童及少年或其特定家庭成員實施家庭暴力。

- 第 2 款：禁止相對人對於被害人、目睹家庭暴力兒童及少年或其特定家庭成員為騷擾、接觸、跟蹤、通話、通信或其他非必要之聯絡行為。

- 第 3 款：命相對人遷出被害人、目睹家庭暴力兒童及少年或其特定家庭成員之住居所；必要時，並得禁止相對人就該不動產為使用、收益或處分行為。

- 第 4 款：命相對人遠離下列場所特定距離：被害人、目睹家庭暴力兒童及少年或其特定家庭成員之住居所、學校、工作場所或其他經常出入之特定場所。

- 第 5 款：定汽車、機車及其他個人生活上、職業上或教育上必需品之使用權；必要時，並得命交付之。

- 第 6 款：定暫時對未成年子女權利義務之行使或負擔，由當事人之一方或雙方共同任之、行使或負擔之內容及方法；必要時，並得命交付子女。

- 第 7 款：定相對人對未成年子女會面交往之時間、地點及方式；必要時，並得禁止會面交往。

- 第 8 款：命相對人給付被害人住居所之租金或被害人及其未成年子女

之扶養費。

- 第 9 款：命相對人交付被害人或特定家庭成員之醫療、輔導、庇護所或財物損害等費用。
- 第 10 款：命相對人完成加害人處遇計畫。
- 第 11 款：命相對人負擔相當之律師費用。
- 第 12 款：禁止相對人查閱被害人及受其暫時監護之未成年子女戶籍、學籍、所得來源相關資訊。
- 第 13 款：命其他保護被害人、目睹家庭暴力兒童及少年或其特定家庭成員之必要命令。

第二節　民事保護令的聲請、審理與執行

《家庭暴力防治法》第二章為「民事保護令」章，並分為第一節「聲請及審理」及第二節「執行」，介紹民事保護令的內容之前，先以流程簡圖瞭解民事保護令的聲請、審理及核發的過程（如圖 6-1），接著再說明其內容重點。

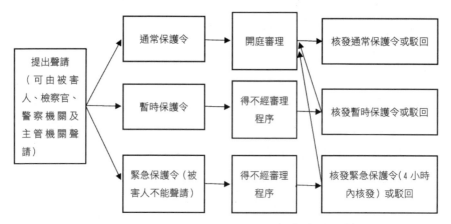

圖 6-1　民事保護令聲請、審理及核發流程圖

資料來源：修改自臺灣宜蘭地方法院（2020）

一、聲請保護令相關規定

（一）聲請人

1. 通常、暫時保護令，被害人、檢察官、警察機關、直轄市或縣（市）政府主管機關可提出聲請。
2. 緊急保護令，僅檢察官、警察機關、直轄市或縣（市）政府主管機關可提出聲請。
3. 被害人原則上應自行提出保護令之聲請，若是被害人尚未成年、有身心障礙情形，或因故難以委任代理人，才例外由法定代理人、三親等內血親或姻親為其提出聲請（《家庭暴力防治法》第 10 條）。

（二）聲請範圍

1. 通常保護令（《家庭暴力防治法》第 14 條第 1 項 1~13 款）：
   （1）禁止施暴令：禁止加害人對被害人、目睹家暴之兒童或少年，或特定家庭成員再度施暴。
   （2）禁止騷擾接觸令：禁止加害人對被害人、目睹家暴之兒童或少年，或特定家庭成員再為騷擾、接觸、跟蹤等行為。
   （3）遷出令：命令加害人須遷出被害人、目睹家暴之兒童或少年，或特定家庭成員的住居所，如有必要，另可禁止加害人對該住居所為使用、收益或處分行為。
   （4）遠離令：命令加害人應遠離被害人、目睹家暴之兒童或少年，或特定家庭成員之住居所、工作場所、學校、或經常出入處所一定距離。
   （5）物品使用權與交付令：暫定關於生活上、職業上或教育上必需品之使用權，如有必要，並得命加害人予以交付。
   （6）暫行親權與交付子女令：定暫時對未成年子女行使親權方式，必要時，並得命將子女交付。

（7）暫時探視令：暫定加害人對未成年子女得行探視之方式與時地，如有必要，並得暫時禁止加害人探視未成年子女。

（8）費用給付令：命令加害人給付被害人住居所租金或被害人與未成年子女之扶養費，或命令加害人給付被害人或特定家庭成員之醫療、輔導、庇護所、財物損害、律師費等費用（第 14 條第 8、9、11 款）。

（9）處遇計畫令：命令加害人完成必要之處遇計畫。

（10）禁止查閱資訊令：禁止加害人查閱被害人及由其暫行親權未成年子女之戶籍、學籍、所得來源等資訊。

（11）其他必要保護令：如有其他足為保護被害人、目睹家暴之兒童或少年，或特定家庭成員之必要措施，亦得一併核發。

2. 暫時、緊急保護令（《家庭暴力防治法》第 14 條第 1 項 1~6、12、13 款）：

（1）禁止施暴令。

（2）禁止騷擾接觸令。

（3）遷出令。

（4）遠離令。

（5）物品使用權與交付令。

（6）暫行親權與交付子女令。

（7）禁止查閱資訊令。

（8）其他必要保護令。

（三）聲請方式

1. 保護令的聲請，採書面方式為之。但被害人有受家庭暴力之急迫危險者，檢察官、警察機關或直轄市、縣（市）主管機關，得改以言詞、電信傳真或其他科技設備傳送之方式聲請緊急保護令，並得於夜間或休息日為之（《家庭暴力防治法》第 12 條）。

2. 聲請人於聲請通常保護令前聲請暫時保護令或緊急保護令，其經法院
准許核發者，視為已有通常保護令之聲請。

3. 聲請時應檢附之資料（司法院，2020）：

（1）聲請狀。

（2）被害人、相對人的戶籍謄本各 1 份。

（3）暴力事實的相關證據（如驗傷診斷證明、照片、錄音光碟及譯
文、錄影光碟等）。

（4）聲請狀所述應附文件（如保護令裁定、汽機車行照、鑰匙、土地
建物權狀或謄本、租賃契約等影本）。

（5）證人連絡資料。

（6）其他法院請聲請人提出之文件。

二、保護令審理

（一）法院得依職權調查證據，必要時得隔別訊問。隔別訊問必要時得
依聲請或依職權在法庭外為之，或採有聲音及影像相互傳送之科技設備或其
他適當隔離措施。

（二）被害人得於審理時，聲請其親屬或個案輔導之社工人員、心理師
陪同被害人在場，並得陳述意見。

（三）保護令事件之審理不公開。法院於審理終結前，得聽取直轄市、
縣（市）主管機關或社會福利機構之意見。

（四）保護令事件不得進行調解或和解。

（五）法院受理保護令之聲請後，應即行審理程序，不得以當事人間有
其他案件偵查或訴訟繫屬為由，延緩核發保護令。

（六）法院應提供被害人或證人安全出庭之環境與措施。（《家庭暴力防
治法》第 16、19 條第 1 項）。

通常、暫時及緊急 3 種保護令的程序規範，比較如表 6-1。

表 6-1　民事保護令的程序規範比較

比較項目	通常保護令	暫時保護令	緊急保護令
聲請人	1.被害人本人 2.法定代理人、三親等內親屬 3.檢察官 4.警察局（分局） 5.直轄市、縣（市）主管機關	1.被害人本人 2.法定代理人、三親等內親屬 3.檢察官 4.警察局（分局） 5.直轄市、縣（市）主管機關	1.檢察官 2.警察局（分局） 3.直轄市、縣（市）主管機關
聲請方式	聲請狀	聲請狀	1.聲請狀 2.言詞 3.電信傳真 4.其他科技設備傳送方式
聲請時間	法院上班時間	法院上班時間	不限（法院上班時間、夜間、例假日均可）
聲請內容	《家暴法》第14條第1項第1~13款	《家暴法》第14條第1項第1~6款、12、13款	《家暴法》第14條第1項第1~6款、12、13款
審理方式	開庭審理	得不經審理程序	得不經審理程序
生效時間	法院核發時生效	法院核發時生效，尚未聲請通常保護令者，視為已聲請	法院核發時生效，尚未聲請通常保護令者，視為已聲請

資料來源：整理自司法院（2020）

三、救濟方式

核發保護令之裁定，當事人及權利受侵害之利害關係人均得向法院提起抗告；關於駁回保護令聲請之裁定，聲請人得提起抗告。

四、保護令執行

有關民事保護令的執行機關，舊法原僅規定由法院及警察機關執行；執行程序，法院依強制執行法之規定執行，但警察機關之執行程序與方法則未明定，僅概括授權由中央主管機關定之。後經大法官會議第559號解釋，認

為保護令涉及人身之處置或財產之強制執行，應分別情形以法律或法律具體明確授權之命令定之，以符合憲法保障人民權利之本旨（高鳳仙，2011）。現行有關保護令執行的規定是不同保護令內容有不同執行機關，但警察機關仍為保護令之主要執行者。

（一）法院執行

　　不動產之禁止使用、收益、或處分行為及金錢給付之保護令，得為強制執行名義，由被害人依強制執行法聲請法院強制執行，並暫免徵收執行費。

（二）直轄市、縣（市）主管機關執行

1. 於直轄市、縣（市）主管機關所設處所與未成年子女會面交往，及由直轄市、縣（市）主管機關或及所屬人員監督未成年子女會面交往之保護令，由相對人向直轄市、縣（市）主管機關申請執行。
2. 完成加害人處遇計畫之保護令，由直轄市、縣（市）主管機關執行。

（三）警察機關執行

1. 保護令裁定加害人遷出特定住居所，由警察機關命其配合辦理，並應確認加害人確實完成遷出，如有違反，得以違反保護令罪現行犯處理。
2. 關於物品交付令的執行，由警察機關保護被害人前往並確保安全占有住居所、汽機車或其他必需品。如加害人不願依保護令配合交付汽機車或其他必需品，警察機關得依被害人請求，進入該等物品所在處所，於必要程度內強制解除加害人之占有或扣留取交被害人，相關程序並得會同村里長為之。
3. 若前述必需品應由加害人一併交付有關證照、書據、印章、其他憑證卻未交付，警察機關得逕予取交給被害人。如果取交無效果，且屬被害人所有者，得由被害人另向相關主管機關申請變更、註銷或補發；

屬相對人所有者，被害人得請求核發機關暫發於保護令有效期間內之代用憑證。

4. 義務人不依保護令交付未成年子女，權利人可聲請警察機關，由警察機關審酌相關意見後決定交付時、地與方式，若仍無法完成交付，得再限期命義務人交付，如果屆期仍未交付，權利人可另向法院聲請強制執行，並暫免徵收執行費。

5. 義務人不依保護令辦理未成年子女會面交往，同樣可由權利人聲請警察機關限期命其配合，及向法院聲請強制執行。

（四）相關權責機關執行

禁止查閱相關資訊之保護令，請被害人直接向相關機關申請執行（如：向戶政機關申請禁止查閱戶籍資料、向學籍所在學校申請禁止查閱學籍相關資訊、向國稅局申請禁止查閱所得來源相關資訊）。

（五）執行程序之異議

當事人或利害關係人對於執行保護令之方法、應遵行之程序或其他侵害利益之情事，得於執行程序終結前，向執行機關聲明異議。執行機關認其有理由者，應即停止執行並撤銷或更正已為之執行行為；認其無理由者，應於十日內加具意見，送原核發保護令之法院裁定之。

五、通常、暫時及緊急保護令之比較

以保護令的效力、法院審理原則及對家庭暴力事實的認定三個面向，來比較通常、暫時及緊急保護令間的不同（新北地方法院，2020）。

（一）暫時性或終局性之效力

1. 緊急、暫時保護令：在法院作成終局性通常保護令之裁定前，所為之暫時性裁定。

2. 通常保護令：性質上屬於法院所為之終局性裁定。

3. 依《家庭暴力防治法》的規定，緊急或暫時保護令從核發起生效，且緊急或暫時保護令若經核發，視為已有通常保護令的聲請，所以法院會再就所提家暴事實予以進一步之審理確認，並評估有無核發通常保護令之必要；換句話說，如果是聲請緊急或暫時保護令並獲核發，法院之後會主動將所主張之家暴事實分出一件通常保護令的聲請案，若在調查之後認為確有必要，則會再行核發通常保護令，用以替代原緊急、暫時保護令之效力。

（二）審理原則

1. 緊急、暫時保護令：法院核發緊急、暫時保護令，得不經審理程序。且關於緊急保護令之聲請，有聲請權人得以書面以外之言詞、電信傳真或其他科技設備，於日間、夜間，甚至是休息日為之，法院並應於受理緊急保護令聲請後，儘快斟酌家暴事實之有無，及是否足認被害人有受家暴之急迫危險，並於 4 小時內作出裁定。

2. 通常保護令：應由法院於審理後核發。通常、暫時、緊急保護令效力的比較，如表 6-2。

（三）事實認定

1. 緊急、暫時保護令：就家庭暴力事實之存否及有無核發保護令之必要，於證據認定上不須經嚴格證明，若釋明有正當理由可認被害人有遭受家暴之急迫危險即已足夠。所謂的釋明，指的是法院對事實存否得到大致正當之心證。

2. 通常保護令：法院須依法定程序進行必要之審理，並對家暴事實與核發保護令之必要性（即被害人之後有無繼續遭加害人施以家暴行為之可能）於認定上形成堅強的心證，也就是到能確信聲請之主張為真實之程度。

表 6-2　通常、暫時及緊急保護令效力之比較

項目別	暫時、緊急保護令	通常保護令
有效期間	失效前均有效	2 年以下
生效時點	自核發時起生效	自核發時起生效
效力變更	失效前，法院得依當事人、被害人之聲請或依職權，撤銷或變更緊急、暫時保護令內容	保護令失效前，當事人或被害人得聲請法院撤銷、變更或延長通常保護令，每次延長期間為 2 年以下，如確有必要，延長次數不限。另外，檢察官、警察機關或直轄市、縣（市）主管機關亦得為延長保護令之聲請
失效	於聲請人撤回通常保護令之聲請，法院審理終結更為核發通常保護令或駁回聲請時失其效力	期間屆滿或所定命令於期間屆滿前經法院另為裁判確定者，該命令失其效力

資料來源：整理自司法院（2020）

第三節　民事保護令實施情形

我國民事保護令實施情形，主要以近十年之官方資料為分析，但由於官方公布資料並無法完整蒐集到近十年數據，故部分僅能以近五年統計或是近一年及當年之資料分析。另外，因為民事保護令聲請事件無法區分出被害人是親密關係暴力或是其他類型之暴力，故以全般家庭暴力聲請保護令事件為分析。

一、聲請人分析

（一）被害人為主要聲請人，九成以上是被害人自行聲請保護令

民事保護令的聲請人，包括被害人（含法定代理人、三親等以內血親或姻親）、檢察官、警察機關及直轄市、縣（市）主管機關。統計近十年（2010~2019）的民事保護令聲請人，被害人為最主要的聲請人（93%），其次為警察機關（占 6%），至於主管機關及檢察官聲請的比例都非常低（如圖6-2）。

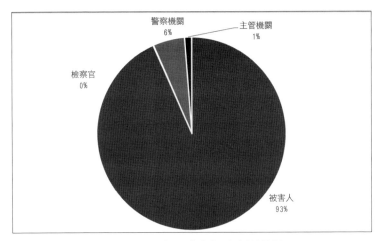

圖 6-2　民事保護令聲請人別分析
資料來源：整理自司法院（2020）

（二）緊急保護令以警察機關為主要聲請人，約九成案件是警察機關聲請

由於近十年的聲請人別的分析[2]，因無法分別出不同性質的保護令，故被害人為主要聲請人，但由於緊急保護令被害人是不能聲請的，因此以 2019 年的聲請人別為分析，即看出變化（表 6-3）：

1. 緊急保護令：終結件數 363 件，法院核發 331 件，主要聲請人為警察機關（305 件，84.0%），其次為直轄市、縣（市）主管機關（37 件，10.2%），檢察官（17 件，4.7%），另有 4 件係被害人自行聲請，應係認識錯誤，法院通常會予以駁回處理。

2. 暫時保護令：仍以被害人為主要聲請人，終結件數 8,787 件中，被害人為聲請人占 94.8%，公部門以直轄市、縣市主管機關聲請為多但僅占 1.3%。

3. 通常保護令：仍以被害人為主要聲請人，終結件數 1 萬 7,477 件中，被害人為聲請人占 94.8%，公部門以警察機關以聲請為多但僅占 1.8%。

2　司法院公布之統計資料，僅最近一年之統計資料有區分不同保護令之聲請人別。

（三）被害人為聲請人時，被害人為女性者占八成

近 5 年（2014~2019）民事保護令終結事件中，被害人為聲請人且性別為女性者占 80.8%（10 萬 4,513 人）、男性占 19.2%（2 萬 4,786 人），與衛生福利部之親密關係暴力類型中之被害人性別比例雷同。

表 6-3　2019 年各類保護令終結情形及聲請人別

保護令類別	終結件數	終結情形（件）				聲請人別						
		核發	駁回	撤回	其他	被害人	檢察官	警察機關	主管機關	法定代理人	三親等	其他
通常	17,477	9,814	2,664	4,915	84	16,575	8	322	209	221	141	1
暫時	8,787	5,781	1,236	1,497	273	8,331	-	49	117	186	102	2
緊急	363	331	25	5	2	4	17	305	37	-	-	-
合計	26,627	15,926	3,925	6,417	359	24,910	25	676	363	407	243	3

資料來源：整理自司法院（2020）

二、民事保護令聲請與核發分析

（一）保護令的聲請與核發案件逐年成長，每年聲請件數逾 2 萬件

《家庭暴力防治法》施行迄今已逾 20 年，接獲通報的件數累計已超過數百萬件，在逐年增加的通報件數中，聲請保護令的件數大致亦呈成長趨勢，近十年各地方法院民事保護令終結件數 24 萬 4,368 件，每年聲請件數超過 2 萬件。

（二）法院審理終結以核發情形最多，但也撤回或駁回四成案件

　　法院終結情形以「核發」為多，核發率超過八成，由於司法院核發率的計算，係以核發件數 ÷（核發件數＋駁回件數）為計算公式（未計入撤回件數），若改以整體聲請件數計算核發率時，實際核發率降至六成左右（詳如附表6-4）；另外終結件數中也有23.4%的案件聲請人請撤回，13.6%的案件遭法院駁回。

表 6-4　民事保護令聲請與核發情形（2010~2019 年）　　　　　單位：件

年度	保護令案件終結	核發	駁回	撤回	其他	核發率	實際核發率
2010	23,492	14,225	3,030	5,673	564	82.4	62.0
2011	23,063	14,296	2,866	5,528	373	83.3	63.0
2012	22,447	13,967	3,044	5,056	380	82.1	63.3
2013	22,639	14,044	2,943	5,217	435	82.7	63.2
2014	23,428	14,365	3,167	5,469	427	81.9	62.5
2015	24,330	14,893	3,222	5,720	495	82.2	62.5
2016	25,969	15,855	3,601	6,057	456	81.5	62.1
2017	26,437	15,956	3,812	6,155	514	80.7	61.6
2018	25,936	15,881	3,668	5,953	434	81.2	62.3
2019	26,627	15,926	3,925	6,417	359	80.2	60.6
合計	244,368	149,408	33,278	57,245	4,437	81.8	62.3

資料來源：整理自司法院（2020）
＊核發率＝核發件數 ÷（核發件數＋駁回件數）×100%；實際核發率＝核發件數 ÷（核發件數＋駁回件數＋撤回件數）×100%。司法院計算式為「核發率」，「實際核發率」則將撤回件數計入。

（三）被害人運用民事保護令的比例仍舊偏低

雖然民事保護令是《家庭暴力防治法》中的重要制度設計，但被害人運用保護令制度來保護自身安全與權益仍舊是少數。以 2019 年為例，衛生福利部通報件數 128,198 件，法院新收保護令聲請件數 26,914 件，僅約兩成左右的家庭暴力案件會聲請保護令，聲請後又撤回聲請或遭法院駁回聲請，實際獲准核發保護令僅占通報總數的一成左右（15,926 件，12.4%）。

三、核發內容分析

（一）保護令核發禁止施暴令及禁止騷擾令內容超過九成

近十年各地方法院民事保護令共核發 149,408 件，總計核發 387,605 項各款內容之保護令。核發款項中，以「禁止實施家庭暴力」之保護令內容所占比率最高，幾乎每件保護令均會核發此款（99.70%）；其次為「禁止騷擾等行為」（92.4%），再其次為「強制遠離」（23.4%），顯示保護令核發內容著重在被害人人身安全保護的款項（詳如附表 6-5）。

（二）加害人處遇令占約兩成較實施初期提升許多

為降低加害人再犯危險性的「強制加害人完成處遇計畫」占約兩成（21.5%），較實施初期（約 3%）提升許多；至於不動產禁止處分、金錢給付（租金、撫養費、醫療費、財損費、律師費等）、使用權歸屬（物品交付）及未成年子女之會面交往等保護令內容，核發比率偏低，均低於百分之一（詳如附表 6-5）。

表 6-5　地方法院核發民事保護令內容

年度	核發件數	合計(項)	終結事件中准許核發保護令內容（項）													
			禁止實施家庭暴力	禁止騷擾等行為	強制遷出	強制遷出及禁止使用、收益或處分不動產	強制遠離	使用權歸屬	未成年子女權利義務使行及負擔及付子女	與未成年子女會面交往之方式或禁止會面交往	租金、扶養費給付	醫療、輔導、庇護所及財物損害費用給付	強制加害人完成處遇計畫	負擔相當之律師費	禁止查閱被害人及未成年子女相關資訊	其他必要之保護令
2010	14,225	35,904	14,180	13,148	300	186	3,032	130	598	169	197	23	2,602	2	219	1,118
2011	14,296	36,791	14,250	13,292	269	204	3,129	112	609	164	166	10	3,138	4	273	1,171
2012	13,967	35,959	13,931	12,920	279	257	3,061	80	563	135	168	22	3,303	5	338	897
2013	14,044	35,985	14,010	13,044	249	247	3,141	101	426	117	95	13	3,241	2	271	1,028
2014	14,365	36,751	14,333	13,050	449	88	3,232	114	427	118	98	21	3,226	6	283	1,306
2015	14,893	38,717	14,855	13,703	488	81	3,561	98	389	134	83	13	3,195	2	240	1,875
2016	15,855	41,208	15,814	14,739	487	73	3,921	100	289	111	68	19	3,315	4	254	2,014
2017	15,956	41,871	15,903	14,800	508	50	3,975	117	274	116	93	17	3,426	4	231	2,357
2018	15,881	41,685	15,829	14,795	434	31	3,794	89	235	99	64	19	3,206	4	202	2,884
2019	15,926	42,734	15,860	14,629	413	34	4,083	99	190	73	77	17	3,427	5	167	3,300
合計	149,408	387,605	148,965	138,120	3,876	1,251	34,929	1,040	4,000	1,236	1,109	174	32,079	38	2,478	17,950
%	100		99.7	92.4	2.6	0.8	23.4	0.7	2.7	0.8	0.7	0.1	21.5	0.0	1.7	12.0

※每一件民事保護令可包含一款或一款以上之內容，故保護令合計數會大於核發件數。

資料來源：整理自司法院（2020）

四、核發保護令所需時間分析

（一）整體保護令核發時間約 41 天

　　民事保護令的核發是《家庭暴力防治法》落實與否的最重要指標（沈慶鴻，2003），而民事保護令從聲請到核發所需時間長短，也應被解讀為法院是否積極回應的指標。近五年[3] 整體保護令聲請所需時間平均日數為 41 日（詳如附表 6-6）。

表 6-6　地方法院民事保護令聲請事件經過時間

年份	終結件事中平均一件所需日數
2015	38
2016	40
2017	41
2018	41
2019	42
平均	41

資料來源：整理自司法院（2020）

（二）緊急保護令多能於 4 小時內核發僅約 3% 超過法定時間

　　民事保護令強調時效性，目的在被害人安全的即時保障。2019 年各類保護令聲請所需時間，通常保護令平均需時 49.60 日、暫時保護令 27.38 日、緊急保護令 1.06 日，整體保護令聲請經過時間平均需時 41.61 日（詳如附表 6-7）。

　　其中通常保護令部分，有七成事件（71.2%）會在 2 個月內核發，將近九成（87.7%）會在 3 個月內核發；暫時保護令則有六成（62.4%）會在 1 個月內核發，將近九成（87.9%）可在 2 個月內核發；緊急保護令則是 97.5% 的事件均能在 4 小時內核發，僅有零星個數是超過法定的 4 小時。

3　司法院網站公布之資料，除最近一年及當年度可分析各類保護令結案時間外，歷年不同保護令聲請事件所需時間無法從網頁取得，且公布資料為近五年。

表 6-7　2019 年各類民事保護令終結件事中平均一件所需日數

終結件數	總計（件）	26,627	平均日數	總平均（日）	41.61
	通常保護令	17,477		通常保護令	49.60
	暫時保護令	8,787		暫時保護令	27.38
	緊急保護令	363		緊急保護令	1.06

資料來源：整理自司法院（2020）

　　與 2000 年的各類保護令的時間比較，緊急保護令 5.69 日、暫時保護令 22.59 日、通常保護令 46.57 日（引自王珮玲，2005），2019 年在緊急保護令部分已大幅縮短許多；但暫時保護令的核發時效反倒退步些，較 2000 年慢約 5 天左右，至於通常保護令則與實施初期的核發速度大致相當。雖然通常及暫時保護令之核發，法律並無處理時效的明文規定，但若能儘速核發，才不致對被害人的安全有空窗期（詳如附表 6-8）。

表 6-8　2019 年各類保護令聲請事件經過時間

終結經過時間	件數（件）	所占比例（%）
通常保護令　17,477 件		
1 月以下	5,549	31.7
1 月以上~2 月以內	6,902	39.5
2 月以上~3 月以下	2,885	16.5
3 月以上	2,141	12.3
暫時保護令　8,787 件		
15 日以內	3,421	38.9
15 日以上~1 月以內	2,066	23.5
1 月以上~2 月以內	2,238	25.5
2 月以上	1,062	12.1
緊急保護令　363 件		
4 小時以內	354	97.5
4 小時以上~1 日以內	5	1.3
1 日以上~5 日以下	2	0.6
5 日以上	2	0.6

資料來源：整理自司法院（2020）

第四節　民事保護令有關問題探討

與民事保護令有關問題，分從幾個部分探討：被害人為何聲請保護令？被害人撤銷（回）保護令聲請及法官駁回聲請的原因為何？以及保護令的成效評估與影響因素。

一、被害人聲請保護令的原因

Fischer and Rose（1995）曾用「忍無可忍，毋須再忍」（Enough is Enough）簡單而有力的說法說明受暴婦女聲請保護令的原因，與沈慶鴻（2003）的研究發現相似，深度訪談 22 位受暴婦女聲請保護令的原因，主要是對暴力行為的無法再忍受、施暴者的暴力已造成子女身心傷害、對施暴者改變的期望落空、想要突破現有處境；聲請保護令似乎是被害人為求生存或捍衛自身安全的最後一道求援機制（王珮玲，2005）。

Keilitz 等人（1997）訪問 285 位到法院聲請民事保護令之家庭暴力被害婦女，發現大多數的聲請者均遭受身體傷害、且超過一半（54.4%）是屬於嚴重傷害；王珮玲（2010）針對獲得保護令的 203 位親密關係受暴婦女的研究，發現九成以上的受暴婦女均遭受身體及精神的暴力，七成（72.3%）遭受嚴重精神傷害、兩成（17.6%）因受暴而住院治療過。國內外研究都指出，受暴婦女是因為遭到施暴者嚴重的暴力對待而聲請保護令。

另外，由於被害人不能聲請緊急保護令，而警察機關正是主要聲請人，警察機關為被害人聲請緊急保護令的考量因素有：受暴史、受傷嚴重程度、武器使用、加害人脅迫程度、是否同住以及當事人心態（王秋嵐，2000）；另外被害人意願、證據、事件的急迫危險也是重要考量因素（王珮玲，2005；韋愛梅，2010）；但也有研究指出警察機關較少對求助的東南亞籍受暴婦女聲請緊急保護令（黃蘭媖等，2010），顯示族群特性也是影響警察聲請保護令的原因。

二、被害人撤回（銷）保護令的原因

　　撤回，係指聲請人在法院受理後、尚未核發保護令前，撤回保護令之聲請。我國民事保護令撤回比例頗高，近十年（2010~2019）保護令撤回案件占全部終結案件之 23.4%，將近每 4 件保護令中即有 1 件撤回；而各類保護令撤回情形，以 2019 年為例，通常保護令撤回率最高（28.1%），其次為暫時保護令（17.0%），緊急保護令案件撤回之比率最低（1.4%）。

　　撤回保護令聲請的原因為何？沈慶鴻（2005）分析台北、士林地方法院撤回聲請狀之理由，發現多半未敘明原因，有陳述理由之資料中，原因包括：已協議離婚、已和解（願意給相對人改過機會）、相對人已搬出、相對人未再動手、相對人服刑中，以及因為保護令將傳訊子女，怕配偶報仇而撤回等；但也有研究指出，被害人會因為安全因素、時效及法官不友善的態度而撤回保護令（陳殿輝，2002；引自沈慶鴻，2005）。

　　國外研究則指出許多婦女會提出保護令聲請，而影響受暴婦女未完成聲請有兩個主要原因，第一，感受到加害人威脅程度愈高，受暴婦女完成聲請的可能性就愈高，但如果加害人威脅傷害子女的話，那受暴婦女就較有可能放棄聲請；另一個影響原因是受暴婦女對加害人情感依附的程度高，完成聲請的可能性就愈低（Zoellner et al., 2000；引自王珮玲，2005）。

　　撤銷，則是指在法院核發保護令後、失效前，因情況變更、不需要保護令時，當事人及被害人聲請保護令之撤銷。柳宜吟（2008）以受暴婦女、社工員及法官對婚暴婦女撤銷保護令的原因與觀察，歸納有四類原因：（一）在個人方面，條件交換、給加害人一個機會；（二）在家庭方面，大多是為了維持家庭和諧及親友勸說的壓力；（三）在社會結構方面，則是因為加害人對司法的畏懼與加害人處遇計畫；（四）社會文化方面，則是受到給孩子一個完整的家、夫妻角色認知偏差、女性上法院的負面觀感與維持家庭和諧價值觀的迷思的影響。

三、法院駁回聲請的原因

　　駁回，為不予准許之表示，乃法院對於保護令之聲請，認為不合法或無理由，而為否定之裁判。沈慶鴻（2005）的研究，除了對被害人撤回原因分析外，也分析了法院駁回保護令聲請的原因，包括：未依規定繳納費用、聲請書中未載明具體之事實（未載明聲請意旨、原因、事實及所附之證據）、無優勢證據證明有繼續施暴之可能、在期限內未能補正相關資料、已離婚、已分居、已離家、或無再發生之事實，故無核發之必要、法律不溯既往（暴力行為發生在民事保護令實施前）、雙方互毆，無法證明相對人施暴行為且聲請人隱瞞暴力行為，以及未能舉證為長期之暴力行為；其中未繳納費用及未於期限內補正導致法院駁回保護令聲請的問題，已在 2007 年修法時予以調整，免徵裁判費以及對聲請保護令之程式或要件有欠缺者，法院應以裁定駁回之，但其情形可以補正者，應定期間先命補正。

四、保護令的成效評估

　　保護令成效評估，通常以加害人的違反情形做為保護令有效性檢視，Cordier 等（2019）曾檢視 25 個相關研究，並以被害人自陳報告與警察紀錄做比較，發現被害人自陳再受暴率高於警察紀錄；但當保護令與警察逮捕作為相結合時，加害人違反保護令的比率是會下降的；加害人未曾有逮捕紀錄、未曾有跟蹤行為以及雙方屬中高收入以上者，違反保護令的比率是較低的。

　　相較國外，國內有關民事保護令的成效研究較少，除了幾篇較早的研究外（表 6-9），近期的是王珮玲（2010）研究，針對 203 位取得保護令的親密關係受暴婦女進行 2 次問卷追蹤調查，第 1 次是核發後 3 個月，第 2 次是核發後 9 個月，瞭解保護令的效果，以及探討保護令核發後，受暴婦女再受暴之情形以及相關影響之因素，以下摘要研究發現如下：

（一）在保護令之效果方面

保護令核發後，加害人將近有六成會遵守、四成會違反；會違反保護令的加害人在前 3 個月就會違反，顯示保護令核發後對加害人施暴行為有一定的嚇阻效果，但有些相關因素會影響加害人是否遵守保護令，例如加害人有犯罪前科及精神疾病是影響違反保護令的個人特性因素，並與未違反者達到顯著差異。此與國外一些研究（Cattaneo & Goodman, 2005; Chaudhair & Daly, 1992; Keilitz et al., 1997; Klein, 1996；引自王珮玲，2010）發現相符，顯示加害人有犯罪前科是預測其是否違反保護令的重要變項之一；至於其他個人因素，例如加害人失業、酗酒或藥物濫用、與被害人有共同小孩及被害人的低社經地位等，雖未在研究中出現顯著差異，但被核發保護令的加害人中四成（39.3%）有賭博習性，卻與 Liao 於 2008 年研究指出華人社會中賭博是施暴之重要因素有相同發現（引自王珮玲，2010）。

（二）加害人的施暴行為方面

保護令核發後，加害人違反保護令有再度肢體暴力的比率為 19%，或是肢體暴力沒有了，會轉為精神上或其他方面的攻擊或騷擾。施暴者的暴力行為是預測加害人是否會遵守保護令及再度施暴的重要變項，尤其當施暴者對被害人有脅迫控制及跟蹤等行為時，施暴者違反保護令及再度發生肢體暴力之可能性均較高。顯示施暴者對被害人有高度控制之情形係一非常重要的危險因子，此時保護令之威嚇效果有限，嚴重者甚至有可能是另一個激烈衝突的引爆點（Gist et al., 2001；引自王珮玲，2010）。

（三）司法系統回應方面

以保護令核發之內容是否符合被害人需求、警察執行態度及警察是否落實執行等 3 個因素檢視司法系統的回應，雖與再度發生肢體暴力未有顯著關係，但保護令核發之內容是否符合被害人需求及警察是否落實執行，與加害

人是否遵守保護令有顯著相關。此與過去一些研究亦指出相同問題，保護令核發之內容未能盡符合被害人之需求（王麗容，2002；沈慶鴻，2001），以致保護令所能發揮的效果有限。

表 6-9　國內有關民事保護令成效之研究

沈慶鴻（2001）	深度訪談台北市22位聲請保護令之被害婦女	有5位（23%）表示加害人有違反保護令罪之行為出現
王麗容（2002）	以問卷訪問十二個縣市共94位被害人	有74.5%之被害人表示暴力次數變少了，3.2%表示暴力次數更增加，而18.1%表示和以前差不多
王珮玲（2003）	以問卷訪問六個縣市62位被害人	64.5%表示加害人施暴情形減少，29.0%表示施暴情形不變，而有6.5%表示加害人有更嚴重之暴力行為

資料來源：引自王珮玲（2005）

第五節　結語

　　民事保護令制度是一種預防性司法，是《家庭暴力防治法》最重要的內容，也是受暴婦女捍衛自身安全的最後一道機制。Finn 與 Colson 於 1990 年認為保護令具有：在刑事制裁之外，提供了另一種法律的保障；強調被害人之保護，以避免被害人遭受更多的傷害為關切之焦點；具時效性，可提供被害人立即性的減輕傷害；所要求之證據不似刑事案件之嚴格以及提供特殊且範圍廣泛之救濟內容等特色（引自王珮玲，2005）。該項保護令制度從國外引進在我國施行多年後，雖已成為大家所知悉的制度，但被害人運用的比例卻仍偏低，官方紀錄雖然違反保護令罪情形不高，顯示保護令對加害人有一定嚇阻作用，但針對取得保護令的受暴婦女追蹤研究（王珮玲，2010）則發現高於官方數據比例的加害人會違反。未來此項預防性司法制度的擴大運用仍需繼續倡議，法院核發保護令應符合被害人需求以及警察應落實保護令的執行，方能確保民事保護令功能的發揮。

- **問題**

  1. 本章在民事保護令的聲請審理與執行中，保護令的審理第三點有提及「保護令事件之審理不公開，法院於審理終結前、得聽取直轄市、縣（市）主管機關或社會福利機構之意見」，您認為其用意為何？

  2. 保護令制度的設計用意為何？又有何優勢存在？

  3. 被害人撤回保護令的比率長久以來一直偏高，您認為可能的原因是什麼？當被害人要撤回保護令時，工作者可以如何處理？

  4. 文中提到「保護令之效果方面，顯示保護令核發後對加害人施暴行為效果有一定嚇阻效果，但有些相關因素會影響加害人是否遵守保護令」，您如何評估保護令的效果？還可以從哪些面向看見保護令發揮的作用？

- **推薦影片**

  1. Youtube〈遇家暴如何自保換電話搬家聲請保護令 ——蘋果日報 20160424〉

第七章
被害人困境與需求

　　由於親密關係暴力的持續性長、再犯率高，來自伴侶的暴力傷害，會造成婦女心理的創傷、身體被攻擊、經濟受控制，以及工作中斷、社交隔離、財產損失等影響；然而並非所有的受暴婦女都會向外尋求協助，她們在暴力威脅下的處境需被更多的理解與支持。

第一節　求助行為

　　求助（help-seeking）是個體面對壓力或困擾時的因應機制（coping mechanism）（Liang, Goodman, Tummala-Narra, & Weintraub, 2005），是個體向他人表達問題或煩惱，希望獲得支持、協助或意見，以緩和個人面對問題或壓力之緊張狀態（Nelson, 1980）；然而，因為向外求助可能意謂著個人某部份的不足或缺陷，或為了維護自尊、受到其他脈絡和情境因素的干擾而阻礙了求助行為（Hollensherd et al., 2006），因此並非處於受暴困境的婦女都會求助。

　　Liang 等人（2005）認為，認知理論能解釋受暴婦女處於烙印情境（stigmatizing situations）下的求助行為，並提出親密關係暴力倖存者求助歷程的概念性架構；其將受暴婦女求助分成三階段，包括：定義問題（defining the problem）、決定求助（deciding to seek help）、選擇支持的資源（selecting a source of support），並提醒每個階段的求助行為同時受到個人、人際和社會文化等因素的影響（圖 7-1）：

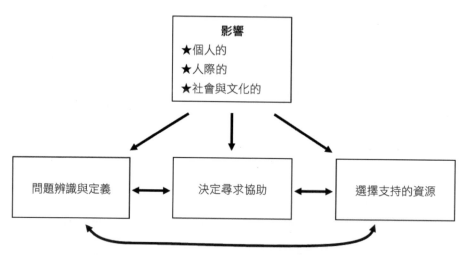

圖 7-1　求助和改變模式（A model of help-seeking and change）
資料來源：採自 Liang et al.（2005）

　　Liang 等人（2005）還表示，求助是個複雜的過程，且是個認知與情感互動的歷程，同時受到個人（特質、認知、經濟等）、人際關係（施暴配偶、朋友、家人等）和社會文化（性別、宗教、階級、文化等）等因素的影響；其特別強調此模式雖聚焦於求助者內在的、認知的過程，但問題定義、決定求助、支持資源的選擇等因素間並非線性關係，而是雙向回饋、互相影響的迴圈，故受暴婦女對情境的評估和定義會影響她的求助決定，而她對支持資源的選擇也會影響她對暴力問題的定義和是否求助的選擇。

一、國外的調查研究

　　Fugate 等人（2005）曾在美國芝加哥進行女性健康風險研究（CWHRS）時，對就醫女性進行一年內受暴和求助經驗的探索；他們針對 1997 年進入芝加哥區域醫院（婦科和產科）和四個社區健康中心的女性進行資料收集－先讓受訪者填寫量表（Conflict Tactics Scale 及 Campbell Incident Severity Scale），再進行面談（45 分鐘），最後完成 491 位受暴婦女的調查；發現 82%（402 人）在親密關係中受暴的受訪婦女沒向機構求助、74%（364 人）

沒因受暴而使用醫療資源、62%（303 人）的受訪者沒報警、29%（143 人）在暴力發生後沒告訴任何人；而其受暴後不求助的理由，依序是：不需要或覺得求助沒用（not needed or not useful）、面臨求助障礙（如伴侶限制、不知道資源在哪、覺得丟臉、怕被批評等）、想保護伴侶和維持關係、擔心隱私和保密問題，以及擔心求助結果對自己或伴侶不利等因素；其中「不需要或覺得沒用」－覺得傷害還未嚴重到需要就醫，或不相信求助能為自己帶來助益是其不求助的主因，而因保護伴侶和維持關係而不求助者，則是害怕會因求助而給伴侶帶來麻煩或影響未來親密關係的維繫。

此外 Naved 等人（2006）在孟加拉進行有關健康和人口研究時（ICDDR, B; International Center for Health and PopulationResearch in Bangladesh），亦同時探索在地婦女遭受配偶身體暴力時的揭露和求助行為，並依其所在地之都市化程度進行分析；研究團隊在 2001 年 6 月 25 日至 11 月 25 日的半年內，共訪問了 3,130 位 15 至 49 歲已婚女性，收集了 2,702 位有效樣本，最後發現 2/5 的女性經歷過配偶暴力（都市 39.7%、鄉村 41.7%），其中有 19% 是嚴重的暴力傷害，不過 66% 的受訪者（都市 65.9%、鄉村 66.2%）從未告知他人、56%（都市 58.9%、鄉村 51.3%）未向外人求助，而僅有 2% 的受暴婦女向外人求助，其求助的對象依序是：醫生（都市 1.3%、鄉村 1.3%）、地方領袖（都市 0.9%、鄉村 3.2%）、警察（都市 0.6%、鄉村 0.5%）、婦女機構（都市 0.2%、鄉村 0.0%）；另為了深入瞭解其向外求助的態度，Naved 等人還個別訪談了 28 位受暴女性，發現她們因為害怕影響家庭聲望、害怕傷害自己名聲、保護孩子、擔心配偶反彈、期待事情有所改變等因素而未告知他人；至於受訪者遲遲未向外求助的原因，則是覺得暴力還不夠嚴重、覺得丟臉和羞恥，且認為只有在暴力逐漸嚴重、配偶威脅要傷害孩子時，她們才會向外求助；然而值得注意的是，幾乎所有曾向外求助的受暴婦女都表示從未在求助過程中得到他人的幫助。

Bibi 等人（2014）則為瞭解已婚女性遭受伴侶身體暴力時的求助行為，於 2013 年 1 月 1 日至 3 月 31 日在印度南部 Liaquat 大學附設醫院之婦科

和產科隨機挑選受訪者，三個月內調查了 378 位已婚女性後發現，約 31%（120 位）的受訪婦女表示曾遭伴侶肢體暴力，其中約 1/4（24%，29 位）受傷嚴重到需要就醫，然卻只有 2% 的婦女曾尋求社會、法律或醫療的協助。

表 7-1　受暴婦女受暴和求助態度之相關研究

研究者	受暴率、求助狀況	不求助原因
Fugate 等人（2005）	491 位受暴 82% 沒求助機構 74% 沒求醫、62% 沒報警 29% 沒告訴任何人	不需要或覺得沒用、面臨求助障礙想保護伴侶和維持關係、擔心隱私和保密問題擔心求助的結果對自己或伴侶不利
Naved 等人（2006）	2/5 受暴 2% 的受暴者向外求助	怕影響家庭聲望、怕敗壞自己名聲保護孩子、擔心配偶反彈 期待事情有所改變
Bibi 等人（2014）	31% 受暴 僅 2% 的受暴者向外求助	X

資料來源：整理自 Bibi et al. (2014); Fugate et al. (2005); Naved et al. (2006)

　　為瞭解受暴婦女求助時的求助選擇，Hollensherd 等人（2006）於是透過不同管道（地區家暴中心、警察）收集受暴婦女的求助行為；經統計 1998 年 8 月 1 日至 1999 年 2 月 28 日期間之地區家庭服務中心（258 人）的求助資料及警方通報案件（127 人）；結果發現：族群和服務的使用行為顯著相關，如歐裔美國人求助家庭服務中心（80%，143 人）約是求助警察（20%，35 人）的 2-3 倍，非裔美國人選擇家庭服務中心（97 人）與選擇報警（91 人）的人數相當；而歐裔美國人在家暴中心獲得的服務以諮商為主（46%，66 人），非裔美國人在家暴中心的服務則主要是聲請保護令（46%，47 人）而非諮商（25%，24 人），此研究結果顯示：少數族群較需要法律服務，較不需要社會服務和心理支持，研究者認為由於法律倡導在少數族群社區的能見度較高，因此其對法律服務、聲請保護令的接受度較高、需求較強。

二、國內的統計資料

國內受暴婦女的求助行為在《家暴法》正式運作後才受到關注，然因缺乏大樣本調查，而無法對親密關係暴力的發生率和求助行為進行推估，多數研究都從衛福部婦幼保護資料庫之通報統計資料了解受暴者的概況，不過此與實際發生的數量間可能有頗大的落差。

潘淑滿、游美貴（2012）因接受衛福部委託而有機會透過「家庭暴力個案資料庫」進行較大樣本的檢視；其整理 2008-2010 三年、每年 1000 份的個案紀錄（有效樣本 2,224 份）後發現，九成（91%）受暴婦女在社工開案服務時仍與相對人同住，八成（82.2%）仍與相對人有婚姻關係；而在暴力發生時，85% 的婦女以求助非正式支持系統（娘家家人、成年子女等）為主；個案資料的統計結果亦顯示，「選擇留在關係中」的受暴婦女最多，且多採取「避免刺激相對人、向親友傾吐心情、為孩子隱忍、轉移心情投入工作」等消極性的因應行為；而從 85% 個案受暴時間長達 8 年、平均受暴 6.3 次的資料看來，顯示了我們的受暴婦女長期忍受暴力傷害而未積極尋求正式支持系統介入的普遍現象。

另趙善如等人（2012）以某縣市 2005 年個案資料庫的結案資料進行分析，亦有類似的結果－ 1,100 件通報案中，未開案的案件就占了所有通報案的 1/4（26.4%，290 件），其中反應自己「不需要服務」的案件就占了七成（71.7%，208 件）；而在 810 件開案服務的案件中，雖幾乎（97.5%）皆是完成處遇服務而結案的案件，詳究其結案原因後卻發現，近八成（78.2%，618 件）案件係因醫療費用的補助完成而結案，可見即使是開案服務的案件，大多數案主接受的服務也是短期的社會救助，而非長期的處遇服務。

2015 年衛福部透過委託、首次參酌國際組織使用之調查指標，以面對面、結構性訪談完成我國女性（18 歲以上）親密關係受暴率的調查－ 536 位受訪者之受暴經驗顯示，我國女性遭受伴侶各類暴力攻擊的終生盛行率為 26%、最近一年受暴的盛行率則是 10.3%；調查還發現受暴者的人口特性（如：年齡、教育程度、職業等）與求助行為無關，且無論在《家暴法》通

過前、還是通過後，受暴者的求助對象皆以非正式支持系統為主，只有少數受暴者會同時求助正式與非正式支持系統；此次調查還以一年內肢體暴力的盛行率與女性人口進行推估，並在比對通報人數後指出，我國女性親密關係暴力約有四成的黑數，亦即約有四成的受暴女性在其受暴時未向家暴防治系統尋求協助（潘淑滿等，2017）。

　　綜合上述幾個親密關係暴力受暴女性求助行為的研究可知，不論東、西方或都市化程度如何－如美國、孟加拉、印度或國內，女性在面對親密關係暴力時皆呈現「低求助」的現象；Hollensherd 等人（2006）和 Hyman 等人（2009）也認為親密關係暴力案主「低求助」的現象幾乎全球皆然，且都市化程度愈低、求助比例愈低；上述研究發現皆反應了受暴女性的求助阻力非單一因素，除了對親密關係暴力的認知會影響其求助行為外，受暴後的羞恥感受、害怕相對人報復、還想與相對人維持親密關係的意圖，以及社會大眾的批評、責備（blaming）和之前不佳的求助成效等都會影響受暴女性的求助行為。

第二節　易受傷害族群的求助行為

　　由於親密關係暴力除了造成肢體傷害外，還具有控制、壓迫的本質，故除因性別（女性）特性外，受暴者還會因其所具有的族群、年齡、身心障礙等特性形成特殊的困境，故實務上以「易受傷害族群」概稱之，顯示具此特性之受暴婦女較難脫離親密關係暴力傷害的處境，提醒網絡成員需審慎評估並協助之。

一、原住民受暴婦女

　　根據衛福部（2018a）有關不同族群被害人受暴統計資料顯示（表7-2），2008 年至 2017 年間，我國原住民親密關係暴力之受暴人數逐年上升，雖然整體而言，原住民受暴人數看似不多（介於 1,700-2,400 人次），但

考量其人口數後（2017 年約 52 萬人），即會發現只占全國人口 2.3% 的原住民族，卻占全國親密關係暴力 4.8% 通報量之現象，原住民親密關係暴力是個應被重視的問題。

由於原住民受暴婦女未報案、未向正式系統求助的現象同樣存在（陳秋瑩等，2006），因此童伊迪、黃源協（2010）認為前述原住民親密關係暴力的通報量可能是嚴重低估的結果，呈現的只是原住民親密關係暴力問題的冰山的一角。例如陳秋瑩等人（2006）利用問卷針對南投信義鄉和仁愛鄉 31-65 歲的婦女進行家戶訪問，在回收 543 份問卷、其中 432 份有效問卷裡，發現受試者過去一年的家暴受暴率為 37.8%，明顯高於當時主流社會的17.6%，且其中的三成（34.2%）只向非正式系統求助、三成未採取任何求助策略，更讓人意外的是，在 432 位受訪者中完全沒人使用過 113 專線。

沈慶鴻（2014）則歸納國內、外現有研究，發現原住民受暴婦女的求助阻力可能包括以下各點：

（一）認為家暴是家務事，因此原住民受虐者不會報警，多數鄰居也認為這是別人的家務事，對家暴採不過問、不介入的態度。

（二）怕丟臉、擔心他人對自己有負面印象、有罪惡感等而否認家暴行為的發生。另原鄉女性陷在沈重的家庭照顧責任、習慣忽視自身的需要，並將「家暴」合理化成婦女生活的一部份或歸因於酗酒的結果。

（三）部落密集的人際互動，群族感、家族力量，亦限制了原鄉受暴婦女的求助行為；他們認為自己受到各方壓力，並在以和為貴、家族面子的考量下被要求隱忍和原諒，也擔心一旦訴諸法律，將激怒配偶的父母和手足，導致家族的衝突、分裂或對立。

（四）另在階級觀念明顯的部落裡，對上一階級（如長老、民代）或較大家族成員的家暴行為，一般民眾是不敢通報或介入處理的。加拿大原住民部落亦有類似現象，若施暴者是部落長老，傳統文化對長老的尊敬和優勢，會成為制止其家暴的阻力；原住民男性在部落所掌握的權力亦會使其相互保護，容忍部落男性對女性的暴力行為。

表 7-2　全國通報之親密關係暴力被害人：國籍及族別統計

年分	本國籍非原住民	本國籍原住民	大陸籍	港澳籍	外國籍	無國籍	資料不明	合計
2008	31,239(72.6%)	1,778(4.1%)	2,786(6.5%)	19(0.04%)	3,458(8%)	44(0.1%)	3,718(8.6%)	43,042
2009	34,335(71.7%)	2,079(4.3%)	3,239(6.8%)	28(0.06%)	3,932(8.2%)	40(0.1%)	4,255(8.9%)	47,908
2010	38,036(69.3%)	2,556(4.7%)	3,547(6.5%)	30(0.05%)	3,906(7.1%)	41(0.1%)	6,805(12.4%)	54,921
2011	35,308(70.8%)	2,323(4.7%)	2,488(5%)	19(0.04%)	2,894(5.8%)	75(0.1%)	6,787(13.6%)	49,894
2012	35,808(70.7%)	2,381(4.7%)	2,108(4.2%)	13(0.03%)	2,361(4.7%)	58(0.1%)	7,886(15.6%)	50,615
2013	33,976(68.5%)	2,261(4.6%)	2,062(4.2%)	10(0.02%)	2,178(4.4%)	67(0.1%)	9,079(18.3%)	49,633
2014	35,182(71%)	2,230(4.5%)	1,894(3.8%)	35(0.07%)	1,999(4%)	88(0.2%)	8,132(16.4%)	49,560
2015	37,041(74.5%)	2,250(4.5%)	1,637(3.3%)	34(0.07%)	1,838(3.7%)	68(0.1%)	6,840(13.8%)	49,708
2016	39,299(77.2%)	2,430(4.8%)	1,552(3%)	33(0.06%)	1,664(3.3%)	53(0.1%)	5,884(11.6%)	50,915
2017	40,039(79.4%)	2,410(4.8%)	1,375(2.7%)	37(0.07%)	1,547(3.1%)	53(0.1%)	4,969(9.9%)	50,430

資料來源：整理自衛生福利部（2018a）。

（五）對《家暴法》不了解，對資源、通報程序不清楚，並擔心一旦求助後，可能面臨離婚、家人被拆散或被迫離開部落的處境；另婦女不想離家、不願配偶被起訴或入獄，亦是其不求助的原因。

（六）部落沒有庇護場所，婦女若想接受庇護，就得離家，而離家所承受的壓力和花費成本（如交通費用）多不在婦女預期之內；另庇護所工作人員和相關措施的友善程度，如工作人員的族群和文化態度、語言使用、食物等亦會影響其接受庇護的意願。

（七）原住民婦女不適應主流社會機構式的服務方式，也對警察和社福系統不信任；原鄉警察消極的處理態度，也是婦女求助的阻力之一。Wahab and Olson（2004）引用官方統計資料（American Indians and Crime report）顯示，因對機構和白人助人者的不信任及擔心保密問題，以致遭受性攻擊的美國印地安女性超過七成未報案。

綜上所述，原住民女性受暴而不求助，與其所處之環境文化、結構因素有關；這些困境交雜而成的習得無助感使其很難保護自己，因此多數原住民女性不會向外求助，使得家暴防治資源發揮不了作用。另家暴防治服務輸送過程中的障礙，如路途遙遠、交通不便，庇護資源缺乏、經濟補助有限等，也讓少數想求助的婦女碰到困難。

二、新住民受暴婦女

廣義的新住民，應含大陸、港澳、外國籍及無國籍等新近的移入人口，然此一名詞多指透過「婚姻」移民的外籍配偶。內政部（2005）在其「外籍與大陸配偶輔導與教育專案報告」中陳述，國人與外籍、大陸配偶婚姻所衍生的五類問題中，「婚姻暴力」就在其中，因此「人身安全」的保障一直是新住民輔導措施中的重點工作。

根據衛福部的統計（表 7-2），雖然 2008 年至 2017 年之十年間，新住民親密關係暴力已逐年下降－由通報比率最高之 14.55%（2008 年 6,263 件）

下降至 6.0%（2017 年 3,012 件），然其受暴率（5.9‰）[1] 仍舊高於本國原住民（4.3‰）及本國非原住民（1.7‰），故依此受暴率看來，新住民的確是親密關係暴力中需要關注的易受傷害族群；進一步探究還會發現，新住民所有成員中，外籍配偶的通報數不僅高於與我們語言相似的大陸及港澳籍配偶，外籍配偶的受暴率（9.9‰）更約是大陸配偶（4.6‰）的一倍多。

　　陳琇惠和林子婷（2012）整理與新住民適應有關的文獻後發現，除了語言不通、文化差異、偏見造成的社會排除外，婚姻暴力亦是新住民面臨的問題之一；沈慶鴻（2011）、柯麗評（2005）的研究都發現，不了解法律規定、不清楚求助資源，以及沒錢、沒地方可去、害怕與孩子分開、擔心拿不到身分證等是新住民忍受配偶暴力而不求助的原因，因此暴力防治和相關的福利服務，應針對這些問題調整服務輸送和服務內容，減少其困境和面臨的求助阻力。

三、身心障礙受暴婦女

　　除了前述的「族群」外，身心健康狀況亦是被害人陷入弱勢處境的可能原因；雖然根據衛福部（2018b）的統計資料顯示（表 7-3），身心障礙被害人的比率不高－累計十年來，包括領冊身心障礙者、領證身心障礙者，及疑似身心障礙者等只占整體通報被害人的 7.6%，但值得注意的是，領冊身心障礙者、領證身心障礙者之被通報人數均有緩步增加的現象。

　　由於身心障礙者主動求助的能力有限，也因對外接觸的範疇、對象有限使其即使受暴也不易被外人發現；潘淑滿（2006）針對身心障礙者家庭暴力的研究，發現衛政體系是身心障礙者主要的通報來源，因此提醒參與身心障礙者就醫、復健或參與療育的衛政人員應有較高機會接觸身心障礙者，故針對身心障礙者受暴問題需做更多的宣導和了解。

---

[1]　通報量除以人口數＝受暴率

表 7-3 全國通報之親密關係暴力被害人：身心障礙別人數統計

年分別	身心狀況分類身心狀況分類				
	領冊身心障礙者	領證身心障礙者	疑似身心障礙者	非身心障礙者	總計
2008	-	-	1,311	26,929	28,240
2009	-	-	1,825	32,522	34,348
2010	1,398	-	1,347	37,489	40,234
2011	1,895	-	1,227	37,575	40,697
2012	2,499	-	1,435	42,329	46,263
2013	2,440	316	1,497	40,158	44,411
2014	2,217	391	1,262	40,926	44,796
2015	2,142	444	1,154	43,360	47,100
2016	2,210	530	1,069	47,139	50,948
2017	2,474	515	1,122	48,499	52,610
總計	17,276	2,196	13,249	396,926（92.4%）	429,647
	32,721（7.6%）				

資料來源：整理自衛生福利部（2018b）

四、與「年齡」有關的受暴概況

根據衛福部（2018c）提供之統計資料（表 7-4），親密關係暴力被害人集中在 30-65 歲之間，特別是 30-40 歲的被害人占了總數的 1/3（34.80%）。

不過，表 7-4 顯示了兩個值得注意的地方：「18 歲以下」及「65 歲以上」這兩個年齡層；表 7-4 中「18 歲以下」之受暴人數看似逐年下降，但需要說明的是，2015 年修法後才納入「16 歲以下未同居但遭受伴侶施暴」之被害人的統計量，因此「18 歲以下」被害人數的統計資料，可能 2016 年後才較正確。另在表中，約有 5%「18 至 24 歲」的被害人，然根據沈瓊桃（2013）針對大專青年約會暴力的調查，發現大專青年遭受約會暴力的盛行率高達六

表 7-4　全國通報之親密關係暴力被害人：依年齡統計

年份	18歲以下	18~24歲未滿	24~30歲未滿	30~40歲未滿	40~50歲未滿	50~65歲未滿	65歲以上	通報人數
2008	433(1%)	1,933(4.3%)	7,472(16.5%)	16,241(35.9%)	11,540(25.5%)	6,371(14.1%)	1,246(2.8%)	45,236
2009	423(0.8%)	1,991(3.9%)	8,169(16.1%)	18,078(35.6%)	12,994(25.6%)	7,534(14.8%)	1,623(3.2%)	50,812
2010	558(1%)	2,274(3.9%)	8,448(14.5%)	21,052(36.1%)	14,997(25.8%)	8,992(15.4%)	1,919(3.3%)	58,240
2011	720(1.3%)	2,170(4%)	7,275(13.4%)	19,400(35.7%)	13,746(25.3%)	9,000(16.6%)	2,048(3.8%)	54,359
2012	703(1.2%)	2,539(4.3%)	6,826(11.7%)	20,633(35.3%)	15,028(25.7%)	10,112(17.3%)	2,538(4.3%)	58,379
2013	306(0.5%)	2,238(3.9%)	6,297(10.9%)	21,746(37.8%)	15,149(26.3%)	9,735(16.9%)	2,106(3.7%)	57,577
2014	285(0.5%)	2,466(4.3%)	6,123(10.7%)	21,427(37.4%)	14,929(26.1%)	9,837(17.2%)	2,150(3.8%)	57,217
2015	317(0.5%)	2,829(4.8%)	6,408(10.9%)	21,223(36.1%)	15,399(26.2%)	10,242(17.4%)	2,378(4%)	58,796
2016	110(0.2%)	2,925(4.7%)	6,735(10.8%)	22,267(35.8%)	16,626(26.8%)	10,848(17.5%)	2,634(4.2%)	62,145
2017	94(0.2%)	2,971(4.8%)	6,757(10.8%)	21,746(34.8%)	16,997(27.2%)	10,973(17.6%)	2,944(4.7%)	62,482

資料來源：整理自衛生福利部（2018c）

成，但受害者多仰賴個人系統來因應約會暴力，甚少求助於正式體系，使得約會暴力呈現盛行率很高、但能見度很低的現象，因此其建議教育體系與親密關係暴力防治體系應積極宣導健康、無暴力的約會關係，教導學生如何因應親密關係中的暴力衝突與保障自己的人身安全。

另一個是「65 歲以上」被害人的統計資料，十年來「65 歲以上」被害人的通報人數、通報比例均逐年上升（由 2008 年 1,246 人，占 2.8%，增加到 2017 年的 2,944 人，占 4.7%）；因此「65 歲以上」被害人的受暴狀況和需求，以及可能因疾病、身體不便或經濟困境形成高齡長者的求助障礙，都需家暴防治網絡成員，以及高齡服務、長照工作者更多的關心和注意。

五、其他

除前述對象外，易被忽略、難觸及的男性被害人（Brooks et al., 2017）及深受誤解、污名化影響的 LGBTQ 親密關係暴力倖存者（Pierre & Senn, 2010），他們的受害處境及求助障礙亦需網絡成員重視。根據范順淵（2016）依其服務愛滋感染者的經驗發現，受親密關係暴力的感染者至少約 3-4 ％，然尋求專業協助的感染者非常少，一部分係因身處暴力情境的當事人常擔心尋求協助會引發更多的親密關係暴力，也害怕在求助過程中被差別對待或被拒絕提供服務，或因其生活網絡系統不夠穩固，缺乏足夠經濟、居住或心理支持而無法或不知該如何尋求協助以逃脫關係，因此了解其所面臨的求助困境，提供可近性、便利性及友善的服務，是各網絡成員的責任。

第三節　被害人的困境或需求

一、多樣的困境和需求

「暴力只是偶然」是多數受暴婦女面對伴侶暴力傷害時的最初反應，但當其發現，隨著時間增長、非正式支持系統的協助持續無效、相對人的暴力

轉趨嚴重，或孩子、家人也開始受暴時，多數婦女才會開始思考如何離開受虐情境或向正式系統尋求協助（沈慶鴻，2019；趙善如等，2012；Frasier et al., 2001）。

暴力會對婦女造成相當深刻的影響和困境，因此想要改善受暴處境的女性需求相當多元，包括了以下各項（沈慶鴻，2003；周月清，1994；陳若璋，1992；郭玲妃、馬小萍，2002）：

（一）安全保護：希望暴力發生時警察能盡快趕到現場、保護自己和孩子，並約束施暴者之暴力和騷擾行為。

（二）緊急庇護：暴力發生時若想離開現場，有暫時可以休息、居住的安全處所。

（三）醫療照顧：能獲得緊急的醫療照顧，或取得驗傷、治療等相關證明。

（四）法律保障：希望得到有關保護令聲請，或者離婚、監護權、傷害等訴訟的法律諮詢、程序保障和出庭陪同，並協助要求施暴者負起法律上的照顧責任。

（五）經濟補助：受暴婦女多半經濟處境不佳、經濟因素也常是受暴婦女遲未離開受暴關係的重要因素，因此政府給予的經濟補助可幫助婦女暫時度過暴力傷害、走出創傷，減少其後顧之憂。

（六）就業服務：不少婦女結婚或有孩子後就離開職場，因此少了經濟收入和社會連結，故在親密關係暴力發生後不少婦女希望重回職場，因此需要就業上的協助，不論是就業訓練、就業資訊和職業媒合，還是因就醫、保護令出庭或離婚訴訟等，需職場對其需求（如請假）提供友善的對待。

（七）母職支持：孩子是受暴婦女掛心的對象，因此協助孩子減緩、修復目睹暴力的影響是許多婦女的期待；另陷入暴力和母職雙重壓力的受暴婦女也表達他們在托育服務上的需求，或希望庇護安置場所能提供滿足其需求的「母職支持方案」。

（八）情緒支持：暴力傷害讓不少婦女出現無價值感、無助感；暴力帶

來的恐懼和害怕，也讓婦女需要陪伴、需要有因應暴力傷害的討論對象。

（九）諮商服務：親密關係暴力是重大的失落經驗，不論是創傷修復，還是婚姻關係的檢視、維繫與否的評估，都是婦女期待透過諮商獲得的服務。

最近沈慶鴻（2019）針對高危機受暴婦女進行訪談，發現「停止暴力傷害」是其主要的期待，還希望得到網絡成員在「經濟上、就業上的協助」和「心理上的支持」；期待暴力發生時「警察能盡快趕到暴力現場處理」，希望有人能「幫忙改變相對人」、「協助有心理疾病的相對人穩定就醫和服藥」；或者在其出現困惑時，能「便利的聯繫社工」以釐清想法；甚至在自己對婚姻萬念俱灰時，「有法律諮詢服務」協助其考慮未來等。

另有關新住民的困境和需求部分，趙祥和、沈慶鴻（2016）接受新住民發展基金委託進行新住民據點服務成效檢視時，在與據點服務人員和同鄉會夥伴的訪談中發現，新住民受暴婦女需要安置處所、經濟補助，受暴離婚者還期待正式系統能協助其爭取監護權，提供子女照顧和就學資源。另沈慶鴻（2011）透過家暴社工提供的資訊發現，在臺灣多數的大陸籍受暴婦女不僅缺乏家人、親友等非正式系統的支持，還常會陷入庇護安置時間、經濟補助等正式系統支持有限的問題。

二、政策與服務的回應

前述來自國內各研究的需求與困境調查，與第四章結語所言之生態系統、生態網絡四層次之互動模式—從鉅視系統（macrosystem）、中介系統（mesosystem）、微視系統（microsystem）和個體層次（ontogenetic level）分析親密關係暴力的現象相吻合；因此以下圖（圖 7-2）歸納呈現受虐婦女在不同層次系統所面臨的問題和需求：

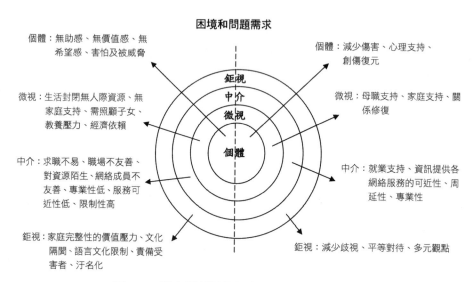

困境和問題需求

個體：無助感、無價值感、無希望感、害怕及被威脅

個體：減少傷害、心理支持、創傷復元

微視：生活封閉無人際資源、無家庭支持、需照顧子女、教養壓力、經濟依賴

微視：母職支持、家庭支持、關係修復

中介：求職不易、職場不友善、對資源陌生、網絡成員不友善、專業性低、服務可近性低、限制性高

中介：就業支持、資訊提供各網絡服務的可近性、周延性、專業性

鉅視：家庭完整性的價值壓力、文化隔閡、語言文化限制、責備受害者、汙名化

鉅視：減少歧視、平等對待、多元觀點

鉅視　中介　微視　個體

圖 7-2　親密關係受暴婦女問題與需求生態圖
資料來源：作者自行製表

前述呈現受暴婦女困境與需求之生態圖，可清楚看見受暴婦女的困境來自不同系統，因此中央、地方家暴防治機關要協助受暴婦女解決其所面臨的問題時，應將防治策略和服務設計分散於生態系統之各層次，除了由個體和微視層面介入外，還應同時進行中介、鉅視的改變。以國內親密關係暴力的服務為例，利用此一生態圖即能清楚呈現各層次的服務（請見圖 7-3）：

（一）個體系統：被害人的危險評估、保護扶助（如法律諮詢、庇護安置、出庭陪同、心理諮商、就業及經濟補助等）、安全計畫等。

（二）微視系統：被害人的家庭支持、子女照顧資源、目睹兒少服務，及加害人處遇與服務等。

（三）中介系統：建置服務機構（113 專線、駐法院家暴服務處等）、發展通報與派案機制、安全網會議、社區友善環境倡導等。

（四）鉅視系統：暴力防治教育、宣導、立法（修法）等。

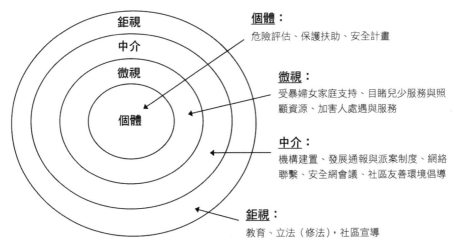

圖 7-3 生態系統之家暴處遇服務
資料來源：作者自行製表

三、支持系統也可能成為求助阻力

非正式的支持系統，指的是來自家人、親友的支持力量，通常是婦女受暴初期會使用的資源；然而非正式支持系統有時亦可能成為婦女求助時的阻礙或束縛，例如親友可能要求受暴婦女忍耐、以和為貴、給先生改變機會、給孩子完整的家，甚至要求婦女應為自己擇偶的選擇負責，或為父母及家族的面子著想，使其無法脫離暴力情境而繼續停留在暴力的婚姻關係中（沈慶鴻，2014；柯麗評，2005a）。

正式的支持系統，則指《家暴法》所規範或提供的通報和資源單位，包括警政、教育、司法、社政、衛生、民政、戶政、勞政和新聞等單位提供的協助；然而，有些正式系統工作人員的觀點錯置或服務態度不佳，會對受暴婦女造成負面效應或強化其原已存在的無力感，亦可能成為受暴婦女求助正式支持系統時的阻礙（沈慶鴻，2019）。Carden（1994）曾明白指出：法律無效的保護是受暴婦女挫折的來源，警察消極的協助態度則會加深婦女的無助感；以致原本應是助力的支持系統，反成為婦女求助歷程中的阻力。

其實就受暴影響和服務需求，不論來自大陸、港澳、東南亞之新住民受

暴婦女，或是本國籍的原住民、非原住民受暴婦女皆面臨了相同的處境－同樣遭受身體上的痛苦、心理上的創傷和安全上的威脅，也同樣期待停止暴力攻擊、聲請保護令、獲得經濟上的補助，不過沈慶鴻（2011）的研究發現，家暴社工在服務大陸籍受暴婦女的過程中曾出現「服務認同、助人者角色困惑、資源分配公平性」等困境，研究者認為此種跨文化服務上的困境，不僅源自於「性別」和「權力」之暴力本質，還與服務對象「身份」和「族群」上的不同有關；尤其在政治因素干擾下所形成的偏見和敵對態度，更讓大陸籍受暴婦女處遇服務的本質不同於本國籍和東南亞籍之受暴婦女，呈現更多的「控制」和「壓迫」現象，使其在家庭、婚姻、性別等層面面臨更多重的困境。

因此，受暴婦女看來相似的困境，是會因其身分（族群／文化）上的不同而蘊含不同的內涵與意義；是故面對不同於本國籍受暴婦女之其他族群案主的跨文化服務時，除了原有針對暴力提供的處遇服務外，防治網絡成員工作者尚需思考與移民政策、國家安全、資源分配、社會處境和婚姻組成等相關因素的影響，故全球化下的鉅視思維、社會排除的考量，以及為案主權益倡導的做法，都可能讓暴力防治工作者的處遇服務面臨更多挑戰。

第四節　結語

最後，以 Peled 等人（2000）的提醒與所有家暴防治網絡成員互勉－Peled 等人（2000）曾以美國經驗為例，語重心長的提醒家暴工作者，雖然美國 20 年來在家暴防治工作上的努力引起大眾對家暴問題的重視，不過家暴問題「被簡化」和「同質化」的問題亦同時形成；其除了以 Baker「文化劇本」（cultural script）的概念，提醒工作者不應以主流文化的框架而窄化案主的選擇，也表示若我們從未覺察自己因特定信念、意識型態和工作架構而限制了婦女的選擇，那就會在消除暴力的過程中反而創造了新的迷思和不正義而不自知。因此在家暴防治的艱難任務下，期許所有夥伴皆能一本保護、服務婦女的初衷，共同為守護受暴者的安全與權益而努力。

- **問題**

1. 影響被害人求助的因素包含哪些？

2. 對於「年齡」有關的受暴狀況，你認為不同年齡層的親密關係暴力有哪些異同之處？

3. 若以生態網絡模式的各層面，不同群體的親密關係暴力被害人需求有何異同之處？

4. 多元群體中的 LGBT、新住民、身心障礙者為何需要社會更多的幫助？我們可以怎麼做？

- **推薦影片**

1. 電影：耳光（Thappad）

2. 電影：記憶大師（Battle of Memories）

3. 電影：當妳離開的時候（When We Leave）

4. Youtube: 傳善第 1 集現代婦女基金會——在黑暗中漫舞

5. Youtube: TED 中英雙語字幕：Leslie Morgan Steiner 為什麼家暴受害者不離開

第八章
社政系統的回應：被害人社工處遇服務

　　家暴防治是項跨專業、跨部門與跨機構的工作，需要結合警政、衛生醫療、教育、社政、民政、戶政、勞工、通訊傳播等機關才能提供優質的家暴服務；以社政為主管機關、社工為個管中心及主要服務提供者的家暴防治網絡，成為臺灣家暴防治工作的特色。本章將說明社工服務體系的建構與處遇服務的內涵。

第一節　服務體系的建立

　　法制化是臺灣家暴防治工作重要的分水嶺；法制化前，公、私部門雖均展開相關的服務，但仍以私部門的服務為主，法制化後，公部門帶領的家暴防治工作開始啟動，機構、人力逐步完整，也讓機構運作、服務輸送、網絡合作有了正式的依據。

　　衛生福利部（簡稱「衛福部」）是全國家暴防治的中央主管機關，以保護服務司（簡稱「保護司」）主導、各縣市政府家庭暴力暨性侵害防治中心（簡稱「家防中心」）為核心、民間婦女機構為助力的家暴服務輸送系統，已然成為家暴防治工作的主軸架構。根據《家暴法》第五條，中央主管機關應辦理下列事項：

一、研擬家庭暴力防治法規及政策。

二、協調、督導有關機關家庭暴力防治事項之執行。

三、提高家庭暴力防治有關機構之服務效能。

四、督導及推展家庭暴力防治教育。

五、協調被害人保護計畫及加害人處遇計畫。

六、協助公立、私立機構建立家庭暴力處理程序。

七、統籌建立、管理家庭暴力電子資料庫。

八、協助地方政府推動家庭暴力防治業務，並提供輔導及補助。

九、每四年對家庭暴力問題、防治現況成效與需求進行調查分析，並定期公布家庭暴力致死人數、各項補助及醫療救護支出等相關之統計分析資料等。

十、其他家庭暴力防治有關事項。

另根據《家暴法》第八條規定直轄市、縣市政府應辦理下列事項：

一、提供二十四小時電話專線服務。

二、提供被害人二十四小時緊急救援、協助診療、驗傷、採證及緊急安置。

三、提供或轉介被害人經濟扶助、法律服務、就學服務、住宅輔導，並以階段性、支持性及多元性提供職業訓練與就業服務。

四、提供被害人及其未成年子女短、中、長期庇護安置。

五、提供或轉介被害人、經評估有需要之目睹家庭暴力兒童及少年或家庭成員身心治療、諮商、社會與心理評估及處置。

六、轉介加害人處遇及追蹤輔導。

七、追蹤及管理轉介服務案件。

八、推廣家庭暴力防治教育、訓練及宣導。

九、辦理危險評估，並召開跨機構網絡會議。

十、其他家庭暴力防治有關之事項。

前述中央、地方依法規定的業務內容，即可清楚明瞭《家暴法》所規範應提供的相關服務；而所有的措施和服務目的，皆為了達到立法宗旨「為防治家庭暴力行為及保護被害人權益」（第一條）。根據《家暴法》所規劃和發

展的家暴防治服務具有以下特色：

一、跨網絡合作

由於發現家暴案件的管道十分多元，因此預防家暴事件的發生或進行家暴事件的緊急處遇，就須跨專業、跨單位間的聯繫與合作才能達成，故「直轄市、縣（市）主管機關應整合所屬警政、教育、衛生、社政、民政、戶政、勞工、新聞等機關、單位業務及人力，設立家庭暴力防治中心，並協調司法、移民相關機關」辦理相關的服務、宣導、訓練等事項（引自《家暴法》第八條）。

家暴防治網絡合作最具體落實的工作就是「責任通報」和「跨機構網絡會議」；根據《家暴法》第五十條規定：

『醫事人員、社會工作人員、教育人員、保育人員、警察人員、移民業務人員及其他執行家庭暴力防治人員，在執行職務時知有疑似家庭暴力，應立即通報當地主管機關，至遲不得逾二十四小時。』
且
『主管機關接獲通報後，應即行處理，並評估有無兒童及少年目睹家庭暴力之情事；必要時得自行或委請其他機關（構）、團體進行訪視、調查。
主管機關或受其委請之機關（構）或團體進行訪視、調查時，得請求警察機關、醫療（事）機構、學校、公寓大廈管理委員會或其他相關機關（構）協助，被請求者應予配合。』

可見「責任通報」是家暴防治重要的法定業務，也是家暴服務的開端。根據衛福部統計（2018d），親密關係暴力案件的通報約 1/2 來自警察機關（以 2010 至 2017 年為例，46.8% 來自警察機關）、1/3 來自衛生醫療體系（包含醫院、診所，33.0%）、約 1/6 來自社政體系（包含 113、防治中心及福

利機構，17.3%）；可見雖然社工是家暴案件的個管中心，但警察、衛生醫療人員才是案件通報的第一線，顯現家暴防治的確是跨部門的工作。

表 8-1　2011-2017 年親密關係暴力通報來源

年份	警政	醫療	社政	113	警政逕依職權通報	其他	總計	
							件次	件數
2011	25,620 (44.3%)	21,694 (37.5%)	1,703 (2.9%)	7,776 (13.5%)	0 (0.0%)	1,006 (1.7%)	57,799 (100.0%)	50,490
2012	29,151 (45.0%)	22,208 (34.3%)	1,869 (2.9%)	8,870 (13.7%)	1,498 (2.3%)	1,192 (1.8%)	64,788 (100.0%)	53,493
2013	25,915 (39.6%)	21,272 (32.5%)	1,649 (2.5%)	11,496 (17.6%)	3,609 (5.5%)	1,515 (2.3%)	65,456 (100.0%)	52,311
2014	30,038 (46.6%)	21,205 (32.9%)	1,889 (2.9%)	10,200 (15.8%)	1 (0.0%)	1,130 (1.8%)	64,463 (100.0%)	52,377
2015	32,210 (49.2%)	21,277 (32.5%)	1,981 (3.0%)	8,848 (13.5%)	0 (0.0%)	1,168 (1.8%)	65,484 (100.0%)	53,785
2016	34,306 (50.8%)	21,198 (31.4%)	2,458 (3.6%)	8,633 (12.8%)	0 (0.0%)	998 (1.5%)	67,593 (100.0%)	55,723
2017	34,632 (51.8%)	20,360 (30.5%)	2,961 (4.4%)	7,959 (11.9%)	0 (0%)	945 (1.4%)	66,857 (100.0%)	55,070
總計	211,872 (46.8%)	149,214 (33.0%)	14,510 (3.2%)	63,782 (14.1%)	5,108 (1.1%)	7,954 (1.8%)	452,440 (100.0%)	373,249

資料來源：衛生福利部（2018d）
親密關係暴力通報來源百分比＝各單位通報件次／總通報件次

　　另「跨機構網絡會議」（另稱「安全防護網會議」）的參與亦是網絡合作的最佳證明，由於通報案件逐年上升，為在有限資源下提升親密關係暴力案件之處理效率，依案件危機程度發展優先處理機制，成為暴力防治工作的重要方向，因此《家暴法》第五次修法時（2015 年）已將「危險評估」納入

通報工作中，規定警政、社政或衛政等第一線防治人員於受理親密關係暴力案件時，應為案主進行危險評估。根據衛福部的統計，目前幾乎所有的親密關係暴力通報案件在通報當時都已實施危險評估（2017年已達97%），經評估後約一成（9.5%）為高危險案件。

　　依衛福部（2018e）的統計（表8-2），社政、警政、醫療、法院、檢察署、移民等單位成員皆會出席「跨機構網絡會議」，然不同網絡成員的出席狀況落差頗大—超過一半是社政人員（53.1%），其次是警政人員（26.4%），相當重要的衛生醫療人員只占7.1%，法院（1.3%）、檢察署（1.9%）和移民單位（1.9%）的成員更少，期待未來能逐步縮小不同網絡成員出席人數的差距。

表8-2　出席安全防護網高危機網絡會議各體系人員分析

警政	醫療	社政	法院	檢察署	教育	移民	外聘督導	合計
3,522	835	6,557	139	191	306	216	370	12,287
4,025	809	7,016	138	176	355	353	439	13,454
3,614	806	6,986	172	217	446	266	464	13,133
3,601	997	7,362	216	327	598	271	531	14,033
3,635	1,187	8,060	221	354	610	238	557	15,016
3,573	1,246	8,298	224	328	602	247	675	15,411
21,970 （26.4%）	5,880 （7.1%）	44,279 （53.1%）	1,110 （1.3%）	1,593 （1.9%）	2,917 （3.5%）	1,591 （1.9%）	3,036 （3.6%）	83,334

資料來源：衛生福利部（2018e）
各單位出席安全網會議百分比＝各單位出席人次數／總出席人次數

二、公私協力

　　長期以來，在公部門社工人力不足的情況下，各地方政府均採公、私協

力—以委託或補助方式讓民間團體有機會參與各項福利服務工作的推動；保護性服務亦是如此，尤其在面對龐大、且逐年上升的個案量，為紓緩案件負荷量，公部門為主、私部門為輔之公私協力一直是臺灣保護性服務輸送體系的特色。

　　因親密關係暴力防治屬保護性服務的一環，然隨著處遇服務的發展，及縣市經費、資源上的差異，公私協力的服務輸送方式一直處於變動中。大致來說，從通報、開案到結案，提供服務的機構包括：113 專線、家防中心、庇護安置機構、民間追蹤輔導（或一站式服務方案）機構、駐法院家暴事件服務處[1] 等單位，提供報案／通報服務、案件篩選、危機介入、庇護安置、追蹤輔導、陪同出庭等服務（沈慶鴻，2009；衛福部，2019a）：

（一）報案／通報服務

　　為提供受虐婦女尋求服務的窗口。除原有的警政系統、家防中心、醫療單位可提供服務外，24 小時、全年無休、免付費的電話服務（113 專線）也成為報案服務的主要管道，其除了提供福利和法律諮詢外，一般保護性案件會於 24 小時內通報案發地之家防中心，緊急保護性案件則會立刻通報案發地之警政系統或家防中心處理。

（二）派案

　　社會安全網計畫運作後，各縣市通報單派案改由「集中派案中心」負責，各類案件（疑似性侵害、兒少保護、成人保護事件及疑似脆弱家庭服務事件）均進入保護資訊系統，由此中心進行派案；受派單位應予受理，不可退案；倘對分派結果有疑義，可透過爭議機制處理之。

---

[1] 2002 年台北市成立第一個由縣市政府委託的駐地方法院家暴事件服務處。

（三）聯繫

派案受理單位應聯繫被害人，並依開案評估指標評估開案服務的可能性。

（四）危機介入

受理通報後，若評估被害人處於高危險情境，或被害人表示無其他安全、支持的網絡可協助，且需緊急安置或擬定其他安全計畫（包括醫療服務、陪同採證驗傷、陪同偵訊、協助聲請保護令等）時，即會進行危機介入。

（五）庇護安置

提供 24 小時的接案評估，並可針對受暴婦女及其 12 歲以下子女提供庇護安置。庇護所除了提供飲食及安全的居住環境外，還提供情緒支持、法律協助、（案子女）秘密轉學、就業輔導、協助申請經濟補助、擬定安全計畫等服務。

（六）陪同出庭

協助被害人及其子女維護法律權益、完成司法程序所提供的服務，服務內容包括：陪同出庭、協助保護令聲請、開庭資料的準備等。

（七）追蹤輔導

針對已開案並經危機介入後，或經評估為中低危機的案件依個案需求提供約六個月的支持性服務，以協助案主面對和適應生活，進行生活重建並減少暴力傷害。

前述服務看似簡單，但其實十分複雜，因多數案主的需求並非線性的依

序發展、服務所需的時間更不盡相同，尤其在通報案件持續上升所累積的服務量實非公部門社工所能負擔，因此為提升服務品質，還須納入民間婦保機構共同提供服務。目前公、私協力的方式有以下幾類（沈慶鴻，2009；游美貴，2010；游美貴等，2016）：

（一）一二線分工

「一二線分工」是家暴防治最早的公私協力方式，指較需靠公權力協助查核、介入的一線工作，由公部門負責（如通報單查核、危機介入之社工處遇服務）；而較不緊急、非危機，且需較長時間協助個案改變的支持性服務（如後續輔導、庇護安置、陪同出庭等社工處遇），則委託民間機構提供服務。此方式不僅能降低政府人事成本的支出，民間機構彈性、合理案量的限制，也較能兼顧服務品質，並可依機構專長發展特色服務。

（二）垂直整合

「一二線分工」維持頗長一段時間後衍生一些缺點，如個案從通報、危機處理、後續服務、庇護安置或司法服務階段，須接觸不同的機構（如委託好幾個機構提供二線服務）；若機構間無法分工、合作，就易造成服務的切割或重疊，導致服務無法充分到位，因此「垂直整合」的協力方式應運而生[2]，「垂直整合」之特色即在於「通報後即啟動服務」，指個案自通報後，即由同一單位接案服務，不再區分一線（危機處遇）或二線（後續輔導），以避免服務切割及服務不到位的情事發生。

（三）一站式服務

2015 年衛福部推動「一站式」（One-Stop）之服務方案[3]，主要考量個案

---

[2] 台北市 2009 年開始推動「垂直整合服務方案」。
[3] 衛生福利部 2015 年透過公彩回饋金補助宜蘭縣、台東縣、屏東縣、高雄市、台南市、雲林縣、彰化縣等 7 個縣市、10 個民間機構發展「一站式」家庭暴力多元處遇服務方案。

的需求複雜、多樣，需開發多元的服務方案，也期許被害人服務體系不發生斷裂、不連續的現象，以免影響案主求助意願，或拒絕服務的情形發生。

UN Women（2012）指出親密關係暴力一站式的服務精神應包括（引自游美貴等，2016）：

1. 在一處提供被害人所有的服務；
2. 將多元服務集中於一處；
3. 服務的提供應盡量減少被害人奔波；
4. 確保被害人得到順暢的服務輸送；
5. 為符合被害人多樣的需求，機構應不斷開展多元的服務方案。

可見為使被害人能在一處得到服務、減少其在不同機構間的來回奔波，強化暴力防治工作之實務效益，以被害人需求為中心，透過主責社工將被害人所需的各項保護服務資源引進（bring in）單一的服務地點，讓被害人可在熟悉環境中接受服務，是一站式的特色；此做法除了可減緩或降低個案面對陌生環境時的焦慮，也可減少個案流失、深化社工服務，因此近年來，一站式服務具快速、安全、便利，並符合成本效益的特色，在社會、健康照護和公共服務，逐漸受到歡迎（游美貴等，2016）。

（四）社安網對公私協力方式的建議

雖然公私協力是家暴防治之特色，但目前分工不清，且公、私部門過於強調案件分擔，而未能依照職責、角色進行分工，使民間機構成為消化公部門高風險案量的一環，失去其發展被害人復元方案的多元彈性與專業優勢；且公、私部門皆優先處理有監控機制之高風險案件的做法，使得非高風險案件受到忽略（衛福部，2018f）。

因此衛福部 2018 年推動的「強化社會安全網計畫」中，即對公、私協力的運作方式提出精進作為，認為公、私協力合作模式應回到各自的職責角色與強項來規畫—公部門具有公權力並掌握強大的行政資源，對於案件調查、資料收集與強制介入具高度不可替代性，因此適合處理需要緊急保護安

置和調查工作；而私部門具有多元彈性與自主性優勢，適合處理非緊急、能夠符合個別化服務期待的案件。

　　此外，衛福部（2018f，p.77）在「強化社會安全網計畫」中建議地方政府在建構公私協力處理模式時，可依案件規模和縣市資源，進行風險類型或等級分流，例如對於案件規模較大、資源較充沛的縣市，建議公私協力可採模式三（類垂整模式），由公部門完成受案評估後，再依個案風險等級、受助意願和需求類型，分別由公部門與多元的民間團體提供服務；但若案件量少、資源不足的縣市，則建議採模式一（一二線服務模式），由公部門受理通報、緊急處理後，評估有需求者再轉由民間提供後續服務（詳見圖 8-1）。

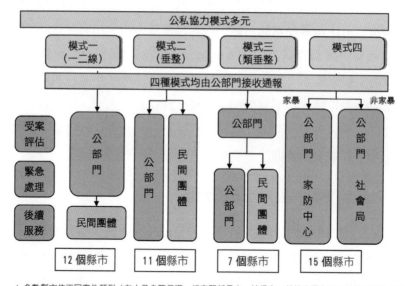

1. 多數縣市依不同案件類型（老人及身障保護、親密關係暴力、性侵害、其他家暴案件）兼採 2 種以上模式。

2. 老人及身障保護以模式四最多，親密關係暴力、性侵害與其他家暴案件以模式一較多。

3. 建議模式：民間資源較充足之縣市為模式三；民間資源不足之縣市為模式一。

圖 8-1　成人保護服務公私協力模式圖

資料來源：衛生福利部（2018）強化社會安全網計畫（核定本）

　　1. 多數縣市依不同案件類型（老人及身障保護、親密關係暴力、性侵害、其他家暴案件）兼採 2 種以上模式。

2. 老人及身障保護以模式四最多，親密關係暴力、性侵害與其他家暴案件以模式一較多。

3. 建議模式：民間資源較充足之縣市為模式三；民間資源不足之縣市為模式一。

第二節　開案評估

成人保護案件通報後，下一步即是集中派案中心負責的「派案」。此步驟為專業評估工作的開始，不僅決定通報案件能否進入家暴防治社工處遇服務的輸送流程及專業資源的投入與否，也是被害人與家暴社工、處遇服務體系建立關係、形成專業印象的起點。

一、專業關係建立的起點

（一）個案評估

在接獲來自不同管道的通報表後─不論是受暴婦女主動求助，或是各網絡單位的責任通報，社工接獲通報後即須進行受案評估；通報表上可提供個案評估的資料包括（衛福部，2019b）：

1. 確認案件類型：通報案件是否為成人保護案件（含家庭暴力、老人保護、身心障礙保護）。
2. 進行確認轄區：確認是否為本轄區應受理的案件。
3. 是否重複通報：若是，再確認該案是否已完成受案評估。
4. 被害人傷亡程度：被害人是否死亡、有無明顯傷勢。
5. 是否合併兒童少年保護事件。
6. 是否已聯繫上被害人，或確認已聯繫的對象。
7. 被害人／相對人基本資料：含單位、姓名、國籍別、聯繫方式等基本資料，以及安全聯絡人、兩造關係、是否同住、有無保護令等資訊。

8. 被害人家中是否有同住兒少：其年齡、目睹經驗。

9. 被害人資料：含國籍別、教育程度、職業、身心障礙與否及類別等。

10. 本次案情：發生的時間、地點、暴力類型、自殺意念、已獲得的相關協助、須立即處理的事項、後續是否願意社工介入協助、是否願意被相對人協尋等。

11. 案件分級：辨識案件的風險（一級或二級）；以下三類型案件屬於一級的高風險案件：

（1）親密關係暴力案件，TIPVDA 大於、等於 8 分。

（2）親密關係暴力案件，TIPVDA 小於 8 分，但經評估列為高度風險。

（3）非親密關係暴力案件，經評估有生命危險、身體及自由之危難，需立即協助。

（二）與被害人聯繫

由於親密關係暴力屬保護性服務，因此社工需在規定時間內聯繫被害人以執行評估工作；而不論是直接來自被害人表達的經驗與需求，還是間接透過安全聯絡人或個案資料庫所獲得的資訊，都是評估工作的基礎。依衛福部（2019a）函頒的「家庭暴力通報案件處理流程」[4]與被害人聯繫的相關規定如下：

1. 被害人若為身心障礙者，依法應於知悉或接獲通報後 24 小時內進行派案，並於受理案件後 4 日內提出調查報告[5]，且須於受理通報後 30 日內完成受案評估摘要。

2. 緊急狀況應立即處理之案件，包括：

（1）經評估被害人處於高危險情況者。

---

[4] 「家庭暴力通報案件處理流程」、「家庭暴力開結案評估指標」最新版本為衛福部函頒 2019 年 10 月 4 起適用的資料。

[5] 依據《身心障礙者權益保障法》第 76 條，應於知悉或接獲通報後，自行或委託其他機關、團體進行訪視，至遲不得超過 24 小時。

（2）被害人有受暴情形，經評估無其他安全支持網絡可協助，需緊急安置或擬定其他安全計畫。

（3）其他經評估需要協助之案件。

3. 一般案件受理通報後 3 日內與被害人進行第一次聯繫，並評估有無兒童及少年目睹家庭暴力之情事；開案 30 日內完成個案評估表，之後每 3 個月均應完成處遇計畫執行摘要表。被害人如為 65 歲以上者，為能蒐集詳實、明確的資料，評估時以面訪評估為原則。

（三）建立關係

社工處遇服務的開端，即在與案主／被害人建立安全、信任、親善的關係，此關係的重要性在於透過正向經驗可扭轉案主的認知架構，以及透過關係中的同理、支持、陪伴，可激發案主改變的意願並促進行動；這對受暴婦女十分重要，因為親密關係暴力的影響，可能會使案主無法信任他人，再者，對暴力關係的愛恨、去留間的徘徊、他人的評價等，皆可能讓案主抗拒外力的介入（宋麗玉，2013）；有時，在施暴者嚴密監控下，案主擔心社工的聯繫會引發施暴者的報復，因此表現出對處遇服務「低意願」的態度，不接受社工或其他網絡的服務（沈慶鴻，2019）。

與案主建立關係，可參考以下的關係建立原則（宋麗玉，2013）：

1. 建立信任關係：社工需表現「友善的態度」，讓案主感受到「人」的關懷，以建立連結；不評論案主的故事、尊重案主步調，讓其選擇或決定揭露的時間和程度，以增強其自主性。

2. 減低受／求助威脅：協助過程讓案主了解整個流程及須等待的時間，以避免其不必要的揣測，當需要與相對人或重要他人接觸時，應事先徵詢案主意見以維繫信任感；外展時，亦須考慮案主的安全和感受，以減少其焦慮感。

3. 提供協助或資源：若能在接觸之初，或案主最需要時提供實質的協助和資源，如經濟補助、安置、醫療協助等，可加速專業關係的建立。

4. 展現友善態度：面對面訪談、持續密集的接觸，案主較能明確感受到社工的真誠和親善；透過回饋、運用案主熟悉的語言分享感受，亦可讓案主感受到社工的支持和了解。

二、開案評估

根據「家庭暴力開／結案評估指標」最新版本（衛福部，2019c），當被害人符合下列情形時，主責社工應予開案（或應評估是否開案）：

（一）應予開案者

1. 被害人生命有立即性危險。
2. 被害人因家暴需要住院治療。
3. 被害人人身自由受控制以致求助困難。
4. 被害人有求助意願。

（二）應評估是否開案者

1. 被害人生命有危險之虞，包括：
   （1）被害人相信相對人將來可能會殺害他。
   （2）相對人曾勒／掐被害人或其他方式使其無法呼吸。
   （3）相對人持武器或工具威脅被害人或其他家庭成員。
   （4）相對人的施暴頻率、手法及傷害程度有愈來愈嚴重的趨勢。
   （5）相對人疑有精神疾病或有藥酒癮，且未就醫或未持續就醫，致施暴情形增加。
2. 被害人有自殺風險。
3. 被害人身體有明顯傷害。
4. 被害人情緒憂鬱或焦慮不安。
5. 被害人資源系統薄弱或是無法取得資源。
6. 被害人遭相對人於公開場合毆打或羞辱。

7. 被害人曾有通報紀錄或有在受暴之虞。

8. 相對人疑有自殺風險。

9. 暴力發生頻率達每月 1 次以上。

10. 有目睹家庭暴力之兒童少年。

11. 其他經評估有開案必要之情形。

三、需求收集

　　案主對正式系統服務的期待和需求是開案評估的重點，也是擬定處遇計畫的依據；依《家暴法》第八條規定，對被害人可提供的服務包括：24 小時專線之諮詢協談、庇護安置、驗傷診療、聲請保護令、陪同備案偵詢（訊）、陪同出庭、心理諮商與輔導、經濟扶助、法律服務、就學或轉學服務、就業服務、轉介／提供目睹服務、子女問題協助、通譯服務、轉介戒毒中心及其他等 16 項。

　　整體而言，服務統計（表 8-3）顯示對被害人提供的服務，以 2019 年為例，前五項的服務為：諮詢協談（共提供了 72 萬 4,689 人次的服務）、其他扶助（4 萬 2,498 人次）、法律扶助（2 萬 7,656 人次）、目睹服務（1 萬 5,699 人次）及子女問題（8,674 人次）等；最少人次的則是通譯服務（80 人次）、就學或轉學服務（122 人次）（衛福部，2020a）。

　　而比較 2012 至 2019 八年間法定服務的變化，可發現持續被需要的服務項目包括諮詢協談、法律扶助、目睹服務、子女問題、經濟扶助、心理諮商與輔導、陪同出庭等，此統計資料應可做為公、私部門服務設計上的參考。

表 8-3　親密關係暴力被害人保護服務類別統計（人次）

扶助類別	年分別							
	2012	2013	2014	2015	2016	2017	2018	2019
諮詢協談	77,822	208,845	472,206	571,205	685,398	791,854	576,647	724,689
庇護安置	732	1,297	2,281	2,395	2,215	1,635	2032	1975
陪同報案、偵詢（訊）	157	201	317	311	344	361	387	333
陪同出庭	1,706	2,382	3,609	4,128	4,902	5,681	4,699	4,517
驗傷診療	91	216	726	1,025	1,393	951	1,307	1,000
聲請保護令	1,046	1,389	2,698	3,272	3,287	3,379	3,965	2,216
法律扶助	1,678	2,414	3,893	6,878	9,695	10,719	31,850	27,656
經濟扶助	1,513	1,987	4,360	6,927	9,267	8,597	7,622	5,956
諮商與輔導	356	597	1,579	2,764	4,455	5,854	6,545	4,798
就業服務	292	444	878	1,199	1,569	1,805	1,735	1,038
就學或轉學	88	200	331	571	473	236	141	122
目睹服務	-	-	-	-	-	-	13,737	15,699
子女問題	-	-	-	-	-	-	8,507	8,674
通譯服務	12	39	44	55	96	107	65	80
其他扶助	17,678	14,246	12,730	21,376	30,023	35,409	43,990	42,498
合計人次	103,171	234,257	505,652	622,206	753,117	866,588	703,238	841,251

資料來源：衛生福利部（2020a）

　　而根據衛福部（2019b）最新的「成人保護通報表」（2019 年 6 月 1 日適用），表中列出被害人七類需求，社工可參考這些內容對被害人進行需求評估，進而提出服務目標與計畫：

　　（一）人身安全議題：包括庇護安置需求、保護令聲請需求、陪同就醫驗傷需求、希望警察約制告誡相對人及其他。

（二）家庭關係議題：包括親密關係問題、親子關係問題、家屬關係問題及其他。

（三）個人身心議題：包括情緒支持需求、創傷症狀干擾、有自殺意念或企圖、精神疾病就醫需求、疾病適應困難及其他。

（四）法律相關議題：包括離婚訴訟、監護權訴訟、性侵害訴訟、財產訴訟、監護或輔助宣導、刑事法律問題、民事法問題、陪同出庭需求及其他。

（五）生活重建議題：包括經濟扶助需求、就業需求、子女托育／照顧需求、子女就學需求、目睹兒少服務需求及其他。

（六）照顧議題：包括居家服務需求、喘息服務需求、長期照顧需求及其他。

（七）其他議題。

四、結案評估

服務一段時間後，就需針對被害人狀況進行結束服務與否，或轉介脆弱家庭或其他單位繼續服務的評估；同樣根據「家庭暴力開／結案評估指標」最新版本（衛福部，2019c），有下列情形之一者得暫時結案：

（一）家暴情形已改善或安全無虞。

（二）社工經與被害人討論後，開案時預定目標已達成，暫無需家防中心提供相關服務。

（三）被害人失聯。

（四）被害人遷往其他縣市，並已轉介至其他縣市服務。

（五）被害人遷居到其他國家、入獄服刑或死亡。

第三節　被害人服務的開展

一、理論基礎與服務目標

　　如前所述，分析親密關係暴力發生原因的理論頗多，然實務運用上基本有兩大學派：一為女性主義取向，一為家庭系統理論，前者採單一性別（gender-specific）處遇模式，分別就施暴者、受暴者提供服務，後者則傾向夫妻聯合治療（couple therapy）[6]。

　　如前所述，分析親密關係暴力的理論、觀點不少，實務上也發現除了權控外，伴侶情感和相處問題、金錢、婆媳問題，以及個人特殊議題（精神疾病、酗酒、情緒控制等），或者是出於自我防衛所引發的暴力問題，皆可能是親密關係暴力發生的原因（黃心怡等，2016）；由於沒有一種取向對所有的受暴婦女都有效，因此許多專家都呼籲需整合多元的實務取向，假設女性主義和心理觀點是對立觀點、假設增強權能／倡導與心理功能評量無法共存，是最大的錯誤（Lundy & Grossman, 2001；引自宋麗玉，2013）。

　　故專業人員可依案主狀況選擇適用的模式，例如若施暴者本身為父權主義和權控者，適用女性主義；若屬夫妻衝突導致的暴力，則可用系統觀點；若施暴者相當權控，受暴婦女亦有自責和主體性欠缺的議題，但婦女仍想和施暴者維持親密關係，則適用女性主義加系統觀點；若婦女有人際退縮和情感表達議題，可採用人際文化理論；若婦女本身有明顯的認知扭曲和錯誤歸因而影響其情緒和行為，則適用認知行為理論；其認為各理論間未必彼此分立，改變階段可結合其他理論，藉由評量案主目前的處境，再加入其他處遇模式的要素；不過這些處遇模式都聚焦於直接解決親密關係暴力的問題，因此較適用於有改變動機的受暴婦女（宋麗玉，2013）。

　　此處介紹較符合國內被害人服務之女性主義和整合模式的服務內容：

---

[6]　伴侶聯合處遇將在下一章再做說明

（一）女性主義

女性主義取向的處遇適用於施暴者屬權控型，且此權控來自於父權觀點和性別主義，而非施暴者心理不安全的依附感，宋麗玉（2013）提醒，性別意識的覺醒須同時增強其權能，使其能面對環境中的父權文化和性別主義，否則婦女可能遭受更大的挫折和傷害；女性主義觀點詮釋女性受暴問題，在協助受暴婦女時有三個重要的取向，藉此達到相互支持、意識覺醒、採取行動的三項任務（Wood & Middleman, 1992；引自宋麗玉，2013，p.81-82）：

1. 結構取向

此取向自鉅視面觀照社會問題，認為女性為弱勢者，婚姻暴力問題植基於性別權力不平等，而非女性的依賴、低自尊、習得的無助感等因素，因此專業人員在協助婦女時應著重增加她們運用資源的機會和能力，以平衡權力不均，並使她們自被壓迫的環境中解放出來。

2. 增強權能

透過改觀和意識覺醒，及促進個人學習知識、技巧、提升影響力的做法，以改變婦女的無力感和負向自我評價；增強婦女權能時需以雙重焦點，同時自環境和個人內在著手，以增強婦女權能。

3. 以小團體作為支持的媒介

以「關係中的自我」（self-in-relation）理論關照人類發展時，強調女性的成長經驗，此理論認為透過相互同理的過程，女性得以成長和增強權能。在小團體中婦女們相互支持、處理創傷，並了解其困境是整體社會女性困境的一部分；在正向的團體經驗中，她們可自男性觀點和惡待中掙脫，欣賞自己能夠存活的優勢，肯定自我決定的權利。

（二）整合模式

Dutton（2006）認為親密關係暴力受暴婦女處遇目標，應包括：保護、增進選擇和問題解決、創傷療癒等三部分；宋麗玉（2013，p.80）歸納國內

家暴社工的經驗認為，家暴社工處遇服務的目標應有三項，依序是：安全維護、建立支持系統、提升案主能力；而其另依 Mears 提出的婚姻暴力整合模式觀點，認為增強權能（empowerment）是促進受暴婦女遠離暴力和增進福祉（well-being）的中介目標、創傷復元才是終極目標，因此服務時會提供以下三面向的服務：

1. 安全維護

核心是協助婦女獲得「安全」，包括身體的、精神的、經濟的、生活的、人際關係的；主要工作策略分為危機處置、安全評估及安全計畫。在危機處置的部分，又可分為庇護安置、驗傷採證、聲請緊急保護令、安全計畫及法律救濟等。

2. 增強權能

婦女受暴的影響包含了低自尊、無望感及無力感；增強權能觀點聚焦於自我效能、自尊、做決定能力等的改善。此觀點認為一個具權能感的人可呈現在個人、人際和社會政治等三層面，個人對自己的能力抱持肯定的態度，自覺能夠控制自己的生活，並在需要時能影響周遭環境。

為歸納具華人文化特色之增強權能策略，宋麗玉（2008）曾收集 25 位來自婚姻暴力、精神障礙及社會福利領域之社工成功增強案主權能的經驗，發現各層次可用的策略如下：

（1）個人層次

A. 協助案主認識自己擁有的能力：與案主建立關係，利用案主個人故事的陳述，協助案主重新思考、建構其處境，使其認識自己的能力。

B. 提升案主啟動自己內在的能力：激發案主思考、促進體驗，或正式、非正式的資源以啟動案主的內在力量。

C. 讓案主了解自己有選擇的可能：透過「可能性」、「目標和行動」的重新建構，或提供具體選項、過來人的經驗，讓案主看見不同的選項。

D. 促進案主採取實際行動爭取權益，透過提供案主資源或陪伴，鼓勵案主採取改變行動。

（2）人際層次

A. 促進案主與其他相同狀況者連結：如鼓勵案主參與團體和活動，透過相互支持，激發案主共同行動的意願。

（3）社會政治層次

A. 運用接觸與對話，促進集體意識的形成。

B. 促進案主願意採取集體的倡導行動或其他集體行動：如鼓勵案主成立協會、協助案主與有利人士（如律師、立委、專家學者等）結盟。

（4）華人文化層次

最後，還歸納出華人文化下增強權能的策略和方法：

A. 善用家庭支持，連結非正式支持系統的力量，共同激發案主。

B. 善用激將法，如人情、面子、傳統信仰等激發案主改變動機。

C. 善用社會權威，運用有力人士、組織或媒體的力量激發行動。

3. 創傷復元 [7]

受暴婦女處遇服務的長期目標在創傷復元，尤其是「內在復元」，亦即找到生命意義、超越創傷且有助人意願、靈性的增長；宋麗玉（2013）建議以優勢觀點進行之，其認為在優勢觀點典範架構中，「增強權能」只是中介目標，主要在協助婦女有自主的獨立生活與資源運用能力，優勢觀點強調以案主的想望為工作依據，以「復元」（recovery）為終極目標，且非僅只是個人主體性的增強，也重視生態觀點，期待能鞏固婦女社區生活的利基（niche）；至於創傷復元的工作步驟則包括（宋麗玉，2013，p.139）：

（1）接觸與建立關係：運用案主優勢、激發希望。

（2）優點評量與挖掘想望：建立夥伴關係，邀請案主參與、了解想望。

（3）建立目標：強化合作與對話，協助案主復元。

（4）訂定個人計畫：以案主的生態為主，了解其全人脈絡和環境資源。

（5）鞏固優勢與結案：協助案主生活重建，建構可支持其生存與存在意

---

[7] 復元（recovery），不同於復原，為優勢觀點的重要概念，強調的是恢復元氣、重頭開始，指重建過程中萌生與生命力的再現，重建有意義生活的過程。

義的非正式支持網絡。

國際心理創傷權威、美國精神醫學教授 Herman 針對受暴婦女的「創傷後壓力症候群」（PTSD）現象進行研究，認為「創傷」的核心經驗是權能喪失（disempowerment）與失去連結（disconnection）；因此恢復人類的連結和能動性（human agency）是復原過程的核心，任何治療技術都不可能取而代之。不過 Herman 也提醒，復原的進程還是需從建立安全感開始，治療師和受創者在工作上維持夥伴關係，依舊是治療創傷後壓力症候群最重要的基礎，其再次強調，沒有投入第一階段治療同盟關係的建立（並獲得安全感），就進入探索創傷記憶的第二階段，只會為受創者帶來傷害（施宏達等譯，2018）。

二、處遇原則與策略

（一）受暴婦女服務原則

聯合國婦女署（UN Women）、世界衛生組織（WHO）、人口基金（UNFPA）、開發計畫署（UNPD）、毒品與犯罪辦公室（UNODC）等機構共同出版了「婦女與女童暴力基本服務—核心要素與品質方針」（Essential Services Package for Women and Girls Subject to Violence - Core Elements and Quality Guidelines），曾提出政府體系在提供被害人－婦女與女童服務時應具備的服務原則（UN Women et al., 2015，引自沈慶鴻、王珮玲，2018）：

1. 權力基礎取向（rights-based approach）。
2. 被害人／倖存者中心取向。
3. 婦女與女童的人身安全為服務提供的第一要務。
4. 提升性別平等及婦女賦權。
5. 服務應具文化意義與對年齡的敏感度。
6. 加害人應為自己的暴力行為負責。

Dutton（2006）也指出，為達到保護婦女、暴力預防的目標，服務受暴

婦女的工作原則應包括以下重點：

1. 無條件接納婦女本身的經驗。

2. 提供立即的支持與連結。

3. 與婦女討論安全計畫和可能的選項。

4. 傾聽婦女的生命故事和創傷結果。

5. 關於暴力和虐待的教育具有治療效果。

6. 視婦女的因應策略為優勢而非病理。

7. 創傷可蛻變為正向改變。

8. 社會性行動和自我揭露可促進婦女復元。

9. 創傷的蛻變是一生的旅程。

10. 落實案主自決。

（二）受暴婦女處遇策略

除了前述增強權能的四層次（個人、人際、社會政治、華人文化）策略外，鄭詩穎（2015）也曾以 Stark 提出「高壓控管」暴力型態為例提出「內外交替」的服務策略；其認為協助高壓控管的個案，必須採取「內外交替」的服務策略，重構案主內在的認知與強化內在能量，以打破受虐者與外在世界的隔離狀態，解構高壓控管牢籠，讓案主重拾自主、與社會再度連結；其認為建立關係是服務的基礎，社工需要「懸置理所當然的家暴視框」，「如是的接納案主」，對案主描述的親密關係暴力細節進行「敘事的想像」，之後發展「內」、「外」處遇策略：

1. 於「內」促發案主內在質變

（1）社工要協助案主理解自身的受控處境，以高壓控管正名。

（2）因應相對人的高壓控管，與案主討論發展細緻靈活的安全計畫。

（3）透過行動與分析，解構案主「介入無效」的認知，戳破相對人「無所不能」的形象。

（4）幫助案主形成「界限」，與相對人分化。

（5）協助案主身心照顧、重新定位自我，發展「我能感」與「內在獨立」的能力。

2. 於「外」建構多元支持體系

（1）向網絡成員闡釋相對人的控管及操弄策略，讓網絡成員理解案主受暴的脈落，轉化網絡成員對案主的判斷與迷思。

（2）結合正式與非正式資源，建構案主支持體系，破除案主受控與孤立狀態。

第四節　結語

在「被害人保護」的暴力防治宗旨下，「安全維護、增強權能、創傷復元」成了被害人社工處遇服務的主要目標，雖然各縣市透過方案委託，結合民間團體提供處遇服務，然因資源與人力的不足，許多縣市僅能就被害人危機處遇勉力為之，而根據衛福部的統計，超過半數（52.6%）的案件僅提供諮詢或短期服務（以 2016 年為例），顯示的即是個別化心理諮商、就業輔導、住宅輔導等服務的難以深化。

然而，美國全國家暴防治網絡（NNEDV）提醒各暴力防治機構，為受暴婦女伸張經濟正義、投入經濟賦權的工作，是協助婦女脫離暴力的重要工作（NNEDV, 2017）；潘淑滿等（2017）、潘淑滿、游美貴（2012）都認為受暴婦女經濟能力的改善是婦女長期復原的工作重點，也建議庇護安置服務應考量以家庭為中心，且針對處於不同復原階段的受暴婦女及其子女，設計不同的庇護安置服務，以便能協助其達到獨立自主之生活目標。另由 41.8% 的被害人為再次通報者的現象看來（潘淑滿、游美貴，2012），親密關係暴力的服務成效和再犯預防，以及處遇服務的深化、多元化等仍有相當大的努力空間。

- **問題**

  1. 在「家庭暴力通報案件處理流程」與被害人聯繫的相關規定中提到，「被害人如為 65 歲以上者，以面訪評估為原則」其原因為何？

  2. 在安全處遇計畫擬定時，社工與個案對於處遇順序或處理過程有相衝突時，應如何處理？

  3. 社工在進行個案需求評估或處遇服務時，需從個案身上蒐集資訊，應注意哪些事項？

  4. 本章結論提及受暴婦女經濟能力的改善是婦女長期復原的工作重點，您認為有哪些方式可以協助婦女改善經濟能力？或您認為可以增加哪些服務以協助婦女？

- **推薦影片**

  Youtube〈蜜拉・薇哈楊：為性別暴力發聲 | TED〉

第九章

社政系統的回應：被害人團體處遇與家庭服務

親密關係暴力的被害人服務，除了第八章聚焦在被害人被通報後的開案評估和個別處遇服務外，為被害人提供團體處遇和家庭服務也是重要的服務型態；本章將聚焦於此，依序說明：被害人團體處遇、目睹兒少服務、家庭服務（夫妻／伴侶服務）等三部分。

第一節　被害人團體處遇

一對一的個別服務由於便利性高、對象單一，及不受場地限制等特性，使親密關係暴力被害人服務長期以個案工作為主。然不少研究證實，團體工作對受暴婦女助益頗多，團體夥伴的支持對減緩心理壓力、突破心理限制，及採取脫離暴力情境的行動有幫助（王秀美，2015；周月清等，2002）；故相較於其他方法，團體工作不僅是受暴婦女認為最有效的處遇方法之一（柯麗評，2005b），「團體輔導」也是專家學者建議（如潘淑滿等，2017）能協助受暴婦女建立生活秩序、恢復自信與自尊的工作方法。

一、團體處遇的特性與成效

女性主義取向十分重視團體處遇，「以小團體做為支持媒介」是女性主義協助受暴婦女的三個重要取向之一[1]，其認為團體處遇可達到「相互支持、意識覺醒、採取行動」等三項任務；而正向的團體經驗，則可讓受暴婦女自

---

[1] 女性主義認為協助受暴婦女的三個取向包括：結構取向、增強權能，及以小團體作為支持的媒介（見第八章）。

男性的惡待和觀點中掙脫，欣賞自己能夠存活的優勢、肯定自我決定的權利（Wood & Middleman, 1992；引自宋麗玉，2013，p.81-82）。

　　Mears 提出的婚姻暴力整合模式強調，在「促進受暴婦女遠離暴力、增進福祉」之增強權能的中介目標—「鼓勵案主表達、對話，詳細闡述她們的感覺和理解她們的生活方式，能幫助案主連結社會關係，減少孤立感」，即是團體處遇的重要特性（宋麗玉，2013）；另在 Parsons 等人（1998）融合個體、微視、人際、鉅視等層次之增強權能四向度策略[2]中，第三向度的人際策略，就在鼓勵案主加入自助團體，團體中與他人互動及參與決策的機會，能協助受暴婦女衍生更多的個人與人際權能（引自趙善如，1999）。

　　而曾協助受暴婦女創傷復原的 Herman 也表示，在療傷止痛的道路上，每個倖存者必須找到自己的復原方式以重建其與廣大社會的連結感；其中最常見的復原方式就是找到志同道合的人，因此受暴婦女除能在平時的社群裡尋求自然可得的人際支持外，亦可從參與團體心理治療中獲得陪伴。團體心理治療對創傷復原的成效已被證實，除了專業人員的支持外，團體還能提供安全的同儕關係，且在較為結構化的處遇環境裡，讓倖存者覺得自己被接納、有歸屬感，並為創傷帶來強大的緩解力；因此在暴力受害者服務方案中，Herman 把「團體」定義為「通往新社群的橋樑」，意謂著團體能協助倖存者與曾經令他們覺得極度疏離的社會重新連結，並表示若能在創傷早期即提供社會支持，則倖存者復原和調適的狀況會更好（引自施宏達等譯，2018）。

　　Tutty 等人（1993）曾在比較四個受暴婦女成長團體的研究中發現，其中三個研究的結果皆顯示：團體參與者在自尊、憤怒、憂鬱及對婚姻和家庭態度的前、後測有顯著差異，顯示參與團體對受暴婦女的影響和助益（引自

---

[2] Parsons 等人（1998）發展之增強權能策略共有四個向度：向度一：建立工作者與案主的關係、滿足案主立即的需求；向度二：提供問題解決的新知識，發展新技巧，幫助自己和幫助別人；向度三：鼓勵加入正式的自助方案，提供參與決策團體的機會；向度四：發展與國家議題、組織工作有關的知識和技巧，並透過運動、協商、調解，表達個人問題的政治本質（引自趙善如，1999）。

宋麗玉，2013）；周月清等人（2002）研究受暴婦女團體工作的發展和評估時，亦十分肯定團體具有促成凝聚力與認同、互相支持及自我成長之功能。李玉華（2012）則曾嘗試在庇護所為受暴婦女舉辦「關係失落」與「情緒歷程」成長團體，其以三位成員的變化為例，說明團體情境有助於受暴婦女情緒抒發、覺察暴力影響，並能激勵成員改變，還發現團體中分享、支持的氛圍，是陪伴成員度過離婚訴訟艱辛過程的重要助力。

二、團體處遇的注意事項

（一）確認團體目標和類別

團體目標引導團體的組成，也引導團體對於目標導向（goal-directed）活動的選擇，因此機構在進行團體處遇前須確認團體的目標和類別；在滿足成員心理或社會情緒需求的處遇性團體（treatment group）中，還可再根據組成目標的不同將團體分為：支持性、教育性、成長性、治療性，及社會化等五類團體（Toseland & Rivas, 2011）。此處介紹受暴婦女團體處遇服務較常運用的三種類別（宋麗玉，2013；Toseland & Rivas, 2011）：

1. 支持性團體（support group）

「支持」是許多處遇性團體運作成功的重要因素，然與其他團體相較，支持性團體將「支持」視為重要的介入策略，期待協助成員因應生活中各種危機事件、恢復與增強成員的因應能力；支持性團體的成員大多具有共同經驗、高度的自我揭露意願，因此團體帶領較採催化取向、較少指導性，主要在協助成員分享他們共同的經驗，以讓受暴婦女在同質性團體中表達心聲、建立社會網絡、相互學習因應暴力的策略，並透過成員間的「支持」提升歸屬感，及逐步催化成員的自我控制感。而由專業人員帶領的支持性團體，有時亦會在團體凝聚力高、生產力高時鼓勵團體走向自助（自助性團體），讓成員共同討論、決定團體內容，專業人員只扮演行政協助的角色。

2. 成長團體（growth group）

　　成長取向的團體在提供成員了解、擴大，與改變他們對自己及他人之想法、感覺與行為的機會；此團體聚焦在協助成員發展其最佳能力和潛能，因此成長團體著重促進關係、情緒上的幸福感（well-being），而非治療關係或情緒上的疾病；由於期待此團體能拓展成員的視野，因此傾向鼓勵異質性成員的加入。

　　女性主義取向者運作成長團體時，會讓受暴婦女了解他們遭遇的問題，其實反映了整個社會由男性掌控的結構、傳遞「個人即政治的理念」，此取向認為當婦女可在團體中發現許多人的共同經驗時，多數婦女就可跳脫暴力的自我歸因轉為結構歸因；團體帶領者會正當化成員被壓迫的憤怒，同時讚賞成員展現的優勢，以擴展成員的意識覺醒、認可自己的優勢；如果婦女決定採取行動，亦可邀請其在團體中分享，其他成員可協助、共同評量其行動的可能性及利弊得失，協助婦女做決定；婦女在使用資源後，亦可向團體成員報告運用狀況和感受，讓其他成員了解和學習運用新資源；另當資源不存在時，團體帶領者會鼓勵成員成為彼此的資源，例如共同租屋生活、照顧孩子。

　　3. 治療性團體（therapy group）

　　治療性團體協助成員改變行為、改善個人問題，或進行生理、心理、社會創傷後的復原；此團體雖也重視支持，但差別就在，治療性團體著重「治療和復原」。由於參與治療性團體的成員期待透過團體能減輕症狀、舒緩痛苦或解決問題，故此類團體帶領者多由專業人員（如精神科醫生、心理師、社工師）擔任，團體的次數較多、時間較長，並會在評估個別成員的問題後，審慎決定其加入團體的適切性。

　　實務研究的結果雖證實處遇團體有其療效，然不同類型的團體有其特殊性，團體帶領者應能分辨。而根據 Herman 協助創傷復原者的經驗，其認為處在早期復原第一階段的人適合聚焦於「現實生活」的團體，而非「創傷」團體，反之，準備好進行第二階段復原的人，在以「創傷」為焦點的團體中表現較佳；由於第一階段專注在建立安全、支持、自我關懷的團體氛圍，故

較不鼓勵成員分享創傷的細節，而將焦點放在相互依靠、討論受創傷所苦的現況；不過，Herman 也強調，雖然第一、第二階段的團體成員因同為創傷倖存者而能產生情感連結，但長期而言，其不認為只有創傷倖存者才能互相了解，其他生命經歷與自己不同的倖存者能夠給予更多、成員也能從不同經驗者的身上學到更多（施宏達等譯，2018）；因此在受暴婦女的情緒、生活較穩定後，鼓勵受暴婦女參加較為異質性的團體、與更多不同困境者互動，應能為其打開更多的生命視野、帶來更豐富的收穫。

（二）團體人數、意願、次數和內容

Tutty 等人（1993）的研究則在肯定支持性團體對受暴婦女的助益後，建議受暴婦女支持性團體宜採成員固定的封閉性團體方式進行，並建議可規劃 12 次、每次 2-3 小時的團體（引自宋麗玉，2013）。

周月清等人（2002）規劃受暴婦女團體的內容時，共包括：安全、自我防衛、受暴原因分析、停留受暴關係、社會文化和經濟、成長經驗對受暴影響、暴力經驗與權力關係、受暴關係中的情緒與自我、自我價值、未來生活規劃、生活準備等十單元、每次三小時的團體，發現團體雖可促成成員間的凝聚力與認同感、達到互相支持及自我成長的目的，但建議團體成員不宜過多（不多於 7 個），且應以自願的成員為主。

李玉華（2012）在庇護所舉辦成長團體時，將主題聚焦於「關係失落」與「情緒歷程」，希望能達到「促進成員自我了解、提高自尊，為自己做選擇和負責」的團體目的；但因考量庇護所緊急、短期安置之流動性，因此規劃以每週一單元（3 小時）、每梯次四單元的方式進行團體處遇，並將團體主題設定為：抉擇（現在在哪裡）、覺察（經歷了什麼）、探索（我是誰）、統整（我想要什麼）等四個主題。

歸納前述研究結果可知，婦女機構進行的團體處遇集中在支持性、成長性團體，且封閉性團體較能凝聚團體成員、發展信任和支持力量；雖然團體次數會因機構特性、成員狀態有所不同，但人身安全、暴力覺察、自我探索

則是受暴婦女團體處遇的重要內容。

（三）帶領原則和治療因子

團體類別不同，帶領原則或有差異，然讓成員決定自己的參與方式和揭露程度，是帶領受暴婦女團體的共同原則，因為「能夠決定自己的參與方式」就是一種增強權能；而為符合此一增強權能之目標，運作受暴婦女支持性團體之指導原則包括以下六項（Tuttyet al., 1993；引自宋麗玉，2013）：

1. 關注婦女人身安全。
2. 不否認和淡化暴力。
3. 降低婦女自責和習得的無助感、提升自尊。
4. 了解暴力發生的原因、探索性別主義的影響，以及婦女對女性、男性的觀點。
5. 讓婦女有機會宣洩因暴力而來的憤怒，並讓其能對婚姻關係的結束表達哀傷與失落。
6. 發展支持網絡、減低孤立感。

而團體中的治療因子（therapeutic factors）則是促進團體動力、團體目標達成的力量，也是團體帶領者積極運作的因素；透過庇護所受暴婦女成長團體的經驗發現，「促進成員自我了解、提高自尊，為自己做選擇和負責」之團體目標的核心治療因子包括（李玉華，2012）：

1. 情緒宣洩：團體提供自由分享的空間，讓成員有機會說出心裡話。
2. 普同感：聽了成員有關受暴經驗的分享後，會出現相似的同理感受，以及「我不是最慘的」療效作用。
3. 資訊分享：能聽到眾人求助經驗、目前生活及未來計畫的可能資訊。
4. 注入希望：庇護所前輩的經驗分享，會激勵新進成員的希望感和現實感。
5. 利他主義：其他成員的幫助、打氣和回饋，讓成員覺得自己是有尊嚴的和有能力的。

6. 存在因素：每個成員的經歷不同，團體帶領者要逐漸讓成員感受到「無論別人給我怎樣的意見和建議，我終究得為自己負起責任」的存在感受。

帶領原則、治療因子皆是團體處遇的重要概念，掌握這些概念不僅可為處遇人員帶來工作方向，也能鼓勵團體帶領者促進治療因子的產生，以達到受暴婦女自我覺察、自尊自信的團體目標。

第二節　目睹兒少服務

親密關係暴力除對受暴婦女造成直接傷害外，還有一個隱性、次級的案主需要關心，那就是家中的子女—目睹兒童及少年。

一、服務發展

我國對目睹兒少議題的關注約始於 1990 年代，當時第一線服務受暴婦女的社工發現，隨同受暴婦女離家的未成年子女也有許多創傷反應，後續逐漸引發公部門是否應在提供受暴婦女服務的同時，也需提供目睹兒少服務的討論（陳映潔，2011）；約至 1999 年，才對目睹兒少提供直接服務，但僅限依附受暴婦女庇護而來的子女，此時目睹兒少被視為庇護服務中附帶的案主（陳怡如，2001）。

2003 年《兒童及少年福利法》將目睹兒少納入家庭處遇計畫中，2015 年《家庭暴力防治法部分條文》修正案，則將「目睹兒少服務」納入家暴防治保護服務的法定服務中，以及保護令適用的範圍；此法規定法院在核發保護令前，必要時須徵詢兒少或社工人員的意見，地方政府對經評估後有需要的目睹兒少，應提供或轉介其接受身心治療、諮商、社會與心理評估等相關處遇服務。這樣的服務演變歷程，顯示我國暴力防治工作已將目睹兒少，從隱性、附帶的案主轉為服務的主體（陳貞吟，2014）。

二、發現與辨識

由於目睹暴力的傷害源於親密關係暴力的發生，因此目睹兒少的發生率，大多根據親密關係暴力的發生率做推估（沈慶鴻，2001a）；由於臺灣每位婦女平均生育 1 位子女，因此每一個親密關係暴力通報案中至少就有一位目睹兒少（楊雅華、郁佳霖，2012），而此推估尚未包括未通報的親密關係暴力案件，若再將此黑數加入，成長於親密關係暴力家庭之目睹兒少的比例應該不低。

本書第三章已討論目睹母親受暴的兒少會出現一些與創傷後壓力症候群（PTSD）相似的焦慮、憂鬱、恐懼、無助感，及依賴、自我虐待、低自尊或遲鈍的情緒反應，和身體不適、睡眠狀況不佳、社交能力不良等內隱行為，以及藥物濫用、攻擊、學校適應不良等外顯問題；然要減緩目睹兒少受到的影響，就需及早發現目睹兒少的存在，由於校園是發現兒少陷入目睹影響的主要場所，因此提供以下的行為徵兆作為教師觀察與辨識的參考（財團法人天主教善牧社會福利基金會，2007）：

1. 注意力不集中，例如：恍神、發呆、分心、若有所思等。
2. 常抱怨身體不舒服，例如：胃口不佳、頭痛、肚子痛、呼吸不順等。
3. 學習狀況不穩定或退步。
4. 出席狀況不穩定，例如：喜歡待在學校不肯回家、容易遲到或無故請假。
5. 情緒敏感、起伏大，常鬧脾氣，很難自己慢慢平復情緒。
6. 常顯露下列負向情緒：憂鬱、煩惱、憤怒、焦慮、緊張、悶悶不樂等。
7. 面對特殊事件或衝突，會忽然失神、沒反應。
8. 曾有自我傷害行為或透露自殺的意念。
9. 人際關係不佳、不受歡迎。
10. 特別會察言觀色，少提自己真正的想法，常出現討好行為。

11. 與他人保持距離，缺乏親密朋友。

12. 經常出現以下的內向行為特徵，例如：（1）表現出退縮、膽怯等神情；（2）自卑或不喜歡自己；（3）出現緊張不安的相關身心症狀，如吸咬手指、拔頭髮；（4）常顯露壓抑委屈，若被詢問或關懷，易陷入難過想哭的狀態等。

13. 經常出現以下的外顯行為特徵，例如：（1）攻擊、威脅或欺負弱小；（2）難控制情緒而毀損破壞物品；（3）故意挑戰或違反規範；（4）使用不當言詞（口出穢言或謾罵）等。

14. 常以誇張或特殊行為吸引他人注意。

15. 變得依賴、黏著他人或易混亂無秩序，因此常需他人幫忙。

16. 問題來時，經常以消極逃避的態度應付了事。

三、服務輸送

提供目睹兒少服務的機構遍及婦保、兒少保和家庭服務機構，服務內容已走向多元化，包括個管、團體、社區宣導、教育訓練等，因此提供以下服務介入策略供目睹兒少服務機構參考（沈慶鴻，2001b；楊雅華、郁佳霖，2012）：

（一）危機介入策略

主要針對隨母親入住庇護所的兒少，此時兒少正經歷母親受暴而離家的歷程，處於目睹暴力的急性期；由於受暴的母親亦處於混亂且需情緒慰藉的階段，較無法支持子女，故此時專業人員的介入非常重要，透過會談和活動設計以增加兒少對庇護環境及生活的控制感。

（二）個別介入策略

增強權能是受暴婦女處遇服務的重點，對目睹兒少的個別處遇則不強調增強權能，較以「處理親密關係暴力的創傷記憶、討論無助感、情緒敏感或

情緒表達」為重點；需提醒的是，服務目睹兒少時，工作者應考慮兒少的年齡、認知能力、發展程度，因為這些因素將影響處遇服務的進行與服務成效的達成；故不少目睹服務的提供者會在考慮兒少年齡、身心發展後，使用玩具、遊戲、繪圖、繪本等媒材輔助個別處遇的進行。

（三）團體介入策略

團體處遇是庇護機構常用的處遇方式，也是多數專業工作者認為最適合協助目睹兒少的方法；目睹兒少團體的目標多集中在提供支持、協助表達及辨認情緒、教導問題解決技巧、認識暴力及學習因應行為等；不同場域提供的目睹兒少團體也有不同的處遇目標和特性，例如：

1. 庇護家園兒少危機介入團體

是針對隨母親入住庇護所的目睹兒少，此兒少團體不僅能直接關懷兒少，團體中的觀察也能提供受暴婦女親職教育上的參考；建議可進行 2-8 次，每次 2 小時的結構性團體，並以家園適應、認識家暴、重整暴力經驗和安全計畫等主題為團體處遇的重點。

2. 社區治療性團體

係指由社區機構（如婦保的二線機構或兒少保的家處機構）提供的目睹兒少團體，然此團體要能順利舉辦，兒少家長的意見十分重要，主責社工要與家長建立信任關係，引導家長看見兒少需要；團體過程中，也期待團體帶領者或主責社工能與家長保持聯繫、分享兒少在團體中的表現與變化。此團體建議至少進行 10 次，每次 2.5 小時的結構性團體，或一天 6 小時，連續 4-5 天的工作坊，暴力認識、辨識暴力的影響、保護計畫、協助兒少面對家庭的變動或發展社會化的人際關係等皆是團體可涵蓋的議題。

3. 校園教育性團體

此類團體較從預防的角度出發，利用目睹兒少在校時間提供服務，除能提供情緒支持，還希望能適時地進行暴力教育，幫助釐清暴力認知、學習自我保護方法及情緒教育；建議進行 8-12 次，或每次一堂課（40 分鐘）的教

育性團體，此類團體在校園中進行，還可鼓勵教師敏感的發現校園中隱性的目睹兒少，以適時提供協助。

（四）家庭介入策略

家庭介入策略雖是庇護機構會用的方法，然當庇護機構使用此策略時，主要針對的是被庇護的母親提供服務；而若社區機構使用此策略，「參與者的安全」（受暴婦女和目睹兒少）則是此策略使用與否的關鍵評估因素。目睹兒少家庭介入的處遇重點多放在家庭關係、親子關係的改變，及親職知能的提升，特別是幫助父母認識暴力對兒少的影響。

四、實務現象

目睹兒少服務除了期待減緩兒少受到父母親密關係暴力的影響外，預防「暴力代間傳遞」亦是重要目標，雖然沈慶鴻（2001a）曾引國內、外不少實證研究對此議題做過深入討論，認為「暴力的原生家庭經驗和成年後的暴力行為，的確存在顯著的關係，但此一目睹經驗並不是決定成年後暴力行為的唯一因素」，因此強化目睹兒少的保護因子是所有暴力防治工作者努力的方向。然國內推動目睹兒少服務卻出現以下重要的實務現象（吳書昀、韋愛梅，2018）：

（一）創傷不易辨識

由於家庭暴力隱匿性高，且兒少可能受限於語言和情緒表達能力的不足，抑或是因目睹暴力的創傷使其無法向外求助、表達心理的不安與恐懼；或因身上並無明顯傷痕，致使這群兒少因目睹形成的內在衝擊常被忽視。由於目睹暴力對兒少造成的影響可能是短期、外顯的身心症狀，也可能是長期的隱性影響，因此社工很難在服務的初期就觀察到兒少目睹家暴後的明顯影響或需求，也因為法源對目睹暴力兒少的定義不夠明確、具體，使得目睹兒少的辨識缺乏依循指標。

（二）服務介入困難

　　除目睹兒少不易發覺、辨識外，我國現行家暴服務體系中，對家暴受害者的服務機制－在婦女保護及兒少虐待部分，受害指標較明確者，可依循《家暴法》與《兒少權法》的界定進行公權力介入，亦即只有「直接受到虐待」才是強制介入保護的對象；然目睹兒少的創傷難以界定，即使 2015 年修訂的《兒少權法》，仍無確切指標，目睹兒少仍屬非強制介入的案主群。

　　故在此前提下，目睹兒少較常是透過受暴母親做媒介才得以進入家暴防治服務體系，抑或婦保社工在服務受暴婦女時，主動發掘有需求的目睹兒少，繼而對兒少提供服務。此一倚賴受暴婦女做為接觸目睹兒少的媒介，侷限了拓展兒少服務對象的可能性；若家庭成員（特別是受暴婦女）沒有讓目睹兒少接受服務的意願，相關服務仍舊無法介入。

（三）成效難以評估

　　實務上難以對目睹兒少之處遇服務，包含個案管理、團體工作與社區工作進行成效評估；例如社工提供父母親職教育、安排目睹兒少個別諮商、辦理目睹兒童支持性團體等服務，其成效大多無法立即顯現，或需依賴老師、父母的觀察才能收集到資料，如此實在難以說服社會大眾與其他網絡成員相信協助目睹兒少可能帶來的正面效益（陳映潔，2011）。此外，家長對目睹兒少服務使用上的低意願、低配合度，以及服務轉介者缺乏與目睹兒少直接接觸的機會、婦保社工缺乏對兒少創傷評估的敏感度和專業知能等，皆是目睹兒少服務需克服的問題（楊雅華、郁佳霖，2012）。

第三節　夫妻／伴侶服務

　　雖然以受暴婦女為主要對象的單軌服務[3]，確實帶給暴力困境中的婦女相

---

[3] 指僅針對受暴婦女單方提供的服務；依《家暴法》第八條規定辦理的各類保護被害人權益之

當多的支持和助益，然在暴力長期、反覆出現的過程中，不同階段的婦女其實有著不同的需求（Dienemann et al., 2002）；單軌服務無法滿足所有受暴婦女的需求，特別是受困於「關係因素」的暴力案件；近年來，為「願意留在關係中」的中、低危機婦女提供家庭處遇或伴侶聯合服務的建議，愈來愈多（沈慶鴻，2009；宋麗玉，2013；潘淑滿、游美貴，2012）。

　　簡春安（2002）[4] 曾在分析國內家暴發生的原因後表示，若要減少家暴問題的發生，除了相對人不良生活習性戒除的處遇計畫（如戒酒、戒毒癮等）外，還需增加有效提升伴侶互動和溝通問題之處遇計畫；吳柳嬌（2005）亦在歸納婚姻暴力成因的研究結論中強調，溝通過程的好壞影響婚姻關係的品質，夫妻間的溝通障礙是婚姻衝突的主要來源之一，而接受其訪談的社工、法官都建議應增加溝通課程、家庭會談服務，讓暴力的兩造雙方有學習理性溝通的機會。

　　此外，黃心怡等人（2016）彙整大台北地區家事法庭的案件也發現，親密關係暴力的發生原因除了權控外，還包括：夫妻／伴侶相處的問題（感情問題、金錢問題、婆媳問題等）、個人特殊議題（酒癮問題、精神疾病、情緒管理等），以及出於自我防衛引發的暴力問題（防衛反擊）等，其也認為相對人、被害人都需要服務，且保護令對非權控案件的處遇效益有限，因此其建議應擴展處遇計畫的服務對象和方式、發展短期的伴侶協談服務。

　　因此在不少研究、機構和實務工作者的倡議下，家暴服務已從早期只提供被害人協助的單軌服務，到目前被害人、相對人分開的雙軌服務，甚至有部分機構已嘗試進行被害人、相對人的聯合服務了。

　　事項，包括 24 小時電話專線服務、24 小時緊急救援、經濟扶助、諮詢協談、庇護安置、陪同報案偵訊、陪同出庭、驗傷診療、法律扶助、心理諮商與輔導、就業服務、子女問題協助、通譯服務、聲請保護令、轉介其他縣市等。

[4] 簡春安（2002）接受內政部委託進行家庭暴力研究，發現國內家暴問題發生原因依次為：兩人相處互動問題，不良生活習性，財務問題，虐待，親屬相處問題，子女相關問題和精神異常。

一、多元觀點與處遇模式

　　根據美國司法部之研究報告，因暴力形成的理論基礎不同，家庭暴力處遇模式可歸納為三種治療模式，分別是：由社會及文化原因論衍生之女性主義模式、家庭原因論衍生之家庭治療模式，個人原因論衍生之心理治療模式等；然實務上，仍以女性主義模式、心理治療模式為主；由於家庭治療模式因不符合刑事司法系統對被害人快速保護的要求，故有二十州禁止以家庭治療做為家暴處遇的主要治療模式，但未禁止其為次要的治療模式（林明傑，2000）。

　　因此大部分的親密關係暴力處遇多採受暴者、施暴者分開處遇的方式（Harris, 2006; Oka & Whiting, 2011）；女性主義者甚至認為只要伴侶間有暴力衝突，就不宜採用聯合／配對處遇（dyadic treatment），因其認為忽略關係中的權力失衡易帶來再度受暴的風險，聯合會談的情境不僅會為受暴者帶來威脅，也會陷治療者於共謀的角色（Harris, 2006）。Oka 與 Whiting（2011）也不諱言的表示，由於考慮到危險性、倫理及處遇成效等問題，是否讓受暴者加入配對治療，一直都有兩種不同的極端意見。不過，Nicholas and Schwartz（2004）仍舊認為，女性主義者對暴力伴侶處遇工作的觀點是個重要的提醒，讓我們在處遇策略的評估上可以更謹慎，但若因此放棄聯合／配對處遇此一甚具價值的處遇策略，則是件十分可惜的事。

　　未區分不同加害人之間的差異、將暴力看成是同類型行為，是親密關係暴力處遇工作的一大困境；在愈來愈多研究者確認加害人暴力行為的多元樣態[5]後，強調「不同的暴力型態應有不同的處遇策略」漸成共識（Oka & Whiting, 2011）。由於至目前為止，還沒有廣被接受的實徵資料能夠證明個別、團體或聯合處遇哪一個模式的處遇成效較佳，因此處遇模式只是提供改變可能性的選項之一，不同模式間各有特色，也各有適用對象（Jennings &

---

[5] Holtzworth-Munore and Stuart（1994）、Johnson（2008）都將對伴侶施暴者進行分類（請見第四章）；沈勝昂、林明傑（2004）將施暴者分為低暴力型、酗酒高危險群、廣義邊緣型和狹義邊緣型，第二種的致命危險最高。

Jennings, 1991; Harris, 2006; Frasier et al., 2001）。

　　馬宗潔等人（2013）、葛書倫（2013）亦表示，過去思考婚暴問題時，暴力的解釋是權力控制、性別就是權力，然而經過二十年的磨練和釐清，我們必須承認時代在改變，性別不再是親密關係不對等地位的唯一因素，暴力是流動的，親密伴侶暴力無法用單一角度定義之，因此其呼籲：臺灣親密關係暴力領域的工作需要更多檢視的角度，否則我們可能非但沒有解決問題，反將複製更多的壓迫。

二、審慎的處遇評估工作

　　Oka 與 Whiting（2011）、Gelles 與 Maynard（1987）皆強調，只有當暴力的評估在輕（light）到溫和（mild）程度時，工作者才可運用聯合／配對處遇進行伴侶處遇，這樣評估的目的是希望能過濾掉一些具成癮行為、兒虐、精神疾病，使用武器及暴力嚴重和頻率較高的施暴者；Harris（2006）也認為排除嚴重／中度的暴力是必要的，伴侶治療只適用於溫和型（more mild forms）的身體攻擊／暴力；Harris（2006）、Oka 與 Whiting（2011）則認為表達型暴力（expressive violence）比工具型暴力、情境型暴力比親密型恐怖暴力更適合伴侶治療，至於施暴者若有邊緣型和反社會型的人格型態，則需排除在伴侶治療之外。然而不論如何，即使是評估者認為可採取聯合處遇時，治療取向的最後決定權還是在受暴者手上，只有在受暴者同意，且覺得安全時，才可進行聯合處遇（Gelles & Maynard, 1987）。

　　因此，不論工作者善用的處遇策略為何，當面對的是親密關係暴力當事人時，最重要的第一步皆是決定處遇模式，尤其是受暴者是否「安全」的準確性評估是處遇工作最重要的部分（Bogard & Mederos, 1999; Harris, 2006; Jennings & Jennings, 1991; Oka & Whiting, 2011）；評估受暴者「安全」的指標包括：施暴者終止暴力威脅和行為的意願和能力、承諾在處遇期間不使用暴力，以及用來牽制施暴者的契約能有效約束暴力的再發生（Jennings & Jennings, 1991; Oka & Whiting, 2011），還有之前出現的暴力必須無致命危

險、心理虐待輕微，若曾使用武器、出現威脅或警告，及有糾纏的關係等都不適合進行夫妻／伴侶聯合會談（Bogard & Mederos, 1999）。

因此，在受暴者有意願、不恐懼施暴者、不畏懼施暴者報復，且有安全計畫並了解處遇的潛在危險，以及雙方都沒有物質濫用的情形時才可考慮進行夫妻／伴侶聯合處遇（Bogard & Mederos, 1999; Harris, 2006; Oka & Whiting, 2011）；王珮玲、黃志忠（2005）、謝宏林（2010）也建議可邀請輕、中度暴力，且仍有意願待在婚姻中的兩造雙方參與婚姻衝突解決的課程。

三、進行方式

進行親密暴力伴侶聯合服務其實頗具彈性，可利用一對、多對、個別、團體等方式進行服務階段的規劃；Jennings 與 Jennings（1991）曾依參與對象、型式的不同，將親密關係暴力處遇計畫分為受暴者／施暴者分開的個人處遇（individual treatment）、受暴者／施暴者分開的團體處遇（group treatment）、一對伴侶共同參與的聯合／配對處遇（couple ／ dyadic treatment）或多對伴侶共同參與的團體處遇（couples treatment）等四種模式。Deschnetr（1984）則曾提出一個結合個別和團體處遇共 10 星期的平行團體模式（parallel group methods），前五星期各自參與男性、女性的生氣控制團體，後五星期則是處遇最重要的部分，伴侶一起學習生氣控制和溝通技巧，一起檢查失功能的互動情形、並為各自行為負責（引自 Jennings & Jennings, 1991）。

宋麗玉（2013，p. 84-93、97-99）曾參考相關資料，建議親密關係暴力伴侶[6] 處遇可採行的做法，分別是針對多對伴侶一起進行的團體處遇，以及一對伴侶進行的聯合處遇：

---

[6] 宋麗玉（2013）文中為「夫妻／伴侶團體處遇」，然因《家暴法》已將同居、未同居之親密關係伴侶納入服務範疇，為符合現況且統一用詞，於是將「夫妻」一詞，統一以「伴侶」稱之。

（一）伴侶團體處遇

Heyman and Neidig 在 1977 年曾提出一個伴侶共同參與的團體處遇─「身體暴力伴侶處遇模式」（Physical Aggression Couple Treatment, PACT），適用想嘗試改變伴侶關係者（最少 3 對、最多 10 對）；目的在使伴侶能思考暴力以外的選項、減少暴力衝突。PACT 的主要目標在減輕暴力、次要目標在討論關係議題，原則包括：

1. 雖然憤怒和衝突是生活的部分，但暴力並不被允許。
2. 人們透過學習而變得暴力，亦可透過學習變得不使用暴力，暴力是一種選擇。
3. 暴力行為是關係議題，伴侶雙方都應為其行為負責，暴力會帶給家人嚴重的傷害。
4. 若不處理，暴力會逐漸加劇。

為確認參與動機，團體開始前，專業人員會先與有意願參與的婦女進行會談，根據其想法決定是否適合參與伴侶團體，評估標準包括：

1. 受暴婦女願意接受伴侶聯合處遇。
2. 受暴婦女不害怕在伴侶面前說出心裡話。
3. 伴侶的暴力傷害從未嚴重到婦女需就醫治療。

PACT 團體主題大致分成兩大部分，前半部處遇（第 1-7 次）在減少憤怒和增加伴侶關係技巧的能力，以降低身體暴力；後半部處遇（第 8-14 次）則聚焦在伴侶議題，如增進溝通、公平接觸、處理嫉妒等，例如：

1. 前半部（1-7 次）：重點在處理個人內在，包括：
   （1）強調每個人應為自己的暴力行為負責；
   （2）執行「不使用暴力契約」；
   （3）引導伴侶辨識和因應引發憤怒的想法、區別憤怒反應；
   （4）探索壓力、非理性和 A 型人格對因應行為的影響。
2. 後半部（8-14 次）：重點在學習溝通技巧及正向行為，包括：

（1）探索不同性別的溝通、情感表達和同理反應；

（2）區別自我肯定和攻擊行為；

（3）討論衝突上升的過程及抑制衝突的原則；

（4）討論性、忌妒，拓展社會支持網絡。

根據研究，PACT 有助於提升親密關係和對伴侶的正向感受，其效果與分開處遇不分軒輊，適用於「情境型暴力」，且伴侶雙方皆想留在關係中、根除暴力和改善婚姻關係者。

（二）伴侶聯合處遇

針對一對伴侶進行的伴侶聯合治療；此類聯合治療雖採性別與暴力、男性與女性的雙重視野（double vision），以及女性主義和系統觀點的雙重立場，但女性主義仍是基礎，強調暴力是犯行，施暴者要承認錯誤，直接且完全聚焦在暴力的討論，不讓施暴者以關係議題或過去受害經驗為由，規避為暴力負責的現象出現。

此模式治療師扮演的是專家角色，具指導性和權威性；適用於雙方都有意願面對婚姻關係，且都有動機接受治療者。此取向強調暴力的意志層面，讓施暴者覺察其「選擇」暴力來解決問題，如此才可透過不同的選擇、找到改變之處；而初期（前三次）的會談聚焦在「暴力」、「安全」、「公平」議題，透過支持與引導，伴侶雙方每日練習做選擇，並避免在任何情況下出現傷人或自傷的情形。

聯合處遇開始前，會先進行 1 到 3 次諮詢，以確定伴侶聯合會談是適合的；為免陷被害人於險境，諮詢前會先確認暴力已停止，伴侶雙方皆承諾不再使用暴力。第一次與伴侶雙方見面時，先共同會談以觀察伴侶互動；接著再分別進行個別會談，被害人部分主要在了解其參與聯合會談之意願，並確保其無因恐懼而有所保留或淡化暴力嚴重的情形；在施暴者部分，除與其建立處遇的連結外，還需讓其了解治療師並非女性代言人，之後治療師會對未來處遇進行討論，再與雙方共同會談，做出是否適合聯合處遇之建議。

第四節　結語

　　臺灣家暴處遇服務一路走來，已漸次走出家暴防治發展初期以女性主義為主的暴力權控立場，隨著親密關係暴力研究的累積，對暴力發生原因漸採多元解釋，並認為家暴處遇應依危機程度、婦女需求，以兼融各種服務形成一個完整、多元的服務體系。

　　而 2018 年《強化社會安全網計畫》的公告和運作，無疑是近來臺灣社會福利領域最重要的大事，以「以家庭為中心、社區為基礎」是《社會安全網計畫》的架構主軸，其除建議應結合被害人、加害人服務，還應以家庭整體的角度進行協力合作；相信隨著此政策的推動，會有更多機構、家暴社工投入目睹兒少、親子、夫妻／伴侶服務的運作和發展，相關的研究和實務方法勢將豐富可期。

● **問題**

1. 本章提到團體處遇集中在支持性及成長性團體，建議團體以封閉性的方式進行，為什麼？

2. 團體對象為受暴婦女、目睹兒少及伴侶處遇時，各有什麼應注意的地方？

3. 親密關係暴力對目睹兒少之影響深遠，但其服務在實行上仍有其困境，原因為何？

4. 在親密關係暴力之伴侶服務中提及「女性主義者認為只要伴侶間有暴力發生，就不宜採用聯合／配對處遇（dyadic treatment），因其認為忽略關係中的權力失衡易帶來再受暴的風險，聯合會談的情境不僅會為受暴者帶來威脅，也會陷治療者於共謀的角色（Harris, 2006）」，請問你同意這樣的說法嗎？為什麼？

● **推薦影片**

1. 電影：你是好孩子（Being Good）

2. 電影：不管媽媽多麼討厭我（No Matter How Much My Mom Hates Me）

第十章
家暴社工之服務準備

影響家暴防治成效的三大因素，除了案主個人因素、案家家庭動力與狀態外，與工作者及機構有關的專業因素亦是其中一項[1]；因此，本章將聚焦於家暴機構與社工，討論個管的家暴社工，在投入家暴防治服務時應有的服務準備。

第一節　暴力防治服務之原則與有效性

為引導暴力防治工作者之服務方向，掌握、呈現防治工作的原則和有效性，衛福部透過委託研究，歸納了聯合國、歐盟、國內社福績效考核指標、民間 CEDAW 指標，進行了 3 場焦點團體、再邀請 52 位不同專業領域之專家學者進行德菲調查後，彙整出涵蓋社政、警政、衛生醫療、教育等領域之「臺灣性別暴力防治有效性之衡量指標」，並發展了七項「性別暴力防治指引原則」，期待能成為推動性別暴力防治工作者服務時的方向指引（張錦麗等，2015）：

原則一：充足與合理的資源配置－爭取與承諾充足的預算與人力，並依服務人數增加資源配置。

原則二：採取被害人中心取向－各項服務以被害人為中心，兼顧預防、危機處理與生活重建。

---

[1] 宋麗玉（2013）認為影響處遇服務成效的三大因素，包括：案主個人因素（復元力、樂觀特質、自身能力、非正式支持系統、靈性寄託等）、案家家庭動力與狀態，以及與工作者和機構有關的專業因素。

原則三：促進被害人增能與自主－服務納入被害人意見，促進被害人增
　　　　權與自決，且符合被害人立即與中長期需求。

原則四：落實被害人服務平等受益權－促進被害人接受平等服務，及不
　　　　受差別對待，發展多元、連續、個別化的服務。

原則五：網絡整合與互助－促進、連結、倡議各單位共同合作，確保服
　　　　務輸出流暢、建構整合性、全面性與支持性方案。

原則六：建立公私平等互惠協力關係－促進民間參與、提供民間資源與
　　　　自主服務，建立政府與民間夥伴的合作關係。

原則七：落實社區預防機制－培力並鼓勵各類型組織參與性別暴力防治
　　　　宣導，建立全民社區預防機制。

在「臺灣性別暴力防治有效性之衡量指標」中，有關「社政體系」的有
效性衡量指標，包括了「服務運作」及「防治成效」兩部分（表 10-1），顯
示在社政領域暴力防治服務的有效性須融合資源、專業建構與服務發展，並
在服務運作（過程）與防治成效（結果）中展現有效性（張錦麗等，2015）。

表 10-1　「臺灣性別暴力防治有效性之衡量指標」：社政體系

服務運作（過程）			防治成效（結果）	
資源配置	專業建構	服務提供	服務成果	服務成效

資料來源：整理自張錦麗、王珮玲、吳書昀（2015）

以下針對服務運作之三個面向（資源配置、專業建構、服務提供）進行
說明，以引導社政領域家暴防治之服務運作；由於每個面向由不同的指標構
成，指標依重要性不同，區分為應優先考慮的核心指標，其次是重要指標、
標準指標三種（表 10-2）。

一、「服務運作」：資源配置

服務運作之「資源配置」項目分為 3 個要素（預算充份性、人力保障、

空間與設備的充足性）、6 個指標——2 個核心指標、1 個重要指標、3 個標準指標，顯示服務要能運作，需要在經費、人員、空間、設備等資源俱全的情況下進行，這些配置是否充分和充足影響暴力防治目標的落實程度，因此需要所有關心暴力防治議題者對中央、地方的資源配置進行持續的監督與倡議。

二、「服務運作」：專業建構

「專業建構」是機構和家暴社工可積極努力發展的面向，共包括 5 個要素（服務專業性、社工處遇與服務責信、資訊統整與研發、團隊整合性、促進民間參與）、9 個指標——2 個核心指標、2 個重要指標、5 個標準指標，以落實教育訓練的成果、提供具責信的處遇服務，並促進私部門參與、研發資料庫，建立以被害人為中心的網絡合作。

三、「服務運作」：服務提供

「服務提供」分為 5 個要素（服務個別化、服務整合化、權益保障性、平等與多元性、充足與可靠性）、11 個指標——2 個核心指標、3 個重要指標、6 個標準指標，此構面提供一個服務發展的方向，若能在資源配置充足、專業建構深化的前提下，服務的提供不僅應保障案主權益，還需滿足個別化、整合性、平等與多元性、充足與可靠性等要素。

表 10-2 「臺灣性別暴力防治有效性之衡量指標」：服務運作指標

指標要素		防治指標之建構	重要性
資源配置	預算充分性	預算編列充足性	★★★
	人力保障性	社工人力編制充足性	★★★
		執行職務之身心安全	★★
		社工薪資合理性	★
	空間與設備充足性	隱密、安全的空間	★
		有助處遇之科技設備	★
專業建構	服務專業性	實施社工養成教育	★★★
		建立專業認證制度	★★★
		建立案件處理作業原則與規範	★★★
	社工處遇服務與服務責信	建立個案處理檢核與申訴機制	★
		建立全國與在地激勵與輔導機制	★
	資訊統整與研發	建立整合性家暴及性侵資料庫與統計分析	★★
		推動國際連結與創新研究	★
	團隊整合性	建立以被害人為中心的網絡合作	★★★
	促進民間參與	開發與培力民間資源	★
		建立公私合作模式	★
服務提供	服務個別化	提供被害人危機處遇	★★★
		提供被害人生活重建	★★
		提供預防性服務	★★
	服務整合性	提供被害人為中心的家庭連結與整合服務	★★
	權益保障性	保障被害人人身安全	★★★
		提供被害人案件處理與申訴資訊	★
	平等與多元性	尊重多元文化與能力	★
		確保不同對象受益權	★
	充足與可靠性	提升資源使用與機會	★
		推動社區預防	★
		促進男性參與	★

資料來源：整理自張錦麗、王珮玲、吳書昀（2015）

★★★為核心指標、★★為重要指標、★為標準指標

可見，暴力防治服務要能有效推動，不能只朝一個方向、一項指標努力，得同時兼顧資源配置、專業發展、服務提供等三構面；在這些條件兼備的狀況下才能產出有效、優質的服務，家暴社工在投入暴力防治工作時應有此認知，才能做好服務準備。

第二節　家暴社工之專業知能

為讓對婦女暴力的防治工作能夠落實，不僅聯合國（UN Women et al., 2015）曾針對社會服務、健康、司法與警政等體系提出「最低服務項目與準則」，歐盟的《伊斯坦堡公約》（Istanbul Convention）也努力建立加害人處遇之最低服務標準。其中，聯合國在社會服務體系「最低服務項目和準則」的基礎工作裡[2]，強調了「培訓與人力發展」的重要性，認為家暴社工應接受職前訓練、持續的在職進修和定期督導，建議各國政府應提供培訓機會，確保社工能持續的獲取新知；歐盟《伊斯坦堡公約》建立的加害人處遇最低服務標準裡，也認為「確保高品質的資格認證與培訓」是維持最低服務的關鍵原則（原則十二）（引自沈慶鴻、王珮玲，2018），可見「專業人力的培訓與發展」已被重要的國際組織認可為推動性別暴力的基礎工作。

一、專業知能的內涵

其實不僅重要的國際組織認可專業人力培訓的重要性，前述「性別暴力防治有效性之衡量指標」中亦將「人力品質」視為暴力防治工作的重點，並在社政體系有效性指標——「服務運作」及「防治成效」的架構中，將「專業建構」列為家暴「服務運作」三項重點工作之一。

不過，雖然國際重要組織和國內學者專家皆認為透過養成教育、專業認證制度可建立家暴社工服務的專業性，但究竟養成教育的內涵為何？應包括

---

[2] 社會服務體系的四項基礎工作包括：轉介、危險評估與管理、培訓與人力發展，及網絡協調與問責。

哪些課程、培育什麼樣的能力？至今並未有清楚、可參考的共同標準。

　　為建立有關家暴社工服務品質、專業知能之架構和內涵，以為機構參考和討論、對話的基礎，並能將大學培育出來的通才學生，培育成家暴場域中的專才社工，在此收集來自中央主管機關—衛福部 2013 年公布之「保護性社工人員資格要件及職務範疇認定基準」[3]、2017 年修訂完成的「保護性社工訓練實施計畫」，以及「108 年度中央對直轄市與縣（市）政府執行社會福利績效實地考核各考核分組指標」等資料，嘗試建立「家暴社工專業知能之架構與內涵」：

　　（一）先以「保護性社工人員資格要件及職務範疇認定基準」中，有關專業服務品質之評核項目為基礎；專業服務品質有五項評核項目，包括了專業知能、個案處遇時效、個案服務紀錄品質、自主學習、勤惰狀況等；

　　（二）再參考社福績效考核「保護服務業務組」之考核面向，包括個案服務流程管控、專業服務品質、專業建構、網絡合作、推廣宣導、保護性社工評核機制等六面向。

　　（三）並整合「保護性社工訓練實施計畫」中有關新進人員訓練、一年以上年資者的在職訓練及專題訓練內容；依計畫內容新進人員需接受共通課程、個別課程的訓練，一年以上年資者需接受的六大課程及專題訓練：

　　1. 新進人員訓練：指首度辦理保護性工作者，應於到職後一年內完成訓練課程，包括 10 小時的共通課程，20 小時的個別課程（表 10-3）：

---

[3]　衛生福利部 102 年 11 月 27 日公布之「保護性社工人員資格要件及職務範疇認定基準」。

表 10-3　「保護社工訓練實施計畫」：以家暴新進社工為例

保護性社工新進人員（家暴社工）	
共通課程 10 小時	個別性課程 20 小時
1. 相關法律規定暨服務流程 2. 保護性工作對象的特殊性（非自願案主） 3. 基本的服務知能與技巧 4. 網絡資源應用與合作 5. 社工人身安全與倫理	1. 家庭暴力的本質與定義 2. 家庭暴力相關法令與政策 3. 家暴社工角色與工作重點 4. 撰寫個案記錄與重大家暴案件檢討與輿情回應 5. 家暴相關網絡合作與資源運用（家暴安全防護網）

資料來源：作者自行製表

2. 在職訓練：辦理同一項保護業務年資超過一年以上，每年應完成在職訓練 20 小時—每年應完成至少 3 項課程（個案研討不能超過 1/2）、每 2 年應完成六大課程（表 10-4）。

表 10-4　「保護社工訓練實施計畫」：以家暴社工為例（20 小時／年）

在職人員六大課程
1. 保護性工作與相關民、刑法、行政法與家事事件法等相關法律規定應用之實務研討 2. 多元服務對象與文化能力的省思 3. 處遇技巧精進 4. 創新服務模式 5. 網路分工與合作—實務探討 6. 個案研討

資料來源：作者自行製表

另中央、地方政府等訓練單位亦可就實務需要擬具包括：多元議題、心理衛生工作專題、社工與司法專題、庇護機構專題、督導養成專題、方案設計專題、社區宣導專題等七大主題的家暴防治專題課程供訓練單位參考（圖10-1）。

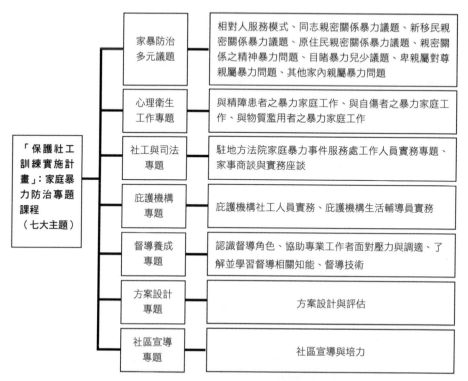

圖 10-1 「保護社工訓練實施計畫」：家庭暴力防治專題課程
資料來源：作者自行製圖

　　歸納前述資料，彙整後的家暴社工專業知能之內涵如圖 10-2 所示，期
待能做為未來家暴社工專業養成及專業認證制度的參考資料：

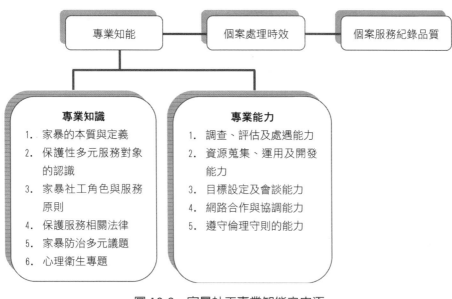

圖 10-2　家暴社工專業知能之內涵

資料來源：作者自行製圖

二、發展創傷知情的服務

有關受暴婦女的創傷服務雖然存在已久，不過「創傷知情」（trauma-informed）在臺灣家暴防治場域裡卻是個新概念；近年來，此概念已成為改善家暴防治服務品質的趨勢，而工作者具有「創傷知情關懷」（trauma-informed care）、「創傷知情服務」（trauma-informed services, trauma-informed intervention）的能力更是執行服務時應有的基礎（沈慶鴻、王珮玲，2018）。

（一）重要性

在許多國家的暴力防治計畫中都可看到「創傷知情服務」的重要性，例如：澳洲政府在家暴預防的國家行動計畫（2010-2013、2013-2016、2016-2019）中，就將發展創傷知情的支持性服務視為重要的行動策略；歐盟的《伊斯坦堡公約》亦強調對於受暴婦女「創傷知情」的理解，能促進網絡專業人員提供被害人適切與自主的服務（Commonwealth of Australia, 2016）；

UN 服務方針（UN Women et al., 2015）在其提出的司法連續性（the justice continuum）概念中，也提醒工作者在與被害人初步接觸時，提供創傷知情的服務能讓被害人及兒童有選擇的權利，並能賦權被害人接受正式系統的服務（引自沈慶鴻、王珮玲，2018）。

（二）「創傷知情」之概念

創傷源於一個事件、一系列事件或環境使個人經驗到心理、情緒上的傷害及威脅，對個人功能和身體、社會、情緒及心靈造成持續不利的結果（SAMHSA, 2014）；長期從事創傷復原的國際心理創傷權威、美國精神醫學教授 Juith Herman 認為，創傷的核心經驗是權能喪失（disempowerment）與失去連結（disconnection），（施宏達等譯，2018）；因此以被害人為中心、賦權（empowering）為取向，是創傷知情概念的重要內涵，其強調須在理解案件特性與問題脈絡的前提下，了解被害人對暴力可能的反應；如此才能確保服務能夠納入被害人的意見，促進被害人自主與自決、協助其生活自立，發展符合被害人立即與中長期需求的服務方案，進而協助其脫離暴力情境（UN Womenet al., 2015；引自沈慶鴻、王珮玲，2018）。

（三）「創傷知情取向」之服務發展

創傷知情取向（trauma-informed approach）的服務，係指在服務過程中融入創傷知情的三個關鍵要素（3R），包括：
1. 瞭解（Realizing）創傷的普遍性及創傷帶來的廣泛影響。
2. 辨識（Recognizing）創傷如何影響個案、家庭或系統。
3. 回應（Responding）將創傷相關的知識帶入實務並進行全面性的回應。

在將此關鍵要素發展成創傷知情服務時，需要將此概念融入整個的組織、系統或方案中，亦即工作人員及其他與系統有關的人員應瞭解創傷的普遍性影響、療癒（healing）的潛在路徑、知悉創傷的症狀和徵兆，並

能將與創傷有關的知識融入、整合成政策、程序、實務和場域中的回應（SAMHSA, 2014）。

　　然要建立具「創傷知情服務取向之文化」（Creating Cultures of Trauma-Informed Care approach, CCTIC）的組織時，須落實五個核心價值，包括：安全（Safety）、值得信任（Trustworthiness）、選擇（Choice）、合作（Collaboration）、增強權能（Empowerment）；而一個具創傷知情服務取向的組織應積極協助工作人員具創傷知情的知能，並能在個人層次、服務層次（services-level）、系統層次／行政上進行改變（systems-level/Administrative changes）（Fallot & Harris, 2009）；Fallot and Harris（2009）為了協助工作者和組織進行檢視，建立了「創傷知情服務文化的自我評估量表」（CCTIC self-Assessment），希望為機構或方案提供一個清楚、一致的原則以催化創傷知情服務的運作。

　　以下分別針對五個核心價值做說明，並依工作者個人（staff members）、服務、系統／行政三層次進行自我評估內容的彙整（Fallot & Harris, 2009）：

　　1. 安全（Safety）

　　涵蓋身體與精神兩方面的安全，工作者提供服務時應思考的關鍵問題包括：方案和服務能否提供案主身體和情緒上的安全？如何確保案主獲得有效和一致的安全性服務？建議個人、服務、系統行政各層次可發展以下做法。

表 10-5　創傷知情服務：安全的價值

原則	工作者個人層面	服務層面	系統／行政層面
安全	1. 清楚自己的安全定義 2. 清楚自己在身體和情緒的界線 3. 在督導或機構會議中隨時就安全疑慮提出討論	1. 理解安全的概念—精神與身體安全並重 2. 支持倖存者有關安全的措施和決定 3. 預先告知並對倖存者說明工作過程中的每一步驟，嚴肅回應其對安全的疑慮 4. 協助倖存者擬定計畫以因應創傷被觸發時的面對和適應	1. 保障倖存者和工作人員的身體和精神安全 2. 任何異議都必須以非威脅和非暴力的方式解決 3. 辦公室和其他工作場所必須是安全的

資料來源：整理自 Fallot, R. D. & Harris, M.（2009）

2. 值得信任（trustworthiness）：

指「強化可信任度，設立明確目標、維持適當界線」；工作者提供服務時應思考的關鍵問題包括：如何確認服務輸送是清楚、具一致性、能維持界線，且適切的方案？如何確認服務的任務、界線是清楚的，並能適切地被建立和維持？如何擴大方案的公正（honesty）和透明？建議各層次可發展以下的做法。

表 10-6　創傷知情服務：值得信任的價值

原則	工作者個人層面	服務層面	系統／行政層面
值得信任	1. 信任自己的直覺，對於有疑慮的狀況一定追蹤調查 2. 尊重自己的需要和限制，在有需要時可以和他人討論並請求協助	1. 「服務」內涵須以文字清楚界定，並對倖存者提供詳盡解說 2. 「服務」須有一致性，並可預期（predictable） 3. 工作者和倖存者穩定的工作關係可促進信任和療癒	1. 溝通和決策過程要透明 2. 政策和實施細則更改前須經過討論 3. 不同階層之人員在評估過程要能接受建設性的批評

資料來源：整理自 Fallot, R. D. & Harris, M.（2009）

3. 選擇（Choice）

指「重視倖存者的選擇，支持倖存者有關復原歷程的自我決定」，工作者提供服務時應思考的問題包括：怎樣的方案內容和環境能擴大案主擁有選擇和控制感？如何確保案主具有極大化的選擇和控制感？提供以下的做法供參考。

表 10-7　創傷知情服務：選擇的價值

原則	工作者個人層面	服務層面	系統／行政層面
選擇	1. 工作者可決定如何完成他們負責的工作目標 2. 工作者可決定如何回應工作中的挑戰 3. 工作者可決定何時及如何運用休假來照顧自己	1. 倖存者有權決定服務項目和活動 2. 倖存者應在沒壓力狀態下決定分享的訊息 3. 提供所有訊息讓倖存者選擇，支持他們以專家身分對自身經驗做決定	1. 做決策時，讓各部門都能提供意見 2. 支持個人、團隊和倖存者所做的決策 3. 對工作者和倖存者提供彈性時間 (flexible schedules)

資料來源：整理自 Fallot, R. D. & Harris, M.（2009）

4. 合作（Collaboration）

指「與倖存者充分合作並分享權力」，工作者提供服務時應思考的關鍵問題包括：方案活動如何能擴大案主和工作者間的合作及分享權力？如何能極大化的確保案主和工作者的合作及分享權力？為達此目標，提供以下的做法供參考。

表 10-8　創傷知情服務：合作的價值

原則	工作者個人層面	服務層面	系統／行政層面
合作	1. 向其他人徵詢意見以幫助自己成長 2. 必要時在團隊中分配工作和任務以增強彼此的支持 3. 重視倖存者和其他同事提供的意見	1. 倖存者在工作者支持下引領自己的療癒過程 2. 工作者和其他體系合作時做為資源連結者 3. 當倖存者所需服務在機構範疇外時，轉介給其他機構和夥伴	1. 常向倖存者、員工、志工、董事會及社區徵詢意見 2. 鼓勵各部門溝通與合作，特別在變革時 3. 與社區中的夥伴建立正式或非正式的關係，積極回應社區不斷改變的需求

資料來源：整理自 Fallot, R. D. & Harris, M.（2009）

5. 增強權能（Empowerment）

　　指「看見倖存者內在的力量，著重增強倖存者療癒和成長的能力」，工作者提供服務時應思考的關鍵問題包括：方案活動和環境如何能將為案主增強權能和建立技巧列為優先目標？服務如何能強化案主的增強權能經驗？如何才能極大化的發展或強化案主的技巧？為達增強權能目標，提供以下做法供參考。

表 10-9　創傷知情服務：增強權能的價值

原則	工作者的個人層面	服務層面	系統／行政層面
增強權能	1. 信任自己對創傷的瞭解和感受 2. 盡可能在身邊建立充滿正能量的網絡，隨時接收他人給予的支持和鼓勵來幫助自己成長 3. 持續對外尋求各種培訓的機會，增強自身專業實力	1. 服務須以倖存者為中心（survivor-centered），以倖存者個人的需求和能力為基礎 2. 工作者提供的只是地圖，倖存者才能決定自己的方向和路徑 3. 聽倖存者的經驗和需求，肯定他們的感受 4. 看見倖存者的堅毅和力量	1. 政策和實踐應支持全人（the whole person）及其各個面向的人生經歷 2. 提供在職訓練以及優勢觀點為中心的督導 3. 以倖存者優勢觀點為中心的政策和實踐，尊重其是自己生命經歷的專家 4. 訂定申訴政策並對倖存者提供詳細說明，若有申訴即慎重處理

資料來源：整理自 Fallot, R. D. & Harris, M.（2009）

第三節　社工的自我照顧

　　雖然親密關係暴力防治是婦女人身安全的重要業務，然實務場域的不友善，使得家暴社工具有易受傷害（vulnerability）的特質（沈慶鴻，2009），且由於職業風險極高，社工具有專業知能還不夠，還需要有自我照顧的能力（汪淑媛，2008）；另聯合國 UN 服務方針之「最低服務項目和準則」中也認為「訓練計畫應包含社工自我照顧的模組」，以能為社工發展安全、支持的工作環境（引自沈慶鴻、王珮玲，2018）。

　　然而，何謂家暴社工的自我照顧能力，相關文獻中雖未有明確的說明，但大致包括：覺察工作壓力、預防替代性創傷的自我照顧能力等。

一、工作壓力的覺察與因應

　　工作壓力是指個體因工作場域中的刺激，如：工作環境、工作角色、工作性質等因素，經由個人認知評估後，直覺到情境具有威脅性、壓迫性，引發個人之負面感受或對個人造成心理、生理、情緒和行為上的負面影響（汪岑如，2011）；而根據國內、外的研究發現，工作壓力原即是社工界人才流失的重要原因，家暴實務場域裡更因個案負荷量大、人力不足，以及案件的危機性、工作者的職場安全等問題使家暴社工面臨更大的工作壓力（沈慶鴻，2009）。

　　而為釐清家暴社工處遇困境的內涵，沈慶鴻（2009）收集中部六縣市來自家防中心（6 位）、追蹤輔導（8 位）和庇護安置等機構（4 位）共 18 位不同年資之家暴社工的服務經驗，彙整後發現：家暴社工面臨了「處遇服務、心理壓力、專業關係、專業價值、網絡互動、行政安排」等六類、32 項困境，其中屬於「心理壓力」類的困境最多（共 10 項）（如圖 10-3），且不同機構社工產生的心理壓力與其機構和服務特性有關，例如家防中心社工握有公權力，且服務集中在高危機案主，因此較會面臨案主隨時會有危險及 24 小時值機（on call）的壓力；二線追蹤輔導機構社工的心理壓力則集中在

害怕自己無法滿足案主多樣的需求、對自己的處遇能力沒信心，以及害怕外展服務可能碰見相對人或引發相對人、被害人的衝突等；至於安置機構社工則常感受到保密和安全上的壓力，以及因安置地點保密、被害人人身安全上的顧慮而出現無法與家人分享、無法獲得家人支持的壓力；至於這三類機構社工都有的心理壓力，則是高案量下服務質、量無法兼顧的衝突。

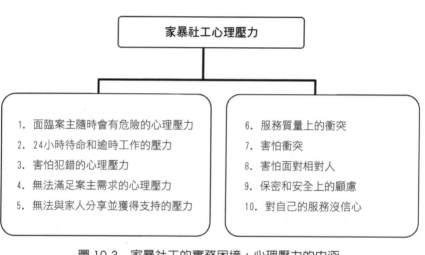

圖 10-3　家暴社工的實務困境：心理壓力的內涵
資料來源：整理自沈慶鴻（2009）

　　汪岑如（2011）則曾以自製問卷針對全國家防中心婚暴社工進行工作壓力調查，在其分析 18 個縣市、172 份有效問卷後發現，除了高案量的負擔外，社工兼任其他業務的現象十分普遍，且超過九成的社工需夜間出勤（92.4%）及 24 小時值機（95.3%）；問卷整理後發現社工的工作壓力依序來自：工作、結構、個人、組織等四面向；而在 20 個壓力項目中，媒體壓力、角色負荷、工作安全則是壓力最大的前三項，而壓力最小的就是人際關係。

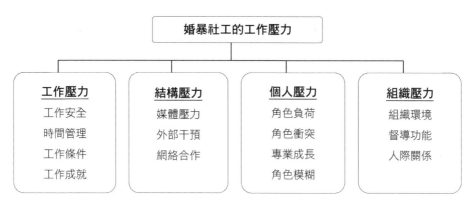

圖 10-4　婚暴社工之工作壓力來源
資料來源：整理自汪岑如（2011）

可見婚暴社工的高工作壓力明顯存在，且已對社工的身、心健康造成重大影響和干擾。由於「覺察」身心變化，例如情緒、睡眠、飲食或人際變化是發現壓力、面對壓力的第一步，而在發現壓力後，若能採取適切的因應方式（如與同事交換意見、請求督導和機構協助、重新評估問題採取具體行動解決、調整生活方式等），或試著接受工作造成的壓力和影響，相信應會減緩工作壓力帶來的干擾或影響。

此外，要解決婚暴社工的實務困境和工作壓力，教育、訓練雖是改善社工工作壓力可行的方法之一，但沈慶鴻（2009）認為若只從教育、訓練著手，不僅不切實際，對現況的改善也十分有限，因此建議改變婚暴處遇機構的組織制度（如聘用方式、薪資結構、福利措施、職務內容和督導人數等）和結構因素（資源分配、安全保障、法律和媒體環境等），才是減少社工過度流動、讓專業生根，解決婚暴社工實務困境的關鍵因素，因為不僅「優質的社會服務來自優質的社工」，也惟有「優質的勞動條件才能創造並留住優質的社工」。

二、替代性創傷的減少與預防

另一個需要保護性社工進行自我照顧和覺察的是替代性創傷（vicarious

trauma）；替代性創傷又稱次級創傷（secondary traumatic stress），源自於助人工作者對重大創傷被害者之創傷事件與情節的同理同在，及助人者與被害者間的情感連結，是一種與受創者工作時難以避免的職業風險；替代性創傷與同理心相關，引發此一創傷反應並非源於單一事件，替代性創傷的形成是一種動態變化的過程，包括：我們如何被影響、以及對這些影響所產生的反應與防衛機制等；因此只要能同理創傷倖存者，並且覺得自己有責任要幫助他們，都可能經歷替代性創傷（汪淑媛，2014）。

　　邱琇琳（2005）發現，約有四成（39.7%）的家防社工呈現嚴重與極嚴重的替代性創傷，相較於經濟扶助組社工，家防社工除了在「創傷後壓力症候群」症狀之一的「過度警覺」部分顯著高於經扶社工，在刻意逃避心理麻痺症狀之頻率亦顯著高於經扶社工；實在值得家暴防治機構和社工關注此現象。

　　替代性創傷的症狀雖類似創傷後壓力症候群（PTSD），但與 PTSD 不同的是，助人者並未實質面臨危及生命或生存的創傷，但卻因同理、傾聽、幫助重大創傷受害者而發展出類似創傷症候群的症狀，如：恐懼、憤怒、做惡夢、過度擔心、情緒低落、無助、無望等，進而影響助人者的生活與工作品質（汪淑媛，2014）。

　　此外，替代性創傷也與工作者的耗竭有關，然形成的壓力源和症狀並不相同；造成工作者耗竭的因素很多，不僅是個案創傷，還包括勞動條件、工作量、福利系統、網絡合作、組織支持氣氛等多重因素，且其症狀是漸進的、復原速度慢，不像替代性創傷可能是突發的，沒有預警的（Figley, 1999；引自汪淑媛，2014）。若未覺察、因應替代性創傷的存在，可能進一步導致憂鬱、焦慮、反移情，以及耗竭；忽略替代性創傷可能面臨自我認同的危機、負面的世界觀、自我包容能力受損、自我資源耗竭、心理需求滿足受損、感覺系統受損，及啟動負向防衛機制等的風險（Saakvitne & Pearlman, 1995；引自汪淑媛，2014）。

　　長期從事創傷復原的國際心理創傷權威的 Herman 也提醒專業工作者，

非常可能因為過度的同理共感而產生替代性創傷，若真如此，則不是跟受創者一起跌入無能、無助的絕望谷底，就是進入唯一有能力捍衛、拯救受創者的全知全能防衛狀態，如此都將影響專業工作的進行；Herman 認為唯一解套的辦法就是工作者需有充分的支持網絡，絕對不可陷入孤立無援的處境（施宏達等譯，2018）。

因此，既然替代性創傷是助人工作者難以避免的職業風險，學習如何因應就成了工作者應有的能力。鍾思嘉（2000）認為，覺察、平衡、連結是因應替代性創傷的三個基本原則：「覺察」，是接納和專注於內在不平衡狀態，如自身需求、能力、時間限制、情緒狀態、內外在資源等方面的不協調；「平衡」，是讓自己的生活步調平穩，如維持工作、休閒的平衡，也包括對自己內在的覺察和專注；「連結」，是對自己、別人、外在世界保持良好的溝通管道，以開拓自己內在需求、經驗、知覺的覺察。

預防和因應替代性創傷建議可從以下三方向著手（汪淑媛，2014）：

（一）機構的態度扮演關鍵性角色：機構若能認可工作者的感受將替代性創傷正常化（normalization），且若有機會在同儕或督導敘述案主的創傷事件與情緒反應時給予支持，對工作者的調適會非常有幫助。

（二）學校有告知和教育的義務：將替代性創傷的概念帶進社工教育，讓學生知道替代性創傷的基本徵兆與症狀，以為就業做準備、減低風險。

（三）助人者本身的因應：個人可從不同面向增強，例如：定期接受督導或工作諮詢、與他人發展相互同理和支持的合作關係、平衡工作與生活樂趣、評估心靈健康、覺察工作目標與意義。

第四節　結語

由於「人力與資源配置」是國內社政、警政、醫療、司法與教育等各網絡學者專家認為的家暴防治最重要議題，也是其認為影響防治成效最重要的關鍵核心指標（張錦麗等，2015）；使得專業人力的「質」與「量」持續受

到關注，多數學者專家也同意：減少社工異動、深化社工專業，才能提升家暴防治服務的品質和有效性。

　　而近年來，也在機構和關心暴力防治人士不斷的倡議下，中央和地方政府逐步的增加經費與人力，使個案負荷量漸能回到合理範疇、勞動安全能被重視，因此也期許所有的家暴社工在「個案最佳利益」的倫理要求下，做好服務準備、深化訓練成效，成為一個兼具專業服務能力與自我照顧能力的家暴社工，以提供具責信的處遇服務。

● 問題

1. 對於「臺灣性別暴力防治有效性之衡量指標」的內容及重要性，您有何看法？

2. 本章的服務指引及原則中有不少學者提到為婦女與女童提供暴力服務之共同原則，請問為何需要訂定此原則？會給工作者帶來什麼影響？

3. 為了提供有效、高品質的服務，學校教育、實務現場應如何培養社工成為具有專業知能的家暴防治工作者？

4. 本章提及社工的自我照顧，應察覺到工作壓力、預防替代性創傷等，請問您平常如果察覺到工作或學業壓力，會如何因應？

第十一章

加害人處遇與相對人服務

　　由於被害人保護一直是家暴處遇的重點，故《家暴法》運作初期有關相對人服務的發展顯得相對單薄；雖然 1998 年保護令制度開始運作，然直到 2001 年 2 月行政院衛生署擬訂的「家庭暴力加害人處遇計畫規範」，才讓「加害人處遇計畫」有了執行依據，也開始了加害人臨床處遇的工作。不過，因「加害人處遇計畫」的裁處量有限，一直到了「男性關懷專線」的開通及相對人服務方案的陸續提供，家暴處遇服務才逐步從以被害人為主的單軌服務，進入到被害人、加害人皆服務的雙軌服務。

　　由於服務定位、執行單位的不同，加害人服務概分為兩大類：一為依法強制執行、由衛政主責的「加害人處遇計畫」；一為關心相對人需求，由社政提供的相對人服務方案，以下將依序進行介紹。

第一節　加害人處遇計畫

一、依據

　　《家暴法》第十三條第二項第十款所陳述的內容，即為「加害人處遇計畫」的法源依據—命加害人接受戒癮治療、精神治療、心理輔導或認知教育；而「加害人處遇計畫」的精神，即期待在制止暴力、排除及防止危險情境產生之同時，能透過處遇計畫的落實，施以適當的治療、輔導或教育課程，改善加害人異常或偏差之人格特質、精神狀況及行為模式，以利加害人重返家庭，重建家庭成員良好、和諧之家庭關係；即使對已經無法或不願修

補關係之家庭成員而言，亦可避免加害人暴力相向的歷史重演（沈方維，2000）。

而為協助法官進行加害人處遇計畫的裁處工作，2001 年增設「加害人處遇裁定前鑑定制度」，然因行政部門的主動性不足、法官對裁定前鑑定的認同度不高、醫療人員對鑑定工作的態度消極、跨單位整合不足，及鑑定人員知能有待提升等問題，使審前鑑定之執行成效不佳（黃志中等，2003）。2016 年 5 月衛福部公告「家庭暴力加害人處遇計畫規範」，為目前執行加害人處遇計畫之最新依據（衛福部，2019d），此規範重要的內容包括：

（一）處遇計畫之執行機關（構）包括以下四種：評鑑合格醫院並設有精神科門診或精神科病房者、評鑑合格之精神科醫院、藥癮戒治醫療機構，及經直轄市、縣（市）政府指定之相關機關（構）或團體。（第二條）

（二）執行處遇計畫項目人員應符合衛福部公告之執行人員資格條件及訓練課程基準。（第二、三條）

（三）民事保護令事件審理終結前，法院得檢送聲請書狀影本及其他相關資料，請直轄市、縣（市）主管機關提出相對人有無接受處遇計畫必要及其實施方式等建議之書面意見。（第五條）

（四）直轄市、縣（市）主管機關應遴聘受過家庭暴力防治相關專業訓練且具實務經驗之下列人員，組成相對人評估小組，辦理相對人有無接受處遇計畫必要及其建議之評估。（第六條）

（五）執行機關認為加害人處遇計畫有延長、縮短或變更內容之必要者，應敘明理由及建議意見，通報主管機關。主管機關接獲得依法聲請撤銷、變更或延長保護令。（第十一條）

（六）直轄市、縣（市）主管機關接獲處遇計畫執行機關（構）通報加害人有不接受處遇計畫、接受時數不足或不遵守處遇計畫內容情事，或有恐嚇、施暴等行為時，應即通知警察機關或依本法第六十一條規定移請地方法院檢察署。（第十二條）

同年（2016 年），衛福部新修正的「家庭暴力加害人認知及親職教育輔導處遇要點」顯示，國內加害人處遇計畫執行認知或親職教育輔導時，以再犯預防（團體）為主軸，實施週數分為 12 週、18 週及 24 週三種等內容，已成為保護令加害人處遇計畫之核發和計畫執行之依據。

二、處遇計畫核發狀況

自 1999 年 6 月底保護令正式運作起，2019 年全年已有 26,914 新聲請件數進入各地方法院（2000 年時每月保護令新聲請案平均有 796 件；2019 年每月平均有 2,242 件，為 2000 年的 2.8 倍）；依司法院（2020）公布之審理終結結果看來，扣除撤回的案件，保護令核發率已近聲請件數的八成（2018 年為 79.5%、2019 年為 78.8%）。

在保護令近八成的核發率下，核發內容幾乎集中在「禁止實施家庭暴力」、「禁止騷擾行為」兩項（以 2017、2018 年為例，99.7% 都核發禁止加害人實施家庭暴力、2018 年 93.2% 都有禁止騷擾行為）；至於「強制加害人完成處遇計畫」約為當年核發件數的二成（2019 年為 21.5%），2012 年起至 2019 年的核發件數起伏不大（表 11-1）。

表11-1 保護令核發內容（複選）

年別	核發件數	禁止實施家庭暴力	禁止騷擾行為	強制遷出	強制遠離	未成年子女權利義務行使、負擔及交付	與未成年子女會面交往之方式或禁止會面交往	強制加害人完成處遇計畫	禁止查閱被害人及未成年子女資訊	其他必要之保護令
2012	13,967	13,931 (99.7%)	12,920 (92.5%)	279 (2%)	3,061 (21.9%)	563 (4%)	135 (1%)	3,303 (23.7%)	338 (2.4%)	897 (6.42%)
2013	14,044	14,010 (99.8%)	13,044 (92.9%)	249 (1.8%)	3,141 (22.4%)	426 (3%)	117 (0.8%)	3,241 (23.1%)	271 (1.9%)	1,028 (7.32%)
2014	14,365	14,333 (99.8%)	13,052 (90.9%)	499 (3.5%)	3,232 (22.5%)	427 (3%)	118 (0.8%)	3,226 (22.5%)	283 (2%)	1,306 (9.1%)
2015	14,893	14,855 (99.7%)	13,703 (92%)	488 (3.3%)	3,561 (23.9%)	389 (2.6%)	134 (0.9%)	3,195 (21.5%)	240 (1.6%)	1,875 (12.6%)
2016	15,855	15,814 (99.7%)	14,739 (93%)	487 (3.1%)	3,921 (24.7%)	289 (1.8%)	111 (0.7%)	3,315 (20.9%)	254 (1.6%)	2,014 (12.7%)
2017	15,965	15,903 (99.7%)	14,800 (92.8%)	508 (3.2%)	3,975 (23.8%)	274 (1.7%)	116 (0.7%)	3,426 (21.5%)	231 (1.4%)	2,357 (14.8%)
2018	15,881	15,829 (99.7%)	14,795 (93.2%)	434 (2.7%)	3,794 (23.9%)	235 (1.5%)	99 (0.6%)	3,206 (20.2%)	202 (1.3%)	2,884 (18.2%)
2019	15,926	15,860 (99.3%)	14,629 (91.9%)	413 (2.6%)	4,084 (25.6%)	190 (1.2%)	73 (0.5%)	3,427 (21.5%)	167 (1.1%)	3,300 (20.7%)

資料來源：整理自司法院（2020a）

　　加害人處遇計畫的內容包括了：精神治療、戒癮治療、心理輔導、認知教育輔導，以及其他治療等。而根據統計（表 11-2），法院裁定之加害人處遇計畫項目，幾乎皆會核發「認知教育輔導」中的「認知教育」（超過八成的加害人處遇會核發此項目）；至於「精神治療」（約 7%-14% 之間，2019年降至 7.2%）、戒癮治療（含酒癮、藥癮，約 8%-9%，2019 年只有 7.8%）及心理輔導（約 5%-7%）的裁處比例則明顯偏低。

表 11-2　法院裁定家庭暴力加害人處遇計畫項次（複選）

加害人處遇	裁定件數	精神治療	戒癮治療		心理輔導	認知教育輔導		親職教育	其他治療
			戒酒癮	戒藥毒癮		認知教育	戒酒教育		
2012	3,303	228 (6.9%)	529 (16.0%)	10 (0.3%)	170 (5.1%)	2,503 (75.8%)	623 (18.9%)	40 (1.2%)	76 (2.3%)
2013	3,241	401 (12.4%)	284 (8.8%)	36 (1.1%)	158 (4.9%)	2,671 (82.4%)	587 (18.1%)	64 (2.0%)	15 (0.5%)
2014	3,226	243 (7.5%)	258 (8.0%)	31 (1.0%)	171 (5.3%)	2,599 (79.0%)	605 (18.8%)	52 (1.6%)	22 (0.7%)
2015	3,195	455 14.2%)	253 (7.9%)	21 (0.7%)	189 (5.9%)	2,779 (87.0%)	785 (24.6%)	72 (2.3%)	26 (0.8%)
2016	3,315	318 (9.6%)	209 (6.3%)	48 (1.4%)	169 (5.1%)	2,980 (89.9%)	667 (20.1%)	67 (2.0%)	23 (0.7%)
2017	3,426	713 20.8%)	205 (6.0%)	68 (2.0%)	302 (8.8%)	2,722 (79.5%)	885 (25.8%)	175 (5.1%)	17 (0.5%)
2018	3,206	385 12.0%)	203 (6.3%)	53 (1.7%)	229 (7.1%)	3,092 (96.4%)	559 (17.4%)	211 (6.6%)	31 (1.0%)
2019	3,427	248 (7.2%)	229 (6.7%)	36 (1.1%)	245 (7.1%)	3,263 (95.2%)	609 (17.8%)	239 (7.0%)	26 (0.8%)

資料來源：整理自衛生福利部（2020b）

此外，表 11-2 之內容細究後會發現，近年處遇計畫的裁定項目明顯與之前不同，精神治療由 2017 年 20.8% 降至 2019 年的 7.2%、戒酒認知治療由 2015 年的 24.6% 降至 2018 年的 17.4%，而認知教育輔導中的認知教育則由 2017 年的 79.5% 增加至 2019 年的 95.2%。另外 2015 年《家暴法》修法新增的處遇項目——「親職教育」，雖在第一年（2016）只有 67 件（2.0%）的裁處量，但至第四年（2019 年）的裁處量已增至 239 件（7.0%）（衛福部，2020b）。

三、處遇計畫執行情形

法官裁處「加害人處遇計畫」後，加害人能否完成則是令人關注的問題，2011 至 2017 年處遇計畫約有二成五的未完成件數（從 2014 年的 28.9%、2015 年的 25.2%、再降至 2017 年的 22.5%），但至 2019 年未完成數已達三成（30.0%）；其中除了「加害人拒絕報到」是未完成的主因（2019 年有四成的未完成案件係因加害人拒絕報到；拒絕報到的比率已由 2017 年的 34.6% 增加至 2019 年的 42.5%）外，另「被害人撤銷和變更」的原因也值得注意（14.2% 至 25.4% 間，比例最高為 2011 年的 25.4%、2017 年為 21.8%）（表 11-3）（衛福部，2020c）。

表 11-3　家庭暴力加害人無法完成處遇之原因

年度	人數總計	個案拒報到	個案死亡	個案傷殘或住院	個案因案入監無法執行	個案拒領或無法送達	個案轉介其他縣市執行	被害人撤銷或變更	其他
2011	448	186 (41.5%)	21 (4.7%)	5 (1.1%)	55 (12.3%)	7 (1.6%)	45 (10%)	114 (25.4%)	15 (3.3%)
2012	631	276 (43.7%)	29 (4.6%)	10 (1.6%)	100 (15.8%)	7 (1.1%)	74 (11.7%)	116 (18.4%)	19 (3%)
2013	770	401 (52.1%)	32 (4.2%)	17 (2.2%)	92 (11.9%)	2 (0.3%)	81 (10.5%)	113 (14.7%)	32 (4.2%)
2014	935	465 (49.7%)	37 (4%)	15 (1.6%)	99 (10.6%)	7 (0.7%)	114 (12.2%)	149 (15.9%)	49 (5.2%)
2015	804	432 (53.7%)	25 (3.1%)	11 (1.4%)	72 (9%)	3 (0.4%)	113 (14.1%)	144 (17.9%)	4 (0.5%)
2016	751	351 (46.7%)	25 (3.3%)	2 (0.3%)	43 (5.7%)	1 (0.1%)	148 (19.7%)	122 (16.2%)	59 (7.9%)
2017	772	267 (34.6%)	30 (3.9%)	4 (0.5%)	62 (8%)	1 (0.1%)	212 (27.5%)	168 (21.8%)	67 (8.7%)
2018	913	321 (35.2%)	29 (3.2%)	10 (1.1%)	66 (7.2%)	4 (0.4%)	265 (29.0%)	130 (14.2%)	88 (9.6%)
2019	1,029	437 (42.5%)	42 (4.1%)	10 (0.9%)	53 (5.2%)	33 (3.2%)	235 (22.8%)	152 (14.8%)	67 (6.5%)

資料來源：整理自衛生福利部（2020c）

第二節　加害人處遇工作原則與處遇模式

一、處遇原則

為建立標準化的服務作業，英國在「加害人處遇尊重認證計畫」（Respect accreditation of perpetrators' programs）中提出的加害人處遇 10 項工作原則，可供我們參考（引自沈慶鴻、王珮玲，2018）：

（一）不傷害：確保不會造成被害人傷害的風險。

（二）性別問題：以性別知情（gender-informed）方式展開工作，即幫助加害人理解暴力之性別權力不平等的本質。

（三）安全第一：與加害人工作應優先降低再犯風險。

（四）可持續改變：考量加害人的風險、需求、意願與能力，提供適當處遇措施，確保加害人可持續改變。

（五）實踐生活（fulfilling lives）：加害人服務旨在建立加害人健康與尊重的關係，以實踐生活。

（六）多系統（the system counts）：與相關機構共同合作。

（七）為各類型加害人提供服務（services for all）：尊重加害人的多樣性，依個人需求提供服務。

（八）尊重社區（respectful communities）：體認社區環境對加害人的影響，將個人改變與尊重社區的發展做連結。

（九）有能力的工作人員：培訓、督導、支持與提供安全的工作環境。

（十）可衡量的有效服務：採用明確與適當的工具以呈現個人效益與處遇影響。

二、國外加害人處遇模式

美國第一個執行施虐者服務計畫、協助毆妻者終止暴力的 Emerge 組織，於 1977 年麻薩諸塞州（Commonwealth of Massachusetts，又稱麻省）的

波士頓展開；1981 年明尼蘇達州（State of Minnesota）則推動以女性主義為主的 Duluth 模式，焦點放在機構間的網絡整合、致力改善警政系統對暴力和受暴者的偏頗態度；而由科羅拉多州（State of Colorado）民間婦女團體發展的 AMEND 模式及 Compassion Workshop，雖發展較晚，亦是較被認可的相對人處遇模式之一（王美懿，2009；林明傑，2000；鄭青玫，2011）：

（一）Emerge 模式（Emerge model）

此模式以認知行為療法為主要取向，強調行為形成或改變過程中認知的重要性，重視內在對話、角色扮演，而行為發生時個人心理歷程的探索與監控則是介入重點。

此模式為期 40 週、每週 2 小時，分兩階段進行；前 8 週為第一階段的教育模式，教導家庭暴力、心理虐待、性虐待和經濟虐待的概念，以及正、負面之自我對話、家暴對被害人及子女之影響等內容；後 32 週為第二階段、每週兩小時的開放式團體。整個方案的內容強調：

1. 面質並鼓勵成員為暴力行為負責；
2. 在瞭解暴力事情經過後，團體夥伴會一起腦力激盪，討論可以有的做法，及評估成員建議的可行性；
3. 就其中較可行的做法與另一成員進行角色扮演，團體結束前請成員提出未來一週之行為目標；
4. 進行同理心之角色扮演，由成員扮演其妻，另一成員扮演其角色，帶領者詢問其感受，邀請大家給予回饋；
5. 帶領者與被害人聯絡，瞭解成員在家情形及被害人疑慮；
6. 鼓勵成員提出個人的行為目標及因應策略，鼓勵團體其他成員提供不同的行動策略、建議和回饋。

認知行為取向經常被司法機構做為犯罪矯治之用，此取向被認為是降低再犯、反社會人格者介入最有效的取向；親密關係暴力處遇團體運用此取向時，建議最好由男、女治療師共同帶領，因其可提供男女互動之良好示範機

會。每次團體開始之初，所有成員都需報告自己一週內的負面行為（check-in）；若有新成員加入，則每人需在自我介紹後說明自己之負面行為；而團體結束前，帶領者會邀請成員分享本週心得、行為目標（check-out），並依成員個別情形協助發展個人目標。

（二）Duluth 模式（Duluth model）

Duluth 模式由民間發起，以女性主義為主，後有結合認知行為取向；為美國、加拿大許多法院認可、最普遍使用的加害人處遇模式。其特色在於：

1. 女性主義把親密關係暴力概念化為性別與暴力問題，認為暴力是社會學習的產物、是學習來的，因此非暴力的行為也可藉由學習來改變；
2. 權力與控制是課程主軸，目的在覺察父權對性別的壓迫（參考第四章權控輪的內容），幫助施暴者檢視自己施暴、控制的信念和行為，了解施暴後果；使用面質促進性別歧視的覺察則是常有的策略；
3. 重視機構合作和資源整合，使社工、警察及司法系統能迅速處理，以快速及密集反應使施暴者知所節制。

Duluth 模式為 26 週之心理教育課程，採團體介入方式進行，每週一次，內容分為八個主題，包括：無暴力、無威脅、尊重、信任支持、誠實負責、對性之尊重、建立伴侶關係、協調及公平等；每段課程開始時，會先放映男性具權力、控制言行的錄影帶，再討論成員各種可能的想法、反應及解決之道，同時指定該次團體結束後到下次團體期間的家庭作業。

讓成員能在團體帶領者的引導及互動中，學會健康的兩性互動（參考平等輪）是此模式的目的，因此 Duluth model 不只運用於施虐者的教育訓練團體，同時也廣泛運用在受虐者的支持性團體、專業人員的教育訓練課程，與對社會大眾的教育宣導課程中；不過，女性主義取向以其強力的面質為特徵，羞辱感是處遇成員常有的經驗，雖說可對男性施暴者達到懲罰懺悔的效果，但可能引發的抗拒也需帶領者留意。而由於此取向多以心理教育課程為主，被認為較無法改善高危險或長期施暴的加害人。

（三）AMEND 模式

AMEND 方案為美國科羅拉多州民間婦女團體發展之為期四階段、36 週的課程；此模式採性別為基礎的認知行為理論，以團體方式介入；各階段的類型和重點如下：

1. 第一階段－危機團體：為 12 至 18 週的初階團體；多為教育課程，並會以面質技巧處理施暴者對暴力行為的否認，讓施暴者漸能對自己的暴行負責。

2. 第二階段－進階團體：此階段的施暴者較為理性，並能提出改善的念頭，或可能困惑於自己需要改變的程度，因此帶領者應給予支持，教導其如何解決衝突、學習放鬆；此階段帶領者會與被害人聯絡，瞭解施暴者言行一致的程度。

3. 第三階段－自助或支持團體：若成員願意繼續參與，則可鼓勵他們組織自助團體，練習健康的溝通技巧及討論預防日後暴力行為的方法。

4. 第四階段－社區服務團體：仍有些成員會在自助團體後想從事社區服務或反家庭暴力的推廣活動，此模式的工作者可繼續從旁協助之。

AMEND 模式雖分四階段，然多數成員在參加完前兩階段後，就不會再繼續參加後兩階段了；另外，所有帶領者除帶領團體外，每週還會參與 2.5 小時以討論較困難成員之現況及處遇技術的討論會。

（四）Compassion Workshop

與前述較不同的是，此模式強調依附理論（attachment theory）之治療技術，認為施暴者可能經驗被輕視、貶抑、拒絕、指責、不被愛或無力等創傷感受，因此暴力行為係其為避免前述創傷情緒出現的因應方式；故引用 HEALS（Healing, Explain to yourself, Apply self-compassion, Love yourself, Solve）之認知重建技術協助成員復原，以便在痛苦情緒升起前撫平之，並以對自己及妻兒的同情取代憤怒的感覺。

　　此模式為期十二週，每週二小時，共有四十三個家庭作業。前六週課程強調情緒管理、增強權能及自尊（empowerment & self-esteem），教導成員在憤怒情境中使用暫離技巧（time-out）及規劃安全計畫（formulate safety plan）；成員在此階段需簽署非暴力同意書、同意不在家中提及敏感話題；此時團體尚未進入個人經驗分享，因此成員的個人經驗只需在家庭作業中描述，不必在團體中揭露；後六週則注重將所學技巧運用在親密關係或人際關係中，例如：如何避免權力對抗（power struggle）、發展人際技巧（如管理被放棄、捲入關係、關係過近或過遠的害怕感覺）及計畫未來，並在最後一次團體中自願、大聲的唸出「改善信」（healing letter），若成員尚未準備好或沒意願，則可延後進行。改善信的內容，包含對被害人道歉、承認自己的負面行為、提出復原計畫的步驟和作法，以進行「再犯預防」（relapse prevention）。

　　此模式被認為是較能深入了解施暴者、幫助其減少再犯的取向，不過未篩選成員，將男、女施暴者、同性戀施暴者及兒虐施暴者放在同一團體，被不少研究者認為此做法並不適當；另療程太短，也受到不少批評。

二、國內加害人處遇模式

　　Rothman 等人（2007）曾針對國際間使用的處遇模式進行比較，發現73% 採用性別觀點（即女性主義觀點）、27% 採用心理病理學觀點（涵蓋認知、行為、情緒或童年經驗等），但不管採取的觀點為何，大部分的處遇模式涵蓋相似的主題，如：家暴法律、認知行為改變技術、溝通技巧、暴力責任討論等；另根據王珮玲、黃志忠（2005）的調查，2004 年時團體處遇已是國內加害人處遇方式上的共識，當時國內已有 64 個辦理加害人「心理輔導」與「認知教育輔導」團體處遇的執行單位，其中超過八成採取兼含女性主義理論的 Duluth Model 及認知行為輔導教育的「綜合模式」。

　　近年來國內已發表並具初步成效的加害人處遇模式有四種：整合性別平等與人本學派、再犯預防與現實療法取向、認知教育暨情緒支持取向、認知

輔導教育取向等（邱惟真，2017）。各模式的說明如下：

（一）整合性別平等與人本學派

　　此處遇團體為北投國軍醫院所發展的綜融模式—以 Duluth model 為雛形，並融合加害人兩性觀點和情緒議題，及團體動力的理念而成。此模式認為「加害人處遇」是再教育的過程，重點應放在「再社會化」，因此處遇團體中加害人須清楚指認自己的暴力行為，及它們與婚姻中權力、控制的關係，以發展替代權力、控制關係的兩性互動方式；其雖以「社會文化」因素為著眼點，但認為心理歷程值得注意，並重視 Yalom 提出之互動式團體情境脈絡之重要性。

　　此模式為 24 週，內含十個主題的團體設計（非暴力、非威脅行為、尊重、支持與信任、負責與誠實、性尊重、夥伴關係、協商技巧、兩性平權、情緒控制等）；而根據四位處遇小組的評估發現，此模式可改善加害人的暴力價值觀，協助加害人學習以兩性平權、非暴力或非報復的方式對待家人（陳怡青等，2012）。

（二）再犯預防及現實療法取向

　　此模式為認知行為取向，整合了認知療法的指認與修正自動化想法，與行為療法之修正偏差行為並給予非偏差行為之支持和鼓勵；還引用再犯預防，強調「指認」與「截斷」偏差行為之認知行為鍊，協助加害人「加強內在自我管理」及「引進外在社會監督」；另根據現實療法的選擇理論，協助加害人選擇以合法的方法滿足需求。

　　此模式為 18 週的處遇團體，兩階段進行，前 9 週以認知行為鍊的認識為主、後 9 週則在加強自我管理；依林明傑、黃志中 2003 年在嘉義縣進行之準實驗設計—以電話訪談收集「完成處遇組」（26 人）、「中途中斷組」（12 人）、「從未參與組」（11 人）之加害人伴侶（被害人）的意見，結果呈現「完成處遇組」與「從未參與組」在減少再犯身體暴力有顯著差異，顯示

此模式有減少再犯身體暴力之效果（陳慧女、林明傑，2016）。

（三）認知教育暨情緒支持取向

此模式由嘉南療養院加害人處遇團隊所發展的 18 週處遇團體，此模式有兩個重點：「認知教育」及「情緒支持」；認為暴力行為係後天學習，只要提供機會改變，暴力即可被良好行為所取代，因此將重點放在認知、情緒、行為，引導加害人探索其錯誤之認知；另外，此團體認為「情緒支持」可提供探索他人和自己關係的機會，讓成員感受到普同性而不覺得孤單，因此團體帶領者的重要責任在催化治療因子的產生。

李娟娟等人（2005）在 18 週處遇團體的團體前、後施以問卷調查，比較實驗組、控制組在男女互動、情緒、認罪、生活品質等層面的差異；最後發現，實驗組的「認罪傾向」在認知和行為上有明顯的提升。

（四）認知輔導教育取向

此模式以臺中市為執行場域，主要包括「同理心訓練」和「再犯預防訓練」兩部份；「同理心訓練」以優勢觀點為主，相信每個人都有能力去學習、成長和改變，強調應儘量發現和開拓案主的優點；而「再犯預防訓練」則以減害理念協助加害人發展「自我控制計畫」，訓練加害人有效面對高危險情境，並對使他們走向高危險情境的早期預兆做出因應（邱惟真等，2016）。

為了解「加害人認知輔導教育模式」的處遇成效，邱惟真（2016）整理其在台中發展之不同期程（每月一次、兩週一次、每週一次）、時間（一次 2 小時、一次 3 小時）、次數（一年 12 次、三個月 6 次、六個月 24 次、八個月 8 次）共 5 種排列組合之處遇團體，發現不同期程的處遇均有助於加害人「攻擊傾向」的下降，但短期處遇（三個月 18 小時）在「口頭攻擊」的下降並不明顯，只有長期處遇「口頭攻擊」才有明顯的下降；另由被害人的主觀感受得知，加害人「暴力危險」或「衝突對應行為」之後測，皆較前測

明顯下降。

（五）比較：處遇取向與核心主題

雖然前述四種模式各有特色，然歸納相關資料後發現，前述四種模式均涵蓋了「同理心」與「再犯預防」之訓練理念，差別只在方式、內容安排的孰先孰後而已；再將四種處遇模式的實務操作面進行比較（表11-4），發現除了「整合性別平等與人本學派」沒有「家庭作業」外，四種處遇模式在「簽訂合約書」、「生活討論」上幾乎如出一轍，顯示此四種處遇模式觀點雖有些不同，但訓練理念、實務操作則有不少相似之處（邱惟真，2017）。

表 11-4 國內加害人處遇計畫執行方案之模式比較

	整合性別平等與人本學派	再犯預防及現實療法取向	認知教育及情緒支持取向	認知輔導教育取向
簽訂合約	✓	✓	✓	✓
家庭作業		✓	✓	✓
生活討論	✓	✓	✓	✓
同理心訓練	✓	✓	✓	✓
再犯預防訓練	✓	✓	✓	✓

資料來源：邱惟真（2017）

此外，陳怡青等（2012）針對「加害人處遇計畫」處遇成效進行評估時，曾廣泛收集各縣市加害人處遇計畫之核心主題，並以生態觀點進行分析，發現臺灣加害人處遇計畫的內容主題包括了「個人層面」、「關係層面」及「社會文化層面」，但多數內容集中在「個人層面」，「社會文化層面」的討論最少；其中「個人層面」的內容以「認知行為改變技術」及「情緒疏導」為主要的核心課程；「關係層面」之介入則以「溝通技巧」為核心主題；「社會文化層面」之核心主題則集中在「家暴法律」；但若單就核心主題

做比較，則「認知行為改變技術」和「家暴法律」是所有處遇計畫都會進行的主題（表 11-5）；邱惟真（2017）亦有類似的發現，且其比較國內、外處遇模式後表示，國內、外加害人處遇計畫涵蓋的主題具一定程度之共識。

表 11-5　家暴成因理論與處遇核心主題對應表

家暴成因理論	加害人處遇計畫核心主題	次數	百分比
個人層面	認知行為改變	7	100.0
	情緒疏導	6	85.7
	暴力責任探討	5	71.4
	酒精及藥物濫用	4	57.1
	發展對被害人同理心	4	57.1
	強調人性正面態度、正向經驗、內在力量	4	57.1
	自我肯定訓練	3	42.9
	男性自我探索	2	28.6
關係層面	溝通技巧	6	85.7
	親密關係處理	4	57.1
	子女關係處理	3	42.9
社會文化層面	家暴法律	7	100.0
	權力控制	4	57.1

資料來源：邱惟真（2017）

三、處遇計畫面臨的相關議題

（一）參與意願

由於「加害人處遇計畫」中應接受處遇的加害人，係透過公權力的要求而來，因此當法院裁定處遇計畫後，加害人即成為強制處遇下的「非自願」案主；再加上處遇計畫推動初期，多由醫院精神科執行處遇工作，因此在「加害人」之稱呼外，多了「病人／精神病人」（精神治療）、「酒鬼」（戒

癮治療）的標籤，以致形成加害人對處遇計畫的不滿和抗拒（王珮玲、黃志忠，2008；沈慶鴻、郭豐榮，2005）。

　　不少加害人認為處遇計畫是種懲罰，在強制參與的狀況下，處遇計畫的高流失率成了普遍現象（Brown & O'Leary, 2000; Pandya & Gingerich, 2002；引自鄭青玫，2011）；幾乎所有參與處遇計畫的加害人都表示，他們對保護令審理過程充滿憤怒、覺得法官只聽一面之詞，甚至認為處遇計畫是配偶、法官及社工聯手對他們的迫害，認為自己是不得已、被迫參與處遇計畫的，希望配偶能夠撤回保護令並停止處遇計畫（沈慶鴻、郭豐榮，2005）。

　　雖然多數處遇模式都將加害人視為父權結構下的獲益者，需要改變並再教育、再學習（王美懿，2009）；然 Eckhardt 等人（2006）卻認為，對加害人的強制介入不應只有教育功能，應同時兼含處遇、治療、教育等三種功能，並提醒加害人初期雖有抗拒，但會隨著團體的進展而漸次產生質變；王珮玲、黃志忠（2008）的研究也發現，隨著團體的進行，不少加害人到團體後期，會對團體出現較正向的感受，認為處遇計畫具有認識朋友、學習新知、獲得支持等正向功能，並願意配合以避免再犯。因此，Caplan（1995）提醒，帶領者應提供安全的環境，幫助加害人在團體中能安全、放心、自願的談話是運作處遇團體相當重要的因素（引自鄭青玫，2011）。

（二）處遇成效

　　加害人處遇計畫究竟有沒有效？不同取向處遇團體究竟哪個有效？一直是暴力防治工作者都好奇的事。

　　Dutton（2006）曾比較「接受治療」與「未接受治療」兩類加害人的再犯率，發現兩者皆能在緩刑期間不再犯，但在之後兩年半的追蹤期間內，「未接受治療者」之再犯率竄升到 40%，而「接受治療者」只有約 4% 的再犯率，顯示「接受治療」對暴力行為的改善具長期效果。Davis and Taylor（1999）則整理和回顧美、加 31 篇加害人處遇的研究，認為治療方案確能降低毆妻犯的再犯率（引自邱惟真，2016）。

　　Babcock 等人（2004）則曾為了解不同取向團體的處遇效果，選擇了22 份針對男性家暴處遇團體的研究進行後設分析—其中 17 份準實驗研究、5 份實驗研究，研究發現處遇雖有小的效果值，但女性主義取向、認知行為取向兩者間並無顯著差異（引自鄭青玫，2011）。另由於不少加害人除暴力行為外，尚有過度飲酒、藥物濫用、精神疾患等問題，因此 Edleson 等人（2015）認為處遇計畫若能搭配其他治療（如藥物），應可提升處遇的效果。

　　王珮玲、黃志忠（2008）針對臺灣 8 個處遇機構進行資料的蒐集，獲得96 份有效樣本（63 位加害人、33 位女性被害人），並以「暴力評估量表」、「行為控制量表」及「生活品質量表」進行前、後測比較，發現加害人與被害人在前測資料的差異相當顯著，表示加害人有否認與淡化暴力行為的情形；但在後測分析比較上，被害人與加害人在暴力行為與控制行為兩量表的顯著差異大幅減少，亦即加害人之暴力行為與控制行為均有降低趨勢，顯示處遇方案的效果存在；另一方面，被害人在「生活品質」指標之正面感受的後測較前測高，在「生活品質」之負向陳述上，前測之平均值亦遠低於後測的平均值，表示了被害人的「生活品質」亦有所改善；因此綜觀前述資料，其認為加害人參加處遇計畫後，對被害人之暴力行為確實有改善。

　　雖然如此，前述國內加害人處遇成效的研究成果，並未獲得普遍的認可，近來高鳳仙（2014）仍舊指出加害人處遇計畫的成效有待加強、強調各處遇計畫進行的定期評估與效能掌握還應強化。

（三）處遇團體的多元化

　　加害人樣態多元、複雜，往往因具有其他身心問題（酗酒、吸毒、精神疾病、自殺傾向）使得家暴風險難以有效被控制，因此針對有前述身心狀況的加害人，發展多元化的資源和處遇模式實有必要；劉淑瓊、王珮玲（2012）、王珮玲等人（2014）收集全國高危機資料庫和防治網絡工作者的意見都顯示，要確保加害人不再施暴，除了外部控制外（如警察的約制告誡，保護令限制等），還需有更具成效的相對人輔導、身心治療或處遇方案等配

套措施，以強化身心健康、理性認知等內隱因素的改變，才能達到預防暴力再犯的目標。

不過，如何在資源有限下發展多元處遇模式（張錦麗、王珮玲，2013）、如何克服加害人處遇計畫普遍存在的高流失率（鄭青玫，2011）、減低加害人被迫參與處遇計畫的憤怒感及對相關工作人員的不滿（李偉、林明傑，2012）等，皆是提升處遇計畫成效尚需面對的問題；而前述合併有精神疾病、自殺或藥酒癮但卻無保護令者，亦需精神醫療、心理衛生專業人員與社政人員共同合作。

（四）處遇資源的配置

處遇資源的投入影響處遇工作的執行，實務上的觀察發現，不同縣市衛生主管機關及醫療機構投入執行家庭暴力及性侵害相關業務之經費、人力及醫療資源差異甚大，在醫院經費不支持的現況下，加害人處遇9成的治療處遇主力為社工師與臨床心理師，精神科醫師長期缺席，偏遠地區相關專業處遇機構、人才更是欠缺（華筱玲，2013）。加害人的醫療處遇資源長期缺乏合理配置的結果，使家庭暴力及性侵害被害人獲得的服務品質良莠不齊，加害人往往無法獲得完整之處遇。

第三節　相對人服務方案

非強制性、以關心相對人福利服務需求為主的相對人服務方案，包括以下幾類：

一、男性關懷專線

為鼓勵男性主動求助、提供男性情緒紓解的管道，2004年6月23日內

政部[1]成立「男性關懷專線」（0800-013-999），利用專線具隱密性、立即性及持續性之特性提供免費的線上諮詢服務，讓全國男性於伴侶相處、親子管教、與家屬溝通發生障礙時，有訴說心事與討論其困擾之管道，或因前述現象引發法律訴訟時，可透過電話提供法律諮詢、情緒抒發、觀念澄清與激發改變動機等服務，並視需要轉介相關心理衛生或社會福利資源，以防止家庭暴力事件的發生（衛福部心口司，2017）。

男性關懷專線自成立起，皆由衛福部委託非營利組織提供服務，服務對象遍及全國；而經統計，自成立至 2018 年，打此專線電話尋求協助者超過 20 萬人，服務對象以 31 歲至 50 歲、具婚姻關係者為主，因此婚姻議題為常見之求助問題，其次為情緒及法律問題；約三成五有家暴狀況，為求助者進行資源連結之比率則達百分之百（林怡亭，2018）。

二、相對人服務方案

為改善親密關係暴力處遇長期忽略加害人暴力行為改變，及暴力再犯預防對被害人安全的重要性，2007 年起不少縣市（如臺北市、臺中市、桃園市、嘉義市）陸續推出以「相對人／加害人」為對象的服務方案—例如「家庭暴力相對人關懷訪視方案」、「家庭暴力加害人關心訪視方案」、「婚姻暴力加害人訪視社會工作方案」等，以突破過去只服務被害人，且需等法院裁定始能進行加害人處遇計畫的限制。歸納相對人服務方案的特性包括：

（一）服務對象：凡經被害人社工評估，且有受助意願的相對人／加害人—不論是否被裁定處遇計畫者，皆是此方案的服務對象。

（二）服務提供者：為避免被害人社工同時服務被害人及相對人／加害人可能面臨的角色衝突，此方案設置了「相對人／加害人社工」，成為暴力防治服務輸送的主要成員。

（三）服務內容：包括情緒支持、衝突議題討論、法律諮詢、經濟補

---

[1] 2012 年政府組織改造後，家暴防治之中央主管機關由內政部改為衛生福利部。

助、就業諮詢和媒合、醫療協助、資源轉介，以及親職技巧、子女會面交往安排等社工服務。

（四）服務方式：此方案是一個以危險分級為基礎的服務，社工須依加害人的危險程度規劃訪視的頻率及次數，並盡可能以實地親訪之外展方式為之，彈性搭配電話、簡訊、函件等方式以增加服務輸送的有效性。

蔡燦君、沈佩秦（2011）認為「情緒紓解」是相對人服務相當重要的功能；李偉、林明傑（2012）實務服務經驗也發現，由於相對人在司法訴訟過程中多無法暢所欲言，因此許多情緒無人聽聞，關心訪視方案能提供相對人情緒抒發的管道，讓其覺得自己沒有被排斥、被遺棄和忽略，而能感受到關心、感受到法律和公權力之外的「公平對待」是相對人改變的原因；另社工在外展服務時，除關切相對人的生活壓力外，也會教導相對人暴力需要改變，有時亦會達到促進夫妻溝通、衝突減緩的目的。

而經服務後，台中市、嘉義市的相對人服務方案均發現，相對人的再犯率呈下降趨勢（蔡燦君、沈佩秦，2011）；李偉、林明傑（2012）實際參與相對人關懷服務的經驗，也肯定關懷相對人，能達到暴力減緩、保護婦女人身安全的間接效益。

不過，相對人服務方案因發展較晚，不易得到防治網絡成員的認可，因此還需要時間與被害人服務系統加強對話，增加互動、磨合的機會（蔡燦君、沈佩秦，2011）；李偉、林明傑（2012）則提醒相對人服務社工，須避免成為相對人的聯絡工具或是其支配被害人觸角的延伸，另基於安全和同性較能說出心裡話的經驗，建議相對人訪視由男性社工執行較佳，另其認為若能在公權力介入前或進入司法程序初就提供相對人服務，暴力預防的效果將更顯著。

三、簡易型認知處遇

由社政主導、委託社福機構提供的相對人／加害人服務，還包括「家庭

暴力加害人簡易型認知處遇」（簡稱「簡易處遇」，然不同縣市可能名稱有異）。

此一「簡易處遇」是加害人處遇計畫的變形，由於保護令之「加害人處遇計畫」裁定比例不高、需收費[2]可能造成加害人經濟負擔、加害人因工作而無法參與處遇計畫，及部分縣市處遇資源不足但部分加害人卻有重新認識法律、學習情緒管理及衝突因應之需求等因素下，不少縣市（如屏東縣、雲林縣、彰化縣等）自 2008 年起在法官及網絡團隊的努力下，陸續發展出「加害人簡易型處遇計畫」，期能大幅提升加害人接受處遇的比例（方秋梅、謝臥龍，2017）。

簡易型認知處遇，係保護令承審法官評估加害人施暴情形尚未嚴重到須接受「加害人處遇計畫」，但仍有接受認知課程之必要時，由法官於通常保護令主文中命加害人須完成認知課程講習，並載明應報到之時間、地點；加害人在接獲講習通知後應依規定參加課程。此一簡易處遇課程每次 3 小時，採 8 至 10 人小團體方式進行，目的在讓被排除在處遇計畫外的加害人都有學習和接觸資源的機會；評估執行經驗發現，簡易處遇能達到舒緩加害人情緒、澄清家暴迷思、提供法律充權的目的，對非都會型的縣市而言，簡易處遇是個結合在地資源、因地制宜的服務方案（方秋梅、謝臥龍，2017）。

四、預防性認知輔導教育

與前述加害人簡易處遇相似的，是加害人預防性認知輔導，此兩方案皆是針對加害人進行的單次（3 小時）、團體式（10-15 人）的認知輔導教育方案，不同的是，簡易處遇係承審法官評估加害人施暴情形所進行的裁定，而預防性認知教育則是在保護令調查庭開庭前，由縣市政府委託之機構邀請相對人於開庭前參與的課程。

2008 年彰化縣首度推動在「家庭暴力相對人預防性認知輔導教育」，之

---

[2] 如戒癮門診、心理治療門診的掛號費、診療費、藥費等皆需加害人自行負擔。

後臺中市亦跟進舉辦，目標皆是提醒相對人家暴法的規範，並在團體中鼓勵其提出對通報的看法和感覺，藉此緩解高漲的情緒、並蒐集相對人目前狀態，此做法不僅能初步評估相對人的再犯與致命危險，提供法院裁定及各網絡單位參考，還能讓原本只有被害人單方面的資訊有了對照、確認的機會，平衡單一訊息來源的缺點，有助網絡成員進行更完整的評估與判斷（邱惟真、阮祺文，2017）。

第四節　結語

由於「被害人保護」為臺灣暴力防治工作的核心概念，因此不論在資源配置、服務模式，均以被害人為焦點，然相對人服務無著力之處，是影響家暴防治成效的原因之一（陳芬苓等，2010）。因此，近年來走出僅以被害人為處遇焦點的框架，關懷和服務加害人／相對人成了家暴防治工作最大的轉變（游美貴，2014），不少研究者和家暴防治機構也持續倡議——提供相對人服務的必要性（方秋梅、謝臥龍，2017；林偉、林明傑，2012；蔡燦君、沈佩秦，2011）。

目前相對人服務方案、課程和處遇經費，主要來自中央公益彩券回饋金的補助，而此業務在 2013 年政府組織改造後，由衛福部保護服務司轉至心理及口腔健康司負責；整體而言，自 2007 年推動相對人服務後，補助之方案和經費均逐年上升，讓相對人的服務漸被看重。

此外，衛福部（2018）在「社會安全網計畫」中亦提醒，需注意合併多重問題之加害人的發掘、處理；加害人若合併有精神疾病，且現行衛生體系已介入提供關懷訪視，然面對個案的非醫療問題，實難透過醫療之單一模式來解決，需整合就醫、就業、就學及福利相關資源，以協助個案於社區中生活及工作；另該計畫亦強調，應以家庭整體系統進行協力合作，然司法裁定處遇計畫單一處理加害人行為問題，未能以「家庭為中心」處理家庭系統互動失衡的問題，恐無益於降低家庭暴力事件的發生；因此，以「家庭為中

心」、整合各專業網絡提供相對人服務應是未來的努力方向；然此計畫推動後原期待新增聘的心理衛生社工（心衛社工）能在精神照護資訊管理系統與保護資訊系統串接後，針對屬精神疾病個案合併有兒少保護、家庭暴力加害人身分者，整合就醫、就業、就學及福利資源，甚至與被害人端的保護性社工合作共同擬定服務計畫，以降低相對人／加害人的暴力風險，並協助個案復歸社區，然心衛社工進用率雖達七成，但平均九個月就離職的現象，充分顯現具精神疾病加害人服務上的困難及整合服務的不易（陳雨鑫，2020），仍須更多的磨合與努力，才能改善長久存在的問題。

- **問題**
  1. 您認為服務加害人對親密關係暴力防治、被害人保護是否有助益？為什麼？
  2. 請說出各個處遇模式的特色與差異。若將國外各類型的加害人模式直接用於國內是否適當？有哪些地方可能較不合適，原因為何？
  3. 國內加害人各種不同的處遇模式，但加害人處遇成效仍未獲得普遍的認可，為什麼？
  4. 提供加害人處遇服務需要有什麼準備？與被害人服務有何差異？
- **推薦影片**
  Youtube〈有你真好　家庭暴力防治微電影〉

第十二章
醫療系統的回應

　　親密關係暴力被害人需接受醫療系統的服務，且醫療系統可能是第一個
發現親密關係暴力被害人的專業工作者，醫療系統的有效回應，對於被害人
健康的改善及減少再度受暴風險有很大的助益。本章第一節說明被害人的醫
療需求、第二節說明醫療系統的角色，第三節則說明聯合國及我國對醫療系
統回應的政策指引，第四節說明我國醫療系統回應現況與困境。有關親密關
係暴力對被害人身心健康的影響，請詳見本書第 3 章的介紹。

第一節　親密關係暴力受害者的醫療需求

　　與虐待有關的傷害，已被證實是女性一生中每個階段的主要問題。美國
在 1980 年代中期就已注意到醫療系統與受暴婦女間有關的二大議題，一是
受暴婦女會使用各種的醫療資源來解決與受暴有關的問題；二是醫護人員未
能識別出暴力問題也未妥善對待受暴婦女（Buzawa et al., 2015），因此瞭解
受暴婦女的醫療需求，是醫療系統能適切回應親密關係暴力的首要關鍵。

　　親密關係暴力，對受暴婦女身心健康影響極大，不論是直接來自暴力造
成的身心傷害，或是間接與暴力有關的慢性後遺症，多項研究發現有親密關
係受暴史的婦女較無受暴史的婦女有較多的醫療需求（陳三能等，2004；陳
予修、黃志中，2009；Bonomi et al., 2009; Black, 2011）。早期對受暴婦女醫
療需求的瞭解，基於婦女會因暴力傷害而就醫，故多以醫院為基礎做實證研
究，從醫療紀錄或婦女自陳報告檢視實際使用醫療的情形。美國早期有 2 個
針對親密關係暴力受暴婦女使用醫療資源的調查，一個是肯德基州的民意

調查（harris poll），有 17% 的婦女表示是受暴者並曾使用急診服務；另一
個是德州的調查，385,595 名婦女回答因受暴議題而有醫療需求，美國醫學
會（American Medical Association, AMA）因而保守推估每年至少有超過 150
萬名的受暴婦女因受傷而尋求醫療的協助（Stark & Flitcraft, 1988; Teske &
Parker, 1983; 引自 Buzawa et al., 2015）。

　　受暴婦女有很高的醫療需求，但卻未被醫療系統辨識出其受傷就醫是因
為暴力所致。Kothari and Rhodes 檢視密西根州西南部 2000 年親密關係暴力
資料庫中 964 位受暴婦女使用急診的情形，有 81.7% 的受暴婦女有急診紀
錄且急診總數多達 4,456 次，受暴婦女急診次數介於 1~71 次，中位數是 4
（Kothari & Rhodes, 2006），同時該研究也指出一個問題，經警方確認的親密
關係暴力受害者雖有極高的急診使用率，但卻往往未被醫療系統辨識出或轉
介相關資源。Kothari and Rhodes（2012）另一個對 993 名受暴婦女的研究，
有 80% 的婦女使用過急診，多數是以疾病原因就醫，受暴婦女在其 4 年的
研究期間，平均報案次數 3.3 次、急診紀錄 7 次，但只有 28% 的婦女被醫院
確認是受暴者，確認的主要原因是受暴婦女的自我揭露或是當天報案後被警
方帶到醫院治療或是因精神疾病、藥物濫用問題而被發現是受暴者。

　　不同的受暴婦女可能有不同的醫療需求，但即使是同一受暴婦女，也可
能在不同時間有不同醫療需求（García-Moreno et al., 2015），例如身體受傷
時的急診需求，憂鬱症或身心症、意外懷孕或終止妊娠等醫療需求，也可
能是看似與受暴無關的其他身體疼痛問題就醫。黃志中等人（王秀紅、黃志
中，2010；黃志中，2016）認為臺灣親密關係受暴婦女會因受傷輕重程度而
有不同的醫療需求，急診就醫的受暴婦女，有時外傷形貌特質與發生機率，
較容易直接說出受傷情況；輕微受傷的受暴婦女就醫診療，則是為了取得診
斷書後報案以及聲請保護令等；也有的係因慢性身心症狀困擾而就醫。親密
關係暴力被害人的基本醫療需求，包括驗傷、危險評估、精神評估及心理輔
導等；另外的特殊要求，則包括非醫療適應症之暫時留院以維護安全或等待
協助，以及臨時匿名病房留置等需求（黃志中，2012）。

　　世界衛生組織（WHO）列出在醫療場域與親密關係暴力有關的臨床醫療問題，包括生理與心理的多層面問題（如表 12-1），醫護人員若能及早辨識受害者，使其受暴問題及早被發現，對親密關係暴力的預防至為重要。

表 12-1　與親密關係暴力有關的臨床醫療問題

- 憂鬱、焦慮、PTSD、睡眠障礙
- 自殺或自傷
- 酒精或其他物質濫用
- 無法解釋的慢性疼痛
- 無法解釋的慢性腸胃道症狀
- 無法解釋的泌尿道、生殖器感染或其他症狀
- 不良的生殖健康結果，包括多次意外懷孕、終止懷孕、產檢延遲、不良出生結果
- 無法解釋的生殖系統症狀，包括盆腔疼痛、性功能障礙
- 反覆陰道出血和性病感染
- 外傷，尤其是重複發生和伴隨含糊不清或難以相信的解釋
- 中樞神經系統問題，例如頭痛、認知、聽力受損
- 未確診的反覆健康諮詢
- 就醫中出現伴侶或丈夫的干擾

資料來源：整理自 WHO（2015）

第二節　醫療系統的角色與服務

一、醫療系統的角色

　　若以傳統公共衛生三級預防的觀點，醫療系統在婦女受暴問題的角色（García-Moreno et. al, 2015），分別有：

　　（一）初級預防：在暴力發生之前採取的預防措施。醫療系統在初級預

防扮演重要角色，可強調暴力對婦女健康的影響，並倡議跨網絡的合作可在初級預防中發揮作用。

（二）**次級預防**：在暴力發生後即時有效的處理措施，例如到院前救護、急診治療或性病感染的醫治等。

（三）**三級預防**：幫助受害者在暴力發生後復元過程中所採取的長期護理措施，例如康復、回歸社會以及減輕暴力造成的損傷和長期殘疾所做的各種努力（如圖 12-1）。

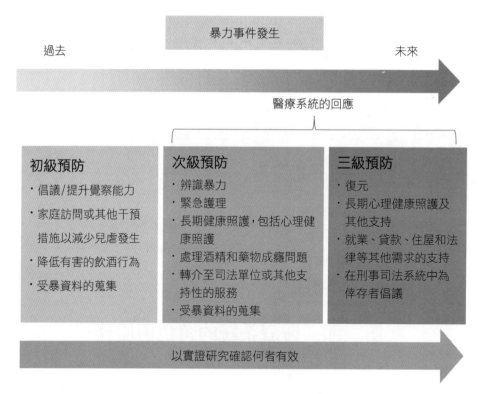

圖 12-1　醫療系統在婦女受暴問題的角色

資料來源：整理自 García-Moreno et. al（2015）

醫護人員常是最先面對暴力受害者的人，由於其獨特的專業技術和特殊的社會職責，可以幫助那些處境危險的人群；雖然親密關係暴力防治需要

跨部門、跨專業的合作，但醫療系統可發揮重要作用，並可作為法律和人權的補充力量與合作夥伴，也提供預防暴力的新工具和新資源，因此 WHO（2013）認為醫療系統在防治婦女受暴議題的角色有：

（一）提供倖存者全面的醫療服務；

（二）蒐集有關婦女受暴的盛行率、風險因子及健康影響；

（三）制定政策回應婦女受暴議題；

（四）透過培訓及知情方案預防暴力的發生；

（五）倡議對婦女的暴力是一項公共衛生的問題。

依據我國《醫師法》第 11 條規定，醫師有診察、治療、開給方劑或交付診斷書的義務；依據《護理人員法》第 24 條規定，護理人員之業務，包括：健康問題之護理評估；預防保健之護理措施；護理指導及諮詢及醫療輔助行為。醫護人員[1] 是親密關係暴力受暴者求援的第一線，在照護過程中要能立即的陪伴與支持，更要提供相關社會資源運作及安全的規劃，增強受暴婦女對暴力危險情況的覺察，提高對危機的敏感度（江以薰等，2020；黃志中，2012）。醫護人員防治親密關係暴力的角色為：責任通報、訪查、醫療診斷、開立診斷書、傷病醫治、家暴危險評估、被害人情緒安撫與心理輔導、提供受害者安全隱密的獨立診療空間、單一固定的護理人員、協助轉介、協助安置或留院隔離觀察等（王秀燕，2012；許春金等人，2015；黃志中，1999）

García-Moreno 等人（2015）認為醫療系統在婦女受暴問題的回應上，至少應包括辨識暴力、暴力識別或揭露後的初步回應以及臨床照護、追蹤轉介和支持等角色；黃志中（2012）則強調醫療系統所扮演的角色不應當只是

---

[1] 依據《醫事人員人事條例》第 2 條規定，依法領有專門職業證書之醫師、中醫師、牙醫師、藥師、醫事檢驗師、護理師、助產師、營養師、物理治療師、職能治療師、醫事放射師、臨床心理師、諮商心理師、呼吸治療師、藥劑生、醫事檢驗生、護士、助產士、物理治療生、職能治療生、醫事放射士及其他經中央衛生主管機關核發醫事專門職業證書，並擔任公立醫療機構、政府機關或公立學校組織法規所定醫事職務之人員。由於醫療場域中協助被害人的專業工作者，尚包括醫事人員以外之社工人員，故本文以廣泛概念的「醫護人員」稱之，指醫療場域中提供專業協助的所有人員。

暴力傷害的驗傷，更為積極而完整的角色與功能是在全人的診療與關懷角度之下，協助受害者與社會系統連結。

二、醫療系統人員的服務回應

（一）基本服務核心要素

　　不同層級之醫療健康單位對於受暴婦女的基本工作，包括辨識親密暴力倖存者、第一線工作人員的支持、受傷照護與緊急醫療、性侵害驗傷與治療、心理健康評估與照護及司法醫療文書等六項重要核心要素（如表12-2）。

表 12-2　UN 社會服務與健康體系之基本服務核心要素

基本服務與核心要素	
1. 辨識親密暴力倖存者	1-1 訊息，醫療機構提供書面宣導資訊 1-2 辨識親密暴力倖存者，主動詢問女性遭受親密暴力，提供適當身心診療、轉介等服務
2. 第一線工作人員的支持	2-1 婦女中心照顧，需注意環境隱密性、被害人安全、專業醫療人員需理解親密關係特性與創傷 2-2 強制報告，視婦女情況提供報告相關單位
3. 受傷照護與緊急醫療	3-1 病史與檢查，包括受暴婦女在過去受暴可能有的文件 3-2 緊急治療
4. 性侵害驗傷與治療	4-1 完整的病歷，自遭受暴力後的檢查與驗傷（含懷孕、愛滋與性傳染病） 4-2 緊急避孕 4-3 HIV 感染後預防 4-4 性傳染病感染後預防
5. 心理健康評估與照護	5-1 對親密關係暴力被害人的心理健康照顧 5-2 基本的社會心理支持，且定期追蹤 5-3 更嚴重的心理健康問題，進行心理創傷、自我傷害、憂鬱等精神評估，並提供適當治療
6. 司法醫療文書	6-1 全面與準確的診斷證明 6-2 法醫檢體的收集與記錄 6-3 提供書面證據及法庭出席

資料來源：整理自 UN Women, WHO, et al.,（2015）；引自沈慶鴻、王珮玲（2018）

（二）醫護人員的照護回應

由於辨識被害者，是提供適當護理與治療處遇的先決條件（Olive, 2017），故第一線工作人員的支持是最重要的照顧，即使只能做到支持，對被害人也有很大的幫助，世界衛生組織 WHO（2014）用 "LIVES" 一詞賦予第一線工作人員保護受暴婦女生命安全、提供支持的 5 項任務（表 12-3）：

表 12-3　第一線工作者對受暴婦女提供支持的 5 項任務

L ISTEN 傾聽	以同理而不帶批判的態度傾聽
I NQUIRE 詢問需求及關切	評估並回應她的需求及關切的情緒、身體、社會及小孩照顧等問題
V ALIDATE 確認	告訴她你能理解並相信她所說的，並確保她不會受到責難
E NHANCE SAFETY 提高安全	與她討論自我保護、避免受到傷害的計畫
S UPPORTING 支持	藉由協助她連結有關資訊、服務及社會支持等方式提供支持

資料來源：整理自 WHO（2014）

親密關係暴力的受害者，除了身體傷害外，也會伴隨有情緒或心理健康的問題，雖然多數受害者在暴力結束後，情緒問題也會獲得改善，但醫護人員提供的協助或技巧，有助於受暴婦女壓力的減輕及後續的治療。WHO（2014）針對精神健康照護的指引，包括：

（三）醫護人員對受暴婦女的心理照護

1. 基本社會心理支持

每次會面時持續提供第一線工作者的支持、說明情緒會隨著時間而改善、幫助強化受暴婦女的正向因應方法、發展有用的社會支持、教導及演示減輕壓力的練習、定期門診以獲得更進一步的支持。

2. 加強受暴婦女正向因應方法

婦女可能會發現受暴後很難恢復正常生活，可鼓勵其採取些小而簡單的方法幫助回復正常生活，例如鼓勵她建立優勢和能力、繼續正常生活、維持正常睡眠時間、規律運動、避免藉由使用藥物、酒精或其他非法藥物使自己感受好些、有自傷或自殺念頭時要盡快回診等。

3. 發展有用的社會支持

婦女受暴後，由於缺乏動力或羞恥感而無法、甚至與正常社交生活隔離，好的社會支持是保護受暴婦女免受任何與壓力有關問題的重要方法之一。

4. 協助解決更嚴重的心理健康問題

從受暴者的行為、言語、情緒及思考等各面向評估，當受暴婦女在日常生活中無法正常工作，可能罹患了更嚴重的心理健康問題。醫護人員有時候會擔心詢問自殺議題會刺激受暴婦女。相反的是，討論自殺議題往往有助於受暴婦女理解及減輕自殺意念的焦慮。

5. 中、重度憂鬱症

婦女受暴後，會對自己的失去及無助，產生持續恐懼、罪惡、羞恥、絕望等極端情緒；這些情緒不管多麼難以克服，但通常是暫時的、且是對近期困難的正常反應；但若婦女無法找到克服方法並且症狀持續存在時，則表示她可能罹患憂鬱症等精神疾病。

6. 創傷後壓力症候群

暴力事件發生後，大多數女性會經歷立即性的心理困擾，通常會安然度過不需要就醫，可是這些特定症狀（過度警覺、逃避麻木及再度體驗創傷）持續超過 1 個月以上時，受暴婦女可能罹患了創傷後壓力症候群（PTSD），但需注意的是 PTSD 不是暴力發生後的唯一或是主要的症狀，暴力還會觸發其他心理症狀，例如憂鬱、酒精濫用等。

第三節 對醫療系統的政策指引

親密關係暴力受害者的各種醫療需求,使醫療系統成為正式支持系統中重要的一環;醫療系統的專業人員,除了法律賦予的職責外,在親密關係暴力防治上,也因其專業性而有特殊角色功能與社會責任。聯合國為強化醫療系統對親密關係暴力的回應,訂有相關手冊與指引,而我國發展之工作衡量指標及服務指引,可作為醫療系統服務有效性的努力方向。

一、聯合國對醫療系統的政策及臨床指引

聯合國(UN)「婦女與女童暴力基本服務 - 核心要素與品質方針」(Essential Services Package for Women and Girls Subject to Violence-Core Elements and Quality Guidelines)援引 Lawn JE 等人初級健康照顧與廣義的健康系統、社區動員與部門之間的行動架構(圖 12-2),指出各國醫療系統設計或有不同,但在防治性別暴力工作上,完整的健康醫療系統應從預防到治療處遇,並且與其他部門(如社會福利)、社區組織合作,透過居家與社區支持、門診保健與外展服務、住院服務及轉診醫院與專科服務等不同層級,提供婦女和女孩相關醫療保健服務(王珮玲、沈慶鴻,2018)。

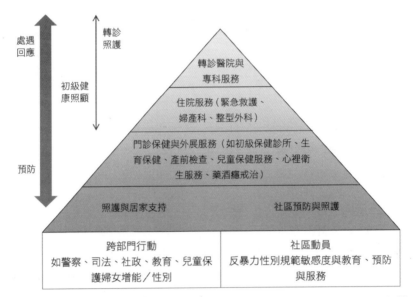

圖 12-2　初級健康照顧與廣義的健康系統、社區動員與部門間的行動架構
資料來源：整理自 UN Women, WHO, et al.,（2015）；引自王珮玲、沈慶鴻（2018）。

另外，世界衛生組織 WHO（2013）提出醫療系統對親密關係暴力及性暴力回應的臨床及政策指引，詳如表 12-4：

表 12-4　世衛組織對醫療系統回應親密關係暴力及性暴力的臨床及政策指引

以婦女為中心的照護	當女性揭露暴力（同情傾聽，不批判性態度、隱私、保密性，連結其他服務）時，醫療系統至少要提供第一線基層照護的支持
親密伴侶暴力倖存者的識別與照顧	醫療保健提供者應詢問如何發生親密伴侶暴力，以改善診斷／識別和後續護理
性暴力倖存者的臨床照護	提供全面的護理，包括第一線支持，緊急避孕，性病感染和任何犯罪者預防愛滋病毒並採取措施完整的歷史記錄，事實記錄並決定適當介入措施
對醫護人員進行親密關係暴力和性暴力培訓	對第一線照護人員預為培訓，以確保能對遭受親密關係暴力和性暴力的婦女提供服務

保健政策和規定	對遭受親密關係暴力和性暴力婦女的護理，應盡可能納入現有的健保系統，而非單獨的服務
親密伴侶暴力的責任通報	不建議醫療服務提供者向警方責任通報，醫療系統應該尊重受暴婦女的決定

資料來源：引自 World Health Organization（2013）

二、我國對醫療系統有效性的衡量指標

為發展國家政策與服務處遇、執行、評估及監督的依據，衛生福利部委託學者王珮玲等人（2015）研究建構「臺灣性別暴力防治有效性之衡量指標」，其中衛生醫療系統運作的有效性衡量指標，分以「服務運作」與「防治成效」2 個面向衡量；而「服務運作」面向，又分為資源配置、專業建構、服務提供 3 個構面衡量，合計有 20 項指標作為醫療系統有效性的衡量指標。指標依其重要性與優先性分別命名為核心、重要與標準指標，其中核心指標 6 項、重要指標 5 項以及標準指標 9 項（詳如表 12-5）；「防治成效」面向，則以服務評價、復元增能、暴力減緩、轉化傳統性別結構等 4 項作為衡量指標。

表 12-5　衛生醫療系統防治性別暴力有效性的衡量指標

要素		核心、重要、標準指標
資源配置	預算合理性	預算編列合理性（★★★）
	人力保障性	1. 醫療專業服務人力配置充足性（★★★） 2. 保障醫療專業人員執行職務之安全（★）
	空間與設備充足性	1. 提供服務使用者隱密、安全友善的醫療環境（★★★） 2. 提供有助醫療專業執行公務之必要科技設備（★）
專業建構	服務專業性	1. 實施專業人員養成教育、訓練與建立專業認證制度（★★★） 2. 建立標準化案件處理作業（★★★）
	醫療處遇品質與服務責信度	建立個案醫療處遇檢核與申訴機制（★）
	資訊統整與研發性	建立整合性醫療衛生資料庫與統計分析（★★）
	團隊整合性	建立以被害人為中心之跨專業網絡合作（★★）
	促進民間參與性	1. 落實醫事機構參與家庭暴力與性侵害防治工作（★★） 2. 強化政府與私部門合作關係（★）
服務提供	服務個別化	1. 發展不同類型加害人處遇模式（★★★） 2. 提供被害人個別化醫療處遇（★★）
	權益保障性	保障被害人人身安全（★★）
	平等與多元性	1. 建立尊重多元文化價值與能力（★） 2. 確保不同服務對象平等受益（★）
	充足與可近性	提供服務對象充足資源使用（★）
	預防教育性	1. 提供易受傷害族群預防性宣導（★） 2. 提供性別暴力防治公衛教育（★）

防治指標分為核心指標、重要指標與標準指標，分別以★★★、★★、★標示
資料來源：整理自王珮玲（2015）

第四節　我國醫療系統的回應現況與困境

一、法定職責

醫療系統對於受暴婦女身心傷害的紀錄，有其專業上的功能與職責，所以醫療資源長久以來就一直為受暴婦女最常使用的正式社會資源之一。我國《家庭暴力防治法》有關醫療系統協助被害人的條文有：

第 4 條（第 2 項第 2 款）

衛生主管機關權責事項：家庭暴力被害人驗傷、採證、身心治療、諮商及加害人處遇等相關事宜。

第 50 條（第 1 項）

醫事人員……及其他執行家庭暴力防治人員，在執行職務時知有疑似家庭暴力，應立即通報當地主管機關，至遲不得逾二十四小時。

第 52 條

醫療機構對於家庭暴力之被害人，不得無故拒絕診療及開立驗傷診斷書。

第 53 條

衛生主管機關應擬訂及推廣有關家庭暴力防治之衛生教育宣導計畫。

第 56 條

直轄市、縣（市）主管機關應製作家庭暴力被害人權益、救濟及服務之書面資料，供被害人取閱，並提供醫療機構及警察機關使用。醫事人員執行業務時，知悉其病人為家庭暴力被害人時，應將前項資料交付病人。

第 59 條（第 4 項）

衛生主管機關應辦理或督促相關醫療團體辦理醫護人員防治家庭暴力在職教育。

以臺北市立聯合醫院（2019）為例，醫療系統提供的家庭暴力就醫服務：

（一）服務項目

1. 協助報案。
2. 提供醫療處理與醫療諮詢。
3. 開立驗傷診斷書。
4. 提供心理諮商與復健。
5. 協助轉介服務。
6. 協助申請或補助醫療費用。

（二）服務特色

1. 提供 24 小時醫療服務與開具驗傷診斷書。
2. 安排隱密、人性化的診療空間，給予隔離診療，保護被害人隱私。
3. 依被害人意願，協助通知警察機關，或依相關法令規定通報社政及警察機關。
4. 優先給予被害人身心診療及協助證物採集。
5. 採取檢體或檢查時會先徵求被害人或家屬之同意。
6. 檢驗結果確定疑似罹病時則主動通知進一步診療。
7. 轉介福利機構或提供可利用之社會資源。

二、醫療系統的回應

（一）責任通報

　　受暴個案最容易被警政系統與醫療系統發覺與通報轉介。根據衛生福利部統計，家庭暴力的通報單位來自醫院的比例高居第二[2]，近十年通報件數

---

[2]　由於衛生福利部 2019 年 16 萬 944 筆通報資料中有 6 萬 7,067 筆（占 41.7%）列為通報單位

129 萬 3,086 件中，由醫療系統通報的件數為 37 萬 7,707 件，占通報來源的 3 成左右（如表 12-6）。

表 12-6　家庭暴力事件通報來源（2009~2018 年）

年別	合計	社政	教育	勞政	警政	司法	醫療	移民	其他
2009	94,927	19,349	3,208	－	35,354	192	34,970	－	1,854
2010	112,798	26,883	5,022	－	41,164	244	37,800	－	1,685
2011	117,162	27,527	7,247	7	42,722	480	37,469	－	1,710
2012	134,250	30,061	9,459	6	52,711	879	39,427	－	1,707
2013	152,680	36,619	12,989	6	58,658	1,899	40,614	65	1,830
2014	133,716	31,668	5,563	3	57,267	588	37,416	49	1,162
2015	135,983	25,608	6,050	1	62,303	463	37,609	57	3,892
2016	135,785	25,596	4,435	3	66,352	423	37,905	28	1,043
2017	137,148	24,708	4,588	2	68,958	428	37,511	35	918
2018	138,637	24,090	4,813	1	71,311	507	36,986	25	904
總計(%)	1,293,086 (100%)	272,109 (21.0%)	63,374 (4.9%)	29 (0.0%)	556,800 (43.1%)	6,103 (0.5%)	377,707 (29.2%)	259 (0.0%)	16,705 (1.3%)

註：社政，係包括 113、防治中心及相關社政單位，醫療，係包括衛生、診所及醫院。
資料來源：整理自衛生福利部保護服務司統計（2020）單位：件次（複選）

（二）被害人的驗傷診療

　　對親密關係暴力受害者的驗傷診療，應包含完整的暴力事件驗傷診療；當事人的心理、婚姻、家庭、社會狀況；當事人的生活經驗脈絡；當事人的內在及外在資源以及當事人對於暴力生活經驗回應等內容；而在驗傷診療的過程中，加害人可能會伴隨被害人就醫，或是闖入診療空間，造成受害者的潛在危險，也需特別注意到診療環境的安全隱密問題（黃志中，2016）。

　　不詳，為免分析失真，以 2009-2018 年為資料擷取範圍。

　　衛生福利部心理及口腔健康司為驗傷採證規範的中央權責單位，為指導第一線醫事人員對被害人的驗傷採證，訂有「家庭暴力被害人驗傷採證標準作業參考流程」、「受理家庭暴力事件驗傷診斷書」及「家庭暴力與性侵害防治醫事人員工作手冊」；其中驗傷採證流程於 2008 年由衛生署訂頒適用迄今，目前各縣市責任醫院的作業流程雖不盡一致，但大同小異，主要以此為架構（如圖 12-3）。

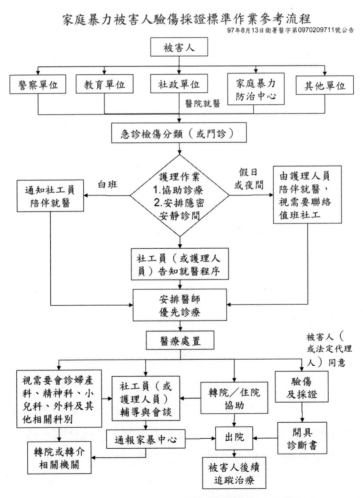

圖 12-3　家庭暴力被害人驗傷採證標準作業流程
資料來源：衛生福利部（2017 年 1 月 25 日）

　　《醫事人員工作手冊》最新版為 2016 年出版，係衛生福利部委託高雄市立凱旋醫院周煌智教授及專家學者編訂，作為醫事人員的工作參考指引，目的在強化醫事人員的知識及經驗，提升敏感度，深化被害人身心治療及加害人處遇服務內涵。對家庭暴力被害人的驗傷診療及服務，整理該手冊及相關文獻，對被害人的服務重點如下（江以薰等，2020；黃志中，2013；黃志中，2016；衛生福利部，2016）：

1. 早期發現，並積極介入醫療處置

　　在急診、門診等不同醫療現場的家暴受害者，會因為就醫的目的或傷害的嚴重度差異，而有不同的表徵樣貌，不論其樣貌如何，共同的是都有醫療上的需求，如能早期發現辨識受暴個案，有利於積極介入處理和醫療處置（黃志中，2016）。

2. 會診社工人員進行評估及諮商輔導

　　發現有疑似遭受家庭暴力個案，上班時間通知社會工作室，非上班時間知會急診室護理同仁。護理措施包括注重隱私、陪伴及情緒支持，提供個案安全感隱密的環境，運用同理心鼓勵表達心理感受，也須注意到加害人會伴隨伴被害人就醫，或是闖入診療空間，造成受害者的潛在危險。

3. 責任通報與危險評估

　　於 24 小時內完成線上通報作業，通報單內容須包括：

（1）相對人、被害人基本資料及受助意願等；

（2）案情陳述：案發經過、相對人之攻擊方式、被害人傷勢、受傷部位、陪同人員等內容記載；

（3）填寫危險評估量表（TIPVDA）。

　　個案有立即性安全上的危險時，應協助報案 110 請求協助；有緊急庇護安置需求時，應電話聯繫社政單位提供協助。

4. 提供完整病歷及開立驗傷診斷書

（1）驗傷診療內容

　　　針對家庭暴力傷害的驗傷診療，應包含：完整的暴力事件驗傷診

療；當事人的心理、婚姻、家庭、社會狀況；當事人的生活經驗脈
絡；當事人的內在及外在資源；當事人對於暴力生活經驗的回應
（黃志中，2016）。內容架構如下：

A. 患者主述傷害之醫療相關事項，包括：人（確認身分）、事（傷
　 害過程）、時（發生時間）、地（發生地點）、物（傷害部位、加
　 害物品等）。

B. 臨床檢查結果傷害之醫療評估，包括：患者之外傷種類、外傷
　 位置、大小、顏色、狀況及患者在醫療現場的情緒狀態描述。

C. 臨床診斷應依據 ICD-10 之規則：外傷之疾病診斷分類；家庭暴
　 力之疾病診斷分類，不列為主要診斷，僅能為次要診斷。

D. 醫療處置與照會、通報。

E. 醫療紀錄之資訊能夠呈現對於傷害的說明：醫療紀錄及結構內
　 容，應掌握正確性、完整性及醫療邏輯嚴謹性等原則。

（2）驗傷診療使用工具

A. 照相機或照相手機。

B. L 型比例尺（可用附彩色圖卡的尺，且在尺上註明被害人病歷號
　 及日期）。

C. 比對外傷顏色用之色彩圖卡。

　 照片要明確標示拍攝時間，且要能明確表明是誰的傷，要有
　 近、中、遠距照片，照片品質要清晰、外傷大小可明確測量，
　 以明確表明傷口狀況，且要能攝入當事人特徵，當事人的姓名。

（3）驗傷診斷書之開立

　驗傷診斷書在司法實務上，無論是在刑事案件的傷害告訴或是民事案件
的婚姻暴力保護令聲請、爭取監護權、離婚訴訟等，經常為婚姻暴力被害人
使用來做為舉證兒童最佳利益考量之所在或自身遭受到親密關係暴力傷害及
不堪同居之虐待的證明文件。診斷證明事項要有完整詳盡之描述，應詳列受
傷之明確部位、傷勢之大小（如長寬深各約若干公分）、是否有致命危險等。

5. 個案離院

提供家庭暴力防治相關資訊宣導單張給個案，包括認識家庭暴力、多種社會資源的選擇，教導個案自我防護措施，提供可利用的社會資源和相關機構資料，如：113 保護專線、警察局等電話以做諮詢（江以薰等，2020）。

6. 持續追蹤服務

對於受害者的傷害，得考量後續的診療追蹤，透過整合式醫療的服務輸送，提供充分的醫療照護，並可獲得更為完整家暴傷害評估。建議作法如下（黃志中，2013）：

（1）第一次就醫主要以外傷之驗傷診療為主，對於危險程度予以評估及衛教。

（2）第二次就醫重點在於追蹤外傷之復原狀況，評估身心健康狀況，並進行初步評估婚姻家庭結構。

（3）第三次就醫擴及到心理創傷症狀之治療，評估婚姻及家庭狀況及功能，以及協助家暴受害者進行內在及外在資源運用之統整。

（4）第四次就醫要持續創傷症狀之追蹤診治，並能夠形成家庭婚姻之概念化。

（5）第五次就醫及之後持續診療之螺旋前進策略，家庭關係之系統性介入，逐漸由醫病關係到創傷復原。

三、醫療系統回應親密關係暴力的障礙

（一）國外

國外自 1970 年代雖已開始關心醫療系統回應的專業品質（Feder et al., 2006），但過去幾十年來主要的努力是受暴婦女的司法正義及社會服務，醫療系統的回應相較是進步緩慢的（Feder et al., 2009）。我國家庭暴力防治工作，也被認為屬近年來醫護領域中的新興議題（陳予修、黃志中，2009）。學者 Rönnberg 與 Hammarström（2000）從 Medline、Psyc LIT 及 Sociofile

等資料庫以婦女、醫療照護、家庭暴力等關鍵字搜尋1988-1998年間之研究，共取得276篇文獻，扣除非英文發表之文獻，加上研究中引用之文獻，共有49篇探討醫療系統回應親關係暴力遭遇的障礙，其在檢視文獻後將醫療系統遭遇的障礙歸納為二個面向，一是實務工作者的觀點，一是受暴婦女的觀點。

1. 醫護人員的觀點

（1）缺乏教育：醫療養成教育中缺乏對受暴議題、辨識受害者的教育。

（2）對受暴婦女的刻板印象：不同族群、社經地位的婦女都可能受暴，但醫護人員仍存有「典型受暴婦女」的刻版印象，認為較容易發生在少數族群、社經地位較低的婦女。

（3）時間限制因素：醫護人員並不主動過問相關問題，是因為擔心一但打開潘朵拉的盒子，卻又無充裕的時間做有效處理。

（4）害怕冒犯受害者／施暴者：醫護人員擔心詢問受暴議題會觸及個人隱私，引發被害人的不適，也擔心破壞醫病關係的信任。另外，醫護人員面對施暴者，也會擔心自身的安全。

（5）感到無奈與挫折：醫護人員對受暴婦女選擇繼續留在受虐環境、沒有做任何改變時，常感到無奈與挫折。

2. 受暴婦女的觀點

（1）醫療系統內的結構限制：醫療保險給付制度影響受暴者接受治療的意願、治療前的漫長時間等待等負面經驗影響受暴婦女的就醫。

（2）害怕施暴者的報復：害怕向醫護人員揭露受暴行為後，引來施暴者對受暴婦女及其子女更大的傷害。

（3）暴力對心理的影響：持續的受暴影響受暴婦女的心理，對自己的處境感到羞愧、困窘，因而傾向對受傷原因保持沉默。

（二）我國

國外醫療實務遭遇的障礙，可為我國之參考，但我國也有一些特殊的經

驗，與國外的發展不同。臺灣醫療系統存有的一些問題，彙整如下（王珮玲等，2015；吳慈恩、黃志中，2008；陳予修、黃志中，2009；黃志中，2016）：

1. **驗傷診療品質不佳**：過去親密關係受暴者尋求診療驗傷的障礙是醫院拒絕驗傷診療、付不起昂貴的診斷書費用；如今則是驗傷診療及診斷書品質仍未有全面性的改善。

2. **缺乏適切醫療模式**：過去的問題是「有沒有幫受暴婦女**驗傷**？」，現在的問題是「有沒有在幫受暴婦女**診療**？」，呈現只要驗傷診斷書卻不在意診療及診斷書品質的歪斜現象，無法發展出適切的診療驗傷工作模式。

3. **偏重身體外傷的治療**：親密關係暴力的驗傷診療多在外科體系或精神科進行。相較身體虐待的外傷，精神及心理虐待等其他形式的傷害，因無外傷可驗，不被認為是驗傷項目之一，也是醫療系統少有人處理的診療驗傷議題。

4. **受暴婦女回診率低**：超過 90% 的受害者在急診驗傷診療後並未再回診而為單一次的診療型態，被害人未再回診治療的原因，主要是認為已有驗傷單沒有必要再回診，其次是認為醫療環境不佳而不願回診，以及醫護人員態度不佳而不願回診。

5. **醫護人員對受暴問題的脈絡理解不足**：醫療專業人員專注於症狀及疾病史的建構診斷時，與患者有關非屬科學性疾病分類的生命經驗常隱沒於醫學之科學分析過程中，易形成對患者生命經驗的盲視。親密關係暴力的複雜身心社會因素與需求，單由生物醫療介入的結果，使得醫療無法單一且專斷的掌握暴力事件所產生病痛的有效解決。

6. **人力及經費資源不足**：不論是中央或地方衛生主管關，執行家庭暴力及性侵害相關業務經費及人力均有不足；醫療機構投入的經費、人力及醫療資源差異也甚大，偏遠地區相關專業之醫療機構及人力更是不足。

7. **醫療內部合作與外部網絡整合均待強化：**強化外部醫療資源與機構內部服務之整合，亦是改善被害人就醫品質與提升相對人處遇之重要關鍵。不同醫療機構聯繫不足，且醫療機構與非醫療機構之跨專業間缺乏溝通，反而影響被害人權益生命安全。

8. **缺乏積極性公衛與臨床預防教育：**UN Women 消除對女性暴力指引及世界醫師會有關家庭暴力聲明（醫師公會全國聯合會世界醫師會工作小組，2011）指出，醫療衛生單位應採取三級預防觀點，鼓勵專業人員進行或參與社區減少性別暴力發生與影響的各種活動。其次，在臨床上，醫事人員應提供病人有關暴力防治資訊、當地服務方式，透過醫護人員的健康照護與疾病診療的可近性與不可替代性的角色，提供暴力因應與求助資訊，進而降低暴力發生。然而，就台灣公共衛生與臨床預防工作觀之，不論是公共衛生預防宣導或臨床資訊提供，醫療衛生單位對於這些預防性的服務工作皆開展有限，仍有待後續努力。

第五節　結語

醫療系統對於親密關係暴力防治，雖非唯一、但卻是重要而不可或缺的角色。對婦女受暴行為早期的辨識，有助於婦女免於繼續受暴；提供友善、全人的驗傷診療及環境，有助於受暴婦女做採取改變行動的準備；後續的治療及追蹤，有助於婦女身心健康的改善。正因為醫療系統的專業性與不可替代性，如何看見受暴婦女及回應其醫療需求更顯重要。醫療系統除了應繼續發展以被害人為中心的專業建構，也須強化與網絡的合作，使親密關係受暴者可獲得持續、有效、效率、適當、信任、保密、安全的醫療服務（Velzeboeret al., 2003），是醫療系統應致力努力的目標。

- **問題**

  1. 醫療系統在親密關係暴力防治的重要性為何？如何增加醫療系統對被害人的友善性？

  2. 在醫療系統中回應親密關係暴力中，看到國內外都遇到不少的障礙，針對作者彙整的問題中，您認為可以如何改善？

  3. 醫療系統如何提升對家庭暴力被害者的覺察與敏感度？尤其對於易受傷害族群，例如身心障礙者、長者、兒少被害人之辨識？

  4. 依據聯合國對醫療系統相關指引，及我國已發展出的服務有效性指標，醫療系統在哪些方面可以再精進與提升？

第十三章
警察系統的回應：角色與職責

　　警察，無論在家庭暴力防治、被害人保護及加害人暴力的制止上都扮演重要角色。為對警察有更多的認識，第一節先對警察角色功能及任務有基本認識後，第二節介紹警察在親密關係暴力防治的角色與變遷，第三節說明我國家庭暴力防治法中的警察職責，第四節則是對警察系統的工作要求與政策指引。

第一節　警察角色功能與警察任務

一、警察角色功能

　　「警察」（police）與「政治」（politics）的字根源於希臘字的 polis，指「市民或公民」，在當時表示 "秩序和社會和平" 的意思（陳宜安、萬麗雲，2020）。警察早期源起於歐陸之機制，以治理城邦達成良好秩序為目的，後隨時代與政治、社會背景遞移，而聚焦於治安與秩序任務之執行（蔡震榮，2015）。臺灣警察制度受到中國及日本的影響，中國現代化警察制度係於清同治年間從西方國家傳入，「警察」一詞，是清光緒年間借用日本明治維新時採用的漢字「警察」而來（陳宜安、萬麗雲，2020）。臺灣日治時期警察是社會控制的機制，不僅輔佐執行地方行政，在蕃地行政上扮演全面施政負責人的角色（陳昭如，2009）。

　　警察的意義有其時間性與空間性，警察的功能會隨時空轉變，自然影響警察角色的扮演（梅可望，1986）。以美國為例，1800 年代是美國警政的第

一個時期「政治時期」，警察是政治的工具，警察功能在犯罪控制、秩序維持及廣泛的服務，但警察容易有選擇性執法及貪腐問題。1920-1970 年代是第二個時期「改革時期」，警察朝向專業發展模式（professional model），運用新的科技與執勤方法，強調高密度巡邏與快速反應，但警察功能限縮在犯罪控制。1980 年代起迄今是第三個時期「社區警政」，警察為有效處理犯罪及減少民眾犯罪恐懼，開始以預防式（proactive）處理造成犯罪的誘因，警察功能在犯罪控制、犯罪預防及問題解決，強調社區的參與及警民互助合作（章光明，2017）。警察之所以重視犯罪預防及強調警民合作，是因為從問題導向觀點，警力如能集中在特定問題或地區，並加以立即之解決，社會安寧得以事先有效的預防。另外，從犯罪統計發現「婦女與兒童」是主要被害標的、是社區中的弱勢團體，亟需警察的保護；同時婚姻暴力、兒童虐待、老人虐待等家庭暴力案件也是社區秩序的亂源，可能導致其他更嚴重犯罪問題的發生，使得警察必須積極結合社區其他資源介入處理此類案件（黃翠紋，2004）。

二、警察任務

　　各國對警察任務的法律規定方式並不相同，雖有概括式與列舉式之分，但大致上民主國家之警察任務必須要有法律的規範。例如德國聯邦與各邦統一警察法規定，警察的任務在於防止公共安全或秩序的危害。日本警察法規定，警察的任務有：個人生命、身體及財產的保護；犯罪之預防、鎮壓及偵查；嫌疑犯之逮捕、交通之取締及公共安全與秩序之維持。美國並無全國統一之警察法，學者 Gaines 與 Kappeler 於 2003 年將其任務歸納有：執行法律（law enforcement）、維持秩序（order maintenance）、其他服務（miscellaneous services）及執行簡易規則（convenience norms）等四大任務（蔡震榮，2015）。

　　我國警察任務為概括性的規定，在《警察法》第 2 條，警察[1] 任務為依法維持公共秩序，保護社會安全，防止一切危害及促進人民福利，前三者為警察主要任務，後者為警察輔助任務。李震山（2007）認為警察主要任務，可化約為依法防止「公共性危害」任務。故警察權行使有所謂「警察公共原則」，亦稱私生活自由原則，認為警察以防止公共危害、保護公共利益為主體，對人民的私生活，凡不致妨害公共利益者，都不加干涉。各國警察都採取放任主義，警察權惟有在確保社會公益之安全與維持其秩序時，始得實施，私生活、私住所及民事上之法律關係，因與社會公共秩序無直接關係，宜持不干涉原則（梅可望，1986）。

第二節　警察在親密關係暴力防治扮演的角色變遷

　　從上述警察角色功能可知，警察在公共原則的節制下，過去對家庭暴力的回應採被動式（reactive）反應，傾向愈少介入愈好；但受到美國社區警政的影響，臺灣近年來的立法趨勢，增加了一些原本不被視為警察職權的任務，亦即所謂婦幼法規，使警察概念不再侷限於防止危害，且發展到犯罪預防工作上（黃翠紋，2004）。我國警察角色變遷與歐美國家有類似的發展足跡，隨著《家庭暴力防治法》的通過，成為警察必須進入私住所、干涉私生活、處理家庭暴力的依據。警察在家庭暴力或親密關係暴力防治上扮演的角色，歷經了傳統角色、角色變遷與現代角色的變遷。

一、傳統角色

　　從過往歷史記載瞭解，西方社會在父權體制下的妻子監護權歸丈夫所有，丈夫或父親作為家庭的男性尊長，擁有對妻子兒女的生殺大權（Buzawaet al., 2015），若妻子回嘴、辱罵、嘮叨丈夫或是沒有照顧好子女，

---

[1] 依據《警察職權行使法》第 2 條規定，所稱警察，係指警察機關與警察人員之總稱。

都可能成為被丈夫殺害的理由。從英美普通法的「拇指法則」[2] 內容可知，丈夫擁有對妻子的懲戒之權（高鳳仙，2007）。在中國及東亞部分地區的婚姻關係中也有類似情形，根據「周禮」記載，丈夫休妻的理由有 7 種，叫做「七出」或「七去」，「婦有七去：不順父母去、無子去、淫去、妒去、有惡疾去、多言去、竊盜去」；當妻子不孝順丈夫的父母、生不出兒子、與丈夫以外男人發生性關係、善忌以致家庭不和、罹患疾病、話太多或說他人閒話以及偷東西等情事，丈夫可與妻子離婚（錢泳宏，2015）。

　　在傳統的社會、文化脈絡下，家內問題回歸家庭處理，家庭暴力不是刑事司法系統要處理的問題，警察與法院對其幾乎沒有什麼關注，也不被認為是一個重要的問題（Fradella & Fischer, 2010），因為這種暴力是無害的，且對公共秩序不會造成影響（Cretney & Davis, 1997; Hartman & Belknap, 2003; Mills, 1998）。對家庭暴力的回應，警察傳統角色多扮演調解、勸導的角色，秉持「勸合不勸離」的原則（王珮玲，2005；韋愛梅，1998；張錦麗、韋愛梅，2015；黃富源，1995；葉麗娟，1996）。

二、角色變遷

　　美國警察從 20 世紀 70 年代開始改變對家庭暴力的回應。回應的模式從家庭危機處理模式，採調解策略並轉介個案到社會福利機構，到 80 年代明尼亞波里斯市的警察逮捕實驗後，警察改採強制逮捕或優先逮捕策略，開啟了家庭暴力犯罪化的處理模式。以下說明家庭暴力犯罪化的歷程及警察角色變遷。

（一）Wolfgang 謀殺研究

　　犯罪學家 Wolfgang 於 1958 年的謀殺研究，發現 500 位被害人中，有 65% 是遭到熟人（主要是親友、親密伴侶）殺害，僅有 12% 是陌生人所

---

[2] 有關拇指法則更多的內容介紹，請參考本書第 1 章。

為。　該研究促使社會大眾瞭解家庭暴力也有致死的可能。刑事司法系統為改善對家庭暴力加害人輕縱的批判，企圖尋求解決親密關係暴力問題的執法政策，家庭危機模式於焉誕生（Gosselin, 2014）。

（二）家庭危機模式（Family Crisis Model）

在女權運動、受暴婦女倡議者及刑事司法體系的關心下，開始改變警察過去長期以來對家庭暴力被害人的忽視。最初的做法是以紐約市警察心理學家 Morton Bard 於 1968 年提出的家庭危機介入處理模式，目的在解決家庭糾紛及減少處理員警的傷害，受到警察首長協會（International Association of Chiefs of Police）的大力支持，國家司法研究所（National Institute of Justice, NIJ）在 1971~1976 年間提供數百萬元訓練經費，要求警察接受調解訓練，並在處理過程中轉介社福機構（Buzawa, 2012）。但家庭危機模式被質疑對加害人再次施暴的嚇阻效果後，警政學者 James Q. Wilson 提議研究警察對家庭暴力回應有無不同的方式，由於過去加害人較少因為家庭暴力被逮捕，因而有了以犯罪懲罰、逮捕加害人替代維持家庭和諧之處理方式的探討（Gosselin, 2014）。

（三）警察逮捕實驗

國家司法研究所 (NIJ) 因而在 1981~1991 年間執行 6 個較大規模的家庭暴力警察逮捕實驗（Spouse Assault Replication Program, SARP），Sherman and Berk 於 1981~1982 年間在明尼蘇達州明尼雅波里斯市的第一個警察逮捕實驗（Minneapolis Domestic Violence Experiment, MDVE），以逮捕加害人、命令一方離開現場，或是調解雙方糾紛的不同方式回應，發現「逮捕」方式對家庭暴力加害人最具有嚇阻效果。1984 年紐約時報將此研究報告加以報導，10 天後警察協會（Police Commissioner Ward）發布新的命令，要求警察處理家庭暴力需逮捕加害人，並引據該實驗結果作為新規定的理由。強制逮捕與優先逮捕快速替代了過去警察的調解模式，當有「相當理由」

（probable cause）警察必須逮捕加害人，成為所有警察機關最優先的回應方式，家庭暴力犯罪化的處理從此開始（Gosselin, 2014）（如圖 13-1）。

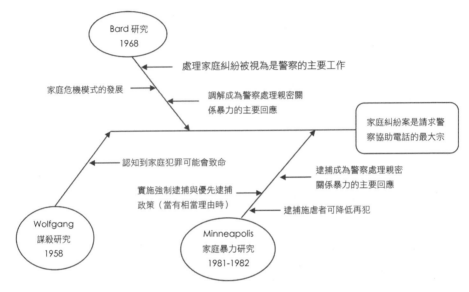

圖 13-1　影響美國親密關係暴力犯罪化的重要研究
資料來源：整理自 Gosselin（2014）

　　美國過去一些對警察的集體訴訟案，也影響警察回應的改變，例如 1976 年 Scott v. Hart[3] 案、1979 年 Bruno v. Codd[4] 案等，以警察應對受暴婦女做出適當回應為訴求；其中又以 1984 年 Thurman v. City of Torrington Conn. 一案，最為影響警察的實務處理。Tracey Thurman 有過短暫但暴力的婚姻後離開丈夫 Buck，帶著獨生子離開居住，但 Buck 卻不斷騷擾且威脅要殺掉她，Tracey 多次受暴後報警要求警察逮捕，警察卻以各種藉口而不作為，

---

[3]　向加州奧克蘭市警察局提起訴訟，要求警察更有效執法保護受虐婦女，訴求：（1）得到警察保護受虐婦女的承諾，翻轉警察過去「避免逮捕」的政策，（2）應對刑事司法系統及社會大眾進行認識家庭暴力的教育。

[4]　由非政府組織代表 12 名婦女提起對紐約市警察局及家事法院緩刑官員的訴訟，這些婦女在受到親密伴侶的暴力後，警察沒有逮捕、法院沒有撤銷被告緩刑，未盡保護之責及歧視性執法。

最終造成 Tracey 傷殘。陪審團認為警察未盡保護民眾之責任及歧視性的執法，判決警察局應賠償 Tracey 及其子 230 萬美元（Justia US Law, 2020；王珮玲，2005；高鳳仙，2007）。

　　我國過去警察對親密關係暴力的傳統回應，與國外經驗相似，多屬被動、消極的處理，一方面是因為社會的氛圍普遍認為此乃家務事，警察受到「清官難斷家務事」的觀念影響，也認同不宜有過多的介入；另一方面則是認為親密關係暴力多屬輕微案件，被害人若不提告，警察無從介入；或是被害人提告後又撤告的反覆態度，讓警察處理感到無力與挫折，因此寧可勸合也不勸離，抱持著大事化小、小事化無的處理態度（韋愛梅，2010）。

　　但在 1987 年 7 月解嚴後，婦女團體開始蓬勃發展，在積累長期協助受暴婦女的經驗下，婦女團體進行保護婦幼立法的倡議（吳素霞、張錦麗，2011）；尤其在 1993 年鄧如雯殺夫案、1996 年彭婉如遇害等重大社會事件發生後，婦女人身安全議題引起社會大眾關注，過去家庭暴力的嚴重性、長期受暴的被害人卻求助無門的困境以及警察系統傳統的處理態度與模式，社會也有了不一樣的期待與要求改變的訴求。1996 年臺北市政府警察局在臺北市婦女權益促進委員會的協助下，首先制定「處理家庭暴力手冊」，是《家庭暴力防治法》法制化前警察系統的第一份處理家庭暴力的正式文件，手冊中強調要改變傳統處理模式與錯誤思維，但遺憾的是因缺乏足夠的法律授權，警察系統在處理上仍未見有較大突破與改變（王珮玲，2005；韋愛梅，2012）。

三、現代角色

　　美國繼 Sherman 與 Berk 的警察逮捕實驗之後有 5 個複製實驗，雖然研究發現對家庭暴力加害人再次施暴的嚇阻效果不盡一致，但卻未再走回頭路（高鳳仙，2007）。自 80 年代中期以後各州開始修法，警察機關對家庭暴力的回應及處置，從過去被動、冷漠的態度，改變為以積極、擴大逮捕、設置專人及強調網絡合作的政策方向至今（王珮玲，2005）。

　　我國《家庭暴力防治法》於 1998 年 6 月 24 日公布施行，無疑為警察機關處理家庭暴力帶來最大的改變（王珮玲，2005）。《家庭暴力防治法》實施迄今已逾 20 年，引進歐美國家的民事保護令制度，改變了警察過去不介入民眾私生活、私住宅及民事案件的公共原則，也擴大警察對犯罪處理的權力。警政署為回應法令的要求，建立專責專人制度、訂定工作手冊及處理流程，自此警察在防治家庭暴力的角色朝向去私人化、犯罪化、積極介入、制度性處理的方向發展（王珮玲，2005）。

第三節　家庭暴力防治法中的警察職責

　　警察的首要職責是維護治安，當家庭暴力發生時，警察經常是被害者最先接觸的政府機關（內政部警政署，1999；王珮玲，2005；黃翠紋，2004），在《家庭暴力防治法》中與警察有關內容的條文多達 25 條，擴大警察處理家庭暴力之權力，使警察可為被害人聲請及執行保護令，也可以協助取得緊急保護令，負有逮捕拘提加害人、保護被害人的責任（高鳳仙，2007）。

一、對被害人的保護

　　警察機關是唯一一個可以提供 24 小時協助保護的單位，在《家庭暴力防治法》第 8 條第 1 項第 2 款規定，直轄市、縣（市）主管機關應整合所屬警政、教育、衛生、社政等單位業務及人力，提供被害人 24 小時緊急救援、協助診療、驗傷、採證及緊急安置。另外在《家庭暴力防治法》第 48 條第 1 項：警察人員處理家庭暴力案件，必要時應採取下列方法保護被害人及防止家庭暴力之發生：於法院核發緊急保護令前，在被害人住居所守護或採取其他保護被害人或其家庭成員之必要安全措施；保護被害人及其子女至庇護所或醫療機構；告知被害人其得行使之權利、救濟途徑及服務措施；訪查被害人及其家庭成員，並提供必要之安全措施。

二、民事保護令之聲請與執行

（一）保護令聲請部分

　　警察機關被賦予主動聲請緊急保護令及協助被害人聲請通常或暫時保護令的職責。依據《家庭暴力防治法》第 10 條第 2 項規定，警察機關得向法院聲請保護令；但在第 12 條第 1 項又規定，當被害人有受家庭暴力之急迫危險者，檢察官、警察機關或直轄市、縣（市）主管機關，得以言詞、電信傳真或其他科技設備傳送之方式聲請緊急保護令，並得於夜間或休息日為之；另外在第 15 條第 3 項規定，警察機關得為延長通常保護令之聲請。

（二）在保護令執行部分

　　保護令核發後，相關機關應依據《家庭暴力防治法》第 21 條規定執行之，共有 5 款執行內容，其中：

1. 有關不動產之禁止使用、收益或處分行為及金錢給付之保護令，由被害人依強制執行法聲請法院強制執行（第 1 款）。
2. 直轄市、縣（市）主管機關或其所屬人員監督未成年子女會面交往之保護令，由相對人向直轄市、縣（市）主管機關申請執行（第 2 款）。
3. 完成加害人處遇計畫之保護令，由直轄市、縣（市）主管機關執行之（第 3 款）。
4. 禁止查閱相關資訊之保護令，由被害人向相關機關申請執行（第 4 款）。
5. 其他保護令之執行，由警察機關為之（第 5 款）。

　　故保護令的執行，除了第 1 款至第 4 款的內容由相關機關執行外，其餘均由警察機關負責執行；但在第 21 條第 2 項又規定：第 2 款及第 3 款之執行，必要時得請求警察機關協助之。上述規定可知，警察機關實際執行保護令的項目會包括：禁止施暴令、禁止接觸令、遷出令、遠離令、物品交付令、子女交付令、協助子女會面交往令、協助加害人處遇計畫令及執行其他

必要之命令。

三、家庭暴力刑事案件之處理

　　警察處理家庭暴力刑事案件，負有犯罪之偵查蒐證、逮捕拘提、移送法辦等職責，除依《刑事訴訟法》相關刑事程序外，為能及時制止危害，在《家庭暴力防治法》中擴大了警察的逮捕權限。

（一）現行犯之處理

　　依據《家庭暴力防治法》第 29 條第 1 項規定，警察人員發現家庭暴力罪之現行犯時，應逕行逮捕之，並依《刑事訴訟法》第 92 條規定處理。

（二）準現行犯之處理

　　依據《家庭暴力防治法》第 29 條第 2、3 項規定，司法警察官或司法警察偵查犯罪認被告或犯罪嫌疑人犯家庭暴力罪或違反保護令罪嫌疑重大，且有繼續侵害家庭成員生命、身體或自由之危險，而情況急迫者，得逕行拘提之。於執行後，應即報請檢察官簽發拘票。如檢察官不簽發拘票時，應即將被拘提人釋放。

（三）附條件命令或應遵守事項[5]之執行

　　依據《家庭暴力防治法》第 40 條規定，檢察官或法院對未羈押之加害人為釋放附條件、或假釋、緩刑命被告應遵守之事項時，得通知警察機關執行之。

四、加害人之查訪告誡

　　依據《家庭暴力防治法》第 48 條第 1 項第 4 款規定，為防止家庭暴力

5　詳細內容可再參考本書第 15 章。

之發生，警察人員應查訪並告誡相對人。

五、責任通報

依據《家庭暴力防治法》第 50 條第 1 項規定，警察人員在執行職務時知有疑似家庭暴力，應立即通報當地主管機關，至遲不得逾 24 小時。

六、職務協助

依據《家庭暴力防治法》第 50 條第 4 項規定，主管機關或受其委請之機關（構）或團體進行訪視、調查時，得請求警察機關協助，被請求者應予配合。

七、員警之教育訓練

依據《家庭暴力防治法》第 59 條第 2 項規定，警政主管機關應辦理警察人員防治家庭暴力在職教育。

第四節　警察工作要求與政策指引

一、工作要求

警政署（2017）以國家婦幼安全法令為依據，提出對警察婦幼工作的要求：

（一）各單位執行與婦幼被害有關之業務人員需接受專業訓練。

（二）設立專責單位。

（三）警察在偵訊婦幼被害人時，須顧及其尊嚴與隱私。

（四）犯罪偵查過程，需嚴守不能造成婦幼被害者二度傷害的原則。

（五）落實婦幼保護通報，辨識危險及早介入，保護被害預防再犯。

（六）提供友善尊重被害人的警察文化與環境。

二、政策指引

衛生福利部委託學者張錦麗、王珮玲、吳書昀研究建構「臺灣性別暴力防治有效性之衡量指標」，其中對警察系統提出了 7 項工作指引及服務運作 18 項衡量指標及防治成效 6 項衡量指標（張錦麗等，2015）。

（一）警察系統工作指引

「指引」可作為防治政策發展的依據，並據以融入各項防治計畫研礙、執行與評估，以及引導地方發展符合在地特性之服務方案措施，並據以檢視執行績效程度。對警察系統的工作指引，有 7 項指引原則：

- **原則 1：**

彰顯司法正義：制定標準化處理流程，提升案件處理品質，為被害人伸張司法正義。

- **原則 2：**

採取被害人安全優先取向：以被害人人身安全為優先考量，保障被害人安全與隱私。

- **原則 3：**

理解暴力問題的情境脈絡：奠基於被害人特定脈絡情境（如暴力史、發生暴力情境、權控關係等），理解性別暴力案件特殊性，並採取不傷害原則，避免造成二度傷害。

- **原則 4：**

建立人權保障與性別平等的警察文化：提升警察人員性別平等意識，確保被害人不因性別、性傾向及其身分差異而有差別對待與不當行為。

- **原則 5：**

組織與首長承諾積極行動：層級架構與指揮系統應積極投入性別暴力防治工作與方案。

- **原則 6：**

落實三級預防機制：建立安全生活空間與社區性別暴力預防，以更開放性地溝通增能婦女與社區。

- **原則 7：**

強化網絡整合與互助：促進、連結、倡議網絡各單位共同合作，確保偵查與服務連結並建構整合性、全面性與支持性方案。

（二）警察系統服務衡量指標

以「服務運作」與「防治成效」兩個面向，作為警政系統運作的有效性指標。在「服務運作」面向，又分為「資源配置」、「專業建構」、「服務提供」3 個構面，計有 6 項核心指標、4 項重要指標及 8 項標準指標（如表 13-1）。

表 13-1　警察系統服務運作衡量指標

指標要素		防治指標之建構	重要性
資源配置	預算合理性	預算編列合理性	★★★
	人力充足性	婦幼案件專責警力編制充足性	★★★
	承諾與決策參與性	1.首長重視與承諾	★★
		2.提升女性決策參與機會及管道	★
	空間與設備充足性	1.提供服務使用者隱密、安全的空間	★
		2.提升有助婦幼警察執行公務之必要科技設備	★
專業建構	服務專業性	1.實施警察人員專業養成教育、訓練與建立專業認證制度	★★★
		2.建立並落實案件標準化處理作業程序	★★★
	案件偵辦品質與服務責信度	1.建立案件處理檢核與申訴機制	★★
		2.確保婦幼警察專業久任之考核機制	★
	資訊統整與研發性	建立警政家庭暴力及性侵害防治資料庫與統計分析	★★
	團隊整合性	建立以被害人為中心之跨專業網絡合作	★★★
	促進民間參與性	開放與民間合作關係及參與機會	★

服務提供	平等與多元性	建立尊重多元文化價值與能力	★
	權益保障性	1. 保障被害人人身安全	★★★
		2. 保障被害人權益	★★
		3. 確保不同被害對象平等受益	★
	暴力預防性	進行性別暴力防治社區安全預防與宣導	★

防治指標分為核心指標、重要指標與標準指標，分別以★★★、★★、★標示
資料來源：整理自張錦麗等人（2015）

　　在「防治成效」面向，又分為「服務成果」與「防治成效」2 個構面，服務成果有：案件辦理結果、重要方案推動結果 2 項指標；防治成效有：服務評價、正義實踐、暴力減緩與轉化傳統性別結構 4 項指標（如表 13-2）。

表 13-2　警察體系防治成效衡量指標

衡量指標	指標要素	測量方式
服務成果	案件辦理結果	1. 警察機關處理家庭暴力案件數統計 2. 警察機關通報縣市防治中心家庭暴力案件數統計，占整體處理家暴案件比 3. 警察機關代為聲請保護令件數、執行保護令次數、執行違反保護令罪件數之統計 4. 警察機關強制逮捕加害人人次、比例 5. 警察機關約制查訪加害人數、案件數、占家暴案件數、每月查訪頻率（按一般家暴案件、違反保護令案件、高危機案件別） 6. 警察機關受理家庭暴力罪與違反保護令罪至函送與移送的時間 7. 各縣市警察局 110 勤指中心派遣員警到場時間、110 案件中家暴案件比例 8. 警察機關受理家庭暴力案件被害人死亡人數、致死率
	重要方案推動	警察機關提報高危會議之家庭暴力被害人數、解列人數、平均列管時間、列管案件致死率

	服務評價	受暴婦女接受警察機關協助後，對於警察協助需求回應的程度與整體滿意度
防治成效	正義實踐	家庭暴力案件起訴率、定罪率
	暴力減緩	1.被害人重複受暴統計：曾接受服務的被害人再次被通報的人數與比例 2.加害人再犯率：加害人再度通報人數、比例
	轉化傳統性別結構	藉由家庭暴力通報率、求助率，及社會大眾對於性別暴力態度信念，了解整體社會性別平等意識與暴力態度

資料來源：整理自張錦麗等人（2015）

第五節　結語

　　警察權的行使有所謂「警察公共原則」，警察任務係以防止公共危害、保護公共利益為主，故警察有「民事不介入原則」之說法。傳統警察對家庭暴力採被動式、消極性的回應，或許可從過往的歷史文化、社會結構或法律觀點得以理解，但隨著人權觀點的進展及相關法律的制訂，此民事不介入原則已有條件限制，並非全部家庭生活或民事糾紛，警察皆不得處理。當法律有特別規定之領域，警察即須予以介入保護（許義寶，2018）。

　　《家庭暴力防治法》的通過，宣告「法入家門」的時代來臨，當家庭內民眾人身安全受到威脅，警察就必須介入私領域、處理私生活。《家庭暴力防治法》賦予警察的職責也不僅僅只是暴力的制止，還要保護家庭成員的安全及預防暴力的再發生。我國已發展「臺灣性別暴力防治有效性之衡量指標」，其中對警察系統建構的服務運作及防治成效面向提出多項衡量指標，警察系統應將其作為工作的指引及服務有效性檢視的依據。

- **問題**

1. 「臺灣性別暴力防治有效性之衡量指標」中所提及之警察系統7項指引原則，警察系統應如何實踐？

2. 家庭暴力犯罪化的脈絡為何？其重要性又在於何處？

3. 依據國家婦幼安全法令對警察職責的要求，您認為該如何扮演好親密關係暴力防治工作的角色？

4. 從美國警察之「角色功能之轉換」及「角色改變之趨勢」，對我國經驗有何經驗啟示？有哪些經驗值得學習？

- **推薦影片**

MV：李玖哲 Nicky Lee-Will You Remember Me

第十四章
警察系統的回應：防治策略與實務

　　本章主要以我國警察系統對家庭暴力的回應作探討，第一節先就警察系統的防治策略加以分析，第二節介紹警察的實務運作與近十年的執行現況，第三節則以警察系統服務有效性的衡量指標為分析架構，探討影響警察回應因素及策進建議。

第一節　我國警察系統防治策略

　　我國警察系統對家庭暴力防治的策略，可從組織人力、工作流程及網絡參與等幾個面向分析。

一、專責組織之建構

　　早年警察組織未有婦幼保護工作專責單位。1999 年行政院婦女權益促進委員會決議請警政署研議於刑事警察局下增設婦幼安全組，內政部警政署因應婦幼保護法令之陸續施行及考量社會大眾對婦幼案件的關注，於 2000 年在刑事警察局預防科設置「婦幼安全組」，並考量對被害人的保護與安全保障的婦幼保護法令內涵，與刑事單位刑案偵查重點有所不同，指定由各直轄市、縣（市）警察局女子警察隊或女警組[1] 負責婦幼安全保護工作（王珮玲，2008；韋愛梅，2012）。警察分局則仍由警察分局偵查隊負責，並指定專人承辦業務，但家庭暴力刑事案件仍輪由偵查隊刑警偵辦並無專責。派出

---

[1]　當時僅有 11 縣市警察局有女子警察隊的編制，對於未設女子警察隊的縣市警察局，則將婦幼保護工作從刑事警察隊移出，改由少年警察隊設置女警組負責該項工作。

所為最基層警察單位，負責家庭暴力案件之受理及刑事案件之初步處理，也係以受理案件時之員警為處理人員，並無專責。

考量女子警察隊（組）應以功能為重，而非以警察性別為區分，故在2002 年將各直轄市、縣（市）警察局的女子警隊（組）更名為「婦幼警察隊（組）」，此時男警也開始有機會進入婦幼警察隊（組）工作。2005 年為建立職能區分之正式編組，透過組織修編方式於各直轄市、縣（市）警察局全面成立婦幼警察隊，但成立後之婦幼警察隊，各縣市人力規模差異性頗大，人員編制數從最少的 14 人（嘉義縣、嘉義市、屏東縣）到最多的 89人（臺北市）；工作模式也有不一，有的是業、勤務合一，有的是業、勤務分立[2]，也有因為人力問題而在夜間 10 時以後，改以人員留守待命服勤，另外，婦幼警察隊員警之待遇也因工作性質而有行政與刑事警察的分別待遇（韋愛梅，2010）。

2010 年行政院婦女權益促進委員會建議提升警政署婦幼業務承辦單位位階，經內政部長裁示：警政署刑事警察局預防科辦理之婦幼安全業務，調整至警政署防治組下設科辦理（內政部警政署，2013）。2013 年 8 月 6 日內政部警政署組織法於立法院三讀通過，刑事警察局預防科婦幼安全組，提升位階至內政部警政署防治組「婦幼安全科」，刑事警察局維持部分人力辦理婦幼被害之刑事案件偵查與督導考核；各直轄市、縣（市）警察局婦幼警察隊則仍擔任婦幼幕僚業務單位，警察分局則合併戶口、民防及偵查隊之婦幼安全工作成立防治組，將分局偵查隊的家庭暴力防治官改置防治組（李晉偉，2014），但婦幼被害刑事案件仍由分局偵查隊辦理。警察婦幼組織調整後，包括家庭暴力、性侵害等工作，從中央到地方變成雙軌制，在業務協調與任務下達出現分工不清、行政協調困難等問題（許春金等，2015）。

警察系統對家庭暴力的回應，從中央到地方的組織設計及分工如下（圖14-1）：

---

[2] 業勤合一，指的員警必須同時兼負業務承辦（業務）及處理案件、擔服共同勤務（勤務）之責，通常是人力不足情況下的作法。

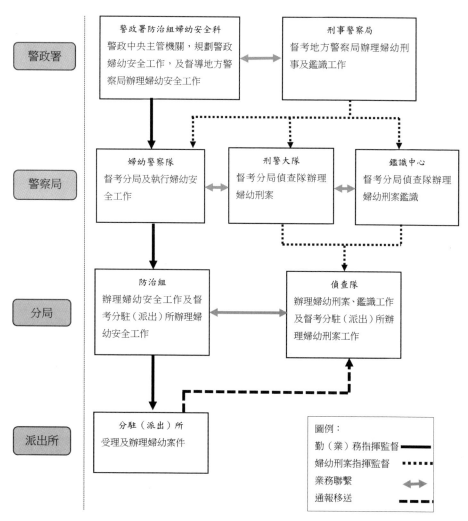

圖 14-1　警察婦幼保護工作組織分工圖
資料來源：整理自內政部警政署（2013）

二、專責人力之設置

家庭暴力案件之處理往往較為複雜，國外許多警察單位均有指定專責單位或人員來處理家庭暴力工作（王珮玲，2005）。內政部警政署參考美國紐約市警察局的設計，1999 年於全國各警察分局設置 1 名專人「家庭暴力防

治官」（以下稱家防官），專責處理家庭暴力案件，統一稱呼是強調此職務的象徵性意義（王珮玲，2008），擔任家防官職務並不限於警官或警員，而是以人才適任為考量。家防官人數各分局原僅 1 人，綜合考量警察分局轄區人口數每達十萬人以上、受（處）理婦幼案件數逾全國平均數及轄區治安特性等，各警察分局應配置 1 至 4 名家防官，目前全國有 280 位家防官，男性228 人、女性 52 人（內政部警政署，2019）。

家防官的工作職責如下（內政部警政署，2017）：

（一）　承辦全般分局級家庭暴力防治業務工作。

（二）　協助保護令之聲請，對於分駐（派出）所陳報之家庭暴力案件，負責簽辦彙整等工作。

（三）　彙整轄內家庭暴力個案資料及辦理家庭暴力案件資料庫等管理工作。

（四）　檢視家庭暴力案件資料，針對有高再犯之相對人，加強約制訪查，同時並提供被害人安全保護作為。

（五）　通報、指導並管制分駐（派出）所保護令聲請或執行相關事宜。

（六）　提供被害人刑事訴訟相關法律諮詢服務。

（七）　提供資訊並聯繫家庭暴力防治相關單位與人員。

（八）　辦理相關教育訓練工作及社區、學校、機關（構）宣導工作。

（九）　家暴加害人危險評估及加害人之約制、告誡作為之規劃執行及預防再犯之工作。

（十）　列管家庭暴力案件被告經解除拘束通知執行情形。

（十一）出席各直轄市、縣（市）政府家庭暴力高危機個案網絡會議。

（十二）協調辦理直轄市、縣（市）主管機關依《家庭暴力防治法》第21 條第 2 項（即未成年子女會面交往令及加害人處遇計畫令）規定請求協助事宜。

家防官自 1999 年設立以來，實質上已為各縣市警察分局家庭暴力防治

工作最重要的力量之一，對內是警察處理家庭暴力案件的樞紐，負責案件的處理，也須對派出所基層員警教育訓練與工作指導，對外則是與網絡單位聯繫的窗口（王珮玲，2005），但在 2014 年警察婦幼組織調整後，也出現人才流失、角色定位、未能專責及待遇較低等問題（許春金等，2015）。

派出所部分，2007 年於各分駐（派出）所設置「社區家防官」，將專人專責制度延伸到基層勤務機構（韋愛梅，2010），但目前內政部警政署在專責人力之列表上，社區家防官並非專責人員。

三、辦理教育訓練與認證

（一）學校教育

警察大學為警察幹部學校，在養成教育中有關婦幼保護課程的開設，分別於行政、刑事、犯罪防治等學系開設。警察專科學校為基層警察培育學校，在養成教育至少設有 2 個學分的必修課程及 4 個相關課程之選修學分。但兩校養成教育並未能與學生畢業專業分發相結合，意即在校修習完整婦幼保護課程的學生未必能分發至警察局婦幼警察隊或擔任分局家防官或派出所之社區家防官之職務（韋愛梅，2013）。

（二）在職訓練

在職訓練有兩種形式，一種是所有員警的常年訓練，一種是婦幼專業人員的訓練。內政部警政署或縣市警察局婦幼隊會依據工作需求，將婦幼保護工作納入各警察機關的常年訓練時數，受訓對象涵蓋所有員警。另外，亦會於各項短期班訓練，例如督察班、警正班、候用分局長班、警佐人員升警正官訓練班等，納入部分時數課程；但通常常年訓練或短期班的訓練，時數都較短、僅數小時（韋愛梅，2013）。

另一種是婦幼專業人員的訓練，包括警察內部專業訓練及跨網絡訓練，警察內部專業訓練多是由內政部警政署統一辦理，並與專業認證制度結合，

訓練時數視不同的訓練班為期 2 天 ~1 週；跨網絡訓練則是參與衛生福利部或各直轄市、縣（市）家庭暴力防治中心辦理的訓練，課程時數依性質而有不同之時數，有的可能半天到數天不等（韋愛梅，2013）。

（三）專業認證

內政部警政署訂有「婦幼安全工作專業人員訓練計畫」，每年辦理分級訓練，訓練方式分為實體訓練及線上訓練。實體訓練班期分為基礎班、進階班及主管班（內政部警政署，2020a），其中基礎班訓練時數 35 小時，家庭暴力課程 5 小時；進階班訓練時數 19 小時，家庭暴力課程 2 小時；主管班14 小時，以工作管理、網絡合作課程為主，家庭暴力未有專門課程，係融在相關課程中。線上訓練分為基礎班與進階班課程各 20 小時，但家庭暴力的課程僅在基礎班有 2 小時。參訓人員完成線上及實體課程訓練並經考試通過後發給證照（表 14-1、14-2）。

表 14-1　2020 年警察婦幼安全專業人員各班期訓練課程及時數

【基礎訓練班】35 小時		
編號	課程名稱	時數
1	性別平等與正當法律程序	3
2	家庭暴力案件實務與案例研討	3
3	家庭暴力與精神醫療處遇	2
4	兒童權利公約介紹與警察兒少保護工作實務	2
5	性侵害犯罪防治法探析	3
6	創傷後壓力症候群（PTSD）簡介與專業人員壓力管理	3
7	網路兒少安全與性剝削案件偵查	3
8	《性騷擾防治法》處理實務與案例研討	3
9	警察機關協助犯罪被害人保護工作及《跟蹤騷擾防制法》草案研析	3

10	婦幼安全工作重點與策進	1
11	婦幼安全業務研析分組討論	6
12	婦幼安全業務經驗分享與意見交流	3
【進階訓練班】19 小時		
編號	課程名稱	時數
1	警察執法性平禁忌	3
2	家庭暴力案件之強制處分	2
3	兒少保護工作進階實務與策進	2
4	性侵害防治工作進階實務運作與檢討	2
5	《兒童及少年性剝削防制條例》偵辦實務分析	2
6	《性騷擾防治法》實務處理與案例研討	2
7	警察機關協助犯罪被害人保護工作及《跟蹤騷擾防制法》草案研析	2
8	婦幼安全工作重點與策進	1
9	專業人員的自我覺察、充權、激勵與替代性創傷等壓力管理	3
【主管訓練班】14 小時		
1	婦幼安全相關法規、政策檢討與展望	2
2	願景與組織發展策略規劃	2
3	網絡合作與資源運用	2
4	知識管理與危機處理	2
5	角色定位與公共關係的經營	2
6	婦幼案件現況與管理	2
7	卓越領導與創新	2

資料來源：整理自內政部警政署（2020a）

表 14-2　2020 年警察婦幼安全工作專業人員線上課程內容及時數

【基礎訓練班】 20 小時			
主題	課程名稱	時數	網站
性別主流化	性別暴力防治相關法令及措施	3	e 等公務園 ＋學習平臺
人權教育	兒童權利公約介紹	1	
性別意識一般通論	解謎性騷擾	2	
	認識《家庭暴力防治法》及相關法令與政策	2	
性別主流化	認識性侵害	2	
溝通與輔導	輔導與諮商實務	2	
溝通協調系列	溝通心訣竅—傾聽與表達	2	
	談判的藝術	2	
外交及國際事務專區	跨文化溝通的藝術	2	
心理	自殺防治與守門人訓練	2	
【進階訓練班】 20 小時			
社會行政	認識兒童及少年性剝削防制（上）	1	e 等公務園 ＋ 學習平臺
	認識兒童及少年性剝削防制（下）	1	
	兒童及少年網路安全	1	
性別意識一般通論	性騷擾案件調查處理程序與技巧	2	
性別主流化	情緒管理與壓力調適（研習中心提供）	2	
性別主流化進階課程	性別主流化工具概念與實例運用	2	
人權教育	兒童權利公約與我國兒少福利政策展望	1	
當前政府重要政策	當前政府重要政策	1	e 等公務園 ＋ 公務人員 10 小時課程專區
民主治理價值課程	性別主流化	1	
	廉政與服務倫理、人權教育、行政中立、多元族群文化、公民參與	任選 4	
法定訓練	環境教育	4	

資料來源：整理自內政部警政署（2020a）

四、建立工作處理規範

內政部警政署為防治家庭暴力，訂有相關注意事項、作業規定、工作手冊、處理流程及計畫等，作為警察處理家庭暴力或其他案件（例如失蹤人口協尋）時應特別注意事項或工作依據，另外為推動家庭暴力防治工作，也訂有訓練計畫、獎懲規定及家防官甄試考核規定。各項工作規範及其重點內容彙整分析如表 14-3。

表 14-3　警察系統各項防治家庭暴力之工作規範

性質	名稱	重點內容
注意事項	內政部處理大陸及外國籍配偶遭受家庭暴力案件應行注意事項	強化新移民家庭暴力案件處理
作業規定	警政婦幼案件管理系統作業規定	警察申請系統使用、查詢權限規定及統計分析、案件管理、預警情資等功能
作業規定	警察勤務區訪查作業規定	將家庭暴力加害人列為記事人口，定期實施查訪
作業規定	警察機關處理家庭暴力案件執行拘提逮捕作業規定	提供員警處理《家庭暴力防治法》第29條案件現場情狀判斷指導原則
作業規定	受理報案 e 化平臺資訊系統 - 失蹤人口及身分不明系統作業規定	系統內有保護性案件查詢功能，要求員警受理時應先查詢該失蹤者是否為家暴被害者。若為 1 年內通報個案，會顯示「疑似保護性案件」並自動提示「本案不適宜公開協尋，請勿刊登」
作業規定	警察機關接獲家庭暴力案件被告經解除拘束通知作業規定	規範警察機關接獲法院或檢察署對於家庭暴力案件被告經解除拘束通知時，應處理之程序
工作手冊	警政婦幼安全工作—家庭暴力防治篇	除婦幼安全工作整體概念、工作要求及專業倫理外，家庭暴力部分有各級警察組織之分工及案件處理規定
處理流程	處理家庭暴力案件作業程序	家庭暴力案件之受理、通報及應檢附之表單、文件

處理流程	執行保護令案件作業程序	保護令執行要領及應填寫之表單
處理流程	處理家庭暴力罪及違反保護令罪逮捕拘提作業程序	針對家庭暴力刑事案件之處理、要求及注意事項
計畫	警察機關執行家庭暴力相對人查訪計畫	家庭暴力案件危險分級列管，加強約制查訪降低再犯危險
計畫	婦幼安全工作專業人員訓練計畫	辦理警政婦幼安全工作專業人員之分級專業教育及證照制度
規定	警察機關家庭暴力防治官甄訓及考核規定	家防官之甄試、訓練、派補及考核規定
規定	警察機關辦理家庭暴力防治工作獎懲規定	鼓勵及督導警察機關落實執行家庭暴力防治工作規定
範例	聲請民事保護令書狀撰狀範例	指導員警聲請保護令各欄位之填寫方式及應注意事項

資料來源：作者自行整理

五、參與防治網絡運作與合作

　　《家庭暴力防治法》規定各地方政府應建立防治網絡處理家庭暴力案件，因此各直轄市、縣（市）警察局均參與各直轄市、縣（市）政府家庭暴力防治中心的運作，指派警力負責家庭暴力防治中心「暴力防治組」的工作（王珮玲，2005），除了定期召開聯繫會議之外，遇有緊急案件也會隨時應變處理，但網絡間的合作容易因官僚體系及專業分工而不容易達到穩定的合作關係（張錦麗等，2020）。另外網絡合作勝過警察的單打獨鬥，為瞭解親密關係暴力案件的動態發展，依據《家庭暴力防治法》辦理親密關係暴力的危險評估，參與「家庭暴力高危機網絡會議」，透過網絡成員共同討論案件的風險因子及安全計畫，達到被害人安全保護、防治加害人再度施暴及網絡資訊分享、資源共享的目的。

第二節　警察實務運作與執行現況探討

　　內政部警政署於 1999 年制訂《警察機關防治家庭暴力工作手冊》，成為全國警察處理家庭暴力的第 1 本完整、正式的工作依據，之後陸續修訂內容並將相關婦幼工作整合為《警政婦幼安全手冊》，內容分為概論、家庭暴力防治、性侵害防治、性騷擾防治、兒童及少年保護以及兒童及少年性剝削防制等 6 篇，其中家庭暴力防治篇內容包括：概念要求、權責區分、實務運作、工作流程、歷年重要函釋以及獎懲規定等，派出所員警主要係以「處理家庭暴力案件作業程序」、「執行保護令案件作業程序」及「處理家庭暴力罪及違反保護令罪逮捕拘提作業程序」3 個作業程序為處理依據，以下整理手冊之實務工作重點與處理流程說明之。

一、實務運作

（一）受理案件

1.「110」電話 24 小時受理民眾報案。
2.「113」保護專線轉給「110」處理的民眾報案。
3. 被害人報案時，如有通譯人員需求，應通知外事單位或移民署各地方服務站派員協助。

（二）進行通報

　　受理報案後，應於 24 小時內至「警政婦幼案件管理系統」通報，協助評估有無聲請保護令之必要。親密關係案件應填寫 TIPVDA 量表進行危險評估。

（三）現場處理與控制

1. 員警處理家庭暴力案件趕赴現場處理時，如警力許可，儘量指派 2 人

以上員警前往共同處理為宜。

2. 到達現場後，應控制現場，維持秩序，保護被害人，遏止暴力行為繼續。

（四）救護傷患及身分判別

1. 受傷者如有就醫需求應立即通知 119 指派救護車前來支援，並應視實際情況，如有安全上之考量，應護送被害者就醫。

2. 在現場狀況控制後即應先行查證雙方身分，判斷是否為《家庭暴力防治法》第 3 條所定之家庭成員。

3. 若發現家庭暴力案件牽連涉及性侵害案件或重大兒虐案件，應立即通知性侵害專責人員或社政單位派員協助。

4. 對於無意願報案或聲請保護令之被害人，應利用安全計畫書，簡要對於被害人說明相關權益及警察單位所提供之服務，以保護其安全。

（五）逮捕拘提

1. 案件現場處理人員發現若為家庭暴力罪現行犯，不論被害人或有追訴權人是否提出告訴，均應依《家庭暴力防治法》第 29 條規定對於加害人逮捕、拘提並對被害人予以保護作為。執行逮捕、拘提後，並應依《刑事訴訟法》第 92 條及《提審法》規定處理。

2. 對於無法依《家庭暴力防治法》、《刑事訴訟法》逮捕之加害人，得使用《警察職權行使法》對於人之管束、對於物品之扣留及《精神衛生法》護送就醫之規定。惟本項拘束人身自由之情形亦應注意有關《提審法》之適用。

3. 逮捕拘提家庭暴力犯罪嫌疑人，應視現場狀況，綜合判斷是否符合逮捕拘提之要件，不應受以下因素影響：

（1）被害人之請求或意願。

（2）犯罪嫌疑人與被害人之親密或利害關係。

（3）當事人保證絕對不會再發生暴力行為。

（4）其他在場人之意見。

（六）調查蒐證

1. 處理員警應就現場狀況進行調查、蒐證，如有需要亦應通知偵查隊或鑑識人員到場協助。

2 雙方如有互毆情況，處理員警應詳細記錄（儘可能全程錄音錄影）下列資料：

（1）雙方關係與受傷情況。

（2）是否曾有要脅傷害另一方或其他家庭成員之情形。

（3）是否曾有家庭暴力之紀錄或前科。

（4）是否因受暴而採取保護自己之自衛行為。

（5）應以簡圖、相片或攝影就案發現場狀況，包含相對位置、傢俱擺設、凶器、血跡……等進行紀錄。

（七）保護令聲請

1. 緊急保護令聲請

（1）處理員警如認有應逕行拘提或其他危險急迫事由，應即時以口頭、書面、電話、傳真或其他科技設備，通報家防官。

（2）聲請緊急保護令應考量被害人有無遭受相對人虐待、威嚇、傷害或其他身體上、精神上或經濟上不法侵害之現時危險，或如不核發緊急保護令，將導致無法回復之損害等情形。

2. 暫時、通常保護令聲請

遇被害人有聲請保護令需求，應協助製作保護令聲請書狀，檢具家庭暴力事件通報表、處理家庭暴力案件現場報告表、驗傷診斷書，或親密關係暴力危險評估表及其他相片相關文件、資料陳報分局防治組家防官。

（八）保護令執行

1. 執行保護令由接獲保護令之警察分局主辦；跨越不同轄區時，並應協調、通報相關警察分局配合執行。

2. 警察人員執行保護令時效部分，緊急保護令應於收文後 24 小時內簽辦執行、暫時保護令應於 3 日內簽辦執行、通常保護令應於 6 日內簽辦執行。

3. 執行保護令時若未遇當事人，可以電話或其關係人轉知或其他通訊方式，告誡（知）相對人，如確實無法聯繫相對人，將執行情形詳載於保護令執行紀錄及輸入保護資訊系統。

4. 依保護令保護被害人至被害人或相對人之住居所，確保其安全占有住居所、汽車、機車或其他個人生活上、職業上或教育上必需品。相對人拒不交付者，得依被害人之請求，進入住宅、建築物或其他標的物所在處所，解除相對人之占有或扣留取交被害人。進入前述處所解除相對人之占有或扣留取交被害人時，必要時得會同村（里）長為之。相對人拒不交付者，得強制取交被害人。但不得逾越必要之程度。

5. 依保護令交付未成子女時，得審酌權利人與義務人之意見，決定交付之時間、地點及方式。

（九）執行法官、檢察官附條件命令

1. 員警受檢察官或法院指揮執行釋放、緩刑、假釋附條件命令。

2. 受理被害人或利害關係人舉報加害人違反檢察官或法院之附條件命令，應即檢具相關事證函報原命該條件之檢察官或法院。

（十）加害人約制告誡

1. 經法院依《家庭暴力防治法》核發保護令之加害人及違反《家庭暴力防治法》案件之被告，列入警察勤務區訪查作業定之記事人口查訪。

2. 應行約制查訪之相對人為：高危險家庭暴力相對人、經聲請緊急保護
令之相對人、各直轄市、縣（市）政府家庭暴力高危機網絡會議列管
之個案及其他認為應加強約制查訪者。

（十一）家庭暴力罪及違反保護令罪之處理

1. 家庭暴力罪案件之調查、蒐證、偵辦及移送。
2. 經舉報有違反保護令罪之嫌疑者，受理單位應即進行調查，運用家庭
暴力資料庫查詢相關資料，並依調查結果檢具事證移送管轄之地方檢
察署偵辦。
3. 若為高危機會議列管之相對人、相對人違反保護令或犯家庭暴力罪之
羈押情形案，製作被害人筆錄時，應詢問被害人過去受暴次數及對於
羈押相對人之看法，以為檢察官之參考。

二、執行現況（以 2010~2019 年為分析）

　　警察機關往往是家庭暴力被害人最先求助的單位。依據衛生福利部統
計，全國家庭暴力案件通報數，近十年呈現增加趨勢，警察機關是最主要的
通報來源，占歷年通報之 36.5%~51.4%，平均 44.1%，顯示警察機關在家庭
暴力防治工作上的重要性（圖 14-2）。

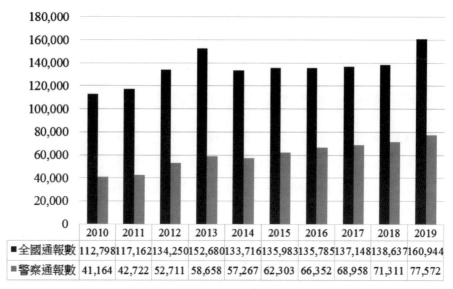

圖 14-2　近十年（2010~2019）全國家庭暴力通報數與警察機關通報數統計
資料來源：整理自衛生福利部（2020）

　　另外，依據內政部警政署統計，警察機關近十年受理家庭暴力案件[3] 達56 萬 4,664 件，協助或代為聲請民事保護令 14 萬 8,351 件；法院核發民事保護令後，執行民事保護令 18 萬 4,139 件、22 萬 5,797 次，偵辦違反民事保護令 1 萬 5,717 件，家庭暴力罪案件 1 萬 9,593 件，逮捕現行犯 1 萬 3,730人，加害人交保或飭回後進行約制告誡及採取相關保護措施 1 萬 1,731 人次（表 14-4）。

　　全國各警察機關受理家庭暴力案件數逐年成長，2019 年受理 7 萬 7,074件，較 2010 年受理 3 萬 8,422 件增加 3 萬 8,652 件，10 年間呈倍數成長（100.6%）。如以每月平均受理件數來看，2010 年約 3,200 件，到 2019 年增加至每月約 6,400 件。

---

[3]　由於警政統計資料並未將親密關係暴力與其他受暴類型加以區分，故以整體家庭暴力案件統計為分析。

表 14-4　近十年（2010~2019）警察機關處理家庭暴力案件分析

年份	受理家庭暴力案件數	代為聲請保護令件數	執行民事保護令件數	執行民事保護令次數	違反保護令罪件數	家庭暴力罪件數	逮捕現行犯人數	交保飭回後採取相關保護措施人次
2010	38,422	14,862	15,710	19,000	1,719	1,581	1,178	1,015
2011	37,512	13,924	16,101	19,623	1,822	1,754	1,209	992
2012	43,380	13,840	16,227	19,646	2,042	1,851	1,349	905
2013	48,119	13,450	16,748	19,818	2,010	1,790	1,266	940
2014	52,105	13,527	18,124	21,975	2,109	2,289	1,263	954
2015	57,239	14,626	18,725	23,312	2,465	2,955	1,487	1,186
2016	66,475	15,906	20,599	25,344	2,729	3,259	1,607	1,374
2017	70,861	15,877	21,192	26,845	2,885	3,645	1,563	1,460
2018	73,477	15,723	21,186	26,514	2,785	3,746	1,487	1,337
2019	77,074	16,616	19,527	23,720	2,744	3,699	1,321	1,208
合計	564,664	148,351	184,139	225,797	15,717	19,593	13,730	11,371

資料來源：整理自內政部警政署（2020b）

　　由於警察機關是刑事司法系統的第一道關口，對犯罪的處理及人犯的逮捕，啟動整個刑事司法系統的運作，近十年全國警察機關處理家庭暴力罪、違反保護令罪案件及逮捕現行犯人數呈現成長趨勢，但近 2 年處理之犯罪數略微下降（圖 14-3）。

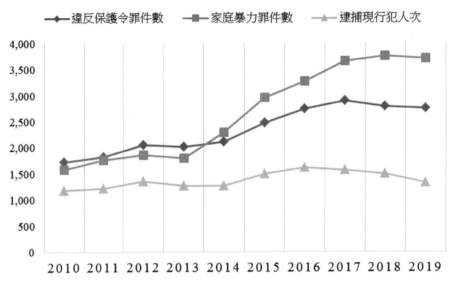

圖 14-3　2010~2019 年警察機關處理家庭暴力犯罪案件分析

資料來源：整理自內政部警政署（2020b）

第三節　影響警察回應因素與策進建議

　　本節以前一章（第 13 章）談及的警察系統服務運作及防治成效的衡量指標為參考分析架構，對照我國警察防治策略及實際執行情形，提出可能影響警察回應的因素與策進建議。

一、資源配置部分

（一）專責人力應隨案量的成長而有合理及時的補充

　　警察系統婦幼專責警力分為三個部分，一是婦幼警察隊 509 人，一是家防官 280 人，另一是處理性侵害案件專責小組 1,994 人（刑事人員 966 人、輪值女警 1,028 人）（警政署，2019）。在扣除性侵害專責人力後，實際與家庭暴力防治有關的專責人力僅區區數百人。

目前家庭暴力案件大多由派出所警察初步處理後[4]，再陳報分局交由家防官後續處理與控管，但從上述家防官人數可知，人力配置實無法與龐大的案量成比例，且派出所員警處理的品質不穩定，過去多位警政學者及社會福利整體考核也都指出，警察體系婦幼組織存有專責人力資源不足及專業訓練不足的問題（韋愛梅，2014；章光明，2016；黃翠紋，2014）。

（二）警察機構應全面提供家庭暴力被害人隱密安全的問訊空間

被害人向警察機關報案時，首要注意的是被害人的安全需求，讓被害人有獨立、安全的空間，確保被害人能安心陳述案情（王珮玲，2013）。過去為改善性侵害被害人詢問環境，內政部從 2001 年起專案補助地方政府建置溫馨會談室（內政部家庭暴力及性侵害防治委員會，2004），包括警察局婦幼警察隊、醫院、地檢署等，如今都有性侵害被害人溫馨會談室的設計，但可惜的是如何照顧到家庭暴力被害人安全需求的部分則未多加著墨。

警察體系裡處理家庭暴力案件及協助被害人的警察機構主要是派出所，派出所受到空間限制未能在環境設計有所改善，使被害人進到警察環境時能感受到對其尊重與隱私的保護，多年來警察政策也未特別提及如何促使被害人能安心陳述的警察硬體環境改善的內容。

（三）警察處理家庭暴力案件應善加運用科技設備

為增加警察介入的有效性，近年來各國警察除了運用危險評估工具，辨識被害人致命或再受暴危險外，也尋求其他有效防制策略。Peterson（2012）指出加強證據蒐集，對警察處理家庭暴力至為重要，尤其對無指控意願的被害人，加強證據的蒐集對定罪率特別有幫助。

穿戴式微型鏡頭（Body-Worn Cameras, BWCs）有助於警察處理的透明度與正當性，國內警察目前在聚眾活動、情資蒐集及犯罪調查等都有不同程

---

[4] 例如部分由其他責任通報單位（家庭暴力防治中心、醫院）轉介過來的案件，可能會由警察局婦幼警察隊或分局家防官直接處理。

度的運用，已是警察執勤的有用工具。國外研究發現警察運用穿戴式微型鏡頭處理家庭暴力案件，較未使用穿戴式微型鏡頭的案件，在加害人逮捕、起訴與定罪上有較好的幫助（Morrow et al., 2016）。但我國在家庭暴力案件之蒐證上並未特別強調穿戴式微型鏡頭的運用，未來警察在家庭暴力案件之處理應善加運用外，也應建立運用穿戴式微型鏡頭蒐證後司法系統在家庭暴力犯罪證據採用及認定情形之分析。

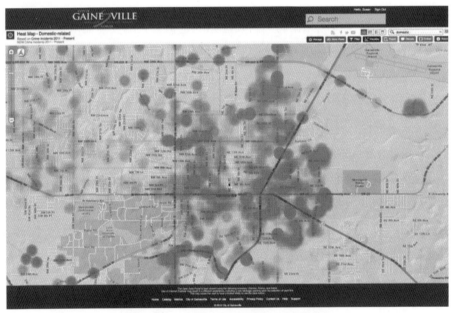

圖 14-4　視覺化的家庭暴力熱點地圖
資料來源：Big Mountain Data (2015)

　　在大數據運用部分，美國紐約以城市為基礎的各類數據資料（city-based data），包括街道圖、謀殺率、英語使用率等導入 MapInfo 中，運用 MapInfo Professional 地理分析軟體，將家庭暴力資料及地理位置整合轉化為可視化圖像（如圖 14-4），及使用 MapMarker 工具進行繪圖和分析數據，使執法者能更妥善分配家庭暴力防治資源以有效回應家庭暴力議題，發展以預防為優先的家庭暴力防治策略（韋愛梅，2015）。我國部分縣市家庭暴力防治中心

已有大數據運用，而警察在治安維護工作上也有大數據的分析運用，但警察在家庭暴力等婦幼保護工作上，也應導入大數據分析技術，發展以預防為優先的防治策略。

二、專業建構部分

（一）警察處理案件量的增加也應致力處理品質的提升

警察機關回應家庭暴力案件的態度與作為，在《家庭暴力防治法》通過後，已有制度化的變革，相較未法制化前，社會普遍認為警察機關抱持「法不入家門」的態度改善許多（王珮玲，2005）。警察機關是責任通報的最主要來源，處理的案件數也是逐年增加，但是警察處理案量增加的同時，處理品質也應隨之提升。遺憾的是，從社會每每發生矚目的犯罪被害案件時，警察吃案的批評往往又被翻出討論[5]來看，警察勤務編排、工作時數、工作分工等制度性問題，實需要深刻檢視，對案件處理檢核與申訴機制也需要建立與落實。

（二）警察教育訓練內容應與警察處理案件所需知能相配合

正確的警察教育會改變警察的處理態度（Garner, 2005）。Eigenberg 等人（2012）提出警察教育訓練的深入探討，強調警察瞭解家庭暴力行為、加害人及被害人多樣性的重要。為有效回應親密關係暴力，加拿大警方已發展創傷知情（trauma informed）的警察回應，將創傷知情的概念融入警察教育訓練及工作流程中，藉由對親密關係暴力問題有更多的認識與理解，增加警察對隱而未現的犯罪做更徹底的調查蒐證，以減少被害人受到更大的傷害與

---

[5] 例如 2020.10.28 發生長榮大學外籍生遭性侵勒殺案，外界歸咎警方吃案、導致月前曾在同地點強擄另名女大生未遂的兇手犯案得逞。接著又爆出嘉義南華大學 5 月也發生一名女大生在圖書館遭偷拍，她當場揪住這名偷拍的男大生要求刪照，卻還遭警方吃案的誇張案例。取自蘋果即時 https://tw.appledaily.com/local/20201105/Y7LMIRY3ZNGZBC6Y7DCMMSUXOA/ 最後瀏覽日：2020.11.14

再次受暴（Stewart, 2016）。

內政部警政署雖在 2017 年編有《警政婦幼安全手冊》，訂有概念要求、實務運作、工作流程等詳細內容，但較為可惜的是因手冊頁數將近 400 頁，基層員警並無充裕時間學習家庭暴力的完整概念，手冊成為員警教育訓練教材之用。故未來如何讓處理家庭暴力案件的派出所員警具備完整正確的家庭暴力概念，而不僅只是按表操課，以及應隨著國際趨勢發展，調整警察教育訓練的內容，都是刻不容緩的事。

（三）警察要與跨機構網絡合作也要摒除配合者的心態

社區警政倡導者認為，在解決犯罪問題與回應被害人的需求上，警察必須動員社區資源，並與社區中的公私部門合作，婚姻暴力案件就適合團隊合作模式（黃翠紋，2004）。Zweig 與 Burt（2007）訪談了 26 個社區 1,509 位接受 STOP（Services * Training * Officers * Prosecutors）協助方案的家庭暴力及性侵害被害人，發現被害人感受網絡一起合作協助她時，與家庭暴力及性侵害的逮捕率及家庭暴力的定罪率有顯著正相關，意即社區網絡互動情形會影響受暴婦女對執法有效性的信心。

章光明（2016）進行警察機關推動婦幼保護政策評估研究，對 404 名警察（分）局、派出所員警及 91 名家庭暴力被害人進行問卷調查，發現有 77.6% 的警察認為在處理家庭暴力案件時，應通知社工處理，表示警察認同網絡合作的重要；但再問及對受暴婦女和家庭暴力的調查是警察的工作時，受訪警察同意的人數僅有 31.2%。上述警察回答可看出，警察通知社工不見得是認同網絡合作的重要，而是可能反映了家庭暴力警察只是協助社工的心態。許春金等人（2015）研究也建議警政署與網絡的分工合作上要找到自己的定位，摒除配合者的心態。

三、服務提供部分

（一）警察的認知影響執法態度應減少與被害人的需求落差

　　警察對家庭暴力的觀點，是瞭解其回應家庭暴力的最根本（Sinden & Joyce Stephens, 1999）。警察的態度，可說是警察回應家庭暴力最重要的影響因素（Trujillo & Ross, 2008）。警察的消極態度，影響受暴婦女是否會向警方報案以及未來是否會向司法系統尋求協助的意願（Logan et al., 2006）。王珮玲（2005）也指出影響被害人對警察整體表現的評價，警察的能力與態度是最要的因素。

　　章光明（2016）研究發現警察處理家庭暴力的認知與被害人的想法不同，問卷調查中有 86.2% 的警察認為應在接獲民眾報案後，立即提供被害人保護，此與被害人也有 93.4% 認為警察應提供立即性保護的需求反應相同；但再問及不論何時被害人需要警察，警察都必須要保護被害人時，卻僅有 36.7% 的警察同意，這與有 94.6% 的被害人認為警察在家庭暴力案件再次發生前應主動保護被害人的需求存有很大的落差。

（二）警察應積極回應法律要求確保被害人權益獲得保障

　　2009 年英國曼徹斯特地區發生一起社會矚目案件，Clare Wood 遭到前同居男友 George Appleton 殺害，引起矚目的原因是因為 Clare 被殺害前，曾多次受暴並向警方報案求助，警方雖早已知道其同居男友有多起傷害前親密伴侶的犯罪紀錄，卻未告知她這些訊息，以致發生後續不幸事件（王珮玲，2013）。為此英國政府自 2012 年起推動「家庭暴力資訊揭露方案」（Domestic Violence Disclosure Scheme, DVDS），即《克萊爾法》（Clare's Law）。當個人可能面臨親密關係暴力風險時，為了解其伴侶或前伴侶的相關紀錄，可向警方申請查詢。允許警方揭露被查詢者的過去相關紀錄（例如家庭暴力前科紀錄、警方受案紀錄、過去保護令核發紀錄及違反情形等），幫助申請人判斷其安全狀況及未來關係是否持續。《克萊爾法》有 2 種途

徑，一是「詢問權」，個人可以請求警方確定其親密伴侶過去是否有家暴史；一是「知情權」，警察可主動與可能面臨親密關係暴力風險的個人接觸（Grace, 2015）。《克萊爾法》是一個早期介入和預防性計畫，提供警察新的權力，但為保護個人資料、避免警察對人權可能的侵犯，法院要求警方提供資訊時必須符合「相關性」（relevancy）、「必要性」（necessity）和「比例性」（proportionality）原則。該法在英國的英格蘭及威爾斯（2014）、蘇格蘭（2016）及北愛爾蘭（2018）已陸續通過適用；另外在南澳（South Australia Police, 2020）及加拿大部分省也開始採用（Saskatchewan, 2020）。

我國《家庭暴力防治法》對被害人安全保障及知的權利[6]也有相關設計，警察系統應積極回應法律要求，確保被害人的權益獲得保障。

（三）警察應落實家庭暴力防治法賦予之擴大逮捕拘提權力

美國警方對家庭暴力採取逮捕政策後出現了些負面效應，包括雙逮捕（dual arrest）及婦女被逮捕的情形增加，進而影響婦女的報案的意願（Martin, 1997; Miller, 2001）。為改善此狀況，警方之紀錄上需有：雙方受傷情形、是否有一方要脅或曾經要脅傷害另一方或其他家庭成員、是否有一方曾有家庭暴力之紀錄或前科、是否有一方因為自我保護而有自衛行為等內容，作為日後訴訟進行之判斷（王珮玲，2005）；另外也從警察教育訓練的加強或評估工具等不同面向改進，以確保被害人的安全及對加害人的究責（Buzawa, 2012）。

臺灣從警察官方統計發現警察機關受理家庭暴力案件數逐年增加、逮捕現行犯人數卻未增反減的現象可知，《家庭暴力防治法》雖然擴大了警察逮捕權限，但警察對家庭暴力現行犯的逮捕仍舊較為保守，第一線執法人員，對家庭暴力罪現行犯的逮捕作為仍有精進的空間（韋愛梅，2014；吳啟安，2020）。

---

[6] 被害人知的權利，可參考本書第 15 章司法系統的回應。

（四）警察的性別敏感度仍要持續加強

Barthelemy 等人（2016）以美國與澳洲警察的性別在處理家庭暴力的態度，進行跨國比較研究，發現兩國的警察不論性別，處理家庭暴力的態度相似性大於相異性，兩國警察都認同處理家庭暴力是警察的事；但以整體警察樣本進行分析比較時，約有一半的問項在態度上是不同的，例如女警較男警不認同家庭暴力是私領域的事、警察應做最少介入的說法。

不論國內外警察系統都是性別懸殊的工作環境，我國 2019 年底警力數 69,151 人，其中男警 61,181 人、女警 7,967 人（占 11.5%）（內政部警政署，2020），在家庭暴力案件的處理上，極有可能的組合是男警處理女性被害人，Wang 於 2003 年曾對 6 縣市 1,105 位警察實施問卷調查，發現部分警察在家庭暴力的認知上仍存有迷思（引自王珮玲，2005）。張秀鴛（2012）深度訪談 9 位實際處理婚姻暴力的警察，則發現警察系統雖已不存在婚姻暴力是家務事的看法，但仍較缺乏性別敏感度。警察自身的性別意識會影響其看待處理婚姻暴力案件的過程與做法，進而影響前來求助的被害人情緒、自信與安全感。在較具保守父權思維的警察系統中，警察人員除了要有處理家庭暴力案件專業知能外，還要避免對被害人二度傷害，要展現出尊重與友善的態度（王珮玲，2013）。

第四節　結語

警察系統為回應法律的要求及民眾的期待，這些年來做了許多制度性的改變，包括建立專責組織及人力、制定案件處理程序、實施員警認識及處理家庭暴力的教育訓練及參與防治網絡的運作，警察回應家庭暴力已朝向去私人化、犯罪化、積極性處理的方向發展。但《家庭暴力防治法》實施多年後，警察處理案件的品質是否隨著處理案量的增加也有所提升？在專責人力配置、提供被害人隱密安全空間等問題上是否有提出改進政策？隨著數位科

技的進展，警察在家庭暴力證據蒐集上的運用、教育訓練內容是否滿足員警實務處理的需求及與網絡合作參與的認知與心態等等，以「臺灣性別暴力防治有效性之衡量指標」之警察系統服務運作指標作為檢視時，發現不論在資源配置、專業建構及服務提供等面向都仍有進步的空間。

● **問題**

1. 警察在跨機構的網絡合作中，常會有「配合者」的心態，您認為警察為何會有這樣的想法？其角色定位應該為何？該如何改變，才能更有效幫助到受害者？

2. 未來於勤務上，身為員警若欲以主動性態度，要怎麼去發現自己轄區中之家庭暴力事件？並予以協助呢？

3. 依據《家庭暴力防治法》第48條有關警察人員於查訪、告誡相對人時可以採取哪些方法較能有效遏止相對人再犯家庭暴力？

4. 您認為被害人有哪些安全需求？如何建構一個使被害人得以完全信任警察機關或法令主管機關之環境，以回應被害人的安全需求？

第十五章
司法系統的回應

　　《家庭暴力防治法》的通過，不僅成為警察、司法系統介入處理的依據，也改變了警察、司法系統的處理模式。本章第一節先介紹刑事司法系統的角色功能，第二節介紹家庭暴力犯罪之刑事程序，並以檢察官與法院為主，第三節介紹司法系統相關司法行政機制以及近十年我國司法系統的回應。本章所稱「家庭暴力案件」係指家庭暴力刑事案件，亦即家庭暴力犯罪案件，並以司法系統之地檢署檢察官及法院刑事法庭法官為主要內容，有關警察系統之回應，請參閱本書第 13、14 章；另外法院民事法庭法官對保護令的審理核發請參閱本書第 6 章。

第一節　刑事司法系統在家庭暴力犯罪的角色功能

　　家庭暴力案件是由刑事司法系統處理，刑事司法系統的主要作為是偵查、起訴、審判和執行，除了立即的懲罰之外，對違法者所採取的行動有三個目的：將具危險性之人移出於社會之外、威嚇他人避免犯罪、將違法者矯治成守法者。刑事司法體系內的各個機關必須分工合作，才能有效減少犯罪，任何一個環節出現問題都將影響整個體系的運作。刑事司法系統是由警察機關、檢察機關、法院及矯正機關等系統組合而成，各系統間相互關連和依賴，藉由妥善分配工作，發揮各自效能，才能有效處理犯罪問題（許福生，2010）。為使大家瞭解刑事司法系統各個次系統間如何銜接運作，本節先介紹各個次系統的角色功能，並比較司法系統中檢察官與法官的職責。

一、警察

警察機關為行政機關，依據《警察法》第 4 條規定，內政部掌理全國警察行政，並指導監督各直轄市警政、警衛及縣（市）警衛之實施；依據《警察法》第 5 條規定，內政部設警政署（司），執行全國警察行政事務並掌理全國性警察業務。家庭暴力案件的處理主要由地方警察組織負責，我國地方警察組織依組織分工，設有警察局、警察分局、分駐（派出）所，目前有 6 個直轄市政府警察局、16 個縣（市）警察局、160 個分局、4 個警察所[1]、210 個分駐所以及 1,293 個派出所（內政部警政署，2020）會接觸到家庭暴力案件之處理。

警察處於刑事司法系統的第一道關口，警察的犯罪偵查與逮捕人犯啟動了整個刑事司法系統的運作（許春金，2006）。警察在家庭暴力案件的角色功能，包括主動調查犯罪嫌疑人、協助檢察官偵查犯罪、執行搜索、扣押、拘提、逮捕、傳喚、羈押；協助審判程序進行，執行搜索、扣押、拘提、傳喚、羈押；以及保護被害人的安全、權益告知及轉介相關資源等角色功能（韋愛梅，2010）（有關警察作用的詳細內容請另參考本書第 13、14 章）。

二、檢察官

檢察機關為司法行政機關，作用在於檢察權的行使，檢察機關性質屬司法行政事項，隸屬於法務部。各級檢察機關之組織，均稱為「檢察署」，我國檢察機關係依法院審級，分設最高檢察署、高等檢察署及地方檢察署。目前臺灣有 20 所地方檢察署，福建有金門、連江 2 所地方檢察署，共計 22 所地方檢察署（臺灣高等檢察署，2019）。

在刑事司法程序中，檢察官扮演進入司法審判程序之守門人角色，具有多重責任；依據《法院組織法》第 60 條規定，檢察官之職權包括實施偵查、提起公訴、實行公訴、協助自訴、擔當自訴及指揮刑事裁判之執行，及

---

[1] 連江縣警察局，未有警察分局編制，而係設置警察所。

其他法令所定職務之執行。檢察官在家庭暴力案件的角色功能，包括指揮警察相關單位偵查被告有無構成犯罪，簽發拘票或逕行拘提、犯罪偵查、聲請（預防性）羈押、對被告強制處分及附條件命令、作成起訴書、不起訴或緩起訴處分書及保護被害人出庭安全及司法進度告知等（韋愛梅，2010）。

三、法官

各級法院之組織，概稱為「法院」，為司法審判機關，隸屬於司法院。依據《法院組織法》第 1 條規定，我國法院分為三級，地方法院、高等法院及最高法院；第 2 條規定，法院審判民事、刑事及其他法律規定訴訟案件，並依法管轄非訟事件。地方法院是民刑事第一審法院，分別設有民事庭、刑事庭、行政訴訟庭，庭數的多寡視事務之繁簡定之，必要時得設專業法庭。目前臺灣有 20 所地方法院及高雄少年及家事法院，福建有金門、連江 2 所地方法院（司法院司法行政廳，2020）。

依據《刑事訴訟法》，地方法院於刑事案件有第一審管轄權，通常對家庭暴力案件之分析，是指地方法院第一審刑事裁判的結果。家庭暴力案件由檢察官提起公訴或聲請簡易判決後，刑事庭法官仍須依據法律及證據而為被告有罪或無罪之判決。刑事庭法官在家庭暴力案件的角色功能，包括刑事判決、刑度決定、定被告釋放、假釋或緩刑條件、（預防性）羈押權，以及保護被害人出庭安全及司法結果告知等（韋愛梅，2013）。

處理家庭暴力案件之司法系統，指地方檢察署與地方法院，檢察官與刑事庭法官的角色職責比較如表 15-1。

表 15-1　檢察官與刑事庭法官角色職責比較

比較項目	檢察官	刑事庭法官
工作場所	地方檢察署	地方法院
主要業務	負責偵查刑事案件	刑事案件審理
管轄機關	行政院法務部	司法院
工作內容	檢察官指揮司法警察（官）等相關單位偵查刑事案件，依偵查結果對被告起訴（含聲請簡易判決處刑）或不起訴或緩起訴處分	法官依檢察官起訴書（含聲請簡易判決處分），審理被告訴訟，決定被告有罪與否
案件可否公開	檢察官偵查案件係不公開，不允許旁聽	法官審理案件，原則係公開，可以旁聽，例外不公開，不能旁聽
其他職權	檢察官的職權有實施偵查、提起公訴、實行公訴、協助自訴、擔當自訴及指揮刑事裁判之執行和其他法律（令）所定職務之執行	法官的職權係審判案件

資料來源：整理自臺灣高等檢察署（2019）

四、矯正機關

　　矯正機關隸屬法務部矯正署，目前共有 51 個犯罪矯正機關，依性質分為監獄、少年輔育院、技能訓練所、矯正學校、看守所、少年觀護所及戒治所等 7 類。矯正機關是刑事司法系統的最後一道防線，將有罪之受刑人監禁其中，以教化犯罪人改悔向上，適應社會生活為目的（法務部矯正署，2019）。

　　家庭暴力犯罪之受刑人，除在監服刑接受矯治處遇外，法務部尚依據《家庭暴力防治法》第 41 條訂有「家庭暴力罪或違反保護令罪受刑人處遇計畫」，對家庭暴力犯罪受刑人施以矯正輔導措施，使其習得與家庭有關之知識，袪除暴力行為。矯正人員在家庭暴力案件的角色功能為：入監時依判決書之犯罪過程辨識家庭暴力犯，於期滿或提報假釋前 2 年開始安排專業處遇；第一階段，由監獄心理師施予認知教育，助其認識家庭暴力防治基本知識；第二階段，安排參與個別進階或團體處遇，深化其對再犯預防之瞭解；

完成專業處遇後，再視個別狀況安排參與其他各類輔導團體、教化、技訓等[2]（法務部矯正署台中女子監獄，2020）。

五、觀護人

　　觀護人，係犯罪人免入監服刑時，為讓犯罪人遵循改正，對其進行相關之處遇、監督及輔導措施者。我國觀護制度採雙軌制，分為少年觀護及成年觀護；法院觀護人屬司法體系（司法院），負責少年保護管束工作；地方檢察署（以下稱地檢署）觀護人屬司法行政體系（法務部），負責成年犯的保護管束，包括假釋期間所交付的保護管束及緩刑期間所交付的保護管束。依據《法院組織法》第67條規定，地方法院及分院檢察署設觀護人室；目前全國22個地檢署均設有觀護人室，並有性侵害專股與家暴專股；另依據該法第73條規定，觀護人的人數係以地檢署受理案件的多寡來決定，員額數從最多的「31~41人」到最少的「1~2人」，共分6個級距，依據法務統計年報現有觀護人數僅227人（法務部，2020）。

　　觀護人執行檢察官指揮執行之假釋及緩刑付保護管束案件、緩起訴處分附帶義務勞務、必要命令及協助執行戒癮治療，以及易服社會勞動等社區處遇。觀護人在家庭暴力案件的角色功能，係處理家庭暴力犯罪之成年保護管束案件，對受保護管束人訪視、約談及適當的輔導監督，防止受保護管束人再犯（韋愛梅，2010）。

第二節　家庭暴力案件之刑事程序

　　家庭暴力案件，包括「家庭暴力罪」及「違反保護令罪」之案件，其中「家庭暴力罪」，定義於《家庭暴力防治法》第2條第2款，係指家庭成員間故意實施家庭暴力行為而成立其他法律所規定之犯罪，例如家庭成員間犯下

---

[2] 詳細之處遇內容，請參見「家庭暴力罪或違反保護令罪受刑人處遇計畫」，法務部於1999年7月8日訂頒，目前最新版本為2020年8月10日修訂，共有7點。

《刑法》的殺人罪、傷害罪、強制罪、恐嚇危安罪、強制性交罪等，均稱為「家庭暴力罪」，該罪並非該法新規定之犯罪類型，而係為方便稱呼及敘述起見才創設此罪名（高鳳仙，1998）。故家庭暴力罪並非單一罪名，其刑責與要件回歸《刑法》之相關罪名認定之，家庭暴力罪依其罪責，有的為告訴乃論罪、有的為非告訴乃論罪。

「違反保護令罪」，定義於《家庭暴力防治法》第 61 條，指違反法院依第 14 條第 1 項、第 16 條第 3 項所為之下列裁定者，稱之違反保護令罪：一、禁止實施家庭暴力；二、禁止騷擾、接觸、跟蹤、通話、通信或其他非必要之聯絡行為；三、遷出住居所；四、遠離住居所、工作場所、學校或其他特定場所；五、完成加害人處遇計畫。違反保護令罪是《家庭暴力防治法》中唯一有刑事處罰的條文，為非告訴乃論罪，處 3 年以下有期徒刑、拘役或科或併科新臺幣 10 萬元以下罰金。

家庭暴力案件之刑事程序，基本上仍以傳統的《刑事訴訟法》為基本架構（蘇素娥，2000），在《家庭暴力防治法》第 3 章「刑事程序」，擴大了警察的逮捕拘提權限，以及增加檢察官或法官對家庭暴力犯罪被告的釋放條件及緩刑、假釋應遵守事項（即刑事保護令）的內容；「刑事程序」章中同時也有對被害人程序權、人身安全保護及知的權利等相關規定。

依據《家庭暴力防治法》（以下稱《家暴法》）、「檢察機關辦理家庭暴力案件注意事項」[3]（以下稱檢察注意事項）及「法院辦理家庭暴力案件應行注意事項」[4]（以下稱法院注意事項）說明家庭暴力案件之刑事程序。

一、逮捕拘提

警察處理家庭暴力案件，應調查蒐證、拘提逮捕及將案卷、證據移送地檢署，依《刑事訴訟法》及相關規定程序進行。由於家庭暴力通常發生於極

---

[3] 檢察機關辦理家庭暴力案件注意事項，係法務部 1999.6.23 法檢字第 002240 號函頒，全文共 29 點，其後歷經 4 次修正，目前版本為 2015.12.7 修正發布，全文共 29 點。

[4] 法院辦理家庭暴力案件應行注意事項，係司法院 1999.6.17 院臺廳民三字第 15439 號函訂定發布，全文共 2 條，其後歷經 6 次修正，目前版本為 2018.3.8 修正發布，全文共 39 點。

具隱密性之家中，且常在夜間發生，有時情況非常危急，考量家庭暴力的特性，並兼顧程序正當性與第一線執法需要（立法院法律系統，2007），爰於《家暴法》第 29 條規定，家庭暴力罪之現行犯，警察人員應逕行逮捕，並依《刑事訴訟法》第 92 條規定處理解送檢察官；若被告或犯罪嫌疑人犯家庭暴力罪或違反保護令罪嫌疑重大，且有繼續侵害家庭成員生命、身體或自由之危險，而情況急迫者，檢察官、司法警察官或司法警察得逕行拘提之。

　　而在《檢察注意事項》第 7 點，則提醒檢察官處理警察機關逮捕移送之現行犯或逕行拘提之被告、犯罪嫌疑人時，縱被害人已表明不願追訴，仍應斟酌被害人之安全情形，為適當之處理。

二、附條件或應遵守事項之裁判

　　為防止家庭暴力罪或違反保護令罪之被告於案件審結前、或是經法院宣告緩刑、或受刑後經假釋出獄，可能對被害人繼續施暴或採取報復行動，檢察官及法官宜斟酌被害人及其家人之安全及保護，而予以附條件或應遵守事項之裁判（立法院法律系統，2020），此即學說上所稱的「刑事保護令」，分成釋放條件、緩刑條件及假釋條件三種類型（高鳳仙，2013），條件內容主要為對被害人人身安全保護及加害人的處遇。

（一）釋放條件

　　1. 核發要件與條件內容：

　　　家庭暴力罪或違反保護令罪之被告經檢察官或法院訊問後，認無羈押之必要，而命具保[5]、責付[6]、限制住居[7]或釋放者，檢察官或法院得附下

---

[5] 具保，是《刑事訴訟法》所規定的一種強制處分，是指使被告提出相當保證（保證人或保證金），保證以後在案件進行中能夠隨傳隨到，作為不為羈押或者停止羈押的條件，所以具保又稱作保釋（葉雪鵬，2005）。

[6] 責付，是請受責付人出具證書，保證如果被告經傳喚，一定會讓他隨時到場，和具保的差別在於，受責付人不用繳納保證金（一起讀判決，2018）。

[7] 限制住居，乃對於有羈押之原因而無羈押必要之被告，命令住居於現在之住所或居所，不准遷移，或指定相當處所，限制其住居，而免予羈押或停止執行羈押之方法（最高法院 107 年

列一款或數款條件命被告遵守（《家暴法》第 31 條、《檢察注意事項》
第 9 點）：（1）禁止實施家庭暴力行為。（2）禁止為騷擾、接觸、跟
蹤、通話、通信或其他非必要之聯絡行為。（3）遷出住居所。（4）遠
離被害人之住居所、學校、工作場所或其他經常出入之特定場所特定
距離。（5）其他安全保護之事項。

2. 違反效果：

（1）被告在偵查中或審判階段違反檢察官或法院依《家暴法》第 31
條第 1 項所附條件者，檢察官或法院得撤銷原處分，另為適當之
處分；如有繳納保證金者，並得沒入其保證金（《家暴法》第 32
條第 1 項、《檢察注意事項》第 10 點）。

（2）被告違反附條件命令，犯罪嫌疑重大，且有事實足認被告有反覆
實施家庭暴力行為之虞，而有羈押之必要者，偵查中檢察官得聲
請法院羈押之；審判中法院得命羈押之（《家暴法》第 32 條第 2
項）。

3. 羈押中之被告，經法院裁定停止羈押者，法院亦可附第 31 條及第 32
條第 1 項之釋放條件命被告遵守，並於被告違反法院依前項規定所附
之條件者，於認有必要時，得命再執行羈押（《家暴法》第 33 條）。

（二）緩刑條件

　　犯家庭暴力罪或違反保護令罪而受緩刑宣告付保護管束時，法院應命被
告遵守適當之事項，包括禁止實施家庭暴力、禁止對被害人、目睹家庭暴力
兒童及少年或其特定家庭成員為騷擾、接觸、跟蹤、通話、通信或其他非必
要之聯絡行為、命遷出被害人之住居所、命相對人遠離特定場所及距離、命
加害人完成處遇計畫及其他安全保護事項。若受保護管束人違反應命遵守事
項且情節重大者，撤銷緩刑之宣告（《家暴法》第 38 條）。

度台抗字第 312 號裁定）（引自王立欣，2020）。

（三）假釋條件

若受刑人經假釋出獄付保護管束時，法官應命其遵守之事項，同上（二）。若假釋受刑人違反保護管束命應遵守事項而情節重大者，通知原執行監獄，報請撤銷假釋（《家暴法》第 39 條）。

（四）檢察官、法官所附條件或命應遵守事項之執行

檢察官或法院對未羈押之加害人為釋放附條件、或假釋、緩刑命被告應遵守之事項時，得通知直轄市、縣（市）主管機關或警察機關執行之。直轄市、縣（市）主管機關或警察機關受檢察官或法院指揮執行所附之條件時，準用《行政機關執行保護令及家庭暴力案件辦法》（以下稱《辦法》）有關執行保護令之規定（《家暴法》第 40 條、《法院注意事項》第 34 點、《辦法》第 21 條）。

三、被害人的程序權與知的權利

《家庭暴力防治法》為保護被害人，特別明定警察機關詢問被害人時，得採取適當保護及隔離措施。檢察官或法院對被害人之訊（詰）問得於法庭外為之或採取適當隔離措施。被害人如有上述需要應提出聲請或透過社工協助向警察、司法機關表達需求。另外，為保障被害人權益及知的權利，明定檢察官應將偵查結果告知被害人，法院有通知及送達裁判的義務，以及矯正機關應將受刑人預定出獄之日期或有脫逃之事實通知被害人。

（一）權益告知

檢察官應主動對被害人提供關於其得行使之權利，救濟途徑及當地家庭暴力防治中心等資訊（《檢察注意事項》第 6 點）。

（二）應訊之保護

檢察官或法院應提供被害人及證人安全出庭之環境與措施；對被害人之訊問，應以懇切態度耐心為之，並得依聲請或依職權在法庭外為之，或採取適當隔離措施。認有必要傳訊未成年子女作證時，應盡量採隔別訊問，並注意其情緒變化，避免使其受過度之心理壓力。於警察機關問訊被害人時，得採取適當之保護及隔離措施（《家暴法》第 36 條，《檢察注意事項》第 12、13、16 點、《法院注意事項》第 34 點）。

（三）指定陪同人員

被害人受訊問前，檢察官應告知其得自行選任符合資格之人陪同在場。被害人指定陪同人之請求，除認其在場有妨礙偵查之虞者，不得拒絕之。（《家暴法》第 36 條之 1、之 2，《檢察注意事項》第 13 點）。

（四）尊重被害人告訴意願

被告所涉之家庭暴力罪屬告訴乃論之罪時，為使被害人免受被告脅迫，檢察官應盡量避免勸導息訟[8]（《檢察注意事項》第 14 點）。

（五）被害人住居所保密

檢察官開庭或製作書類時，應注意有無對被害人住居所予以保密之必要，尤應注意不得暴露安置被害人之庇護處所（《檢察注意事項》第 18 點）。

（六）被害人安全保護

被告無羈押必要而命具保、責付、限制住居或釋放者，或緩刑附保護管束時，應於釋放前即時以言詞、電信傳真或其他科技設備傳送之方式，通知被害人及被告所在地之警察局勤指中心及家庭暴力防治中心。檢察官認被告

---

[8]　息訟的意思是避免在刑事案件追訴前或追訴中進行和解。

犯罪情節輕微，而衡量是否依職權為不起訴處分或為緩起訴處分時，應充分考量被害人之安全問題，並宜聽取相關單位之意見（《家暴法》第 34 條、第 34 條之 1、第 38~40 條，《檢察注意事項》第 9、15 點、《法院注意事項》第 34 點、38 點）。

（七）訴訟文件應送達被害人

對於家庭暴力罪或違反保護令罪案件所為之起訴書、聲請簡易判決處刑書、不起訴處分書、緩起訴處分書、撤銷緩起訴處分書、裁定書或判決書，應送達於被害人（《家暴法》第 34 條、37 條、《檢察注意事項》第 17 點、《法院注意事項》第 36 點）。

（八）加害人出獄前或脫逃後之通知

矯正機關應將家庭暴力罪或違反保護令罪受刑人預定出獄之日期通知被害人、其住居所所在地之警察機關及家庭暴力防治中心。受刑人如有脫逃之事實，矯正機關應立即為前項之通知（《家暴法》第 42 條）。

對被告的犯罪偵查、追訴與審判，以及對被害人的程序權、安全保護與知的權利等流程與內容，如圖 15-1。

第三節　司法系統之回應策略

司法系統對親密關係暴力及家庭暴力的回應具有象徵性的意義和實踐上的意義。象徵性意義是法律和刑事司法的回應對社會傳遞了譴責暴力的重要訊息（Ursel et al., 2008）；在實踐上的意義則是司法系統對被害人提供的正式支持與保護，是許多受虐者脫離虐待關係所必需的（Meyer, 2011）。為防治家庭暴力，司法院及法務部及所屬機關已陸續建立相關司法行政機制，有些做法是國外經驗的學習，有些做法是國內的創新。

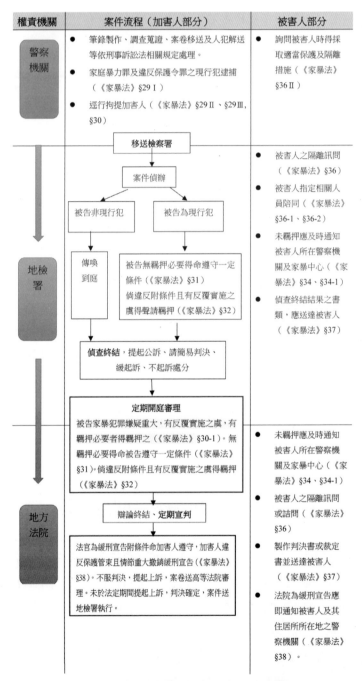

圖 15-1　家庭暴力案件偵查審判流程
資料來源：作者自行繪製

一、家庭暴力案件專人處理

為加強對婦幼的司法保護，法務部函頒「加強婦幼司法保護方案」[9]，高檢署成立婦幼保護督導小組，各地檢署設置婦幼保護專組，由受有專業訓練之檢察官偵辦婦幼及兒少案件（法務部，2014）；但司法院僅在性侵害犯罪案件部分要求法院應預為指定專庭或專人辦理，家庭暴力案件並未有專庭及專人處理的機制，未來可參考聯合國提出的《暴力侵害婦女立法手冊》建議（UN Women, 2012），及英美等國家的制度設計設置家庭暴力專屬法庭，較一般法庭能更快速處理家庭暴力問題（Hester et al., 2008）。

二、制定家庭暴力案件處理規範

法務部訂有「檢察機關辦理家庭暴力案件注意事項」，作為檢察機關辦理家庭暴力案件的指導，希望能更完整保護被害人及其家屬人身安全；司法院訂有「法院辦理家庭暴力案件應行注意事項」，提供法官在審理民事保護令及家庭暴力案件之應注意事項，但內容偏重在民事保護令部分，39點注意事項中與家庭暴力刑事案件有關的僅6點，未來可參考聯合國提出的《暴力侵害婦女立法手冊》及沈慶鴻、王珮玲（2018）的研究建議，改善司法體系的服務流程及建立檢核機制，提供被害人充足可近與友善的司法資源與環境。

三、建立家庭暴力量刑審酌事項參考表

司法院蒐集各類犯罪之法院判決，以統計迴歸方法，分析法官量刑因子及其影響力大小，召開焦點會議匯集審、檢、辯、學及相關民間團體意見

---

[9] 於1999年6月23日函頒，該方案主要係針對性侵害及家庭暴力犯罪等與婦女人身安全密切相關的案件，透過軟、硬體設備的改善及加強人員訓練，落實對被害人的保護協助，使受害婦女能安心透過司法體系提出控訴，使加害人得到應有的處罰，方案有三大目標：1. 提昇案件偵辦效能；2. 改善被害人於檢察機關應訊環境以減少二度傷害，並加強對被害人的保護與協助；3. 強化對加害人的矯正以防止再犯。目前方案最新版本為2018年修正核定。

後，於 2018 年 12 月 21 日啟用「量刑趨勢建議系統」，可供法官審理案件之參考，並開放檢察官、律師、學者及民眾上網查詢利用，以及於 2018 年 8 月編印《刑事案件量刑審酌事項參考手冊》，內有與家庭暴力有關犯罪之量刑審酌事項參考表，供法官量刑參考（司法院，2018）。

四、建立院檢警連繫機制

鑑於 2000 年臺北縣（即今之新北市）王姓婦人受暴聲請保護令，引起丈夫不滿再度施暴，經警察逮捕移送後法院裁定加害人交保飭回，王姓被害人復遭返家丈夫殺害一案，司法院、法務部與警政署於 2001 年共同研議，建立「家庭暴力加害人交保飭回聯繫作業規定」（已於 2015 年更名為「警察機關接獲家庭暴力案件被告經解除拘束通知作業規定」），加強對交保及飭回之加害人進行約制告誡，落實被害人安全保護（衛生福利部，2018）。

五、設立家庭暴力專監

法務部於 2007 年開發獄政系統「家暴處遇子系統」，管理監獄中家庭暴力受刑人的身分辨識、教化、治療或輔導等處遇資料，以落實處遇計畫之辦理（李進賢，2016）。自 2010 年起陸續責成臺北、臺中、臺中女子、彰化、嘉義、高雄、屏東、宜蘭、花蓮監獄及明陽中學等 10 所矯正機關專責辦理家庭暴力犯專業處遇，2011 年法務部矯正司改制成立矯正署，專責收容人的教化、輔導、累進處遇等工作，並針對違反保護令罪與家庭暴力罪之不同類型之受刑人規劃不同處遇模式。對於加害人期滿出監前一個月及假釋出監前，通報加害人戶籍地之家庭暴力防治中心、被害人及其住居所家庭暴力防治中心與警察機關，以達被害人保護及預防再犯之目的（法務部矯正署，2019）。

六、犯罪被害人補償保護機制

《犯罪被害人保護法》將家庭內的性侵害被害人納入賠償對象，對於家

庭暴力未死亡或受重傷之被害人，提供緊急之生理、心理醫療及安置之協助；偵查、審判中及審判後之協助；調查犯罪行為人或依法應負賠償責任人財產之協助；安全保護之協助；生理、心理治療、生活重建及職業訓練之協助及其他協助等；另訂有「加強犯罪被害人保護方案」，做為整合各部會被害人保護之平台，促使各部會於現行機制，共同執行被害人保護工作（法務部，2014）。

七、家庭暴力事件服務處

司法機關的權威及距離感，往往令大多數的家庭暴力被害人不知所措，甚至無法在法庭上做清楚的陳述。為了讓家庭暴力被害人及其未成年子女，在司法程序中可獲得支持與協助，法院依《家庭暴力防治法》第 19 條第 2 項規定，提供場所讓地方政府設置「家庭暴力事件服務處」[10]，被害人可以向服務處尋求幫助，由社工提供法律諮詢、協助聲請保護令、陪同出庭及開庭前後協助、協談、輔導、資源轉介等服務，使被害人在司法體系中獲得支持與協助，可以有效降低被害人對司法的恐懼與焦慮，建立友善的法庭氣氛；而相對人如果有家庭暴力或保護令的問題，也可以向服務處洽詢瞭解。目前全國含離島有 22 個地方法院，共設置 19 個家庭暴力事件服務處（司法院，2020；衛生福利部，2018）。

第四節　司法系統近十年的回應分析（2010~2019）

本節以近十年（2010~2019）地檢署偵查終結情形以及地方法院一審刑事裁判情形為分析，作為司法系統回應家庭暴力罪及違反保護令罪之瞭解。

---

[10] 本項創新措施最早試辦於士林地方法院，2002 年臺北市政府委託現代婦女基金會辦理「家庭暴力事件聯合服務處方案」，開啟社工人員進駐法院提供服務。2006 年起內政部更有計畫地輔導地方政府相繼結合民間團體成立駐地方法院家庭暴力事件服務處。該項措施已於 2007 年《家庭暴力防治法》修法時納入法中。

一、偵查收結情形

（一）偵結件數呈逐年增加，偵結案件以「起訴」為多

近十年地檢署偵辦家庭暴力案件新收件數計 55,035 件，終結件數 74,557 件，均呈現增加趨勢，偵查終結情形分為起訴、緩起訴、不起訴及其他，偵查終結情形以「起訴」（含提起公訴及聲請簡易判決）為最多（3 萬 7,039 件，占 49.7%），以「通常程序提起公訴」有 18,840 件（占 25.3%）略高於以「聲請簡易判決處刑」之 18,199 件（占 24.4%）；不起訴件數為次多（31,192 件，占 41.8%）；緩起訴件數 2,465 件（占 3.3%）；其他處分 3,861 件（占 5.2%）（圖 15-2）。

細分所犯之罪，違反保護令罪之起訴件數多於家庭暴力罪（21,184 件、15,855 件），並以聲請簡易判決處刑為多（11,790 件）；家庭暴力罪以不起訴處分之件數高於違反保護令罪（20,223 件、10,969 件）（表 15-2）。可能係家庭暴力罪有的是告訴乃論罪（傷害罪最多），當被害人撤回告訴時檢察官予以不起訴處分；而違反保護令罪為非告訴乃論罪，縱使被害人未提起告訴，檢察官仍應偵查起訴，或被害人雖撤回告訴，亦不影響刑事訴訟程序的進行。

（二）起訴率逐年下降，不起訴率逐年上升

家庭暴力案件之起訴率高於不起訴率，但起訴率從 2010 年之 53.4%，至 2017 年跌破 5 成（47.7%），下降至 2019 年之 45.5%，呈現逐年下降趨勢；而不起訴率則是從 2010 年之 38.2% 升至 2019 年之 46.8%，呈現逐年升高之趨勢。不起訴理由主要為撤回告訴及嫌疑不足（圖 15-3）。

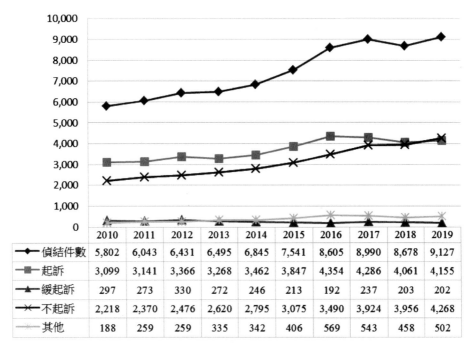

	2010	2011	2012	2013	2014	2015	2016	2017	2018	2019
偵結件數	5,802	6,043	6,431	6,495	6,845	7,541	8,605	8,990	8,678	9,127
起訴	3,099	3,141	3,366	3,268	3,462	3,847	4,354	4,286	4,061	4,155
緩起訴	297	273	330	272	246	213	192	237	203	202
不起訴	2,218	2,370	2,476	2,620	2,795	3,075	3,490	3,924	3,956	4,268
其他	188	259	259	335	342	406	569	543	458	502

圖 15-2 地檢署偵結家庭暴力案件情形

資料來源：整理自法務部（2020）

表 15-2 2010~2019 年地檢署辦理家庭暴力案件偵查終結情形

項目別	偵查終結件數（件）						
	計	起訴			緩起訴處分	不起訴處分	其他
		小計	通常程序提起公訴	聲請簡易判決處刑			
家庭暴力罪	37,800	15,855	9,446	6,409	525	20,223	1,197
違反保護令罪	36,757	21,184	9,394	11,790	1,940	10,969	2,664
總計	74,557	37,039	18,840	18,199	2,465	31,192	3,861

資料來源：整理自法務部（2020）

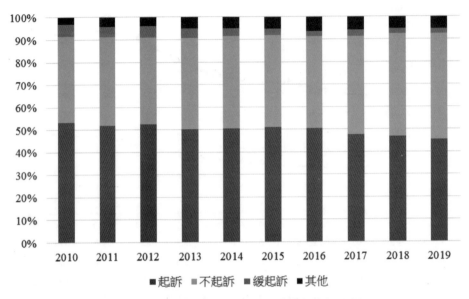

圖 15-3　2010~2019 年家庭暴力案件偵結比例
資料來源：整理自法務部（2020）

（三）家庭暴力罪名以傷害罪最多，占七成，其次為妨害自由

　　家庭暴力罪常會觸犯之罪名包括：妨害性自主罪、殺人罪、傷害罪、妨害自由、恐嚇取財及其他家庭暴力罪。近十年地檢署家庭暴力罪偵結人數 44,469 人，其中以傷害罪最多（73.1%），其次為妨害自由罪（占 13.3%）；起訴率介於 27.9~66.5 之間，起訴率以殺人罪最高、恐嚇取財最低；不起訴率介於 63.0~30.4 之間，不起訴率以恐嚇取財罪最高、殺人罪最低。家庭暴力罪整體起訴率 39.4%、不起訴率 56.1%，不起訴率高起訴率近兩成（詳如表 15-3）。

表 15-3　2010~2019 年地檢署偵辦家庭暴力罪案件收結情形（人）

偵結罪名別	起訴	緩起訴	不起訴	其他	合計
妨害性自主	968	18	634	28	1,648
殺人	450	5	206	16	677
傷害	12,446	110	18,829	1,142	32,527
妨害自由	2,160	353	3,213	186	5,912
恐嚇取財	43	4	97	10	154
其他	1,473	37	1,951	90	3,551
合計	**17,540** **39.4%**	**527** **1.2%**	**24,930** **56.1%**	**1,472** **3.3%**	**44,469** **100%**

資料來源：整理自法務部（2020）

（四）違反保護令罪以違反第 1 款禁止施暴令最多占六成，其次為第 2 款再次騷擾

近十年地檢署辦理違反保護令罪偵結人數 37,624 人，以違反第 1 款者最多（58.7%），其次為第 2 款者（25.2%），各款起訴率介於 72.8~55.3 之間，以第 4 款（遠離令）最高、第 5 款（處遇令）最低；不起訴率介於 34.2~20.2 之間，以第 2 款（騷擾令）最高、第 4 款（遠離令）最低。違反保護令罪整體起訴率 56.8%、不起訴率 30.7%，起訴率高於不起率約兩成五左右（詳如表 15-4）。

近十年違反保護令罪之平均起訴率高於家庭暴力罪（56.8%、39.4%），家庭暴力罪之不起訴率高於違反保護令罪（56.1%、30.7%）（詳如表 15-4）；不起訴主要原因為撤回告訴及嫌疑不足。

表 15-4　2010~2019 年地檢署偵辦違反保護令罪案件收結情形（人）

偵結罪名別	起訴	緩起訴	不起訴	其他	合計
第 1 款（施暴）	12,793	1,149	6,537	1,616	2,2095
第 2 款（騷擾）	5,251	422	3,251	571	9,495
第 3 款（遷出）	332	15	131	25	503
第 4 款（遠離）	1,058	55	294	47	1,454
第 5 款（處遇）	1,923	308	1,319	527	4,077
合計	**21,357** **56.8%**	**1,949** **5.2%**	**11,532** **30.7%**	**2,786** **7.4%**	**37,624** **100%**

資料來源：整理自法務部（2020）

（五）檢察官諭知被告強制處分以釋放為主，向法院聲請羈押八成獲准

　　家庭暴力案件檢察官諭知被告強制處分聲請羈押法院裁定羈押情形，近十年檢察官以諭知「釋放」為最多，釋放比率約八成（36,064 人，79.9%）；其中家庭暴力罪被告諭知釋放情形（19,456 人，90.6%）高於違反保護令罪（16,608 人，70.1%）。近十年家庭暴力案件檢察官向法院聲請羈押人數有 2,830 人，法院裁定羈押 2,254 人，整體羈押率 79.6%；其中家庭暴力罪有 873 人，法院裁定羈押 776 人，羈押率 88.9%；違反保護令罪聲請羈押人數 1,957 人，法院裁定羈押 1,478 人，羈押率 75.5%（詳如附表 15-5）。

表 15-5 2010~2019 家庭暴力案件檢察官諭知被告強制處分[11]及聲請法院羈押情形

年份	合計（人）	家庭暴力罪	具保	責付	限制住居	釋放	聲請羈押	法院裁定羈押
		違反保護令罪						
2010	5,116	2,517	44	0	45	2,345	83	75
		2,599	205	23	408	1,758	205	153
2011	4,527	2,103	47	3	52	1,924	77	71
		2,424	260	20	422	1,502	220	154
2012	4,449	2,235	55	7	46	2,038	89	78
		2,214	182	19	324	1,469	220	163
2013	4,123	1,987	45	2	55	1,817	68	61
		2,136	157	20	277	1,501	181	128
2014	4,016	2,071	38	4	44	1,916	69	63
		1,945	161	25	232	1,354	173	131
2015	4,686	2,521	39	6	80	2,293	103	87
		2,165	138	17	316	1,524	170	126
2016	4,802	2,373	33	4	96	2,122	118	112
		2,429	137	14	345	1,684	249	188
2017	4,848	2,064	45	5	101	1,823	90	80
		2,784	114	28	385	2,044	213	174
2018	4,223	1,479	35	4	88	1,274	78	58
		2,744	95	18	350	2,098	183	148
2019	4,372	2,136	43	6	85	1,904	98	91
		2,236	88	16	315	1,674	143	113
總計	45,162	21,486	380	41	692	19,456	873	776
		23,676	1,537	200	3,374	16,608	1,957	1,478
結構比		100%	1.8%	0.2%	3.2%	90.6%	4.1%	
		100%	6.5%	0.8%	14.3%	70.1%	8.3%	

資料來源：整理自法務部統計（2020）

[11] 諭知被告強制處分內容，依據法務部統計資料共有具保、責付、限制住居、限制出境、具保且限制住居、責付且限制住居、釋放等情形，由於限制出境、具保且限制住居及責付且限制住居的個案數稀少，本統計表將其簡化分別併入具保、責付、限制住居中。

　　警察機關隨案解送之嫌犯，經檢察官問訊後，認無羈押之必要，依據《家庭暴力法》第 31 條規定，檢察官對未羈押之被告，諭知具保、責付、限制住居等強制處分或釋放時，可附一款或數款條件命被告遵守，近七年檢察官附條件命令的內容，主要為禁止實施家庭暴力行為（51.7%），其次為禁止對被害人為直接或間接之騷擾接觸通話或其他聯絡行為（19.9%）（詳如附表15-6）。

表 15-6　2013~2019 年地方檢察署辦理家庭暴力案件──檢察官附條件處分人數 [12]

年別	家暴附帶條款合計（複選）（人次）					
	小計	禁止實施家庭暴力行為	禁止對被害人為直接或間接之騷擾接觸通話或其他聯絡行為	命遷出被害人之住居所	遠離被害人之住居所、學校、工作場所或其他經常出入之特定場所	其他保護被害人安全之事項
2013	1,558	771	270	65	189	263
2014	1,425	785	229	61	157	193
2015	1,756	906	263	49	190	348
2016	1,947	1,038	295	49	188	377
2017	2,012	1,073	341	62	210	326
2018	1,901	928	488	57	187	241
2019	1,813	918	583	46	206	60
合計	12,412	6,419	2,469	389	1,327	1,808
結構比	100%	51.7%	19.9%	3.1%	10.7%	14.6%

資料來源：整理自法務部（2020）

---

[12] 由於法務部網站未查詢到 2010-2012 年之資料，故以 2013~2019 年之資料為分析。

二、家庭暴力案件之裁判

（一）八成之被告判決有罪，並科處拘役為多

　　地方法院違反《家庭暴力法》案件之裁判，分為有罪科刑、無罪、其他、保安處分及緩刑等結果。近十年被告人數有 44,341 人，以判決有罪者為多（35,068 人，占 79.1%），判決無罪人數僅 1,102 人（占 2.5%）。被告有罪判決之科刑，以判處「拘役」為最多，占科刑人數之五成（21,982 人，49.6%）；其次為「一年以下有期徒刑」，占科刑人數之二成五（9,024 人，25.7%），也有 3,885 人宣告緩刑，每年約有 400 人宣告緩刑（如表 15-7）。

表 15-7　地方法院違反《家庭暴力防治法》案件——按裁判結果分（2010-2019）

年別	終結件數	被告人數											保安處分人數			緩刑人數
		合計	科刑										保護管束	強制治療	其他	
			計	死刑	無期徒刑	有期徒刑			拘役	罰金	無罪	其他				
						一年以下	逾一年至十年以下	逾十年								
2010	3,667	4,003	3,101	2	6	878	234	26	1,863	92	70	832	345	20	26	401
2011	3,819	4,145	3,195	3	5	931	271	25	1,884	76	80	870	355	17	21	410
2012	3,858	4,226	3,284	-	6	958	271	20	1,917	112	81	861	325	20	23	383
2013	3,790	4,097	3,240	2	9	898	275	17	1,949	90	107	750	376	7	28	417
2014	3,860	4,202	3,280	-	5	816	272	25	2,067	95	106	816	374	8	28	425
2015	3,890	4,228	3,392	-	6	845	244	16	2,178	103	121	715	325	3	22	376
2016	4,297	4,653	3,699	-	5	876	281	24	2,398	115	120	834	320	2	25	384
2017	4,661	5,040	4,083	1	7	987	290	15	2,656	127	137	820	294	2	34	357
2018	4,475	4,879	3,881	2	15	924	297	12	2,501	130	143	855	295	1	20	353
2019	4,476	4,868	3,913	1	11	911	273	16	2,569	132	137	818	311	-	32	379
合計	40,793	44,341	35,068	11	75	9,024	2,708	196	21,982	1,072	1,102	8,171	3,320	80	259	3,885

資料來源：整理自司法院（2020）。

（二）緩刑附保護管束命被告遵守事項主要為禁止施暴與騷擾

《家庭暴力防治法》案件之被告法院為緩刑之宣告，依據《家庭暴力防治法》第 38 條規定在緩刑期內應付保護管束並命其遵守事項，近十年法官命被告於緩刑期間應遵守事項主要為「禁止實施家庭暴力」及「禁止為騷擾、接觸、跟蹤、通話、通信或其他非必要之聯絡行為」（如表 15-8）。

表 15-8　地方法院違反《家庭暴力防治法》案件——按被告於緩刑付保護管束期間內應遵守事項[13]（2010-2019）　　　　　　　　　　　　　　單位：項

年別	合計	禁止實施家庭暴力	禁止騷擾等行為	強制遷出	強制遠離	強制認知教育輔導	強制親職教育輔導	強制心理輔導	強制精神治療	強制戒癮治療	強制其他治療、輔導	其他必要保護被害人等措施
2010	71	37	18	-	4	3	-	3	-	2	3	1
2011	82	46	24	-	1	2	-	1	1	3	2	2
2012	88	50	29	1	4	3	-	-	1	-	-	-
2013	129	66	41	-	9	3	-	3	1	2	1	3
2014	118	60	35	2	7	3	-	3	-	5	-	3
2015	225	116	70	3	13	7	-	5	4	2	1	4
2016	174	112	28	-	4	10	3	5	4	3	3	2
2017	224	136	63	2	9	5	1	1	2	1	1	3
2018	206	117	64	1	4	6	5	2	4	1	-	2
2019	287	149	75	3	12	14	7	8	7	2	3	7
合計	1,604	889	447	12	67	56	16	31	24	21	14	27

資料來源：整理自司法院（2020）

---

[13] 被告於緩刑付保護管束期間內，應遵守事項，規範於《家庭暴力防治法》第 38 條第 2 項，共有 6 款情形。

三、家庭暴力案件裁判有罪之執行

　　近十年家庭暴力案件經法院裁判確定移送檢察機關執行者計 35,935 人，其中有罪 28,598 人（含科刑 28,566 人及免刑 32 人），無罪人數 965 人。有罪人數中，違反保護令罪占七成（18,357 人），家庭暴力罪 10,241 人，占 28％（詳如圖 15-4）。判決有罪執行案件中，以判處拘役 18,734 人（占 65.5％）最多，且人數呈逐年上升趨勢，所占比率近五年高於 65% 以上；其次為判處 6 月以下有期徒刑 7,216 人（占 25.2％），近五年均降至 25% 以下。

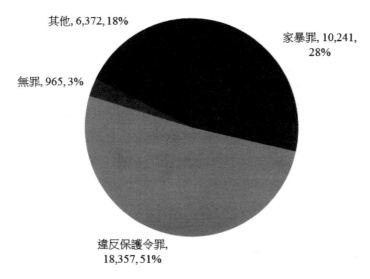

圖 15-4　近十年（2010~2019）地檢署執行家庭暴力案件裁判確定人數
資料來源：整理自法務部（2020）

第五節　結語

　　聯合國多年來已陸續通過了多項與司法系統有效回應的文件與手冊供各國參考，例如 1997 年 12 月通過 52/86 號決議：「消除對婦女的暴力行為的

預防犯罪和刑事司法措施」[14]，促請各國要確保刑事司法系統公平對待婦女；
2009 年 7 月制定《暴力侵害婦女立法手冊》[15]，提供各國訂定或修訂保護婦
女法律的有效工具，確保對被害人的公正、保護與犯罪加害人的究責；2011
年 3 月通過 65/228 號決議：「加強預防犯罪和刑事司法對暴力侵害婦女行為
的回應」[16]，提供全面的政策架構，協助各國在刑事司法系統內制定對策並採
取行動；2014 年制定《回應婦女及女孩受暴的有效起訴手冊》[17]，協助檢察官
履行法治，提供檢察官起訴的基礎資源；2015 年制定《婦女與女孩受暴基
本服務 - 核心要素與品質方針》[18]，強調司法程序的連續性，並建議各國司法
系統應提供親密關係暴力與性暴力被害人相關安全保護、支持協助、訊息告
知等積極回應；以及 2017 年 CEDAW 第 35 號一般性建議要求各國應確保被
害人可有效訴諸法院，而司法系統應對所有案件做出有效回應等。這些文件
及手冊在在都強調了司法系統的連續、有效及積極的回應對被害人的重要。

　　從我國《家庭暴力防治法》有關刑事司法系統的職責與工作程序觀之，
其實都已與國際發展趨勢及關注重點緊緊跟隨；而在刑事司法程序的實務運
作及司法行政的配套機制上，從本章前述幾節敘述的內容也可以瞭解到司法
系統對家庭暴力防治的努力，但仍有部分可再加強，例如對加害人的罪責似
嫌過輕，應與其犯罪之嚴重性相對應；對被告諭知強制處分及釋放、緩刑、
假釋附條件之運用似有不足，應善加運用以防治其再施暴。期待司法系統基
於人權保障與性別平等的核心價值，持續努力落實司法的公平正義。

---

[14] Crime prevention and criminal justice measures to eliminate violence against women
[15] Handbook for legislation on violence against women
[16] Strengthening crime prevention and criminal justice responses to violence against women
[17] Handbook on effective prosecution response to violence against women and girls
[18] Essential Services Package for Women and Girls Subject to Violence

- **問題**
  1. 家庭暴力案件於刑事司法系統中的各角色（如：警察、檢察官、法官等），其職責範圍有何異同之處？
  2. 在家庭暴力案件中，民事保護令與刑事程序在防治效果上有何差異？
  3. 依據《家庭暴力防治法》的刑事程序，有被害人權益保障與安全保護的機制設計，請說明這些內容重點，並探討警察與司法人員在當中的職責。
  4. 如何建構對被害人及目睹兒少友善的司法環境？
- **推薦影片**
  1. 電影：判決之後（Verdict）
  2. 電影：監護風雲（Jusqu'à la garde）
  3. Youtube〈家暴事件檢察實務第 1 擊（王聖豪檢察官）〉
  4. Youtube〈家暴事件檢察實務第 2 擊（薛雯文檢察官）〉

第十六章
親密關係暴力防治政策之展望

　　過去 30 年我國婦女與兒少保護運動最早由民間倡議、推動，而後透過立法策略奠立保護性服務的法制基礎，促使政府回應婦幼人身安全問題，尋求解決改善之道；法制化後，在政府各部門與民間組織之公私協力下，透過觀念宣導、完善法律規範、設置服務體系、開展服務方案、推動網絡合作，以及開發民間服務資源等策略下，各項防治服務策略與工作架構已累積了相當的基礎。然社會、環境與科技一直在變動，面對的挑戰是日益複雜與艱鉅，公民社會對於政策與服務品質的期盼更是與日俱增。因此，如何在現有基礎上，探討未來發展的因應對策目標、價值與原則，即時回應現代社會多元且複雜的問題，係社會須積極努力的任務。

　　沈慶鴻、王珮玲（2018）曾就我國親密關係暴力之現況問題與未來防治政策之展望進行探討[1]，以公共衛生之三段五級預防觀念為基礎，提出政策之分析架構（如圖 16-1）：

（1）基礎工作：包含防治系統各體系的人力、經費、資源配置、專業能力建構、公私協力，以及網絡合作等議題。

（2）初段預防：包括第一級的社會教育、宣導、與社會認知，以及第二級針對易受傷族群如新移民、原住民、身心障礙者、未成年者和老人之特殊保護。

（3）二段預防：主要是第三級的保護性案件的發掘、通報、處理、服

---

[1] 該計畫係衛生福利部之委託研究，總計畫名稱為「家庭暴力及性暴力防治政策規畫與研究」（總計畫主持人王珮玲），研究議題含括親密關係暴力、兒少受虐、老人受虐、性侵害以及我國保護服務政策規劃總體報告等五個子計畫。本章係依據子計畫「親密關係暴力現況問題暨防治成效研究報告」（沈慶鴻、王珮玲，2018）部分內容所改寫。

務，以及被害人、加害人和家庭成員之服務處遇等。

（4）三段預防：包含第四級的預防再犯、加害人處遇與司法回應，以及
　　第五級的復元，被害人與家庭的生活重整。

　　該研究透過詳細檢視相關文獻、我國親密關係暴力防治重要工作與案件
相關統計，以及分析聯合國與歐盟二個國際組織、英國與澳洲二個先進國家
之親密關係暴力防治政策、策略與具體措施；除此之外，亦邀集公、私部門
實務工作者、專家學者、受暴婦女以及本對人，參與 13 場次之焦點團體討
論，最後綜整提出國家行動計畫 20 項重要工作目標、47 項策略、以及 101
項行動內涵，可做為我國親密關係暴力防治政策未來發展之重要參考，以下
各節將分別說明。

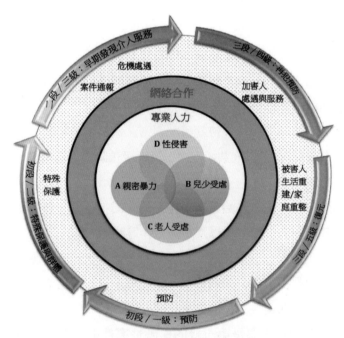

圖 16-1　三段五級之親密關係暴力防治政策分析架構[2]
資料來源：沈慶鴻、王珮玲（2018）

───────────────

[2]　如註腳 1，本圖係「家庭暴力及性暴力防治政策規畫與研究」總計畫之政策分析架構圖。

第一節　基礎工作

一、親密關係暴力防治政策中的人權與性別

　　就被害人數與影響層面觀之，女性遭受親密關係暴力占全體被害人數之最大比例，且不論是對個人身體傷害的嚴重程度、心理的創傷壓力、人我關係的斷裂、甚至是就業或居住等日常生活，皆可見暴力對女性被害人的影響遠遠超過男性被害人，而此正是 CEDAW 第 35 號一般性建議與《伊斯坦堡公約》所揭示，親密關係暴力是一種基於「性別」的暴力行為。此外，鑑於暴力對女性的戕害嚴重影響基本人權的行使、公共生活的參與，甚至是個人潛能發展的意願與能力，特別是易遭受交叉與多重歧視不利處境群體，因此參酌國際公約與各國做法，評估擬定實施特別暫行措施行動計畫，創造更有利受暴婦女實現平等的環境；另針對女性極度恐懼與造成極大身心創傷的新型態暴力，如仇視女性的報復式色情、跟蹤騷擾、高壓控管等，採取更積極法制化行動來改善女性被害人處境，是未來國家親密關係暴力防治工作需採行策略行動之一。

二、國家行動的依據

　　2008 年聯合國決議促請各國以全面性（政策、計畫與預算須併同考量）、系統性（包含執行與監督評估機制）、跨部門及永續性的全面性統合取徑架構，制訂消除暴力侵害婦女國家行動計畫；此外，歐盟《伊斯坦堡公約》第 7 條亦規範歐盟各國必須檢視相關法律，採取全面性的策略，執行對婦女與兒童的暴力防治政策。據此，英國自 2010 年起制定三階段的國家行動計畫，以五年為一階段進行策略規劃與目標檢視；另澳洲亦規劃 2010-2022 年的國家計畫，設定六個國家成果，以每三年為一周期，共分四個階段設計政府未來可能有效的措施。因此，為有效推動我國親密關係暴力等性別暴力防治工作，未來應考慮制定國家行動計畫，以實證為基礎，透過完整

的資料蒐集、分析，提出具有實證效果的政策內涵。

三、執行部門的資源配備

不論是被害人保護或加害人處遇及有效預防，均有賴資源的挹注，我國多年來一直面臨經費、專業人力和人力品質等三大面向資源配備不足的問題。依 CEDAW 第 35 號建議以及《伊斯坦堡公約》，除建議國家應編列充足合理的預算外，未來也可參酌歐盟最低服務品質原則，對於防治預算的編列應依據發生率、案件數、服務人數、服務需求、及相關預防性方案與宣導等，並考量區域特性來計算制訂參考標準；同時，也需建立預算編列與執行情形的衡量指標與考核機制，監督預算編列與執行情形。再者，目前各體系也缺乏人力配備標準的依據，更無長期人力充實計畫，整體親密關係暴力防治與服務品質亦受到限制，因此人力配置合理性是未來推動親密關係暴力防治首要面對的基礎工作之一。

四、網絡合作的治理

包括聯合國國家行動計畫手冊[3]、基本服務方針[4]、CEDAW第35號一般性建議、以及《伊斯坦堡公約》第 7、12 條條文，均指出各國在親密關係暴力防治工作上必須採行跨單位合作的模式，發展國家及地方網絡整合與監督評估標準。我國目前推動的社會安全網方案，在現有的網絡合作基礎上，進一步擴大規劃網絡合作的具體模式與各類案件處理流程，而親密關係暴力防治網絡未來應配合社會安全網方案實施，更加強化網絡合作的治理與效能。

五、公、私協力的規劃

聯合國提醒各國必須持續支持民間團體與機構，以永續性原則，優

---

[3] UN Women 2012 年出版「暴力侵害婦女之國家行動計畫手冊」（Handbook for National Action Plans on Violence Against Women, 以下稱 UN 國家行動計畫手冊）

[4] Essential services package for women and girls subject to violence -core elements and quality guidelines (UN Women et al., 2015)

先補助婦女團體，協助獨立營運的能力；英國國家計畫中也推出 VAWG（Violence Against Women and Girls，簡稱 VAWG）服務轉型基金，支持地方創新機構，以公私協力的精神，對婦女與兒童暴力社會文化、行為、不平衡權力的改變等方向，共同努力，追求服務與政策品質的提升。未來我國在公私協力的議題上，實應更致力於確保民間團體切實參與防治決策，鼓勵民間組織之研發與倡議動能；並且應建立公私協商平台，全面檢視與監督委辦契約的合理性，以彰顯平等的公私協力夥伴合作關係，提升公私協力動能與服務品質。

　　有關基礎工作未來發展之重要工作目標、策略與行動內涵詳如表 16-1。

表 16-1　基礎工作之工作目標、策略與行動內涵

重要工作目標 1：重申親密關係暴力是基於性別不平等與違反人權的暴力	
策略	行動內涵
1-1 重視親密關係暴力對婦女產生不成比例之影響	1-1-1 監測親密關係暴力狀況，透過性別分析掌握暴力問題影響，揭示親密關係暴力是基於性別的暴力
	1-1-2 推動以人權及性別視角認識親密關係暴力的相關訓練與工作坊，建構人權保障及性別平等的核心信念
	1-1-3 進行我國親密關係暴力類型的研究，建構不同暴力型態的評估，發展適當的服務內涵
1-2 透過特別暫行措施、制定法律以及增修相關法律規範內容等，加速改善婦女受暴處境	1-2-1 掌握我國婦女受害影響，分析暴力侵害婦女致使無法履行基本人權的狀況，參酌國際公約與各國做法，評估擬定實施特別暫行措施行動計畫
	1-2-2 研議報復式色情立法、跟蹤騷擾防治法立法、以及家庭暴力防治法增訂高壓控管行為之定義說明、加害者資訊揭露規定等內容
重要工作目標 2：建立以實務證據為基礎的國家行動計畫	
2-1 制定國家行動目標與計畫	2-1-1 成立跨部會工作小組，研擬國家行動計畫
	2-1-2 建立由下而上的公眾協商平台，推動參與式民主討論機制

2-2 建立親密關係暴力資料系統，強化資料品質	2-2-1 建置親密關係暴力統計分析資料架構與調查系統
	2-2-2 委託學術單位進行大數據分析，並建置決策輔助模型
2-3 建立親密關係暴力防治衡量指標系統，定期評估、反饋與改善機制	2-3-1 委託學術智庫建置衡量指標，完善指標
	2-3-2 定期分析衡量指標、國家行動目標與執行策略表現，並提出監測與評估報告
重要工作目標 3：配置充足合理資源與具專業品質的人力	
3-1 建立案件服務資源需求標準，依據案件發生、服務需求編列預算	3-1-1 估算案件服務資源需求標準
	3-1-2 建立預算編列與執行情形的衡量指標與考核機制，監督預算編列與執行情形
3-2 估算人力需求標準，充足中央、地方各服務體系專業人力	3-2-1 各體系估算人力需求標準
	3-2-2 規劃短、中、長期人力充實計畫
3-3 建構跨網絡訓練平台、建立專業考核標準，以及偏鄉人力培育制度，提升服務人力的品質	3-3-1 建置專業教育訓練平台與訓練內容
	3-3-2 建立各體系工作人員專業考核標準，促進專業久任
	3-3-3 推動偏鄉公費人力（包含社工、醫療與警察等）培訓與運用制度
重要工作目標 4：提升以被害人為中心的網絡治理品質	
4-1 強化整合性服務網絡合作機制與效能	4-1-1 配合社會安全網方案實施，強化網絡合作模式
	4-1-2 建立網絡合作效能評估機制並定期檢視與檢討
4-2 建立網絡單位資訊使用共享規範，最小化隱私與資安風險	4-2-1 建立網絡資訊共享規範
	4-2-2 建立資訊分享平台與監測機制
重要工作目標 5：建立以永續性為前提的公私協力關係	
5-1 確保民間團體切實參與防治決策，鼓勵民間組織之研發與倡議動能	5-1-1 建立網絡溝通平台，擴大民間政策參與機制
	5-1-2 補助設置民間倡議與研究組織，以及補助民間團體聘僱研發倡議人力
	5-1-3 盤點服務資源，培力在地與偏鄉保護性組織

5-2 建立平等的公私協力夥伴合作關係，提升公私協力動能與服務品質	5-2-1 分析社會安全網對民間社福團體或提供服務組織的影響
	5-2-2 建立公私協商平台，全面檢視與監督委辦契約的合理性

資料來源：引自沈慶鴻、王珮玲（2018）

第二節　初段預防

■ 初段一級：預防

一、校園親密關係暴力的預防與處理

　　學校是建立性別平等與親密關係防治教育最重要的場域，其範圍含括國小、國中、高中／職及大學院校之教學、輔導與事件處理。CEDAW 第 35 號一般性建議、聯合國國家行動計畫手冊建議皆指出，政府應將性別平等與人權納入各級學校教學大綱，課程內容應包括消除性別刻板印象、歧視與性別暴力行為，以及建立平等、相互尊重關係及正向衝突因應等課程內涵。此外，除了例行性教學活動外，國際經驗也指出，推動全體教師與學生參與校園運動，如旁觀者運動[5]（bystander campaign），並鼓勵結合社區、家長等共同參與，以擴大提倡平等、尊重、不責備被害人的校園文化。

二、社區防治行動

　　對社會大眾的教育是杜絕親密關係暴力不可缺少的一環，不論是聯合國、歐盟、英國與澳洲、或國內研究，皆強調「深耕社區」是推動親密關係暴力預防工作最重要的策略。依 CEDAW 第 35 號一般性建議、聯合國國家行動計畫手冊、以及「支持行動預防暴力侵害婦女行為架構」（A framework

---

[5] 旁觀者運動在歐美地區已廣泛運用在犯罪或暴力防治、霸凌防治、自殺防治、毒品防制等領域，主要目的係呼籲事件的旁觀者發揮及時協助與支持的效果，減少受害者的傷害。旁觀者介入模式有五個步驟：1. 注意到事件發生；2. 將該事件詮釋為需要協助的緊急事件；3. 承擔介入的責任；4. 具備介入或提供幫助的知識；以及 5. 實施介入決定（李佩珊等，2018）。

to underpin action to prevent violence against women）（UN Women et al., 2015）皆明確指出，預防重點在提高對親密關係暴力行為零容忍觀念，提供法律與服務資訊，鼓勵旁觀者報告與安全回應，以及消除社會對遭受親密關係暴力被害人／倖存者的歧視與偏見。而社區行動應針對不同背景的民眾，並考量地區特殊性，包括偏鄉或離島，發展符合在地需求的社區意識培力行動。

三、媒體與數位科技的影響

媒體是社會的第四權，媒體報導若存在性別刻板印象，將導致女性遭受暴力，又或者是對被害人造成二度傷害、以及社會大眾對於暴力的模仿。聯合國國家行動計畫手冊建議，各國應建立媒體報導原則和獎勵措施，鼓勵媒體及從業人員在親密關係暴力議題上增強敏感度。除此之外，數位科技、資訊通訊技術（ICTs）的發展，也讓暴力行為擺脫時間和空間的限制，在網路上迅速施展，包括運用網路言論指控、攻擊被害人，或者是採取復仇式色情（revenge porn）；又或運用科技設備跟蹤被害人，甚至利用智慧居家設備來實施暴力，讓被害人逐步失去家居控制權而心生畏懼。因此，先進國家工作紛紛將數位科技與 ICTs 對親密關係的影響列入工作重點之一，未來我國需積極投入此一領域之研究與預防，關切、分析、掌握問題現象，並發展保護被害人措施與反制策略。

四、企業參與暴力防治的社會責任

針對遭受親密關係暴力被害人，職場上的友善反應與工作權益保障，是提升其經濟能力，進而脫離暴力的重要環節。CEDAW 第 35 號一般性建議與聯合國國家行動計畫手冊，皆特別強調私人企業參與，明示政府應強化企業責任、機制，促進民間私人企業提供被害人協助。例如美國許多州的法律提供被害人請假以因應其就醫或接受服務、出庭應訊或作證等需求，而不遭公司懲罰；另也要求雇主進行員工認知暴力、保障被害者工作權益之訓練

（王珮玲，2013）。紐西蘭亦於 2018 年 7 月修正《家暴法》，規範家暴受害者、受虐兒童照顧者能夠擁有 10 天的有薪假，不計入特休或病假中，讓被害人及其家人有時間離開施暴者、找新家、保護自己及孩童；此外，為了保障家暴被害人的安全，其可以向公司申請彈性的工作環境，包括改變工作地點、改變 e-mail 位址等。至今我國相當欠缺有關企業參與暴力防治社會責任之相關規範與獎勵措施，此實為未來努力的重要方向。

　　有關初段一級預防工作未來發展之重要目標、策略與行動內涵，詳如表16-2。

表 16-2　初段一級預防之重要目標、策略與行動內涵

重要工作目標 6：強化各級學校親密關係暴力防治教育與因應	
策略	行動內涵
6-1 積極推動消除性別刻板印象之教學與活動	6-1-1 分析學校教材，破除性別迷思，建構平等與尊重的教學策略與作法
	6-1-2 運用媒體、數位科技、遊戲，修正或改變父權態度與歸責被害人文化
	6-1-3 採取賦權取向的學校教育活動，建立女童與年輕女性自主與領導力
6-2 建立學生發展尊重關係能力與親密關係暴力辨識、因應策略	6-2-1 與親密關係暴力防治專家合作，發展案例與情境式教材
	6-2-2 建立教學品質與教學成效評估機制，並定期公佈評估結果
6-3 強化學校親密關係暴力案件回應與建立不責備被害人的校園文化	6-3-1 建立整合性、具性別敏感度案件回應機制，提供充分的服務資源，建構不責備被害人的校園文化
	6-3-2 辦理全體學校教師與教育人員親密關係暴力創傷知情與案件處理知能訓練，並定期檢視成效
	6-3-3 推動校園旁觀者運動，促進老師、學生與家長、社區共同參與

重要工作目標 7：落實社區親密關係暴力零容忍	
7-1 提升社區性別平等與反親密關係暴力的文化與意識	7-1-1 深耕社區，推動社區女性與男性共同參與改變父權文化與不責備被害人的活動
	7-1-2 採取賦權取向，建立社區婦女自主與領導力
	7-1-3 關注偏鄉或離島地區的特殊性，發展符合在地需求的社區意識培力行動
7-2 整合社區資源，建立預防性服務	7-2-1 推動社區親密關係暴力防治睦鄰運動，結合鄰里、民間組織與私部門，建立社區辨識與回應知能
	7-2-1 傳遞對創傷知情的理解，發展以支持被害人為導向的社區預防性服務
重要工作目標 8：防範媒體與數位科技助長親密關係暴力現象	
8-1 採取積極性輔導策略，促使媒體報導不傷害被害人	8-1-1 與親密關係暴力專家合作，建立媒體報導親密關係暴力案件原則與敘事腳本
	8-1-2 於現行媒體評選與輔導機制中，建立媒體報導獎勵措施，積極矯正助長親密關係暴力結構性風險因子
8-2 掌握數位科技、資訊通訊技術（ICTs）對親密關係暴力的影響，發展並運用預防暴力再發生	8-2-1 進行數位科技、ICTs 對親密關係暴力影響之研究，掌握問題現象，並研發國內具體可行措施與設備（如違反保護令示警手環等）
	8-2-2 發展反制 ICTs 對親密關係暴力監控的設備與措施
	8-2-3 辦理有關 ICTs 對親密關係暴力影響之訓練，提升專業人員知能
重要工作目標 9：加強企業參與親密關係暴力防治行動	
9-1 鼓勵企業建立反親密關係暴力文化，強化社會責任	9-1-1 與親密關係暴力防治專家合作，發展具性別敏感度的企業安全回應程序與被害人支持性方案模式
	9-1-2 建立評選與獎勵機制，引導企業參與親密關係暴力防治工作
	9-1-3 將親密關係暴力防治納入職業安全訓練課程，提升相關人員防治意識

9-2 逐步推動企業協助親密關係暴力防治工作的落實與立法	9-2-1 參考聯合國國際勞工組織（ILO）與先進國家之策略，規劃親密關係暴力被害人保護與權益保障事項納入工作福利內容
	9-2-2 推動對於企業協助防治親密關係暴力角色與責任的法制化

資料來源：引自沈慶鴻、王珮玲（2018）

■ 初段二級：特殊保護與預防

一、不利處境群體與家庭的特殊保護

親密關係暴力是一種基於性別的歧視，但其他形式的歧視和弱勢地位會增加受暴風險，使其更加難以求助，包含身心障礙者、新住民、原住民、少女或青年、不同性傾向者或偏鄉地區住民等。此外，除易遭受交叉與多重歧視不利處境群體的需求外，脆弱家庭與危機家庭往往也面臨較高的親密關係暴力發生風險，諸如目睹兒少受代間傳遞影響、經濟弱勢、失業、犯罪、自殺、精神疾患、藥酒癮等家庭。這些因素雖不必然與暴力發生互為因果，但一旦與性別刻板印象等因素結合，將更容易助長暴力的普遍性與嚴重性。因此，聯合國國家行動計畫手冊特別指出，政府應針對不利處境群體與家庭發展相關預防方案。

二、男性參與親密關係防治暴力

從大眾對性別暴力的態度來看，國內研究發現我國男性在態度上比起女性更加認同男性規訓，男性也比女性更加縱容暴力的發生（王珮玲、吳書昀，2016），因此凸顯了在親密關係暴力防治工作中積極促進男性參與的重要性，尤其是年輕男性應成為防治暴力主要的著力對象。《伊斯坦堡公約》第 12 條規範各締約國應採取必要措施，鼓勵各界，特別是男性與男童積極做出貢獻，揭示男性參與預防的一般性義務。藉由男性參與預防方案，消除男性的刻板印象，如男尊女卑、男性主導、經濟控制等；另一方面亦可增強

正向平等與尊重關係的知能，如父職角色教育等，皆有助於男性參與防治性別暴力工作。

　　有關初段二級特殊保護與預防工作未來發展之重要目標、策略與行動內涵詳如表 16-3。

表 16-3　初段二級特殊保護與預防之重要目標、策略與行動內涵

重要工作目標 10：賦權易受傷害族群體與脆弱家庭	
10-1 維護易遭受交叉與多重歧視不利處境群體之平等受益、尊重的服務權益	10-1-1 推動青少年、青年早期之約會暴力預防方案，建立尊重關係與衝突因應能力；賦權懷孕、生育青少女，增進暴力辨識與安全回應知能
	10-1-2 掌握障礙、高齡、新住民、原住民、農村偏鄉地區等不利處境群體需求，依其處境連結社區資源，設計預防方案
	10-1-3 回應不同性傾向者需求，建立服務平台，提供整合性、具 LGBT 議題敏感度的支持與專業服務
10-2 落實社會安全網，強化脆弱家庭與危機家庭親密關係暴力預防性服務方案，降低暴力發生風險	10-2-1 開發多元服務模式，強化目睹暴力兒少輔導；以及提供兒少時期目睹暴力成人支持性服務，減低暴力代間傳遞的影響
	10-2-2 針對目睹暴力兒少、兒童虐待之父親，發展與父親工作方案，協助父親改變暴力行為
	10-2-3 將親密關係暴力預防概念融入經濟弱勢、特殊境遇、自殺、精神疾患及藥酒癮等家庭處遇，發展預防性服務方案，提升安全意識與自我保護能力
重要工作目標 11：鼓勵男性和男孩參與	
11-1 鼓勵男性和男孩參與性別平等與親密關係暴力社會防治行動	11-1-1 鼓勵男性和男孩認識與理解親密關係暴力根植於社會文化結構，以及對被害人造成的創傷與影響，特別是女性
	11-1-2 推動男性參與性別平等與親密關係暴力防治社會行動，提倡平等、非暴力男性形象
11-2 開發男性親密關係暴力防治支持性方案	11-2-1 將性別平等與親密關係暴力議題納入現行的男性為主的各式服務
	11-2-2 提供多樣方式的男性支持性方案，以符合男性需求並降低求助困境

資料來源：引自沈慶鴻、王珮玲（2018）

第三節　二段預防

一、親密關係暴力的發現與辨識

　　親密關係暴力存有相當比例的黑數，為數不少的被害人未向家暴防治系統尋求協助，或因未被發現、辨識而無法通報；因此為能在暴力發生初期增加早期介入的機會，辨識和發現即是早期介入的重要關鍵。由於警察和衛生醫療體系是親密關係暴力最重要的通報管道，因此強化警政系統和衛生醫療系統人員的暴力敏感度和辨識、發現的能力就成當務之急。此外，聯合國建議衛生醫療人員必須強化在親密關係暴力的辨識和處遇功能，須改變以診斷及治療疾病為主的固定化服務模式，對就醫之隱性受暴被害人、易受傷害群體及提供健康照顧病患的暴力預防和處理，提升辨識與主動服務的能力。

二、通報的有效性

　　通報雖是家暴防治重要的法定業務、通報案件也年年上升，然而通報後被害人是否願被服務？受暴問題能否被解決？此係防治效益衡量的關鍵。通報的問題除了通報管道的便利外，通報受理品質的強化亦是未來仍須面對和改變的問題。而在通報後，除了提升各網絡成員接案的敏感度，UN 服務方針也提醒在與被害人初步接觸時，提供創傷知情（trauma-informed）的服務，讓被害人及兒童有選擇的權利，才能賦權被害人接受正式系統的服務。

三、危機介入的量與質

　　在危機介入階段，約制暴力、掌握暴力的動態變化和處理時效，是暴力防治工作人員的重要任務；我國於 2011 年推動的「跨網絡安全網方案」，已顯現初步成效；而為減少再犯、再通報情形的出現，防治網絡成員應持續進行危險評估，掌握暴力的動態變化，並建立即時的資訊分享機制，以能隨時檢視、更新個案的處遇計畫。此外，庇護安置是危機介入階段最重要的策

略，親密關係暴力受暴者若有子女，安置服務須能回應需求；故健全安置處所、增加庇護安置選擇的多樣性和便利性，係未來提升服務品質的重要內涵。

　　有關二段預防早期介入工作未來發展之重要目標、策略與行動內涵詳如表 16-4。

表 16-4　二段預防早期介入之重要目標、策略與行動內涵

重要工作目標 12：建立親密關係暴力早期辨識機制	
策略	行動內涵
12-1 提升醫療衛生系統對親密暴力的辨識和因應能力	12-1-1 建構親密關係暴力早期辨識指標，針對醫療衛生人員發展訓練課程
	12-1-2 將親密關係暴力早期辨識指標，納入醫療臨床評估與家戶服務（如精神照護、自殺防治、育兒指導等）評估內容，建立評估標準作業程序，以提升醫療衛生人員敏感度和暴力防治專業知能
12-2 促進警政系統治安查訪對親密暴力的辨識和因應能力	12-2-1 根據不同暴力型態，建構親密關係暴力早期辨識指標，並針對警察查訪工作發展訓練課程
重要工作目標 13：精進通報制度	
13-1 降低求助或通報風險，提高求助意願	13-1-1 因應社會變遷和科技能力，發展新型態的通報管道，以增加求助的便利性和即時性
	13-1-2 降低易受傷害群體的求助阻力，提升各網絡專業成員辨識、發覺與通報的敏感度與能力
13-2 建構各體系創傷知情能力，改善受案品質	13-2-1 發展被害人各類親密暴力型態、階段所形成的創傷影響訓練課程，強化各網絡成員創傷知情能力
	13-2-2 建構結構化受案程序、完整服務說明和各網絡服務資源，以賦權被害人服務選擇能力，以維護權益

重要工作目標 14：提升危機介入品質	
14-1 友善孩童與被害人危機庇護的安置需求	14-1-1 擴增被害人危機庇護處所之數量和類型，以增加被害人選擇範疇
	14-1-2 根據被害人危機程度、需求、居住期程，發展多元化的服務內容和管理措施，以能兼顧被害人及其子女之安全和自主
14-2 強化網絡單位之風險管理，提升聯合處遇的效能	14-2-1 應掌握暴力動態變化和處理時效，建構網絡成員資訊分享機制、提供聯合處遇，落實網絡服務綜效
	14-2-2 各網絡應持續進行危險評估並掌握暴力動態變化，以檢視和更新個案處遇計畫

資料來源：引自沈慶鴻、王珮玲（2018）

第四節　三段預防

■三段四級：預防再犯

一、性別暴力司法正義的彰顯

親密關係暴力事件相較於其他民、刑事案件有其特殊性，但司法體系習於傳統案件審判的文化，以結案為核心思維，且因人員輪調無法久任累積專業知能，易忽略被害人創傷反應、與專業敏感度不夠等問題皆仍待改善。再者，司法體系在軟體服務與硬體設備，未能以賦權取向的思維來建構，司法環境對被害人仍不盡友善。然另一方面，司法系統面臨人力不足、案件負荷量過大、偏鄉地區缺乏可近性的司法服務等問題，皆為司法系統未來須謀求改善之處。最後，司法體系內部缺乏對於被害人保護與支持的檢視指標，因此也無法定期檢核公布，此會影響社會大眾對司法系統的認識，以及對司法正義的信任。

﹨

二、加害人處遇成效與社區監控機制

　　加害人處遇係親密關係暴力防治工作的積極性作為，也是預防再犯所必要的措施，我國有關加害人處遇工作起步較慢，也面臨資源不足、規範與監督匱乏、專業人力欠缺、缺乏處遇前分級分類評估與處遇後成效評估等問題。而加害人中部分合併有精神疾病、自殺或藥、酒癮等問題，如何有效分類處遇、以及多元處遇模式的開展，均為當務之急。另英國針對高危機加害人，採行家庭暴力訊息揭露政策（克雷爾法案[6]），讓潛藏的被害人有「問的權利」，以及警察機關基於預防傷害與保護被害人的目的下，透過評估後可主動告知相關資訊，亦即民眾有「知的權利」。上述方案與立法，皆係為協助加害人復歸社區與預防監控的目的，我國未來亦可審慎評估可行性與配套措施。

三、警察回應案件之品質與效能

　　警察是刑事司法系統的入口，也是被害人最常求助的單位，警察體系對於家庭暴力防治工作相較於過往已有很大的進步，但實務上因人員更替快速、專業養成不易、對被害人創傷的認識不足與存有刻板印象，導致案件處理品質有時參差不齊；若再加上長官的重視與支持不夠、基層同仁對此議題的輕忽等，被害人求助警察時有時仍會遭遇障礙。聯合國發表的警政服務核心原則中，特別強調警察案件調查時應紀錄被害人的醫療和社會需求，並將暴力問題脈絡化，因此，警察體系必須再深化對案件的理解、以及對被害人處境與反應的同理，以提升警察防治加害人再犯的效能。

　　有關三段四級預防再犯工作未來發展之重要目標、策略與行動內涵詳如表 16-5。

---

[6] Clare's Law，自2014年開始已全面在英國英格蘭與威爾斯地區施行，可參考王珮玲 (2013)「擴大關注的視角：親密關係暴力防治政策與法律的新近發展」一文中有關「伍、被害人知的權利」的說明。

表 16-5　三段四級預防再犯之重要目標、策略與行動內涵

重要工作目標 15：提升司法正義	
策略	行動內涵
15-1 提升司法人員的專業知能，建立具性別意識的友善司法環境	15-1-1 規劃系統性與強制性的課程與訓練機制，包含具互動及脈絡的訓練方式，促使司法體系人員具性別意識、危險評估、創傷知情等專業知能，有效回應親密關係暴力案件
	15-1-2 檢視案件處理流程，研議改善民事保護令核發效率、刑事保護令核發比率、以及婦幼刑事案件的判刑衡量標準，提供具性別敏感度、即時有效與安全的救濟
	15-1-3 研議友善司法環境的設施設備標準與服務流程，建立檢核機制，提供充足可近與友善的司法資源與環境
15-2 配置專責且充足之婦幼案件司法人力	15-2-1 評估婦幼案件的負荷量，估算人力需求標準
	15-2-2 規劃婦幼案件司法人力充實計畫，優先增設服務鄉村或偏遠地區的司法服務據點
15-3 建立司法體系之監督與檢視機制	15-3-1 建構司法機構與防治網絡的平等合作機制，建立互相反饋與討論的平台
	15-3-2 建構司法體系對親密關係暴力被害人保護與支持的司法行政指標與機制，引進民間力量，定期評估並公布
重要工作目標 16：強化加害人處遇成效與社區監控	
16-1 建立加害人處遇的實證標準，提升加害人處遇品質與成效	16-1-1 建立以證據為基礎的各類型加害人處遇服務原則與標準，定期評估處遇品質與成效，提升服務責信
	16-1-2 建立處遇人員的培訓制度，建立認證制度，並持續進行專業考核與督導
16-2 建立以被害人為中心之相對人與被害人服務合作機制，並且擴充資源提供可近性服務	16-2-1 建構被害人服務與相對人服務人員之合作機制，促進被害人安全
	16-2-2 擴充相對人處遇服務資源，推動多元處遇服務模式，並且提供可近性服務

	16-3-1 建立加害人社區復歸機制，連結社區資源與發展服務方案
16-3 發展加害人社區復歸與監控機制	16-3-2 評估設立加害人暫時安置處所與社區電子監控制度，以及相關配套措施
	16-3-3 評估加害人資訊揭露（參考英國克雷爾法案）立法的可行性與配套措施
重要工作目標 17：提升警察案件處理之回應	
17-1 強化警察回應的效能與品質，提升警察對創傷知情觀點的認識，降低被害人求助阻礙	17-1-1 建構對親密關係暴力被害人保護與案件處理的指標與機制，引進民間力量，定期評估並公布
	17-1-2 建立婦幼保護警察體系的專業考核與升遷調任標準
	17-1-3 提升警察體系對親密關係暴力創傷知情觀點的認識，降低被害人的求助阻礙
17-2 提升警察防治加害人再犯的效能	17-2-1 加強警察與加害人處遇機構的轉介與聯繫
	17-2-2 建立親密關係暴力警察治安查訪警示系統及標準作業程序，提升警察查訪敏感度和防治效能

資料來源：引自沈慶鴻、王珮玲（2018）

■三段五級：被害人復元

一、深化被害人復元工作

　　雖然 20 年來親密關係暴力防治的工作已有長足的進步，但保護服務未深化是目前存在的問題。過往服務模式多以危機介入為主，聚焦在人身安全評估及危機階段之安全計畫，未來應重視被害人之中長期服務，協助身心復元，並發展被害人經濟賦權方案，提高就業意願和能力。再者，CEDAW 第 35 號一般性建議亦強調私人企業參與的必要，明示政府應監督或利用經濟激勵等必要措施，鼓勵企業發揮企業責任及運用其他機制，讓民間私人企業發揮公益精神，為消除性別暴力行動承擔責任，包括職場性暴力的防範及處理、適當的家庭暴力被害人協助等服務。

二、與被害人自立有關的中長期住宅方案

　　CEDAW 第三次國家會議的審查報告中強調的「有關受害人／倖存者之保護、輔助措施和服務皆需強化被害人之自主權」，婦女脫離暴力生活、想要自主，需要解決的問題，除了錢的問題（經濟自主）外，還包括住的問題。受暴婦女居住的需求應受重視，除安置形式的多元化，滿足受暴婦女居住需求之社會住宅分配政策，亦是未來需研議的服務措施。

三、與社區融合是受暴婦女服務的終點

　　受暴婦女中長期服務的最終，就是結案後婦女可以回歸社區生活，UN 服務方針對社會服務與健康體系建議「朝向經濟自立、復元與自主的協助」，其中一個重要核心要素為「可近性，依受暴婦女想望與需求，協助其在安全情況下重新融入社區」（UN Women et al., 2015）。我國目前推動的社會安全網亦強調「家庭社區為基石」的架構主軸，普設社福中心為家庭築起安全網，讓社區成為家庭支持的推手；因此，連結婦女機構和社區，建構被害人進入社區之轉銜機制，以及發展社區婦女賦權方案，均為未來被害人復元工作之重點發展方向。

　　有關三段五級被害人復元工作未來發展之重要目標、策略與行動內涵詳如表 16-6。

表 16-6　三段五級被害人復元工作重要目標、策略與行動內涵

重要工作目標 18：協助被害人經濟賦權	
18-1 重視被害人中長期服務，發展被害人經濟賦權方案	18-1-1 強化網絡成員對經濟暴力的敏感度和辨識能力
	18-1-2 獎勵民間機構根據被害人需求和處境，發展經濟賦權和自立服務方案
18-2 推動被害人支持性就業，提供整合服務	18-2-1 整合中央、地方就業服務部門，並連結民間就業訓練機構，針對被害人需求和處境，發展職業訓練、支持性就業服務或預備性就業方案等協助措施，以增加其就業選擇與就業能力
	18-2-2 設計獎勵辦法，鼓勵民間組織及企業發展服務方案，培力被害人就業能力、增加就業機會
重要工作目標 19：滿足被害人中長期住宅需求	
19-1 以自立為導向，制定被害人住宅服務政策和服務方案	19-1-1 根據被害人不同需求階段和處境，推動多元化的安置和居住方案
	19-1-2 制定獎勵辦法，鼓勵民間發展被害人中長期住宅服務方案
	19-1-3 檢視及修改現行相關住宅法令，提供特定比例，以達被害人需求之充足和可近
重要工作目標 20：協助被害人與社區融合	
20-1 連結婦女機構和社區，建構被害人進入社區之轉銜機制	20-1-1 培力社區發展服務知能，鼓勵成立婦女支持性團體
	20-1-2 建立社區支持網絡，發展被害人服務轉銜平台，協助被害人融入社區
20-2 發展社區婦女賦權方案	20-2-1 增加經費，鼓勵民間針對偏鄉、易受傷害群體，及不同處境和需求被害人發展中長期服務方案，以長期陪伴和賦權被害人
	20-2-2 整合目睹兒少及加害人服務，協助有關係修復需求之被害人，進行關係修復和創傷處遇

資料來源：引自沈慶鴻、王珮玲（2018）

第五節　結語

　　任何形式的暴力皆是違反人權的行為，親密關係暴力是一種基於性別的暴力，對女性造成不成比例的影響，國家應給予民眾最基本的承諾，基於人權與性別平等的核心價值，提供不同性別者相關保護服務、司法救濟、處遇治療及教育宣導，以落實社會公平正義。然「政策」是解決問題的方法、亦是引導問題解決的參考架構，「社會政策」則是國家透過立法與行政的手段，進行問題解決和資源分配，以落實其公平、正義之施政目標的國家行動（黃源協、蕭文高，2006）。親密關係暴力與家庭暴力涉及的層面相當廣泛與複雜，議題橫跨的廣度需從教育宣導、預防、介入處理、復元，而至再犯預防；涉及的防治網絡更包含社政、警政、衛生醫療、司法、教育等體系以及民間機構。未來防治政策之發展，建議循公共衛生之三段五級模式：初段一級預防、初段二級特殊保護與群體、二段三級早期介入、三段四級再犯預防、與三段五級被害人復元，再加上為推動各級預防政策所需建立的基礎工作，定期、持續的對家庭暴力、親密關係暴力問題、防治現況成效與需求進行調查分析，與時俱進，提出具前瞻性與創新性之政策方針與行動策略。

● **問題**

1. 與先進國家相較，目前台灣在家庭暴力防治工作或親密關係暴力相關議題的發展有何特色、優勢或不足之處？

2. 台灣在親密關係暴力防治工作之發展已有相當之基礎，為求更加完善，您認為未來需要在哪些方面多加努力與建議？為什麼？

3. 面對家庭暴力型態近年來多樣化發展，身為工作者應該如何與時俱進？

4. 您對於台灣家庭暴力防治政策之未來發展，有何看法？哪些是需優先發展的政策？為什麼？

● **推薦影片**

1. Youtube〈TED Talk, Esta Soler: 我們如何降低家庭暴力發生頻率（提示：照相機能幫忙）〉

2. Youtube〈黃維德　微電影──門〉

3. MV：Miss Ko 葛仲珊── Let It Go (Stop the Violence 拒絕家庭暴力)

參考文獻

中文部分

一起讀判決（2018 年 1 月 7 日）。*關於具保的 6 件事*。一起讀判決。https://casebf.com/2018/01/07/guarantee/

內政部（2008）。*台灣家庭暴力防治大事紀*。內政部。

內政部（2005）。*外籍與大陸配偶輔導與教育專案報告*。內政部。https://www.immigration.gov.tw/5382/5385/7445/7451/7457/7472/7478/ 。

內政部家庭暴力及性侵害防治委員會（2004）。*性侵害案件減少被害人重複陳述作業工作手冊（二版）*。內政部。

內政部警政署（1999）。*警察機關防治家庭暴力工作手冊*。內政部警政署。

內政部警政署（2013）。*警政婦幼組織改造方案*。警政署 102 年 8 月 27 日警署人字第 1020135451 號函。

內政部警政署（2017）。*警政婦幼安全手冊*。內政部警政署。

內政部警政署（2019 年 12 月 31 日）。*各縣市警察機關家防官、處理性侵害案件專責小組及婦幼警察隊人數*。內政部警政署。https://www.npa.gov.tw/NPAGip/wSite/ct?xItem=78285&ctNode=12873&mp=1

內政部警政署（2020 年 2 月 27 日），*全國分局、分駐所、派出所及警察所數量統計表*。https://idp.eportal.npa.gov.tw:8443/nidp/app?first=false

內政部警政署（2020a）。*內政部警政署婦幼安全工作專業人員訓練計畫*。內政部警政署。

內政部警政署（2020b）。*警察機關處理家庭暴力案件統計*。內政部警政署。https://www.npa.gov.tw/NPAGip/wSite/ct?xItem=78250&ctNode=12873&mp=1

方秋梅、謝臥龍（2017）。「家庭暴力加害人簡易型處遇計畫」發展的價值與意義。*諮商心理與復健諮商學報，30*，121-150。

王立欣（2020）。刑事訴訟程序限制住居意涵之轉變。*司法周刊，2005(3)*，3。

王秀紅、黃志中（2010）。性別暴力被害人之身心影響與醫療照護。*台灣醫學*，

14(5)，554-559。

王秀美（2015）。受暴婦女走出家暴陰影的歷程分析。*台灣健康照顧研究期刊*，*17*，35-71。

王秀燕（2012）。兒童及少年保護網——網絡機制的運作與困境。*社區發展季刊*，*139*，114-127。

王秋嵐（2000）。*警察與社工員對緊急性暫時保護令聲請作業實況之初探——以台北市為例*〔未出版之碩士論文〕。東吳大學社會工作研究所。

王秋嵐、王珮玲、張錦麗、陳姿伶（2010）。*親密伴侶暴力防治安全網方案教戰手冊*。現代婦女基金會。

王美懿（2009）。*身為家庭暴力加害人處遇計畫的「加害人」——一個解釋性互動論的研究*〔未出版之碩士論文〕。高雄醫學大學醫學社會學與社會工作學研究所。

王珮玲（2005）。警察系統回應家庭暴力。在柯麗評、王珮玲、張錦麗合著，家庭暴力理論政策與實務（頁166-199）。巨流。

王珮玲（2008）。灑下警察家暴防治的種子 老兵回顧草創過程與祝福。*刑事雙月刊*，*24*，14-15。

王珮玲（2009）。親密關係暴力危險評估：實務操作方法的探討。*社會政策與社會工作學刊*，*13*(1)，141-184。

王珮玲（2010）。親密伴侶暴力案件保護令成效與相關因素之研究：以禁制、遷出及遠離令為例。*社會政策與社會工作學刊*，*14*(2)，1-47。

王珮玲（2012）。臺灣親密關係暴力危險評估表（TIPVDA）之建構與驗證。*社會政策與社會工作學刊*，*16*(1)，1-58。

王珮玲（2012）。親密伴侶殺人案件之分析：以男性謀殺女性案件為例。*中華心理衛生學刊*，*25*(2)，231-266。

王珮玲（2013）。擴大關注的視角：親密關係暴力防治政策與法律的新近發展。*社區發展季刊*，*142*，58-72。

王珮玲（2015）。如影隨形的暴力：親密伴侶跟蹤行為。*社會政策與社會工作學刊*，*19*(1)，1-44。

王珮玲（2015）。安全 嗎？安全網方案高危機案件的追蹤研究初探。*犯罪與刑事司法研究*，*23*，67-103。

王珮玲（2016）。*建構校園親密關係暴力事件評估工具計畫*。教育部委託研究。

王珮玲（2020）。數位時代的親密關係暴力。*社區發展季刊*，*171*，104-114。

王珮玲、吳書昀（2016）。*105 年「建立性別暴力防治衡量指數暨大眾態度信念調查委託科技研究計畫」*。衛生福利部委託研究。

王珮玲、吳書昀、張錦麗（2015）。臺灣性別暴力防治有效性之衡量指標。衛生福利部委託研究。

王珮玲、沈慶鴻（2018）。*親密關係暴力現況問題暨防治成效研究*。衛生福利部委託研究。

王珮玲、沈慶鴻、黃志中（2014）。*建構家庭暴力安全防護網高危機個案解除列管之多面向評估指標*。衛生福利部委託研究。

王珮玲、沈慶鴻、黃志中（2015）。*建構家庭暴力安全防護網高危機個案解除列管之多面向評估指標研究報告*。衛生福利部委託研究。

王珮玲、沈慶鴻、黃志中（2016）。*家庭暴力高危機個案解除六管評估指標精進及推廣計畫報告*。衛生福利部委託研究。

王珮玲、黃志忠（2005）。*家庭暴力加害人處遇模式成效評估之研究*。內政部委託研究。

王珮玲、劉淑瓊、吳敏欣（2020）。網絡服務模式的實踐與影響：以家暴安全網高危機案件的服務分析為例。在沈慶鴻、王珮玲（主編），*家庭暴力防治：工具建構與服務模式*。雙葉書廊。

王珮玲、顏玉如（2018）。親密關係經濟暴力量表之發展。*社會政策與社會工作學刊*，*22*(2)，135-179。

王曉雪（2015）。我國《反家庭暴力法》（草案）中人身保護令制度的完善。*河南警察學院學報*，*4*，118-123。

王麗容（2002）。*民事保護令成效之研究*。內政部委託研究。

司法院（2018）。*刑事案件量刑審酌事項參考手冊*。司法院。

司法院（2020 年 8 月 27 日）。家庭暴力防治及民事保護令。https://www.judicial.gov.tw/tw/cp-104-4892-04014-1.html

司法院（2019）*刑案是否被害人撤回告訴就沒事？* https://www.judicial.gov.tw/tw/cp-1654-2641-45576-1.html

司法院（2020）。*保護令性別統計*。https://www.judicial.gov.tw/tw/lp-1268-1.html

司法院（2020）。*保護令核發內容*。https://www.judicial.gov.tw/tw/lp-1268-1.html

司法院司法行政廳（2020 年 7 月 31 日）。*組織架構圖*。https://www.judicial.gov.tw/tw/cp-28-1734-51688-1.html

立法院法律系統（2007 年 3 月 5 日）。家庭暴力防治法異動條文及理由。https://

lis.ly.gov.tw/lglawc/lawsingle?003372D07D510000000000000000000014000000004
FFFFFA00^01253096030500^0003C001001

立法院法律系統（2007 年 3 月 5 日）。立法院議案關係文書院總字第 1761 號委員提案第 1889 號，1997 年 10 月 1 日印發。

江以薰、林慧茹、陳怡蒨（2020）。親密關係暴力之急診照護經驗。高雄護理雜誌，37(2)，82-93。

吳東彥、林繼偉（2014）。青少年婚暴子女分離個體化發展及其所知覺之家庭結構。中華輔導與諮商學報，40，27-58。

吳柳嬌（2005）。婚姻暴力的成因與處遇之研究〔未出版之博士論文〕。國立中山大學中山學術研究所。

吳書昀、韋愛梅（2018）。兒少受虐現況問題暨保護工作成效研究。衛生福利部委託研究。

吳素霞、張錦麗（2011）。十年磨一劍──我國家庭暴力防治工作之回顧與展望。社區發展月刊，133，328-345。

吳啟安（2009）。雲林縣「家庭暴力事件高危險個案跨機構網絡評估方案」執行成效初探。亞洲家庭暴力與性侵害期刊，5(2)，91-108。

吳啟安（2020）家庭暴力罪現行犯逮捕之法規範評析。警專學報，7(3)，1-22。

吳慈恩、黃志中（2008）。婚姻暴力醫療處遇。復文圖書。

宋麗玉（2008）。增強權能策略與方法：臺灣本土經驗之探索。社會政策與社會工作學刊，12(2)，123-193。

宋麗玉（2013）。婚姻暴力受暴婦女之處遇模式與成效：華人文化與經驗。洪葉文化。

李玉華（2012）。從 self-in-relation 到 self-in-self：淺談如何帶領受暴婦女團體。社區發展季刊，140，132-140。

李佩珊、陳香廷、洪瑞兒（2018）。發展「性騷擾防治旁觀者介入課程」及實施成效研究。教育科學研究期刊，63(3)，1-35。

李貞德（2006）。公主之死──你所不知道的中國法律史（一版）。三民書局。

李娟娟、張達人、謝宏林、王梅麗、張芳榮（2005）。婚姻暴力加害人認知教育與情緒支持團體之療效探討。中華團體心理治療，11(3)，1-18。

李晉偉（2014）。警政婦幼組織再造及展望。警光雜誌，691，22-27。

李偉、林明傑（2012）。實施家庭暴力加害人關心訪視成效之研究：以嘉義市兩位個案研究為例。社區發展季刊，138，292-310。

李進賢（2016）。女性家庭暴力受刑人處遇及評估研究——以臺中女子監獄為例。法務部矯正署臺中女子監獄。

李震山（2007）。警察行政法論——自由與秩序之折衝。元照。

汪芩如（2011）。婚姻暴力社會工作者工作壓力之研究——以縣市家暴中心為例〔未出版之碩士論文〕。國立暨南國際大學社會政策與社會工作學系。

汪淑媛（2008）。論臺灣社工教育對社會工作職業風險之忽視。台大社會工作學刊，17，1-42。

汪淑媛（2014）。替代性創傷是助人工作者不可避免之風險。社區發展季刊，147，136-154。

沈方維（2000）。有關家庭暴力加害人處遇計畫保護令之核發及落實。全國律師，4(11)，29-37。

沈慶鴻（1997）。婚姻暴力代間傳遞之分析研究〔未出版之碩士博士論文〕。國立彰化師範大學輔導與諮商學系。

沈慶鴻（2000）。婚姻暴力受虐者習得的無助感之分析研究。實踐學報，31，53-92。

沈慶鴻（2001）。保護令制度之實施對台北市受虐婦女處境影響之探討。台北市政府社會局委託研究。

沈慶鴻（2001）。婚姻暴力案主諮商治療因素之研究。彰化師大輔導學報，22，157-192。

沈慶鴻（2001a）。由代間傳遞的觀點探索婚姻暴力對目睹兒童的影響。中華心理衛生學刊，14(2)，65-86。

沈慶鴻（2001b）。被遺忘的受害者——談婚姻暴力目睹兒童的影響和介入策略。社區發展季刊，94，241-251。

沈慶鴻（2003）。婚姻暴力受虐婦女保護令聲請經驗之探討 - 以台北市為例。彰化師大輔導學報，24，169-206。

沈慶鴻（2005）。由撤回、駁回案件反思婚暴保護令之執行概況。社區發展季刊108，198-208。

沈慶鴻（2009）。弱勢社工服務弱勢案主？！——婚暴社工實務困境之研究。社會政策與社會工作學刊，13(2)，71-142。

沈慶鴻（2011）。社會工作者跨文化服務經驗之探討——以大陸籍婚姻暴力受虐婦女處遇服務為例。中華心理衛生學刊，24(3)，457-484。

沈慶鴻（2014）。親密關係暴力之特性與形成脈絡：原住民族受虐婦女觀點。在

黃源協（主編），*部落、家庭與照顧：原住民族生活經驗*（頁 104-133）。雙葉。

沈慶鴻（2017）。「部落介入」親密關係暴力之經驗與態度：以四個族別的原住民部落為例。*社會政策與社會工作學刊*，*21*(1)，55-115。

沈慶鴻（2019）。「高危機、低意願」：親密關係暴力高危機案主受助經驗之探索。*社會政策與社會工作學刊*，*23*(1)，1-44。

沈慶鴻、王珮玲（2018）。*親密關係暴力現況問題暨防治成效研究*。衛生福利部委託研究。

沈慶鴻、郭豐榮（2005）。強制戒癮家暴加害人飲酒經驗、戒癮態度及暴力行為之研究。*中華心理衛生學刊*，*18*(4)，31-53。

沈瓊桃（2005）。兒童知覺的雙重家庭暴力經驗與其適應行為之相關研究。*中華心理衛生學刊*，*18*(1)，25-64。

沈瓊桃（2006）。婚暴併兒虐發生率之初探──以南投縣為例。*中華心理衛生學刊*，*19*(4)，331-363。

沈瓊桃（2013）。大專青年的約會暴力經驗與因應策略初探。*中華心理衛生學刊*，*26*(1)，1-31。

周月清（1994）。臺灣受虐婦女社會支持探討之研究。*婦女與兩性研究*，*5*，69-108。

周月清、李淑玲、徐于蘋（2002）。受暴婦女團體工作發展與評估──以台北市新女性聯合會方案為例。*台大社會工作學刊*，*7*，61-125。

林怡亭（2018 年 07 月 05 日）。*男性關懷專線：竟是求助婚姻問題最多！* https://info.babyhome.com.tw/article/18774

林明傑（2000）。美加婚姻暴力之治療方案與技術暨其危險評估之探討。*社區發展季刊*，*90*)197-215。

武自珍（1998）。*婚姻暴力因應行為之研究：受暴婦女社會個案工作處置策略*。力行。

法務部（2014 年 11 月 20 日）。*加強犯罪被害人保護方案*。https://www.moj.gov.tw/cp-213-45165-8d225-001.html

法務部（2020）。*性別統計*。https://www.rjsd.moj.gov.tw/rjsdweb/common/WebList3.aspx?menu=GEN_PROSECUTION

法務部（2020）。*法務統計年報（108 年）*。https://www.rjsd.moj.gov.tw/rjsdweb/book/Book_Detail.aspx?book_id=408

法務部矯正署（2015 年 1 月 30 日）。*組織架構*。https://www.mjac.moj.gov.tw/4786/4788/4798/92483/post

法務部矯正署（2019）。*矯正白皮書*。法務部矯正署。

法務部矯正署台中女子監獄（2020 年 3 月 12 日）。辦理家庭暴力及性侵害受刑人專責處遇。https://www.tcw.moj.gov.tw/310691/310693/310705/834520/post

邱惟真（2017）。*106 年度「發展家庭暴力加害人處遇工作指引及成效評估工具計畫」*。衛福部委託計畫。

邱惟真、阮祺文（2017）。家庭暴力相對人整合性方案之發展與建構：以中區防暴中心為例。*弘光學報*，*79*，103-115。

邱惟真、黃淑娟、王蘭心、卓雅苹（2016）。臺灣家庭暴力相對人整合性計畫之縱貫性研究——以彰化縣為例。*社區發展季刊*，*156*，347-361。

邱琇琳（2005）。*專業助人者之替代性受創與因應策略——以公部門家防社工為例*〔未出版之碩士論文〕。國立臺灣大學社會工作研究所。

柯麗評（2005a）。姊姊妹妹站起來——美國與台灣反親密伴侶暴力史介紹。柯麗評、王珮玲、張錦麗，*家庭暴力：理論政策與實務*（頁 16-28）。巨流。

柯麗評（2005b）。社會工作對受虐婦女之介入模式與方法介紹。柯麗評、王珮玲、張錦麗，*家庭暴力：理論政策與實務*（頁 83-101）。巨流。

柳宜吟（2008）。*婚暴婦女撤銷民事保護令因素與影響之研究——以高雄市為例*。高雄市政府社會局家庭暴力及性侵害防治中心研究報告。

范順淵（2016）。愛滋、污名與親密關係暴力 - 社工處遇服務經驗之初探。*東吳社會工作學報*，*31*，171-186。

韋愛梅（1998）。*警察系統回應婚姻暴力之模式——以台北市政府警察局為例*〔未出版之碩士論文〕。中央警察大學犯罪防治研究所。

韋愛梅（2010）。*刑事司法系統回應家庭暴力事件之研究*〔未出版之博士論文〕。中央警察大學犯罪防治研究所。

韋愛梅（2012）。警政家暴防治策略的探討。*警專論壇*，*3*，97-103。

韋愛梅（2013）。刑事司法系統對家庭暴力處理現況與問題探討。*刑事政策與犯罪研究論文集*，*16*，181-196。

韋愛梅（2013）。警察婦幼保護工作專業發展之思考。102 年執法人員行政管理理論與實踐研討會論文集。

韋愛梅（2014）。婦幼安全工作探討與未來展望。2014 年警政治安策略研討會。

韋愛梅（2015）。大數據時代的家庭暴力防治。*警專論壇*，*17*，88-97。

修慧蘭、孫頌賢（2003）。大學生約會暴力行為之測量與調查。*教育與心理研究，26(3)*，471-499。

孫頌賢、李宜玫（2009）。暴力的代間傳遞：原生家庭暴力經驗與依戀系統對大學生約會暴力行 的預測比較。*家庭教育與諮商學刊，4*，23-43。

財團法人天主教善牧社會福利基金會（2007）。*校園中目睹暴力兒童篩檢指標*。http://cwv.goodshepherd.org.tw/B1_05.html

馬宗潔、曾瀞儀、王海玲、胡雅瓊（2013）。親密伴侶暴力，為何而戰？探討親密伴侶暴力服務的現狀。*社區發展季刊，142*，156-163。

高鳳仙（1998）。*家庭暴力防治法規專論*。五南圖書。

高鳳仙（2007）。*家庭暴力防治法規專論（二版）*。五南圖書。

高鳳仙（2011）。*家庭暴力法規之理論與實務（二版）*。五南圖書。

高鳳仙（2013）。台灣家庭暴力防治法之刑事保護令解析。*萬國法律，190*，51-62。

高鳳仙（2014）。論家庭暴力之加害人處遇計畫。*萬國法律，195*，77-92。

高鳳仙（2018）。*家庭暴力防治法規專論（四版）*。五南圖書。

張秀鴛（2012）。*我國員警處理婚姻暴力案件合併婚姻性侵害事件性別意識之探討*〔未出版之碩士論文〕。世新大學性別研究所。

張錦麗、王珮玲（2013）。*編撰台灣性別暴力防治倡議史*。內政部委託研究。

張錦麗、王珮玲、吳書昀（2015）。*「建立性別暴力防治衡量指標委託科技研究計畫」全程執行總報告*。衛生福利部委託研究。

張錦麗、韋愛梅（2015）。警政婦幼保護工作倡議發展歷程。*警察通識叢刊，4*，120-151。

張錦麗、顏玉如、廖美鈴、韋愛梅、劉貞汝、姚淑文（2020）。*性別平等與暴力防治（修訂四版）*。臺灣警察專科學校。

梅可望（1986）。*警察學原理*。中央警察大學。

章光明（2016）。*警察機關推動婦幼保護政策評估之研究*。內政部警政署委託研究。

章光明（2018）。警察歷史。於陳明傳、李湧清、朱金池、洪文玲、章光明合著，*警察學*（頁61-64）。中央警察大學。

許春金（2006）。刑事司法的意義、觀點與系統模式。在許春金（主編），*刑事司法體系、組織與策略*（頁1-38）。三民書局。

許春金、陳玉書、蔡田木（2015）。精進組改後警政婦幼保護工作之研究。內政

部警政署委託研究。

許義寶（2018）。論警察保護私權之任務與其界線。警大法學論集，*34*，129-169。

許福生（2010）。風險社會與犯罪治理。元照。

郭玲妃、馬小萍（2002）。雙重家鎖：受虐婦女的母職經驗。*女學學誌：婦女與性別研究*，*13*，47-90。

陳三能、陳建州、張高賓、張淳茜、黃志中、黃旼儀、黃瑛琪、鄧淑如（2004）。婚姻暴力受虐婦女的身體症狀。*台灣家庭醫學雜誌*，*14*(1)，25-34。

陳予修、黃志中（2009）。台灣護理論述中的婚姻暴力。*護理雜誌*，*56*(3)，36-45。

陳玉書、謝文彥（2003）。外籍新娘婚姻暴力特性、求助行為及其保護措施之研究。內政部家庭暴力防治及性侵害防治委員會委託研究。

陳宜安、萬﨟雲（2020）。警察歷史（增訂四版）。在馬心韻、陳宜安、萬﨟雲、陳淑雲、張益槐、王輝傑、陳斐鈴、李禎琨、陳永鎮合著，警察學（頁11）。

陳怡如（2001）。婚姻暴力目睹兒童處遇現況之探討。*社區發展季刊*，*94*，252-267。

陳怡青（2011）。從社會環境與文化價值的觀點談飲酒與家庭暴力——以一個參與「家庭暴力加害人戒酒教育團體」的成員來論述。*亞洲家庭暴力與性侵害期刊*，*7*(1)，1-12。

陳怡青、李維庭、張紀薇、李美珍（2012）。婚姻暴力加害人處遇成效評估研究之初探。*亞洲家庭暴力與性侵害期刊*，*8*(2)，17-53。

陳怡青、楊美惠（2007）。家庭暴力加害人個人成長史暨對施暴歷程之初探研究。*亞洲家庭暴力與性侵害期刊*，*3*(1)，1-26。

陳芬苓、黃翠紋、嚴祥鸞（2010）。家庭暴力防治政策成效分析。行政院研考會99年委託研究。

陳雨鑫（2020年7月16日）。心衛社工「短命」平均9個月就離職。*聯合報*，A7版。

陳映潔（2011）。*目睹兒童之社會工作處遇模式*〔未出版之碩士論文〕。政治大學社會工作學系。

陳秋瑩、王增勇、林美薰、楊翠娟、宋鴻樟（2006）。原鄉家庭暴力及受暴婦女求助行為之探討。*台灣衛誌*，*25*(1)，65-74。

陳若璋（1992）。台灣婚姻暴力高危險因子之探討。台大社會學刊，*21*，123-160。

陳貞吟（2014）。*社會工作者在服務目睹暴力兒童歷程中有效服務經驗的探索性研究*〔未出版之碩士論文〕。長榮大學社會工作學系。

陳琇惠、林子婷（2012）。台中市外籍配偶福利服務措施之成效評估研究——第四代政策評估觀點。*台灣社區工作與社區研究學刊*，*2*(2)，41-80。

陳殿輝（2002）。家庭暴力犯罪法律規範及其實施現況檢討之研究〔未出版之碩士論文〕。成功大學法律學研究所。

陳慧女、林明傑（2016）。家庭暴力者對參與整合式矯正團體輔導及其改變內涵之看法。*亞洲家庭暴力與性侵害期刊*，*12*(2)，1-31。

游美貴（2010）。台北市婚姻暴力被害人垂直整合服務方案實施之研究。*臺大社會工作學刊*，*22*，53-108。

游美貴（2014）。臺灣家庭暴力防治服務方案的實施與轉變之探討。*台大社會工作學刊*，*29*，53-96。

游美貴、鄭麗珍、張秀鴛、莊珮瑋、邱琇琳（2016）。推動一站式家庭暴力多元處遇服務方案。*社區發展季刊*，*156*，293-301。

焦興鎧、趙永茂、陳淳文（2008）。家庭暴力及性侵害防治體系之政府職能分析。行政院研究發展考核委員會委託研究。

童伊迪、黃源協（2010）。拉進差距——台灣原住民家庭服務送之現況與展望。*台灣原住民族研究季刊*，*3*(4)，145-166。

華筱玲（2013）。醫療系統檢視。載於張錦麗（主編），*承諾與行動——落實CEDAW 終結性別暴力*。民主基金會。

黃心怡、楊愉安、溫筱雯、林良穗、沈瓊桃（2016）。都是權控惹的禍？多元化親密伴侶暴力型態之服務挑戰——以大台北地區聲請保護令案件為例。*亞洲家庭暴力與性侵害期刊*，*12*(2)，85-112。

黃志中（1999）。家庭暴力防治之醫療服務。全國律師，*3*(7)，28。

黃志中（2012）。性別暴力受害者之醫療照護。*台灣醫學*，*16*(3)，302-307。

黃志中（2013）。*以後現代女性主義重構婚姻暴力受虐婦女診療驗傷之內涵與意義*〔未出版之碩士論文〕。高雄師範大學性別教育研究所。

黃志中（2016）。*重構婚姻暴力診療驗傷：醫學現代性及其不滿*。翰蘆圖書。

黃志中、謝臥龍、吳慈恩（2003）。家庭暴力相對人裁定前鑑定制度未執行因素之探討。*社區發展季刊*，*101*，293-309。

黃志忠、王珮玲（2008）。家庭暴力加害人處遇方案成效評估追蹤研究。內政部委託研究。

黃美甄（2016）。當「提神」變為「傷神」——從事營造業之家庭暴力相對人飲酒經驗研究〔未出版之碩士論文〕。國立暨南國際大學社會政策與社會工作研究所。

黃淑玲、林方皓、吳佩玲。（2001）。都市原住民婚暴狀況及社工處遇初探——以台北市某社區為例。本土心理學研究，15，113-159。

黃富源（1995）。警察系統回應婚姻暴力的理論與實務。警政學報，26，4-39。

黃源協、莊正中、童伊迪、侯建州（2008）。建立原住民族社會安全體系之規劃。行政院原住民族委員會。

黃源協、蕭文高（2006）。社會政策與社會立法。雙葉書廊。

黃翠紋（2004）。警察與婚姻暴力防治——現象與對策之實證分析。中央警察大學。

黃翠紋（2014）。警政婦幼保護工作與犯罪預防。收錄於社區警政在臺灣的實踐，過去、現在與未來學術研討會。

黃蘭媖、林育聖、韋愛梅（2010）。警察機關受理之新移民女性遭受親密關係暴力案件探索性分析。犯罪與刑事司法研究，15，75-115。https://doi.org/10.29861/CCJI.201011.0003

黃囇莉（2001）。身心違常——女性自我在父權結構網中的「迷」途。本土心理學研究，15，3-62。

新北地方法院（2020 年 8 月 6 日）。緊急、暫時與通常保護令之差別？ https://pcd.judicial.gov.tw/?struID=777&cid=1086&offset=0&selectID=1649

楊雅華、郁佳霖（2012）。初探目睹暴力兒童團體工作。社區發展季刊，140，107-120。

葉雪鵬（2005 年 11 月 27 日）。刑事「具保」，保的是什麼？ https://www.moj.gov.tw/fp-296-63084-89759-001.html

葉麗娟（1996）。警察、司法系統回應婚姻暴力的現況與檢討〔未出版之碩士論文〕。中央警察大學犯罪防治研究所。

葛書倫（2013）。她說？他說？再思親密關係暴力的權控理論：以北投經驗為例。社區發展季刊，142，264-272。

臺北市立聯合醫院（2019）。家庭暴力暨性侵害就醫服務。https://tpech.gov.taipei/cp.aspx?n=6E90F6B70B0B20E6

臺灣大百科全書（2009）。*警察制度*。文化部。http://nrch.culture.tw/twpedia.
　　aspx?id=3717

臺灣高等檢察署（2019年4月25日）。*檢察機關體系*。https://www.tph.moj.gov.
　　tw/4421/4423/4435/24579/post

臺灣高等檢察署（2020年9月12日）。*檢察官與法官有何不同？* https://www.tph.
　　moj.gov.tw/4421/4475/4489/25477/

趙祥和、沈慶鴻（2016）。*新住民社區服務據點服務模式、執行成效與因應策略
　　之研究*。新住民發展基金105年補助研究計畫。

趙善如（1999）。「增強力量」觀點之社會工作實務要素與處遇策略。*台大社工學
　　刊，1*，231-262。

趙善如、許坋妃、王仕圖、何華欽（2012）。影響婚姻暴力通報個案開案與結
　　案狀態之因素：從個人人口特徵與服務輸送的探討。*靜宜人文社會學刊，
　　6*(1)，271-312。

劉可屏、康淑華（2016）。*目睹家庭暴力兒童及少年受案評估輔助指引*。衛生福
　　利部委託研究。

劉淑瓊、王珮玲（2011）。*家庭暴力安全防護網成效評估計畫*。內政部委託研究。

劉淑瓊、王珮玲、吳敏欣（2013）。*家庭暴力安全防護網效益分析初探*。衛生福
　　利部委託研究。

劉淑瓊、黃志中、江宛霖（2018）。*親密關係暴力被害人醫療使用及醫療成本推
　　估模式初探計畫報告*。衛生福利部委託研究。

潘淑滿（2006）。身心障礙者家庭暴力與性侵害的研究。*臺灣社會工作學刊，5*，
　　128-159。

潘淑滿、林東龍、林雅容、陳幸容（2017）。*105年度臺灣婦女親密關係暴力統
　　計資料調查*。衛生福利部105年委託研究。

潘淑滿、游美貴（2012）。*親密關係暴力問題之研究*。內政部家庭暴力防治委員
　　會委託研究報告。

蔡震榮主編（2015）。*警察法總論*。一品文化。

蔡燦君、沈佩秦（2011）。台中市婚姻暴力加害人訪視社會工作方案之成效。*亞
　　洲家庭暴力與性侵害期刊，7*(2)，55-66。

衛生福利部（2016）。*家庭暴力性侵害防治醫事人員工作手冊*。衛生福利部。

衛生福利部（2017）。*家庭暴力被害人驗傷採證標準作業參考流程*。2008年8月
　　13日衛署醫字第0970209711號公告。https://dep.mohw.gov.tw/domhaoh/cp-

464-1714-107.html

衛生福利部（2018）。*淬鍊前行——臺灣家庭暴力防治大事紀（二版）*。衛生福利部。

衛生福利部（2018a）。*全國通報之親密關係暴力被害人：國籍及族別統計*。衛生福利部保護服務司提供。

衛生福利部（2018b）。*全國通報之親密關係暴力被害人：身心障礙別人數統計*。衛生福利部保護服務司提供。

衛生福利部（2018c）。*全國通報之親密關係暴力受害人：依年齡統計*。衛生福利部保護服務司提供。

衛生福利部（2018d）。*2011-2017 年親密關係暴力通報來源*。衛生福利部保護服務司提供。

衛生福利部（2018e）。*出席安全網高危機網絡會議各體系人員分析*。衛生福利部保護服務司提供。

衛生福利部（2018f）。*強化社會安全網計畫（核定本）*。衛生福利部。

衛生福利部（2019a）。*家庭暴力通報案件處理流程*。屏東縣政府社會處提供。

衛生福利部（2019b）。*成人保護通報表（2019 年 6 月 1 日適用）*。https://dep.mohw.gov.tw/DOPS/cp-1289-45968-105.html

衛生福利部（2019c）。*家庭暴力開／結案評估指標*。屏東縣政府社會處提供。

衛生福利部（2019d）。*家庭暴力加害人處遇計畫規範*。https://dep.mohw.gov.tw/dops/cp-1287-14942-105.html

衛生福利部（2020a）。*家庭暴力被害人保護扶助人次*。https://dep.mohw.gov.tw/dos/cp-2981-14056-113.html

衛生福利部（2020b）。*法院裁定家庭暴力加害人處遇計畫項次*。https://dep.mohw.gov.tw/DOS/cp-2981-14063-113.html

衛生福利部（2020c）。*家庭暴力加害人無法完成處遇之原因*。https://dep.mohw.gov.tw/DOS/cp-2981-14063-113.html

衛生福利部心口司（2017）。*「男性關懷專線」——專人守候，話解渡過*。https://www.mohw.gov.tw/cp-16-36734-1.html

衛生福利部統計處（2017）。*家庭暴力事件通報案件統計*。https://dep.mohw.gov.tw/dops/lp-1303-105-xCat-cat01.html

衛生福利部統計處（2020）。*97 年至 108 年家庭暴力事件通報來源*。https://dep.mohw.gov.tw/dops/lp-1303-105-xCat-cat01.html

衛生福利部統計處（2020）。*97 年至 108 年家庭暴力事件被害人性別及案件類型*。https://dep.mohw.gov.tw/dops/cp-1303-33741-105.html

鄭玉蓮（2003）。*受虐婦女脫離婚姻暴力歷程之研究*〔未出版之碩士論文〕。國立師範大學成人教育研究所。

鄭青玫（2011）。*開放式強制處遇團體之療效、反療效因素及其對男性婚暴者停止暴力的轉化歷程之初探研究*〔未出版之博士論文〕。國立彰化師範大學輔導與諮商學系。

鄭瑞隆（2004）。家庭暴力社工員專業服務困境與改善措施之研究。*犯罪學期刊*，*7*(2)，129-163。

鄭詩穎（2015）。受暴女性為何無法脫逃？——從「家庭暴力」到「高壓控管」。*中華心理衛生學刊*，*28*(4)，481-497。

錢泳宏（2015）。清代 " 家庭暴力 " 研究。商務印書館。

戴世玫（2013）。轉動中的權力控制輪：美國家庭暴力實務研究的多元圖像論述。*社區發展季刊*，*142*，164-175。

謝宏林（2010）。*家庭暴力加害人處遇成效之意涵*〔未出版之博士論文〕。東海大學社會工作學系。

謝秋香（2003）。*婚姻暴力受害者經驗之研究*〔未出版之碩士論文〕。國立中正大學犯罪防治研究所。

鍾思嘉（2000）。專業助人者的替代性創傷與因應策 。九二一震災心理復健學術研討會論文集。教育部。

簡春安（2002）。家庭暴力被害人保護方案之初探研究。內政部委託研究。

醫師公會全國聯合會世界醫師會工作小組（2011）。世界醫師會有關家庭暴力之聲明。*臺灣醫界雜誌*，*54*(9)，59-60。

蘇素娥（2000）。淺談家庭暴力防治之刑事程序。*律師雜誌*，*248*，43-57。

英文部分

Ake, J., & Arnold, G. (2018). A brief history of anti-violence against women movements in the United States. In C. M. Renzetti, J. L. Edleson, & R. K. Bergen (Eds.), *Sourcebook on Violence Against Women* (3rd ed., pp. 3-25). Sage.

Ali, P. A., & Naylor, P. B. (2013). Intimate partner violence: A narrative review of the feminist, social and ecological explanations for its causation. *Aggression and Violent Behavior, 18*(6), 611-619.

Anderson, k. L. (1997). Gender, status and domestic violence: An integration of feminist and family violence approach. *Journal of Marriage and Family, 59*(3), 655-669.

Badawy, A. A. B. (2003). Alcohol and violence and the possible role of serotonin. *Criminal Behavior and Mental Health, 13*(1), 31-44.

Bagwell-Gray, M. E., Messing, J. T., & Baldwin-White, A. (2015). Intimate partner sexual violence: A review of terms, definitions, and prevalence. *Trauma, Violence, & Abuse, 16*(3), 316-335.

Baker, C. R., & Stuth, S. M. (2008). Factors predicting dating violence perpetration among male and female college students. *Journal of Aggression, Maltreatment & Trauma, 17*(2), 227-244.

Bandura, A. (1977). *Social Learning Theory*. Prentice Hall.

Barthelemy, J. J., Chaney, C., Maccio, E. M., & Church, II, W. T. (2016). Law enforcement perceptions of their relationship with community: Law enforcement surveys and community focus groups. *Journal of Human Behavior in the Social Environment, 26*(3-4), 413-429.

Bibi, S., Ashfaq, S., Shaikh, F., & Qureshi, P. M. A. (2014). Prevalence, instigating factors and help seeking behavior of physical domestic violence among married women of Hyderabad. *Pakistan Journal of Medical Sciences, 30*(1), 122-125.

Big Mountain Data (2015). *Unaware about the prevalence of domestic violence? Heat maps of DV-related incidents take DV out of the shadows*. https://twitter.com/bigMdata/status/608659616390631425

Black, M. C. (2011). Intimate partner violence and adverse health consequences: Implications for clinicians. *American Journal of Lifestyle Medicine, 5*(5), 428-439.

Bogard, M., & Mederos, F. (1999). Battering and couples therapy: Universal screening and selection of treatment modality. *Journal of Marital and Family Therapy, 25*(3), 291-312.

Bonomi, A. E., Anderson, M. L., Rivara, F. P., & Thompson, R. S. (2009). Health care utilization and costs associated with physical and nonphysical-only intimate partner violence. *Health Services Research, 44*(3), 1052-1067.

Bowen, E., & Swift, C. (2017). The prevalence and correlates of partner violence used and experienced by adults with intellectual disabilities: A systematic review and call to action. *Trauma, Violence, & Abuse, 20*(5), 693-705.

Breiding, M. J., Basile, K. C., Smith, S. G., Black, M. C., & Mahendra, R. (2015). *Intimate partner violence surveillance uniform definitions and recommended data elements version 2.0*. Centers for disease control and prevention, National Center for Injury Prevention and Control.

Brewster, M. P. (2002). Domestic violence theories, research, and practice implication. In A. R. Robert (Ed.), *Handbook of domestic violence intervention strategies*. Oxford University Press.

Bronfenbrenner, U. (1986). Ecology of the family as a context for human development: Research perspectives. *Developmental Psychology, 22*(6), 723-742.

Brooks, C., Martin, S., Broda, L., & Poudrier, J. (2017). "How many silences are there?" Men's experience of victimization in intimate partner relationships. *Journal of Interpersonal Violence, 35*(23-24), 5390-5413.

Busby, D. M., Holman, T. B., & Walker, E. (2008). Pathways to relationship aggression between adult partners. *Family Relations, 57*(1), 72-83.

Buzawa, E. S. (2012). The evolving police response to domestic violence. *Journal of Police Crisis Negotiations, 12*(2), 82-86.

Buzawa, E. S., & Buzawa, C. G. (Eds.). (1996). *Do arrests and restraining orders work?* Sage.

Buzawa, E. S., Buzawa, C. G., & Stark, E. (2017). *Responding to domestic violence: The integration of criminal justice and human service* (5th ed.). Sage.

Buzawa, E. S., Buzawa, C. G., & Stark, E. (2015). *Responding to domestic violence: The integration of criminal justice and human services*. (4th ed.). Sage.

Campbell, J. C. (1995). Prediction of homicide of and by battered women. In J. C. Campbell (ed.), *Assessing dangerousness: Violence by sexual offenders, batterers, and child abusers* (p.96-113). Sage.

Campbell, J. C.(2004). Helping women understand their risk in situations of intimate partner violence. *Journal of Interpersonal Violence, 19*(12), 1464-1477.

Carden, A. S. (1994). Wife abuse and the wife abuser: Review and recommendations. *The Counseling Psychologist, 22*(4), 539-582.

Carlson, J., Voith, L., Brown, J. C., & Holmes, M. (2019). Viewing children's exposure to intimate partner violence through a developmental, social-ecological, and survivor lens: The current state of the field, challenges, and future directions. *Violence Against Women, 25*(1), 6-28.

Cattaneo, L. B. , & Goodman, L. A. (2005). Risk factors for reabuse in intimate partner violence: A cross-disciplinary critical review. *Trauma, Violence, & Abuse, 6*(2), 141-175.

Chaudhuri, M. , & Daly, K. (1992). Do restraining orders help? Battered women's experience with male violence and legal process, in E. S. Buzawa & C. G. Buzawa (eds.) *Domestic Violence: The Changing Criminal Justice Response*, 227-252.

Chermack, S. T., & Giancola, P. R. (1997). The relation between alcohol and aggression: An integrated biopsychosocial conceptualization. *Clinical Psychological Review, 17*(6), 621-649.

Choenni, V., Hammink, A., & van de Mheen, D. (2017). Association between substance use and the perpetration of family violence in industrialized countries: A systematic review. *Trauma, Violence & Abuse, 18*(1), 37-50.

Commonwealth of Australia (2016). *Third Action Plan 2016-2019-of the National Plan to Reduce Violence against Women and their Children 2010-2022*. The Council of Australian Governments.

Cordier, R., Chung, D., Wilkes-Gillan, S., & Speyer, R. (2019). The effectiveness of protection orders in reducing recidivism in domestic violence: A systematic review and meta-analysis. *Trauma, Violence, & Abuse.*

Cretney, A., & Davis, G. (1997). 'Prosecuting domestic assault: Victims failing courts or courts failing victims'. *The Howard Journal, 36*, 146-57.

Dardis, C. M., Dixon, K. J., Edwards, K. M., & Turchik, J. A. (2015). An examination of the factors related to dating violence perpetration among young men and women and associated theoretical explanations: A review of the literature. *Trauma, Violence, & Abuse, 16*(2), 136-152.

Davies, J., & Lyon, E. (1998). *Safety planning with battered women*. Sage.

Dienemann, J., Campbell, J., Landenburger, K., & Curry, M. A. (2002). The domestic violence survivor assessment: A tool for counseling women in intimate partner violence relationships. *Patient Education and Counseling, 46*, 221-228.

Dobash, R. E., & Dobash , R. P. (1979). *Violence Against Wives*. Free press.

Dolan, M. & M. Doyle (2000). Violence risk prediction: Clinical and actuarial measures and the role of the psychopathy checklist. *British Journal of Psychiatry,* *177*(4), 303-311.

Domestic Abuse Intervention Project (DAIP, 2020). *Understanding the power and* *control wheel.* Retrieved November 8, 2020, from https://www.theduluthmodel. org/wheels/

Douglas, H., Harris, B. A., & Dragiewicz, M. (2019). Technology-facilitated domestic and family violence: Women's experiences. *The British Journal of Criminology,* *59*(3), 551-570.

Douglas, K. S., & Kropp P. R. (2002). A prevention-based paradigm for violence risk assessment: Clinical and research applications. *Criminal Justice and Behavior,* *29*(5): 617-658.

Duerksen, K. N., & Woodin, E. M. (2019). Cyber dating abuse victimization: Links with psychosocial functioning. *Journal of Interpersonal Violence.*

Durfee, A. (2011). "I'm not a victim, she's an abuser": Masculinity, victimization, and protection orders. *Gender & Society, 25*, 316-334.

Dutton, D. G. (1995). A scale for measuring th epropensity for abusiveness. *Journal of* *Family Violence, 10*(2), 203-221.

Dutton, D. G. (2006). *Rethinking domestic violence.* UBC Press.

Dutton, D. G. (1995). A scale for measuring the propensity for abusiveness. *Journal of* *Family Violence, 10*(2), 203-221.

Dutton, D. G., & Starzomski, A. J. (1993). Borderline personality in perpetrators of psychological and physical abuse. *Violence and Victims, 8*(4), 327-337.

Dutton, M. A., & Dionne, D. (1991). Counseling and shelter for battered women. In M. Steinman (Ed.), *Women battering: Policy Responses.* Anderson.

Dutton, M. A., & Goodman, L. A. (2005). Coercion in intimate partner violence: Toward a new conceptualization. *Sex Roles, 52*(11/12), 743-756.

Duvvury, N., Callan, A., Carney, P., & Raghavendra, S. (2013). *Intimate partner* *violence: Economic costs and implications for growth and development (No.* *3).* Retrieved from https://www.worldbank.org/content/dam/Worldbank/ document/Gender/Duvvury%20et%20al.%202013%20Intimate%20Partner%20 Violence.%20Economic%20costs%20and%20implications%20for%20growth%20 and%20development%20VAP%20No.3%20Nov%202013.pdf

Eckhardt, C., Murphy, C., Black, D., & Suhr, L. (2006). Intervention programs for perpetrators of intimate partner violence: conclusions from a clinical research perspective. *Public Health Reports, 121*, 369-381.

Edleson, J. F., Lindhorst, T. & Kanuha, V. K. (2015). Ending gender-based violence: A grand challenge for social work. *American Academy of Social Work & Social Welfare: Working Paper, 15*, 3-15.

Ehrensaft, M. K., Moffitt, T. E., & Caspi, A. (2006). Is domestic violence followed by an increased risk of psychiatric disorders among women but not among men? A longitudinal cohort study. *The American Journal of Psychiatry, 163*(5), 885-892.

EIGE. (2019). *Risk assessment and management of intimate partner violence in the EU*. European Institute for Gender Equality.

Eigenberg, H. M., Kappeler, V. E., & McGuffee, K. (2012). Confronting the complexities of domestic violence: A social prescription for rethinking police training. *Journal of Police Crisis Negotiations, 12*(2), 122-145.

Eigenberg, H., McGuffee, K., Berry, P., & Hall, W. H. (2003). Protective order legislation: Trends in state statutes. *Journal of Criminal Justice, 31*(5), 411-422.

European Institute for Gender Equality. (2017). *Cyber violence against women and girls*. EIGE.

European Institute for Gender Equality. (2020). *Data collection on violence against women*. Retrieved from https://eige.europa.eu/gender-based-violence/data-collection

European Union Agency For Fundamental Rights. (2014). *Violence against women: An EU-wide survey*. Europen Union Agency For Fundamantal Rights.

Evans, S. E., Davies, C., & DiLillo, D. (2008). Exposure to domestic violence: A meta-analysis of child and adolescent outcomes. *Aggression and Violent Behavior, 13*(2), 131-140.

Fallot, R. D. & Harris, M. (2009). *Creating Cultures of Trauma-Informed Care [CCTIC]: A Self-Assessment and Planning Protocol*. https://www.theannainstitute.org/CCTICSELFASSPP.pdf

Feder, G. S., Hutson, M., Ramsay, J., & Taket, A. R. (2006). Women exposed to intimate partner violence: Expectations and experiences when they encounter health care professionals: A meta-analysis of qualitative studies. *Archives of*

Internal Medicine, 166(1), 22-37.

Feder, G., Ramsay, J., Dunne, D., Rose, M., Arsene, C., Norman, R., Kuntze, S., Spencer, A., Bacchus,L., Hague, G., Warbuton, A., & Taket, A. (2009). How far does screening women for domestic (partner) violence in different health-care settings meet criteria for a screening programme? Systematic reviews of nine UK National Screening Committee criteria. *NIHR Health Technology Assessment Programme, 13*(16).

Fergusson, D. M., Boden, J. M., & Horwood, L. J. (2006). Examining the intergenerational transmission of violence in a New Zealand birth cohort. *Child Abuse & Neglect, 30*(2), 89-108.

Finkelhor, D., & Yllo, K. (1983). Rape in marriage: A sociological view. In D. Finkelhor, R. J. Gelles, G. T. Hotaling, & M. A. Straus (Eds.), *The dark side of families: Current family violence research* (pp. 119-131). Sage.

Finkelhor, D., Turner, H. A., Shattuck, A., & Hamby, S. L. (2013). Violence, crime, and abuse exposure in a national sample of children and youth: An update. *JAMA Pediatr, 167*(7), 614-621.

Finn, P. (1989). Statutory authority in the use and enforcement of civil protection orders against domestic abuse. *Family Law Quarterly, 23*, 43-73.

Finn, P. (1991). Civil protection orders: A flawed opportunity for intervention. In M. Steinman (Ed.), *Woman battering: Policy responses* (pp. 155-189). Academy of Criminal Justice Sciences and Anderson Publishing.

Finn, P., & Colson, S. (1998). Civil protection orders: Legislation, current court practice and enforcement. In legal interventions in family violence: Research findings and policy implications (*NCJ Publ. No. 171666*, pp. 44-46). Department of Justice.

Finn, P., Colson, S. (1990). *Civil protection orders: Legislation, current court practice, and enforcement* (p. 49). US Department of Justice, Office of Justice Programs, National Institute of Justice.

Fischer, K., & Rose, M. (1995). When "enough is enough": Battered women's decision making around court orders of protection. *Crime & Delinquency, 41*(4), 414-429.

Follingstad, D. R., & DeHart, D. D. (2000). Definging psychological abuse of husbands towards wives: Contexts, behaviors, and typologies. *Journal of Interpersonal*

Violence, 15(9), 891-920.

Fong, V. C., Hawes, D., & Allen, J. L. (2017). A systematic review of risk and protective factors for externalizing problems in children exposed to intimate partner violence. *Trauma, Violence, & Abuse, 20*(2), 149-167.

Foshee, V. A., Bauman, K. E., & Linder, G. F. (1999). Family violence and the perpetration of adolescent dating violence: Examining social learning and social control processes. *Journal of Marriage and Family, 61*, 331-342.

Fradella, H. F. & Fischer, R. G. (2010). Factors impacting sentence severity of intimate partner violence offenders and justification for the types of sentencing imposed by Mock Jurors, *Law and Psychology Review, 34*, 25-53.

Frasier, P. Y., Slatt, L., Kowlowitz, V., & Glowa, P. T. (2001). Using the stages of change model to counsel victims of intimate partner violence. *Patient Education and Counseling, 43*, 211-217.

Fugate, M., Landis, L., Rioradan, K., Naureckas, S., & Engel, B. (2005). Barriers to domestic violence help seeking: Implication for intervention. *Violence Against Women, 11*(3), 290-310.

García-Moreno, C., Hegarty, K., d'Oliveira, A. F. L., Koziol-McLain, J., Colombini, M., & Feder, G. (2015). The health-systems response to violence against women. *The Lancet, 385*(9977), 1567-1579.

Garner, R. (2005). Police attitudes: The impact of experience after training. *Applied Psychology in Criminal Justice, 1*(1), 56-70.

Gelles, R. J., & Cornell, C. P. (1990). *Intimate violence in families*. Sage.

Gelles, R. J., & Maynard, P. E. (1987). A structural family system approach to intervention in cases of family violence. *Family Relation, 36*, 270-275.

Gelles, R. J., & Straus, M. A. (1988). *Intimate violence: The causes and consequences of abuse in the American family*. Simon and Schuster.

Giancola, P. R., Josephs, R. A., Parrott, D. J., & Duke, A. A. (2010). Alcohol myopia revisited: Clarifying aggression and other acts of disinhibition through a distorted lens. *Perspectives on Psychological Science, 5*(3), 265-278.

Gist, J. H., McFarlane, J., Malecha, A., Fredland, N., Schultz, P., & Willson, P. (2001). Women in danger: Intimate partner violence experienced by women who qualify and do not qualify for a protective order. *Behavioral Sciences and the Law, 19*,

637-647.

Golding, J. M. (1999). Intimate partner violence as a risk factor for mental disorder: A meta-analysis. *Journal of Family Violence, 14*(2), 99-132.

Goode, W. J. (1971). Force and violence in the family. *Journal of Marriage and Family, 33*(4) , 624-636.

Gormley, B. (2005). An adult attachment theoretical perspective of gender symmetry in intimate partner violence. *Sex Roles, 52*(11/12), 785-795.

Gosselin, D. K. (2014). *Heavy hands: An introduction to the crimes of intimate and family violence* (5th ed.). Pearson.

Grace, J. (2015). Clare's Law, or the national domestic violence disclosure scheme: The contested legalities of criminality information sharing. *The Journal of Criminal Law, 79*(1), 36-45.

Graham, L. M., Sahay, K. M., Rizo, C. F., Messing, J. T., & Macy, R. J. (2019). The validity and reliability of available intimate partner homicide and reassault risk assessment tools: A systematic review. *Trauma, Violence, & Abuse*.

Grau, J., Fagan, J., & Wexler, S. (1985). Restaining orders for battered women: Issues of access and efficiency. In C. Schwebwer and C. Feinman (Eds.), *Criminal justice politics and women: The aftermath of legally mandated change*, pp. 89-122. Haworth Press.

Hagemann-White, C., & Bohn, S. (2007). Protecting women against violence: Analytical study on the effective implementation of recommendation Rec (2002) 5 on the protection of women against violence in Council of Europe member states. *University of Osnabrück for the Council of Europe*. Retrieved from http://www.coe.int/t/dg2/equality/domesticviolencecampaign/Source/EN_CDEG_2007_3_complete. pdf (accessed September 2010).

Hamby, S. (2014). Intimate partner and sexual violence research: Scientific progress, scientific challenges, and gender. *Trauma, Violence & Abuse, 15*(3), 149-158.

Hamby, S., Finkelhor, D., Turner, H., & Ormrod, R. (2010). The overlap of witnewwing partner violencve with child maltreatment and other victimization in an nationally representive survey of youth. *Child Abuse & Neglect, 34*, 734-741.

Harris, B. A., & Woodlock, D. (2018). Digital coercive control: Insights from two landmark domestic violence studies. *The British Journal of Criminology, 59*(3),

530-550.

Harris, G. E. (2006). Conjoint therapy and domestic violence: Treating the individuals and the relationship. *Counseling Psychology Quarterly, 19*(4), 373-379.

Hartman, J. L., & Belknap, J. (2003). 'Beyond the gatekeepers: Court professionals' self-reported attitudes about and experiences with misdemeanor domestic violence cases. *Criminal Justice and Behavior, 30*, 349-73.

Hazan, C., & Shaver, P. (1987). Romantic love conceptualized as an attachment process. *Journal of Personality and Social Psychology, 52*(3), 511-524.

Heckert, D. A. & Gondolf, E. W. (2004). Battered women's perception of risk versus risk factors and instruments in prediction of repeat reassault. *Journal of Interpersonal Violence, 19*(7), 778-800.

Heilbrun, K. (1997). Prediction versus management models relevant to risk assessment: The importance of legal decision-making context. *Law and Human Behavior, 21*(4), 347-359.

Heise, L. L. (1998). Violence Against Women: An integrated, ecological framework. *Center for Health and Gender Equity, 4*(3), 262-290.

Herman, J.（2018）。從創傷到復原：性侵與家暴倖存者的絕望與重生（*Trauma and recovery: The aftermath of violence from domestic abuse and political terror*）（施宏達、陳文琪、向淑容譯）。左岸文化。（原著出版於 1992 年）

Hester, M., Pearce, P., & Westmarland, N. (2008). *Early evaluation of the Integrated Domestic Violence Court, Croydon*. Ministry of Justice.

Holden, G. W. (2003). Children exposed to domestic violence and child abuse: Terminology and taxonomy. *Clinical Child and Family Psychology Review, 6*(3), 151-160.

Hollensherd, J. H., Dai, Y., Ragsdale, M. K., Massy, E., & Scott, R. (2006). Relationship between two types of help seeking behavior in domestic violence victims. *Journal of Family Violence, 21*, 271-279.

Holtzworth-Munore, A., & Stuart, G. L. (1994). Typologies of male batterers: Three subtypes and the differences among them. *Psychological Bulletin, 116*(3), 476-497.

Holtzworth-Munroe, A., Meehan, J. C., Herron, K., Rehman, U., & Stuart, G. L. (2000). Testing the Holtzworth-Munroe and Stuart (1994) batterer typology.

Journal of Consulting and Clinical Psychology, 68(6), 1000-1019.

Homans, G. C. (1961). *Social behavior: Its elementary forms*. Harcourt, Brace and Worlds.

Home Office. (2012). *Cross-government definition of domestic violence-a conclusion: Summary of response*. Home Office.

Hyman, I., Forte, T., Mont, J. D., Romans, S., & Cohen, M. M. (2009). Help-seeking behavior for intimate partner violence among racial minority women in Canada. *Women's Health Issues, 19*, 101-108.

Iverson, k. M., Jimenez, S., Harrington, K. M., & Resick, P. A. (2011). The contribution of childhood family violence on later intimate partner violence among robbery victims. *Violence and Victims, 26*(1), 73-87.

Jennings, J. P., & Jennings, J. L. (1991). Multiple approach to the treatment of violence couples. *The American Journal Family Therapy, 19*(4), 351-362.

Jewkes, R. (2002). Intimate partner violence: Causes and prevention. *The Lancet, 359*, 1423-1429.

Johnson, H. (2001). Contrasting views of the role of alcohol in cases of wife assault. *Journal of Interpersonal Violence, 16*(1), 54-72.

Johnson, M. P. (1995). Patriarchal terrorism and common couple violence: Two forms of violence against women. *Journal of Marriage and the Family, 57*(2), 283-294.

Johnson, M. P. (2008). *A typology of domestic violence: Intimate terrorism, violence resistance, and situational couple violence*. Northeastern University Press.

Justia (2020). *Thurman v. City of Torrington, 595 F. Supp. 1521 (D. Conn. 1984)*. https://law.justia.com/cases/federal/district-courts/FSupp/595/1521/1683702/

Keilitz, S., Hannaford, P. , & Efkeman, H. (1997). *Civil protection orders:The benefits and limitations for victims of domestic violence*. National Center for State Courts Research.

Klein, A. R.(1996). Re-abuse in a population of court-restrained male batters: Why restraining orders don't work. in E. S. Buzawa and C. G. Buzawa (eds.). *Do Arrest and Restraining Orders Work?*, (pp. 192-213). Sage.

Klevens, J., Baker, C. K., Shelley, G. A., & Ingram, E. M. (2008). Exploring the links between components of coordinated community responses and their impact on contact with intimate partner violence services. *Violence Against Women, 14*(3),

346-358.

Kothari, C. L., & Rhodes, K. V. (2006). Missed opportunities: Emergency department visits by police-identified victims of intimate partner violence. *Annals of Emergency Medicine, 47*(2), 190-199.

Kothari, C. L., Rhodes, K. V., Wiley, J. A., Fink, J., Overholt, S., Dichter, M. E., Marcus,S.C., & Cerulli, C. (2012). Protection orders protect against assault and injury: A longitudinal study of police-involved women victims of intimate partner violence. *Journal of Interpersonal Violence, 27*(14), 2845-2868.

Kropp, P. R. (2004). Some questions regarding spousal assault risk assessment. *Violence Against Women, 10*(6), 676-697.

Lemon, N. K. (2001). *Domestic violence law* (p. 725). Thomson/West.

Levine, M. D. (1975). Interpersonal violence and its effects on the children: A study of 50 families in general practice. *Medicine, Science and Law, 15*, 172-176.

Liang, B., Goodman L., Tummala-Narra , P., & Weintraub, S. (2005). A theoretical framework for understanding help-seeking process among survivors of intimate partner violence. *American Journal of Community Psychology, 36*(1/2), 71-83.

Liao, M. S. (2008). Intimate partner violence within the Chinese community in San Francisco: Problem gambling as a risk factor. *Journal of Family Violence, 23*(8), 671-678.

Lindhorst, T., & Tajima, E. (2008). Reconceptualizing and operationalizing context in survey research on intimate partner violence. *Journal of Interpersonal Violence, 23*(3), 362-388.

Logan, T. K., Shannon, L., & Walker, R. (2005). Protective orders in rural and urban areas: A multiple perspective study. *Violence Against Women, 11*(7), 876-911.

Logan, T. K., Shannon, L., & Walker, R. (2006). Police attitudes toward domestic violence offenders. *Journal of Interpersonal Violence, 21*(10), 1365-1374.

Logan, T. K., Shannon, L., Walker, R., & Faragher, T. M. (2006). Protective orders: Questions and conundrums. *Trauma, Violence, & Abuse, 7*(3), 175-205.

Logan, T., Walker, R., Jordan, C., & Leukefeld, C. (2006). *Women and victimization: Contributing factors, interventions, and implications*. American Psychological Association Press.

Longoria, R. A. (2005). Is inter-organizational collaboration always a good thing?

Journal of Sociology and Social Welfare, 32(3), 123-138.

Loring, M. T. (1994). *Emotional abuse*. Lexington.

Jankowski, M.K., Leitenberg, H., Henning, K. & Coffey, P. (1999). Intergenerational transmission of dating aggression as a function of witnessing only same sex parents vs. opposite sex parents vs. both parents as perpetrators of domestic violence. *Journal of Family Violence, 14*(3), 267-279.

Machado, A., Santos, A., Graham-Kevan, N., & Matos, M. (2016). Exploring help seeling experiences of male victims of female perpetrators of IPV. *Journal of Family Violence, 32*, 513-523.

Martin, M. E. (1997). Double your trouble: Dual arrest in family violence. *Journal of Family Violence, 12*, 139-157.

Mayseless, O. (1991). Adult attachment patterns and courtship violence. *Family Relations, 40*, 21-28.

Messing, J. T., & Thaller, J. (2015). Intimate partner violence risk assessment: A primer for social workers. *The British Journal of Social Work, 45*(6), 1804-1820.

Messing, J., Bagwell-Gray, M., Brown, M. L., Kappas, A., & Durfee, A. (2020). Intersections of stalking and technology-based abuse: Emerging definitions, conceptualization, and measurement. *Journal of Family Violence*.

Meyer, S. (2011). Seeking help for intimate partner violence: Victims' experiences when approaching the criminal justice system for IPV-related support and protection in an Australian jurisdiction. *Feminist Criminology, 6*(4), 268-290.

Miller, S. L. (2001). The paradox of women arrested for domestic violence. *Violence Against Women, 7*(12), 1339-1376.

Mills, L. G. (1998). Mandatory arrest and prosecution policies for domestic violence: A critical review and case for more research to test victim empowerment approaches. *Criminal Justice and Behavior, 25*, 306-18.

Moffitt, T. E., & Capsi, A. (1999). *Findings about partner violence from the Dunedin multidisciplinary health and development study: Research in brief*. National Institute of Justice.

Morrow, W. J., Katz, C. M., & Choate, D. E. (2016). Assessing the impact of police body-worn cameras on arresting, prosecuting, and convicting suspects of intimate partner violence. *Police Quarterly, 19*(3), 303-325.

National Center for Injury Prevention and Control (2003). *Costs of intimate partner violence against women in the United States.* Centers for Disease Control and Prevention.

National Network to End Domestic Violence, NNEDV (2017). News (2017/2/24). Retrieved from http://nnedv.org/news/5446-housing-legislation-will-help-more-victims-find-safe-housing-options.html

Naved, P. T., Azim, S., Bhuiya, A., & Persson, L. A. (2006). Physical violence by husbands: Magnitude, disclosure and help-seeking behavior of women in Bangladesh. *Social Science & Medicine, 62,* 2917-2929.

Nelson, B. J. (1980). Help-seeking from public authorities: Who arrives at the agency door? *Policy Science, 12,* 175-192.

Nicholas, M. P., & Schwartz, R. C. (2004). *Family Therapy: Concepts and methods* (6th. ed.) . Pearson.

Oka, M., & Whiting, J. B. (2011). Contemporary MFT theories and intimate partner violence: A review of systemic treatments. *Journal of Couple and Relationship Therapy, 10,* 34-52.

Olive, P. (2017). Classificatory multiplicity: Intimate partner violence diagnosis in emergency department consultations. *Journal of Clinical Nursing, 26*(15-16), 2229-2243.

Peled, E., Eisikovits, Z., Enosh, G., & Winstock, Z. (2000). Choice and empowerment for battered women who stay: Toward a constructivist model. *Social Work, 45*(1), 9-22.

Peterson, C., Kearns, M. C., McIntosh, W. L., Estefan, L. F., Nicolaidis, C., McCollister, K. E., MS. Amy Gordan, Florence, C. (2018). Lifetime economic burden of intimate partner violence among U.S. adults. *American journal of Prevention Medicine, 55*(4), 433-444.

Peterson, R. R., & Bialo-Padin, D. (2012). Domestic violence is different: The crucial role of evidence collection in domestic violence cases. *Journal of Police Crisis Negotiations, 12*(2), 103-121.

Postmus, J. L., Plummer, S.-B., McMahon, S., Murshid, N. S., & Kim, M. S. (2012). Understanding economic abuse in the lives of survivors. *Journal of Interpersonal Violence, 27*(3), 411-430.

Quinsey, V. L., Harris, G. T., Rice, M. E., & Cormier, C. A. (1998). *Violent offenders: Appraising and managing risk.* American Psychological Association.

Reed, L. A., Tolman, R. M., & Ward, L. M. (2016). Snooping and sexting: Digital media as a context for dating aggression and abuse among college students. *Violence Against Women, 22*(13), 1556-1576.

Reed, L. A., Tolman, R. M., & Ward, L. M. (2017). Gender matters: Experiences and consequences of digital dating abuse victimization in adolescent dating relationships. *Journal of Adolescence, 59*, 79-89.

Riggs, D. S., & O'Leary, D. K. (1996). Aggression between heterosexual dating partners: An examination of a causal model of courtship aggression. *Journal of Interpersonal Violence, 11*, 519-540.

Robinson, A. L. (2006). Reducing repeat victimization among high-risk victims of domestic violence: The benefits of a coordinated community response in Cardiff, Wales. *Violence Against Women, 12*(8), 761-788.

Rodman, H. (1972). Marital power and the theory of resource in cultural context. *Journal of Comparative Family Studies, 3*(1), 50-69.

Rönnberg, A. K. M., & Hammarström, A. (2000). Barriers within the health care system to dealing with sexualized violence: A literature review. *Scandinavian Journal of Public Health, 28*(3), 222-229.

Rothman, E. F., Madel, D. G., & Silverman, J. G. (2007). Abusers' perceptions of the effect of their intimate partner violence on children. *Violence Against Women, 13*(11), 1179-1191.

Saskatchewan (2020). *Saskatchewan is the first province in Canada to implement "Clare's Law"* .https://www.saskatchewan.ca/

Shepard, M., & Pence, E. (1999). *Coordinating community response to domestic violence: Lessons from Duluth and beyond.* Sage.

Sinden, P. G., & Stephens, B. J. (1999). Police perceptions of domestic violence: The nexus of victim, perpetrator, event, self and law. *Policing: An International Journal of Police Strategies & Management, 22*(3), 313-317.

Smith, S. G., Zhang, X., Basile, K. C., Merrick, M. T., Wang, J., Kresnow, M., & Chen, J. (2018). *The National Intimate Partner and Sexual Violence Survey (NISVS): 2015 Data Brief - Updated Release.* National Center for Injury Prevention and

Control, Centers for Disease Control and Prevention.

Smith-Marek, E. N., Cafferky, B., Dharnidharka, P., Mallory, A. B., Dominguez, M., High, J., Stith, S. M., Mendez, M. (2015). Effects of childhood experiences of family violence on adult partner violence: A meta-analytic review. *Journal of Family Theory & Review, 7*(4), 498-519.

Sokoloff, N. J., & Dupont, I. (2005). Domestic violence at the intersections of race, class, and gender. *Violence Against Women, 11*(1), 38-64.

South Australia Police (2020). *Domestic violence disclosure.* https://www.police.sa.gov. au/your-safety/dvds

Spitzberg, B. H., & Cupach, W. R. (2007). The state of the art of stalking: Taking stock of the emerging literature. *Aggression and Violent Behavior, 12*(1), 64-86.

St. Pierre, M., & Senn, C. Y. (2010). External barriers to help-seeking encountered by canadian gay and lesbian victims of intimate partner abuse: An application of the barriers model. *Violence and Victims, 25*(4), 536-552.

Stark, E. (2007). *Coercive control: The entrapment of women in personal life.* Oxford University Press.

Stark, E., & Flitcraft, A. (1988). Violence among intimates. *Handbook of Family Violence* (pp. 293-317). Springer.

Steele, C., & Josephs, R. (1990). Alcohol myopia: Its prized and dangerous effects. *American Psychologist, 45,* 921-933.

Stewart, C. (2016). National framework for collaborative police action on intimate partner violence. *University of New Brunswick, Canadian Observatory on the Justice System's Response to Intimate Partner Violence.*

Stith, S. M., Rosen, K. H., Middleton, K. A., Busch, A. L., Lundeberg, K., & Carlton, R. P. (2000). The intergenerational transmission of spouse abuse: A meta-analysis. *Journal of Marriage and Family, 62*(30), 640-654.

Stonard, K. E., Bowen, E., Lawrence, T. R., & Price, S. A. (2014). The relevance of technology to the nature, prevalence and impact of adolescent dating violence and abuse: A research synthesis. *Aggression and Violent Behavior, 19*(4), 390-417.

Straus, M. A. (1979). Measuring intrafamily conflict and violence: The conflict tactics scales. *Journal of Marriage and the Family, 41,* 75-88.

Straus, M. A., Hamby, S. L., Boney-McCoy, S., & Sugarman, D. B. (1996). The revised conflict tactics scales (CTS2): Development and preliminary psychometric data. *Journal of Family Issues, 17*(3), 283-316.

Substance Abuse and Mental HealthServices Adminstration, SAMHSA (2014). A treatment improvement protocol: Trauma-informed care in behavioral health services. HHS Publication No (SMA) 14-4816.

Suler, J. (2005). The online disinhibition effect. *International Journal of Applied Psychoanalytic Studies, 2*, 184-188.

Taylor, B. G., & Mumford, E. A. (2014). A national descriptive portrait of adolescent relationship abuse: Results from the national survey on teen relationships and intimate violence. *Journal of Interpersonal Violence. 31*(6), 963-988.

Teske, R. H., & Parker, M. L. (1983). *Spouse abuse in Texas: A study of women's attitudes and experiences*. Survey Research Program, Criminal Justice Center, Sam Houston State University.

Tolman, R. M. (1989). The development of a measure of psychological maltreatment of women by their male partners. *Violence and Victims, 4*(3), 159-177.

Toseland, R.W., & Rivas, R. F. (2011). *An introduction of group work practice*. Allyn and Bacon.

Truman, J. L., & Morgan, R. E. (2014). *Nonfatal domestic violence, 2003-2012*. Bureau of Justice Statistics, U.S.A.

Uekert, B. K. (2003). The value of coordinated community response. *Criminology and Public Policy, 3*(1), 133-135.

UN Women, U. (2012). Handbook for national action plans on violence against women. *UN Women*.

UN Women, U., ILO, UNDP, UNESCO, UNFPA, UNOCHR, & WHO. (2015). A framework to underpin action to prevent violence against women. *UN Women*.

Ursel, J., Tutty, L., & LeMaistre, J. (2008). The justice system response to domestic violence: Debates, discussions and dialogues. in J. Ursel, L. Tutty, & J. LeMaistre (eds.) *What's law got to do with it*, pp.1-17.

Velzeboer, M., Ellsberg, M., Arcas, C. C., & García-Moreno, C. (2003). *Violence Against Women: The health sector responds*. Pan American Health Organization, Pan American Sanitary Bureau.

Victoria State Government (2020). MARAM practice guides and resources. Retrieved from https://www.vic.gov.au/maram-practice-guides-and-resources

Vu, N. L., Jouriles, E. N., McDonald, R., & Rosenfield, D. (2016). Children's exposure to intimate partner violence: A meta-analysis of longitudinal associations with child adjustment problems. *Clinical Psychology Review, 46*, 25-33.

Wahab, S., & Olson, L. (2004). Intimate partner violence and sexual assault in native American communities. *Trauma, Violence, & Abuse, 5*(4), 353-366.

Walker, L. E. (1979). *The battered women*. Harper & Row.

Walker, L. E. (2000). *The battered woman syndrome* (2nd ed.). Springer.

Walters, M. L., Chen, J., & Breiding, M. J. (2013). *The National Intimate Partner and Sexual Violence Survey (NISVS): 2010 findings on victimization by sexual orientation*. National Center for Injury Prevention and Control, Centers for Disease Control and Prevention.

Wang, P. (2015). Assessing the danger: Validation of Taiwan intimate partner violence danger assessment. *Journal of Interpersonal Violence, 30*(14), 2428-2446.

Weisz, A. N., Tolman, R. M., & Saunders, D. G. (2000). Assessing the risk of severe domestic violence: The importance of survivors' predictions. *Journal of Interpersonal Violence, 15*(1), 75-90.

Wells, L., Boodt, C., & Emery, H. (2012). Preventing domestic violence in Alberta: A cost savings perspective. *SSRN Electronic Journal, 5*(17).

WHO (2002). *World report on violence and health: Summary*. WHO. Retrieved from: https://www.who.int/violence_injury_prevention/violence/world_report/en/summary_en.pdf

Widom, C. S. (1989). The cycle of violence. *Science, 244*, 160-166.

Women, U. N. (2012). Handbook for legislation on violence against women. *UN WOMEN*.

Women, U. N. (2015). A framework to underpin action to prevent violence against women. *UN Women*.

Women, U. N., UNFPA, W., & UNDP, U. (2015). Essential services package for women and girls subject to violence. *UN Women*.

Woodlock, D. (2017). The abuse of technology in domestic violence and stalking. *Violence Against Women, 23*(5), 584-602.

Woodlock, D., McKenzie, M., Western, D., & Harris, B. (2019). Technology as a weapon in domestic violence: Responding to digital coercive control. *Australian Social Work, 73*(3), 1-13.

World Health Organization. (2013). *Global and regional estimates of violence against women: Prevalence and health effects of intimate partner violence and non-partner sexual violence.* World Health Organization.

World Health Organization. (2013). *Violence Against Women: Global picture health response.* https://www.who.int/reproductivehealth/publications/violence/VAW_infographic.pdf

World Health Organization. (2014). *Health care for women subjected to intimate partner violence or sexual violence: A clinical handbook* (No. WHO/RHR/14.26). World Health Organization.

Yoshihama, M. (2005). A web in the patriarchal clan system: Tactics of intimate partners in the Japanese sociocultural context. *Violence Against Women, 11*(10), 1236-1262.

Zoellner, L. A., Feeny, N. C., Alvarez, J., Watlington, C., O'neill, M. L., Zager, R., & Foa, E. B. (2000). Factors associated with completion of the restraining order process in female victims of partner violence. *Journal of Interpersonal Violence, 15*(10), 1081-1099.

Zweig, J. M., & Burt, M. R. (2007). Predicting women's perceptions of domestic violence and sexual assault agency helpfulness: What matters to program clients? *Violence Against Women, 13*(11), 1149-1178.

附錄 1：台灣親密關係暴力危險評估表（TIPVDA）

台灣親密關係暴力危險評估表（TIPVDA）

被害人姓名：加害人姓名：兩造關係：填寫日期：年月日
填寫人單位：填寫人姓名：聯絡電話：
本表目的： 本評估表的目的是想要瞭解親密暴力事件的危險情形，幫助工作者瞭解被害人的危險處
境，加以協助；也可以提醒被害者對於自己的處境提高警覺，避免受到進一步的傷害。
填寫方式： 請工作夥伴於接觸到親密關係暴力案件被害人時，詢問被害人下列問題，並在每題右邊
的有或沒有的框內打勾（✓）。
（下面各題之 " 他 " 是指被害人的親密伴侶，包括配偶、前配偶、同居伴侶或前同居伴侶）
※ 你覺得自己受暴時間已持續多久？年月。

評估項目	沒有	有
他曾對你有無法呼吸之暴力行為。 （如：□勒 / 掐脖子、□悶臉部、□按頭入水、□開瓦斯、或□其他等）	□	□
他對小孩有身體暴力行為（非指一般管教行為）。（假如你未有子女，請在此打勾□）	□	□
你懷孕的時候他曾經動手毆打過你。（假如你未曾懷孕，請在此打勾 □）	□	□
他會拿刀或槍、或是其他武器、危險物品（如酒瓶、鐵器、棍棒、硫酸、汽油…等）威脅恐嚇你。	□	□
他曾揚言或威脅要殺掉你。	□	□
他有無說過像：「要分手、要離婚、或要聲請保護令…就一起死」，或是「要死就一起死」等話。	□	□
他曾對你有跟蹤、監視或惡性打擾等行為（包括唆使他人）。 （假如你無法確定，請在此打勾 □）	□	□
他曾故意傷害你的性器官（如踢、打、搗或用異物傷害下體、胸部或肛門）或對你性虐待。	□	□
他目前每天或幾乎每天喝酒喝到醉（「幾乎每天」指一週四天及以上）。若是，續填下面兩小題：　（1）□有 □無　若沒喝酒就睡不著或手發抖。 　　　　　　　　　　　　（2）□有 □無　醒來就喝酒。	□	□
他曾經對他認識的人（指家人以外的人，如朋友、鄰居、同事…等）施以身體暴力。	□	□
他目前有經濟壓力的困境（如破產、公司倒閉、欠卡債、龐大債務、失業等）。	□	□
他是否曾經因為你向外求援（如向警察報案、社工求助、到醫院驗傷或聲請保護令…等）而有激烈的反應（例如言語恐嚇或暴力行為）。	□	□
他最近懷疑或認為你們之間有第三者介入感情方面的問題。	□	□
你相信他有可能殺掉你。	□	□
過去一年中，他對你施暴的情形是否愈打愈嚴重。	□	□

被害人對於目前危險處境的看法（0 代表無安全顧慮，10 代表非常危險）
請被害人在 0-10 級中圈選：

0　1　2　3　4　5　6　7　8　9　10
不怎麼危險　　有些危險　　頗危險　　非常危險

上列答有題數合計

警察 / 社工員 / 醫事人員對於本案之重要紀錄或相關評估意見註記如下：

附錄 2：高危機列管案件社工服務被害人評估表

高危機列管案件社工服務被害人評估表

高危機案件編號：　　　　　　　　被害人：　　　　　　　加害人：

填表人單位：　　　　　　　　　填表人姓名：　　　　　　日期：　年　月　日

A. 基本資料查詢：請注意檢視被害人過去的通報紀錄、身心特殊狀況（身心障礙、自殺紀錄或精神疾病列管等）、未成年子女受虐通報紀錄等			
B. 暴力行為		**嚴重度**	**不確定**
SB1. 加害人仍會威脅恐嚇、揚言殺死被害人或家人		□高 □中 □一般 □無	□無法確定
SB2. 加害人仍有身體傷害行為		□高 □中 □一般 □無	□無法確定
SB3. 加害人仍有跟蹤、騷擾行為		□高 □中 □一般 □無	□無法確定
SB4. 加害人仍有控制行為		□高 □中 □一般 □無	□無法確定
SB5. 加害人仍會懷疑、認為被害人感情不忠		□高 □中 □一般 □無	□無法確定
SB6. 被害人目前的危險自評		□高 □中 □一般 □無	□無法確定
C. 加害人狀況		**嚴重度**	**不確定**
SC1. 加害人仍會威脅自殺或有自殺行為		□高 □中 □一般 □無	□無法確定
SC2. 加害人酒後仍會行為、情緒不穩		□高 □中 □一般 □無	□無法確定
SC3. 加害人仍會因未規律服用精神藥物，而行為、情緒不穩		□高 □中 □一般 □無	□無法確定
SC4. 加害人仍（疑似）因吸食毒品而行為、情緒不穩		□高 □中 □一般 □無	□無法確定
SC5. 加害人仍有憤怒、衝動或情緒不穩定現象		□高 □中 □一般 □無	□無法確定
SC6. 加害人仍有報復念頭		□高 □中 □一般 □無	□無法確定
SC7. 加害人工作仍不穩定		□高 □中 □一般 □無	□無法確定
D. 情境因素		**嚴重度**	**不確定**
SD1. 雙方關係仍緊張、衝突		□高 □中 □一般 □無	□無法確定
SD2. 任一方仍無法接受彼此關係改變（如分手、離婚）		□高 □中 □一般 □無	□無法確定
SD3. 雙方仍有監護權、照顧或與成年子女有暴力衝突之爭議		□高 □中 □一般 □無	□無法確定
SD4. 雙方仍有經濟壓力或與對方有金錢糾紛		□高 □中 □一般 □無	□無法確定
E. 介入效果	**NA**	**支持度**	**不確定**
SE1. 加害人已羈押、服刑等，強制隔離	□	□高 □中 □一般 □無	□無法確定
SE2. 警察約制已發揮威嚇效果	□	□高 □中 □一般 □無	□無法確定
SE3. 保護令已核發，發揮保護效果	□	□高 □中 □一般 □無	□無法確定
SE4. 加害人已移送法辦，發揮嚇阻效果	□	□高 □中 □一般 □無	□無法確定
SE5. 安全策略已發揮保護效果	□	□高 □中 □一般 □無	□無法確定
F. 被害人狀況		**支持度**	**不確定**
SF1. 被害人已有危機意識		□高 □中 □一般 □無	□無法確定
SF2. 被害人已有因應暴力的能力與行動		□高 □中 □一般 □無	□無法確定
SF3. 被害人已有可以協助和保護的親友		□高 □中 □一般 □無	□無法確定
SF4. 被害人身心狀況已穩定		□高 □中 □一般 □無	□無法確定
綜合評估（含聯繫未成、其他消息來源或有其他重要危險事項的補充）			

附錄 3：高危機列管案件警察約制查訪加害人評估表

高危機列管案件警察約制查訪加害人評估表

高危機案件編號：　　　被害人：　　　加害人：

填表人：　　　　　分局　　　家防官：　　　　　日期：　年　月　日

分駐（派出）所　　　姓名：

A. 加害人基本資料查詢：		
PA1. 歷次通報紀錄□有　□無　PA4. 前科或是否有案在身　　　□有　　□無 PA2. 身心特殊狀況（有精神疾病或自殺列管）□有□無　　　　PA5. 毒品人口　　　□有　　□無 PA3. 未成年子女受虐通報 □有　□無　PA6. 治安人口或戶口記事一二查訪人口 □有□無		

B. 暴力行為	嚴重度	不確定
PB1. 加害人仍會威脅恐嚇、揚言殺死被害人或家人	□高 □中 □一般 □無	□無法確定
PB2. 加害人仍有身體傷害行為	□高 □中 □一般 □無	□無法確定
PB3. 加害人仍有跟蹤、騷擾行為	□高 □中 □一般 □無	□無法確定
PB4. 加害人仍有控制行為	□高 □中 □一般 □無	□無法確定
PB5. 加害人仍會懷疑、認為被害人感情不忠	□高 □中 □一般 □無	□無法確定

C. 加害人狀況	嚴重度	不確定
PC1. 加害人仍會威脅自殺或有自殺行為	□高 □中 □一般 □無	□無法確定
PC2. 加害人酒後仍會行為、情緒不穩	□高 □中 □一般 □無	□無法確定
PC3. 加害人仍會因未規律服用精神藥物，而行為、情緒不穩	□高 □中 □一般 □無	□無法確定
PC4. 加害人仍（疑似）因吸食毒品而行為、情緒不穩	□高 □中 □一般 □無	□無法確定
PC5. 加害人仍有憤怒、衝動或情緒不穩定現象	□高 □中 □一般 □無	□無法確定
PC6. 加害人仍有報復念頭	□高 □中 □一般 □無	□無法確定
PC7. 加害人工作仍不穩定	□高 □中 □一般 □無	□無法確定
PC8. 加害人行蹤仍不定／不明	□高 □中 □一般 □無	□無法確定
PC9. 加害人仍淡化、否認自己的暴力行為	□高 □中 □一般 □無	□無法確定

D. 情境因素	嚴重度	不確定
PD1. 雙方仍關係緊張、衝突	□高 □中 □一般 □無	□無法確定
PD2. 任一方仍無法接受彼此關係改變（如分手、離婚）	□高 □中 □一般 □無	□無法確定
PD3. 雙方仍有監護權、照顧或與成年子女有暴力衝突之爭議	□高 □中 □一般 □無	□無法確定
PD4. 雙方仍有經濟壓力或與對方有金錢糾紛	□高 □中 □一般 □無	□無法確定

E. 介入效果	NA	支持度	不確定
PE1. 加害人已羈押、服刑等，強制隔離	□	□高 □中 □一般 □無	□無法確定
PE2. 警察約制已發揮威嚇效果	□	□高 □中 □一般 □無	□無法確定
PE3. 保護令已核發，發揮保護效果	□	□高 □中 □一般 □無	□無法確定
PE4. 加害人已移送法辦，發揮嚇阻效果	□	□高 □中 □一般 □無	□無法確定
PE5. 安全策略已發揮保護效果	□	□高 □中 □一般 □無	□無法確定

綜合評估（含查訪未到、其他消息來源者註記或有其他重要事項補充）

附錄 4：高危機列管案件加害人／被害人衛生醫療問題評估表

高危機列管案件加害人／被害人衛生醫療問題評估表

高危機案件編號：　　　　　　　　被害人：　　　　　　　　加害人：

填表人單位：　　　　　　　　填表人姓名：　　　　　　　日期：　　年　月　日

本次主要工作對象　　□加害人　　□被害人

A. 基本資料查詢確認		說明	
HA1. 加害人有精神疾病診斷	□有　□疑似　□無資料		
HA2. 加害人有自殺紀錄	□有　□疑似　□無資料		
HA3. 加害人有危害性飲酒行為	□有　□疑似　□無資料		
HA4. 加害人有使用毒品行為	□有　□疑似　□無資料		
HA5. 被害人有精神疾病診斷	□有　□疑似　□無資料		
HA6. 被害人有自殺紀錄	□有　□疑似　□無資料		
HA7. 被害人有危害性飲酒行為	□有　□疑似　□無資料		
HA8. 被害人有使用毒品行為	□有　□疑似　□無資料		
B. 暴力行為		嚴重度	不確定
HB1. 加害人仍會威脅恐嚇、揚言殺死被害人或家人		□高 □中 □一般 □無	□無法確定
HB2. 加害人仍有身體傷害行為		□高 □中 □一般 □無	□無法確定
HB3. 加害人仍有跟蹤、騷擾行為		□高 □中 □一般 □無	□無法確定
HB4. 加害人仍有控制行為		□高 □中 □一般 □無	□無法確定
HB5. 加害人仍會懷疑、認為被害人感情不忠		□高 □中 □一般 □無	□無法確定
C. 加害人狀況		嚴重度	不確定
HC1. 加害人仍受身心問題影響導致生活功能或工作能力受損		□高 □中 □一般 □無	□無法確定
HC2. 加害人仍有憤怒、衝動或情緒不穩定現象		□高 □中 □一般 □無	□無法確定
HC3. 加害人仍會因未規律服用精神藥物而行為、情緒不穩		□高 □中 □一般 □無	□無法確定
HC4. 加害人仍會出現自殺意念或行為		□高 □中 □一般 □無	□無法確定
HC5. 加害人酒後仍會行為、情緒不穩		□高 □中 □一般 □無	□無法確定
HC6. 加害人仍（疑似）因吸食毒品而行為、情緒不穩		□高 □中 □一般 □無	□無法確定
HC7. 加害人仍會因身心問題而猜忌、懷疑被害人		□高 □中 □一般 □無	□無法確定
D. 被害人狀況		嚴重度	不確定
HD1. 被害人仍受身心問題影響導致生活功能或工作能力受損		□高 □中 □一般 □無	□無法確定
HD2. 被害人仍有憤怒、衝動或情緒不穩定現象		□高 □中 □一般 □無	□無法確定
HD3. 被害人仍會因未規律服用精神藥物，而行為、情緒不穩		□高 □中 □一般 □無	□無法確定
HD4. 被害人仍會出現自殺意念或行為		□高 □中 □一般 □無	□無法確定
HD5. 被害人酒後仍會行為、情緒不穩		□高 □中 □一般 □無	□無法確定

HD6. 被害人仍（疑似）因吸食毒品而行為、情緒不穩		□高 □中 □一般 □無	□無法確定
HD7. 被害人仍會因身心問題而猜忌、懷疑加害人		□高 □中 □一般 □無	□無法確定
E. 介入效果	NA	支持度	不確定
HE1. 加害人已規律服用精神藥物	□	□高 □中 □一般 □無	□無法確定
HE2. 加害人接受藥酒癮或認知處遇治療 / 加害人處遇計畫	□	□高 □中 □一般 □無	□無法確定
HE3. 加害人已對其身心問題有病識感	□	□高 □中 □一般 □無	□無法確定
HE4. 被害人已規律服用精神藥物	□	□高 □中 □一般 □無	□無法確定
HE5. 被害人接受藥酒癮處遇治療	□	□高 □中 □一般 □無	□無法確定
HE6. 被害人已對其身心問題有病識感	□	□高 □中 □一般 □無	□無法確定
綜合評估（含查訪未到，或有其他重要危險事項的補充）			

附錄 5：高危機列管案件相對人服務評估表

高危機列管案件相對人服務評估表

高危機案件編號：		被害人：		加害人：

填表人：		單位：		日期：　年　月　日

A. 加害人基本資料：			
1. 歷次通報紀錄□有（　　　次）□無　2. 身心特殊狀況（有精神疾病或自殺列管）□有　　　□無			
3. 酒／藥問題　　　□有　　□無　　　　4. 未成年子女受虐通報　□有□無			
5. 保護令　□有申請但尚未核發　　　　□已核發暫時保護令　　　　□已核發通常保護令			
□無			

B. 暴力行為	嚴重度	不確定
OB1. 加害人仍會威脅恐嚇、揚言殺死被害人或家人	□高 □中 □一般 □無	□無法確定
OB2. 加害人仍有身體傷害行為	□高 □中 □一般 □無	□無法確定
OB3. 加害人仍有跟蹤、騷擾行為	□高 □中 □一般 □無	□無法確定
OB4. 加害人仍有控制行為	□高 □中 □一般 □無	□無法確定
OB5. 加害人仍會懷疑、認為被害人感情不忠	□高 □中 □一般 □無	□無法確定
C. 加害人狀況	嚴重度	不確定
OC1. 加害人仍會威脅自殺或有自殺行為	□高 □中 □一般 □無	□無法確定
OC2. 加害人酒後仍會行為、情緒不穩	□高 □中 □一般 □無	□無法確定
OC3. 加害人仍會因未規律服用精神藥物，而行為、情緒不穩	□高 □中 □一般 □無	□無法確定
OC4. 加害人仍（疑似）因吸食毒品而行為、情緒不穩	□高 □中 □一般 □無	□無法確定
OC5. 加害人仍有憤怒、衝動或情緒不穩定現象	□高 □中 □一般 □無	□無法確定
OC6. 加害人仍有報復念頭	□高 □中 □一般 □無	□無法確定
OC7. 加害人工作仍不穩定	□高 □中 □一般 □無	□無法確定
OC8. 加害人行蹤仍不定／不明	□高 □中 □一般 □無	□無法確定
OC9. 加害人仍淡化、否認自己的暴力行為	□高 □中 □一般 □無	□無法確定
D. 情境因素	嚴重度	不確定
OD1. 雙方仍關係緊張、衝突	□高 □中 □一般 □無	□無法確定
OD2. 任一方仍無法接受彼此關係改變（如分手、離婚）	□高 □中 □一般 □無	□無法確定
OD3. 雙方仍有監護權、照顧或與成年子女有暴力衝突之爭議	□高 □中 □一般 □無	□無法確定
OD4. 雙方仍有經濟壓力或與對方有金錢糾紛	□高 □中 □一般 □無	□無法確定

E. 介入效果	NA	支持度	不確定
OE1. 加害人已對其身心問題有病識感	□	□高 □中 □一般 □無	□無法確定
OE2. 警察約制已發揮威嚇效果	□	□高 □中 □一般 □無	□無法確定
OE3. 保護令核發，發揮保護效果	□	□高 □中 □一般 □無	□無法確定
OE4. 加害人已移送法辦，發揮嚇阻效果	□	□高 □中 □一般 □無	□無法確定
OE5. 安全策略已發揮保護效果	□	□高 □中 □一般 □無	□無法確定

綜合評估（含查訪未到、其他消息來源者註記或有其他重要事項補充）

附錄6：警察處理家庭暴力案件作業程序

處理家庭暴力案件作業程序

（第一頁，共四頁）

108年5月17日警署防字第1080092541號函

一、依據：

（一）刑事訴訟法第九十二條。

（二）家庭暴力防治法（以下簡稱本法）及其施行細則。

（三）行政機關執行保護令及處理家庭暴力案件辦法。

（四）各級警察機關處理刑案逐級報告紀律規定。

（五）內政部處理大陸或外國籍配偶遭受家庭暴力案件應行注意事項。

二、分駐（派出）所流程：

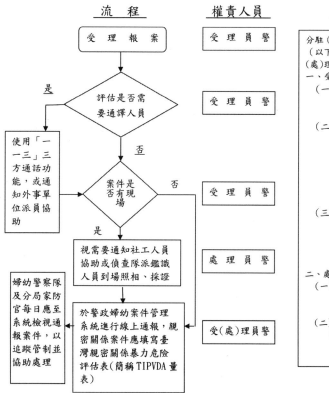

流　程	權責人員	作業內容

受理報案 ── 受理員警

評估是否需要通譯人員 ── 受理員警
（是）使用「一一三」三方通話功能，或通知外事單位派員協助
（否）

案件是否有現場 ── 受理員警
（是）視需要通知社工人員協助或偵查隊派鑑識人員到場照相、採證 ── 處理員警
（否）

於警政婦幼案件管理系統進行線上通報，親密關係案件應填寫臺灣親密關係暴力危險評估表（簡稱TIPVDA量表）── 受（處）理員警

婦幼警察隊及分局家防官每日應至系統檢視通報案件，以追蹤管制並協助處理

作業內容：

分駐（派出）所社區家庭暴力防治官（以下簡稱社區家防官）負責協助受（處）理員警辦理以下事項：

一、受理報案：

（一）派員處理或轉報（通報）轄區分駐（派出）所派員前往處理。

（二）受理報案後，應於二十四小時內至警政婦幼案件管理系統（以下簡稱本系統）通報，協助評估有無聲請保護令之必要；涉及刑事案件另依處理家庭暴力罪及違反保護令罪逮捕拘提作業程序辦理。

（三）受理非本轄案件，不得拒絕或推諉，應依前項規定辦理，相關案卷資料陳報分局函轉管轄分局處理；已聲請保護令者，應敘明受理單位。

二、處理階段：

（一）應以適當方法優先保護被害人及其家庭成員之安全；發現有傷病時，應緊急協助就醫。

（二）視現場狀況，通知鑑識人員到場照相、採證。

（續下頁）

（續）處理家庭暴力案件作業程序

（第二頁，共四頁）

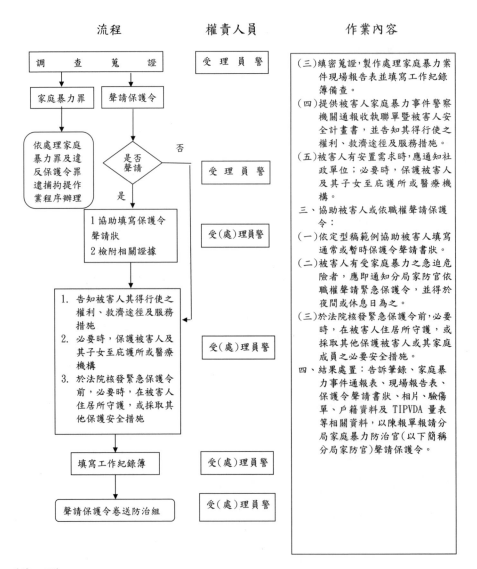

流程	權責人員	作業內容
調查蒐證	受理員警	（三）縝密蒐證，製作處理家庭暴力案件現場報告表並填寫工作紀錄簿備查。
家庭暴力罪　聲請保護令		（四）提供被害人家庭暴力事件警察機關通報收執聯單暨被害人安全計畫書，並告知其得行使之權利、救濟途徑及服務措施。
依處理家庭暴力罪及違反保護令罪逮捕拘提作業程序辦理　是否聲請（否／是）	受理員警	（五）被害人有安置需求時，應通知社政單位；必要時，保護被害人及其子女至庇護所或醫療機構。
1 協助填寫保護令聲請狀 2 檢附相關證據	受（處）理員警	三、協助被害人或依職權聲請保護令：
1. 告知被害人其得行使之權利、救濟途徑及服務措施 2. 必要時，保護被害人及其子女至庇護所或醫療機構 3. 於法院核發緊急保護令前，必要時，在被害人住居所守護，或採取其他保護安全措施	受（處）理員警	（一）依定型稿範例協助被害人填寫通常或暫時保護令聲請書狀。 （二）被害人有受家庭暴力之急迫危險者，應即通知分局家防官依職權聲請緊急保護令，並得於夜間或休息日為之。 （三）於法院核發緊急保護令前，必要時，在被害人住居所守護，或採取其他保護被害人或其家庭成員之必要安全措施。
填寫工作紀錄簿	受（處）理員警	四、結果處置：告訴筆錄、家庭暴力事件通報表、現場報告表、保護令聲請書狀、相片、驗傷單、戶籍資料及 TIPVDA 量表等相關資料，以陳報單報請分局家庭暴力防治官（以下簡稱分局家防官）聲請保護令。
聲請保護令卷送防治組	受（處）理員警	

（續下頁）

（續）處理家庭暴力案件作業程序

（第三頁，共四頁）

三、分局流程：

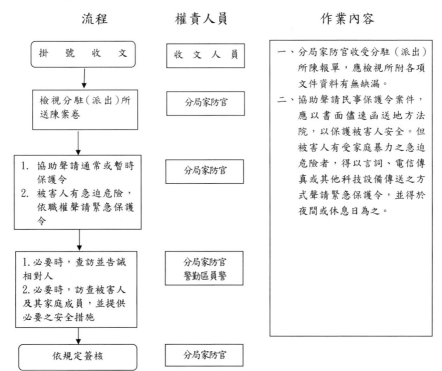

流程	權責人員	作業內容
掛　號　收　文	收文人員	一、分局家防官收受分駐（派出）所陳報單，應檢視所附各項文件資料有無缺漏。 二、協助聲請民事保護令案件，應以書面儘速函送地方法院，以保護被害人安全。但被害人有受家庭暴力之急迫危險者，得以言詞、電信傳真或其他科技設備傳送之方式聲請緊急保護令，並得於夜間或休息日為之。
檢視分駐（派出）所送陳案卷	分局家防官	
1. 協助聲請通常或暫時保護令 2. 被害人有急迫危險，依職權聲請緊急保護令	分局家防官	
1.必要時，查訪並告誡相對人 2.必要時，訪查被害人及其家庭成員，並提供必要之安全措施	分局家防官 警勤區員警	
依規定簽核	分局家防官	

四、使用表單：

（一）受理各類案件紀錄表。

（二）家庭暴力事件通報表。

（三）台灣親密關係暴力危險評估表（TIPVDA 量表）。

（四）處理家庭暴力案件現場報告表。

（五）家庭暴力事件警察機關通報收執聯單暨被害人安全計畫書。

（六）保護令聲請書狀。

（七）其他網絡單位提供之關懷宣導資料。

（續下頁）

（續）處理家庭暴力案件作業程序

（第四頁，共四頁）

五、注意事項：

（一）家庭暴力，指家庭成員間實施身體、精神或經濟上之騷擾、控制、脅迫或其他不法侵害之行為。

　　1. 身體不法侵害：虐待、遺棄、強迫、濫用親權行為、殺人、重傷害、傷害、妨害自由、妨害性自主權等。

　　2. 精神上不法侵害：恐嚇、威脅、侮辱、騷擾、毀損器物、精神虐待等。

　　3. 經濟上不法侵害：

　　　（1）過度控制家庭財務、拒絕或阻礙被害人工作等方式。

　　　（2）透過強迫借貸、強迫擔任保證人或強迫被害人就現金、有價證券與其他動產及不動產為交付、所有權移轉、設定負擔及限制使用收益等方式。

　　　（3）其他經濟上之騷擾、控制、脅迫或其他不法侵害之行為。

（二）派赴現場處理之員警應具危機意識，不可掉以輕心；出勤時應攜帶相關裝備（微型攝影機、相機等），以利現場蒐證與製作紀錄。

（三）現場處理員警應注意瞭解被害人或加害人是否持有保護令，發現有違反保護令罪之情形，應立即依法處理。

（四）受理告訴乃論案件後，仍在告訴有效期間，被害人暫不提告訴，承辦人應儘速將相關卷證簽請主管核定後，妥善保存。

（五）被害人於偵查中受詢問時，得自行指定其親屬、醫師、心理師、輔導人員或社工人員陪同在場，該陪同人並得陳述意見。

（六）受（處）理家庭暴力案件，有本法第六十三條之一情形，被害人未滿十八歲者，使用「兒童少年保護通報表」；十八歲以上者，使用「十八歲以上未同居親密關係暴力事件轉介表」。

（七）受理他轄家庭暴力案件協助被害人聲請保護令作法：

　　1. 須依單一窗口原則協助聲請。

　　2. 聲請保護令之種，由家防官依個案評估；有立即急迫危險者，應協助聲請緊急保護令，無者，則協助聲請暫時或通常保護令。上述聲請案件均須副知相關分局，受理分局家防官並得視個案 況 繫相關分局辦理防治工作。

附錄 7：警察執行保護令案件作業程序

執行保護令案件作業程序

108 年 5 月 17 日警署防字第 1080092541 號函

一、依據：
　　(一)家庭暴力防治法及其施行細則。
　　(二)行政機關執行保護令及處理家庭暴力案件辦法。
　　(三)內政部警政署函頒警察機關執行家庭暴力加害人訪查計畫。

二、執行流程：

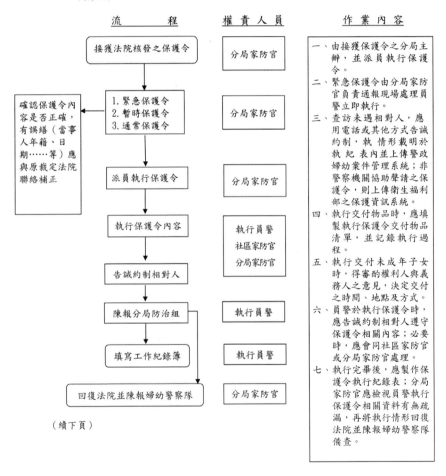

流　　程	權責人員	作業內容
接獲法院核發之保護令	分局家防官	一、由接獲保護令之分局主辦，並派員執行保護令。
確認保護令內容是否正確，有誤繕（當事人年籍、日期……等）應與原裁定法院聯絡補正　　1.緊急保護令　2.暫時保護令　3.通常保護令	分局家防官	二、緊急保護令由分局家防官負責通報現場處理員警立即執行。三、查訪未遇相對人，應用電話或其他方式告誡約制，執情形載明於執紀表內並上傳警政婦幼案件管理系統；非警察機關協助聲請之保護令，則上傳衛生福利部之保護資訊系統。
派員執行保護令	分局家防官	四、執行交付物品時，應填製執行保護令交付物品清單，並記錄執行過程。
執行保護令內容	執行員警　社區家防官　分局家防官	五、執行交付未成年子女時，得審酌權利人與義務人之意見，決定交付之時間、地點及方式。
告誡約制相對人		六、員警於執行保護令時，應告誡約制相對人遵守保護令相關內容；必要時，應會同社區家防官或分局家防官處理。
陳報分局防治組	執行員警	七、執行完畢後，應製作保護令執行紀錄表；分局家防官應檢視員警執行保護令相關資料有無疏漏，再將執行情形回復法院並陳報婦幼警察隊備查。
填寫工作紀錄簿	執行員警	
回復法院並陳報婦幼警察隊	分局家防官	

（續下頁）

（續）執行保護令案件作業程序

三、使用表格：

　（一）保護令執行紀錄表

　（二）家庭暴力事件相對人相關權益說明書

　（三）家庭暴力加害人訪查紀錄表

　（四）執行保護令交付物品清單

　（五）子女限期交付申請書

四、注意事項：

　（一）依保護令命相對人遷出被害人之住居所時，應確認相對人完成遷出之行為，確保被害人安全占有住居所。

　（二）汽車、機車或其他個人生活上、職業上或教育上必需品，相對人應依保護令交付而未交付者，得依被害人之請求，進入住宅、建築物或其他標的物所在處所解除相對人之占有或扣留取交被害人時，必要時得會同村（里）長為之。相對人拒不交付者，得強制取交被害人。但不得逾越必要之程。

　（三）有關交付子女及子女會面交往之執行，應依家事事件法及家庭暴力防治法相關規定辦理。

　（四）義務人不依保護令交付未成年子女時，應依權利人之聲請，限期命義務人交付。屆期未交付者，應發給權利人限期履行而未果之證明文件，並告知得以保護令為強制執行名義，向法院聲請強制執行。

　（五）當事人或利害關係人對於執行保護令之方法、應遵行之程序或其他侵害利益之情事聲明異議時，如認其有理由者，應即停止執行並撤銷或更正已為之執行行為；認其無理由者，應於十日內加具意見，送原核發保護令之法院裁定之；未經原核發法院撤銷、變更或停止執行之裁定前，仍應繼續執行。

　（六）執行保護令時，對於被害人或子女住居所，應依法院之命令、被害人或申請人之要求，於相關文書及執行過程予以保密。

　（七）法院核發之保護令裁定主文包含命相對人遠離未成年子女就讀學校時，家防官應主動告知該校有關保護令裁定之款項及期限等，並提醒應注意之相關事項；就讀學校位於他轄者，應轉請他轄警察機關告知並協助提醒。

　（八）對於地址有誤或該址無房屋等無法執行之案件，執行人員應拍照並製成文件檔案，敘明無法執行之原因，陳報分局函復核發保護令之法院，並副知婦幼警察隊。

　（九）分局家防官於接獲法院核發或撤銷保護令之司法文書，均應知會分局戶口業務單位，俾進行後續記事人口列管及警勤區訪查事宜。

附錄8：警察處理家庭暴力罪及違反保護令罪逮捕拘提作業程序

處理家庭暴力罪及違反保護令罪逮捕拘提作業程序

（第一頁，共三頁）

108 年 5 月 17 日警署防字第 1080092541 號函

一、依據：

（一）家庭暴力防治法（以下簡稱家暴法）第二十九條、第三十條、第三十四條之一、第三十六條之一及第六十三條之一。

（二）刑事訴訟法（以下簡稱刑訴法）第八十八條及第九十二條第二項。

（三）警察機關處理家庭暴力案件執行逮捕拘提作業規定。

二、分駐(派出)所流程：

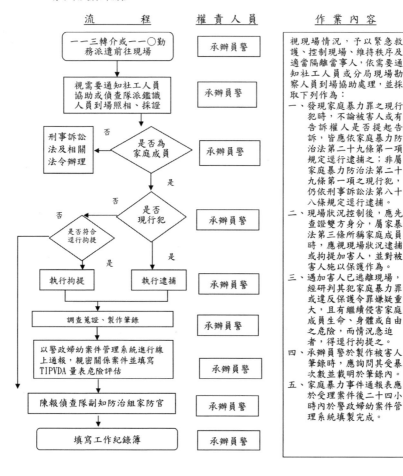

流　程	權責人員	作業內容
一一三轉介或一一〇勤務派遣前往現場	承辦員警	視現場情況，予以緊急救護、控制現場、維持秩序及適當隔離當事人，依需要通知社工人員或分局現場勘察人員到場協助處理，並採取下列作為： 一、發現家庭暴力罪之現行犯時，不論被害人或有告訴權人是否提起告訴，皆應依家庭暴力防治法第二十九條第一項規定逕行逮捕之；非屬家庭暴力防治法第二十九條第一項之現行犯，仍依刑事訴訟法第八十八條規定逕行逮捕。 二、現場狀況控制後，應先查證雙方身分，屬家暴法第三條所稱家庭成員時，應視現場狀況逮捕或拘提加害人，並對被害人施以保護作為。 三、遇加害人已逃離現場，經研判其犯家庭暴力罪或違反保護令罪嫌疑重大，且有繼續侵害家庭成員生命、身體或自由之危險，而情況急迫者，得逕行拘提之。 四、承辦員警於製作被害人筆錄時，應詢問其受害次數並截明於筆錄內。 五、家庭暴力事件通報表應於受理案件後二十四小時內於警政婦幼案件管理系統填製完成。
視需要通知社工人員協助或偵查隊派鑑識人員到場照相、採證	承辦員警	
是否為家庭成員	承辦員警	
是否現行犯	承辦員警	
是否符合逕行拘提		
執行拘提	執行逮捕	承辦員警
調查蒐證、製作筆錄	承辦員警	
以警政婦幼案件管理系統進行線上通報，親密關係案件並填寫TIPVDA量表危險評估	承辦員警	
陳報偵查隊副知防治組家防官	承辦員警	
填寫工作紀錄簿	承辦員警	

刑事訴訟法及相關法令辦理

（續）處理家庭暴力罪及違反保護令罪逮捕拘提作業程序

（第二頁，共三頁）

三、分局流程：

流　　　　　程	權責人員	作業內容

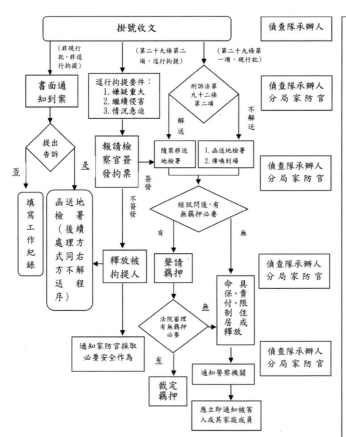

權責人員（右欄）：

偵查隊承辦人

偵查隊承辦人
分局家防官

偵查隊承辦人
分局家防官

偵查隊承辦人
分局家防官

偵查隊承辦人
分局家防官

偵查隊承辦人
分局家防官

作業內容：

一、分局偵查隊移送加害人至地方檢察署（以下簡稱地檢署）前，應再度確認雙方關係，確認為家庭成員時，應會請分局家防官提供過往家庭暴力通報紀錄（含 TIPVDA 表）及保護令執行紀錄表等資料，附卷陳送並於移送書內載明。

二、移送書右上角應加蓋「家庭暴力案件」戳章，並於備註欄註記分局勤務指揮中心傳真聯絡電話，俾利聯繫。

三、經評估加害人應予羈押時，則於移送書偵辦意見欄註明「建請向法院聲請羈押犯罪嫌疑人。如命具保、責付、限制住居或釋放者，建請依家暴法第三十一條規定附條件命其遵守」等相關文字。

四、承辦員警應將經過情形填寫於工作紀錄簿，以備查考。

（續）處理家庭暴力罪及違反保護令罪逮捕拘提作業程序

（第三頁，共三頁）

四、使用表單

（一）執行拘提逮捕告知本人通知書

（二）執行拘提逮捕告知親友通知書

（三）不解送人犯報告書

（四）執行拘提犯罪嫌疑人報告書

（五）解送人犯報告書

（六）加強保護被害人安全通知書

（七）疑似精神疾病患者通報單

五、注意事項

（一）聲請緊急保護令或代為聲請保護令時，遇被害者家中另有未成年子女或其他應予保護之家庭成員時，亦應列為保護對象。

（二）加害人符合警察職權行使法有關對人之管束、物品之扣留規定者，依該法為之。符合精神衛生法應護送就醫者，應即通知消防機關派員協助強制送醫，並依規定通報直轄市、縣（市）政府主管機關。

（三）警察人員對於非屬現行犯之家暴加害人執行逕行拘提時，應注意係以「犯家庭暴力罪或違反保護令罪嫌疑重大」、「且有繼續侵害家庭成員生命、身體或自由之危險」及「其急迫情形不及報告檢察官」為限，執行後應即報請檢察官簽發拘票；另於執行逕行拘提時，應特別注意家暴法第三十條所規定事項。

（四）對於家庭暴力相對人執行逮捕拘提作為，應依家暴法第二十九條、第三十條、刑訴法第九十二條及提審法等相關規定辦理。

（五）疑似精神疾患相對人經強制送醫後，經醫療院所評估不留院治療者，對於被害人應輔以安全保護之作為。

（六）家庭暴力防治法第三十六條之一第一項：「被害人於偵查中受訊問時，得自行指定其親屬、醫師、心理師、輔導人員或社工人員陪同在場，該陪同人並得陳述意見。」

（七）所稱「家庭暴力罪」係指家庭成員間故意實施暴力行為而成其他法所規定之犯罪，家暴法第十三條之一對象（十歲以上親密關係未同居伴侶），非屬上開「家庭成員」範圍，自無違反家庭暴力罪之適用；另其準用條款僅限於向法院聲請保護及警察應實施保護措施之部分規定，並未準用家暴法之刑事程序，爰對其違反保護之行為執行逮捕拘提作業時，仍應適用一般刑事案件之「逮捕現行犯作業程序」或「執行犯罪嫌疑人拘提作業程序」。